培文通识
大讲堂

生 活 的 暗 面

日常生活的社会学透视

第 5 版

北京大学出版社
PEKING UNIVERSITY PRESS

MICHAEL SCHWALBE

[美] 迈克尔·施瓦布 著 徐文宁 梁爽 译

著作权合同登记号　图字：01-2019-7123

图书在版编目（CIP）数据

生活的暗面：日常生活的社会学透视：第5版 /（美）迈克尔·施瓦布著；徐文宁，梁爽译 . —北京：北京大学出版社，2021.5
（培文通识大讲堂）
ISBN 978-7-301-31947-5

Ⅰ.①生 …　Ⅱ.①迈 …　②徐 …　③梁 …　Ⅲ.①日常生活社会学 – 研究
Ⅳ.① C913.3

中国版本图书馆 CIP 数据核字（2021）第 032154 号

The Sociologically Examined Life: Pieces of the Conversation, Fifth Edition was originally published in English in 2018. *Making A Difference: Using Sociology to Create a Better World* was originally published in English in 2020. This translation is published by arrangement with Oxford University Press. Peking University Press is solely responsible for this translation from the original work and Oxford University Press shall have no liability for any errors, omissions or inaccuracies or ambiguities in such translation or for any losses caused by reliance thereon.

本书中文简体翻译版由牛津大学出版社授权北京大学出版社出版发行。

书　　　名	生活的暗面：日常生活的社会学透视（第5版）	
	SHENGHUO DE ANMIAN: RICHANG SHENGHUO	
	DE SHEHUIXUE TOUSHI (DI WU BAN)	
著作责任者	[美] 迈克尔·施瓦布（ Michael Schwalbe ）著　徐文宁 梁爽 译	
责 任 编 辑	徐文宁 于海冰	
标 准 书 号	ISBN 978-7-301-31947-5	
出 版 发 行	北京大学出版社	
地　　　址	北京市海淀区成府路 205 号　100871	
网　　　址	http://www. pup. cn　新浪微博:@ 北京大学出版社 @ 培文图书	
电 子 信 箱	pkupw@ qq. com	
电　　　话	邮购部 010-62752015　发行部 010-62750672	
	编辑部 010-62750112	
印 刷 者	天津光之彩印刷有限公司	
经 销 者	新华书店	
	660 毫米 ×960 毫米　16 开本　28.25 印张　480 千字	
	2021 年 5 月第 1 版　2021 年 11 月第 2 次印刷	
定　　　价	68.00 元	

目录

第二部分　社会学创造美好生活

前　言

常见的社会学导论教材都会讲述许多事实和观点，但在教会学生进行社会学思考上做得却不好，而我最想让我的学生做到的则正是学会进行社会学思考。我在这方面所做出的诸多努力，促使我写下这本书。我曾戏称它是一本"反教材"，也就是说，我想让它具有那些厚重而沉闷的教材所不具有的特色：有可读性，有启发性，有亲和性，有道德挑战性。我想在本书中，以一种平和而有力的方式，教大家学会进行社会学思考。我希望本书能够接续彼得·伯格（《社会学的邀请》）和赖特·米尔斯（《社会学的想象力》）所开创的传统，我相信，这不仅要求我们在思想意识上做出改变，更要求我们在如何生活上做出改变。

标准的社会学导论教材都会有一章叫"社会学视角"，通常它不是简要地列出一系列概念，就是对社会学三大理论（功能论、冲突论、符号互动论）进行一种冰山一角式的介绍。我怀疑这样做能否让大多数学生开动脑筋去思考：从社会学视角去看我们的日常生活，与没学社会学之前有何不同。在本书中，我打算通过削弱社会学中那些学术规范训练的重要性来做到这一点。我不会说"关于这个问题，社会学家是这样想的，关于那个问题，社会学家是那样想的"，好像学生必须非常在意社会学家是怎样想的，而是会直接从社会学视角去拆解社会世界。我不会罗列我们那光鲜亮丽的智识工具箱中的内容，我会尽力教给大家如何去使用它们。

　　不过，我这样做也有一个风险，那就是，一些社会学老师可能不喜欢我拆分事物的方式。这也是我一直将本书视为一本"反教材"的另一个原因，因为我想不出有什么好的方法，既能避开这一风险，又能写出一本可靠的书。大多数教材都是落笔谨慎，没有将社会学之思深入到会让人感到很不舒服的地步。我的目的当然不是为了挑衅而挑衅，但我也不会明哲保身去迎合所有人。书中分析主要针对美国社会，而且极具批判性，我相信这肯定会让一些人感到不安。

　　我希望这一不安会产生一定的效果。我期望本书能在师生间及学生间的对话中激发出思想的火花。书中的案例分析旨在激发思考和情感反应，推动对话深入到底。在这一意义上，我认为本书会吸引那些想要与学生进行认真互动的老师，即使这意味着需要克服双方之间存在的一些分歧。对我来说，这就是进行智力对话的意义所在；无论是什么原因让我们进入这样的对话之中，它都给了我们一个适宜的机会，去更好地理解、最终则是改变我们生活其中的这个世界。

本书使用说明

如果你读本书是想学会进行社会学思考，你只需接着往下读。不过，我想我也可以建议你，就像俗话说的那样，不抱成见，保持一种开放心态。此外无须更多指令。多思慎辨，你会做得很好。但若你想用本书教人学会进行社会学思考，你的任务就会有点复杂，下述建议可能会对你有所帮助。

我的第一个建议是，使用本书在课上激发思考和对话。邀请学生主动说出或者是提问他们对书中内容的看法，是一个很好的起点。除此之外，我建议进行那种引导式对话，这要求我们去践行和拓展书中所教的思考方法。作为对此的一个辅助，我在每章最后设计了我所称的反思之路："三思而行"。每一思中都会设置一种情境或一个难题，然后提出两三个问题，你可以用这些问题来组织课堂讨论（或是布置书面作业）。如果你想另辟新径进行反思，你也可以参考我的模型，设计你自己的"三思而行"。

我的第二个建议是，有效地利用学生们对本书的情感反应。学生们在阅读本书的过程中肯定会出现那种愉悦和热情的反应，这种反应（我当然希望越多越好）自身就会产生一些很好的结果。不过，可以预见，那些不习惯批判审视美国社会的学生，将会被书中部分内容激怒，或是产生戒备心态。我并不认为这是什么坏事，因为情感反应只要处理得当，就会成为一种巨大的学习动力。

我的第三个建议是，教会学生用社会学思考方式去审视其自身感受。首先应该要求他们准确地找出困扰他们的问题。例如，我对"个人选择"和"带有暴力性的体育运动"的评论肯定会激怒一些人。可是，到底我说了什么或者是暗示了什么，会让他们产生这种情感？停下来好好思考一下这个问题，有可能消除一些误解。这样做也可以为他们采取下一步行动做好准备，即了解他们的情感如何深深地扎根于社会生活。想要了解自我与社会生活之间的联系，学生们需要直面一些问题。我建议，应该鼓励他们扪心自问：我珍视的什么信念或做法在这里受到了挑战？我是怎样学会珍视这一信念或做法的？如果我选择放弃这一信念或做法，我有可能失去什么样的关系或权力？坦诚面对这些问题，可以将愤怒或烦躁转化成一种资源，激发社会学思考，获得自知之明；这样做也可以帮助学生学会将自己的情感反应视为一种数据，而不是一种无法或无须分析的事物。

我所说的戒备反应是指，一个人可能会这样说："没错，我明白你用社会学思考方式看待事物的意义，但我却并不想这样去做，因为这会让我对我是一个白人／男人／中产阶级／异性恋／已婚者而感到内疚。"一个人有这种反应是可以理解的。那些带有批判色彩的社会学观点让特权或优势变得一览无余，难免会让那些享有特权者或优势群体成员感到无地自容。因此，当这种想法让人感到内疚并且像是在责备自己，教会人们进行社会学思考就会变得比较困难。

如果出现这种反应，有一点需要说明的是：责备个体与社会学思考恰好相反，因为社会学思考将"社会安排"视为历史和集体行动的产物。还有一点需要说明的是，种族主义、性别偏见和资本主义都是历史的产物，社会学可以帮助我们理解，我们是如何被这些压迫性制度所塑造和压迫的。也可以说，那些带有批判色彩的社会学观点会使我们看到，为什么不公正的社会安排会持续存在和难以改变，尽管优势群体中的一些成员也怀有人道主义精神并有心促进社会进步。

这些想法有助于人们打开被特权和个人主义所遮蔽的知识之门。但是，随之它们也会让人产生抵触情绪，因为人们想要逃避那些伴随着意识到自身如何卷入再生产压迫性社会安排而来的道德约束。其内在逻辑是这样的：好吧，我明白了，为什么我不必为那些不是因我而起的事物感到内疚；我也理解了，当特权集团成员不假思索地接受提供这些特权的制度时，不平等就会持续存在；可是，对这一切我都无能为力，因为我一个人势单力薄；所以我不能把社会学太当真，否则我就会经常对按我计划的方式生活感到内疚。

每逢内心良知与个人主义和恐惧发生冲突，人们身上就会出现类似这样的反应。作为回应，你可能会指出，社会学拒绝接受下面这种想法：一个人单枪匹马就能破除压迫制度。如果我们从社会学视角来进行思考，我们就会意识到，变革不可能这样完成，因而，指责我们自己没能做到那一点也就毫无意义。你也可能会说，社会学思考让我们看到，权力并不是来自金钱或枪杆子，而是来自组织和合作。因此，如果我们真想改变社会，就社会学视角而言，最佳策略并不是让我们自己去做出一些英雄之举，而是去找到那些和我们有着共同价值观和奋斗目标的人一起携手共进。

第二点需要说明的是，虽然个体单独行动无法改变社会，但是，个体完全可以成为变革的催化剂。历史经验和社会学都告诉我们，在正确的时间和地点，哪怕是一个极小的反抗行动（小到说一个"不"字），也能因为激励他人去思考、感受和行动而产生巨大的后果。记住这一点，可以很好地消除那些容易让人产生绝望的想法，比如，一个人再怎么做都没用。需要再次指出的一点是，得到他人的支持，也会使得反抗行动更有可能发生。

最后一点建议是，将上述关于个体行动的原则应用到社会学教学中，尤其是当学生们的学习进展较为缓慢时。有时候，我们很容易想到自己一事无成和做什么都没用。这一诱惑的产生有充分的理由；考虑到那些反对人们去进行批判性社会学思考的力量，它可能不会在某些地方生根。但是，既然我们无法提前知晓那些地方是在哪里，我们也就只需持续不断地去进行培植。愿书中的对话片段，能够成为社会学思考茁壮生长的种子。

关于对话、杂记和第 5 版

本书第 1 版是一本内容更为精简之作。你正在阅读的本书第 5 版，已经随着版本更新而略有增厚。我在这里解释一下这是如何发生的，可能会对我们有所帮助。

我记得，当我告诉我的一个朋友，一直有人要我出本书第 3 版时，她笑道："那很好。你会在新版中对所有的社会学最新突破都进行社会学思考吗？"我明白她这是在跟我开玩笑，因为我们都知道社会学领域并没有出现这样的突破，也都知道出新版的真正目的是为了让图书继续留在市面上。尽管我对朋友的玩笑一笑置之，但我也在想："真要出第 3 版，我该怎么做？"

一些书评人建议增加图表数字，添加参考书目，配上插图漫画，或者是讨论当下热门事件。虽然这些想法的用意都很好，但在我看来它们却更像是一种噱头。

当我尽力琢磨如何使新版变得真正更好和更有用时，一个学生发来一封邮件，提了一个与宗教有关的问题。我这本书是他的社会学导论课指定教材，他一直在看这本书，他想知道，科学建立在信仰之上的程度，是不是没有他对上帝的信仰那么多。（我说非也，有时所谓对科学的信仰意味着，相信科学是解决经验问题而非灵魂问题的最佳方式。）回完那位学生的邮件，我意识到，我找到了解决新版中增加什么内容的办法，那就是，在每章最后增加一个专栏"对话"（对师生所提的建议和问题做出答复）。据我收到的可靠信息，这些对话很好地激发了进一步的对话，所以它们就成为本书永久的一部分。

然后有人呼吁出第 4 版，我又遇到了相同的问题：我能在新版中增加什么真正有价值而非装饰门面的内容？我能增加什么东西又不会大幅增加书的厚度和提升书的价格？

在阅读书评人的评论和查看我的反馈文件中收集的注释时，我看到人们经常要求我多讲一些社会学概念。原则上我并不反对这样去做，因为概念是思维的工具，将其变得更加明晰是一件非常合理的事情，只要我能在这样做时不打断本书叙述的流畅性。于是，我首先列出了一个概念列表，每章一个。

最初我想称这些附加的东西为"概念箱"，但我不喜欢这个术语，因为它显得太过笨重，不太符合本书的批判精神。经过一番思考，最终我决定把对每个概念的讨论称为"杂记"，我觉得这是一个更为友好的标签。因而，第 4 版中包括了关于偏见、常识、未来、盲点、情绪、偏常、理论、运气、被动时态、非暴力、共同财富，以及教导他人的杂记。这些"杂记"深受学生欢迎，所以它们也成为本书的重要组成部分之一。

这让我想到了本书当前的版本。也许是因为第 4 版和第 5 版间隔太久，在这种情况下我更容易想到该做什么。上一版中的统计数据显然需要更新，于是我就对其做了更新。从"当前事件"中提取的那些事例已经过时，所以我就更新了那些事例。就如何从社会学视角去思考上一版中没有涉及的事物，我有更多话要说，所以新版又新增了两章。

新增两章中的第一章是"在自然中看到社会"。我的意思是，希望大家看到，人类的文化、组织和行为如何影响到自然。我认为这一章可以说是"环境社会学"，尽管它并非通常意义上的那种环境社会学。反过来，这一章也就如何看到社会中的自然提出了相关建议。我在这一章中展示了，从社会学视角看到人与自然之间的联系，意味着将人视为自然的一部分，而非将人置于自然之外。

新增的第二章是"拆解过程"。在某种意义上，本书自始至终都在强调过程，并将社会世界视作由那些按照循环有序的方式一起做事的人们组成。在这一章中，我进一步解释了，当过程被表象、意识形态，或者是我们有限的认知所遮蔽时，如何去看到它们。我提到了三种过程，这三种过程使得人类社会生活成为现实。我在这一章中展示了，社会学正念让我们看到，社会世界并不是由一些固定不变的实体所构成，而是由一些持续流变的过程所构成。

鉴于这些更新、调整和新增内容，可以说，本书第 5 版是真正的新版。我希望使用本书旧版的老师们会发现，在教会学生进行社会学思考上，新版效果更佳。我也希望新一代师生能被本书吸引，并借助书中内容去批判分析社会世界，培养那种社会学上的自我意识，甚至是就此开始过上一种与此前不同的生活。

第一部分

培养社会学正念

第1章

用不同的方式理解世界

卖鞋专柜并未发生太多事情。店内其他地方，人们正在忙着选购旅行包、帐篷、橡皮独木舟和其他户外旅行装备。两个卖登山鞋的年轻人正在享受难得的一阵清闲。我在离他们不远处挑帽子，他们的对话听得一清二楚。他们中的一个，背倚柜台，抱着双臂，正跟他的同事讲他上大学的事情。

"上大学还是挺有趣的，"他说，"但我却没学到任何我不知道的东西。"

"是吗？"他的同事回应道，语气中带着几分惊讶。

"一点没错。商务沟通课讲得不错，我们学会了写备忘录。但是其他课，可以说其他所有课，全是老生常谈。要不是为了最后拿个学位，大学四年整个就是浪费时间。"

听到这儿，我的心思离开了眼前的帽子。我真想走过去问问这个年轻人，他是怎样在18岁就如此聪明，以至于听了四年课，看了四年书，竟然什么新东西都没学到。我想戳穿他的傲慢，我想责备他浪费了那些想教他东西的人的时间（他辜负了老师们的良苦用心）。换作其他老师在场，他们可能也会有同样的感受。

当我转念意识到，这位说大话的年轻人可能并不明白他说的话时，我的愤怒消失了。他在大学里肯定学到了一些东西。那他说那句话到底是什么意思？可能他如此看轻他所受的教育，是因为他对念完大学没能找到一份好工作很是失望。或者他可能是想告诉他的同事："我是上了大学，可我并没比你强多少。常识才是最重要的。"如果这是他真正想要表达的意思，那也是可以理解的。

可是，一想到他说的接受大学教育是在浪费时间，我的心底仍会感到一丝深深的悲哀。即使他学到的多于他所意识到的，他也错过了许多东西。他没有学会如何看待自身，如何了解自己是谁、自己如何变成现在这样、自己日后将会变成什么样、自己如何与他人联系在一起。如果他学到了这些，可能他就会向他的同事解释大学教育如何让他受益匪浅，而不会让他的同事为他感到遗憾。

当然，我并不认为，像备忘录写作或其他技术类科目，能在学生身上培养出更多的自我意识。事实上，这原本就不是开这些课的目的。但是，其他课程，以及整个学术研究领域，则确实应把这一目的作为它们存在的理由。我自己的研究领域是社会学，它经常用下面这一点来证明其自身存在的合理性，即它能帮助人们了解自身和社会，进而过上一种更令人满意的自主和负责任的生活。如果社会学（或其他任一学科）能为人们做到这一点，我想它就有很好的存在理由。

可是，有时候，社会学课程能在学生身上培养出的自我意识和社会洞察力，也会比它承诺的要少。在我看来，当社会学课程将社会学主要作为一门学科加以讲授，像"看到我们有多科学了吗？看到所有这些理论、概念和发现了吗？你应该好好记住这一切"，这一失败最有可能发生。当然，没有哪位老师会把话说得这么直白，但有时他们的弦外之音就是这个意思。而且很有可能，你自己就曾听你的老师这么说过。

当社会学课程依照时间先后顺序讲解许多陌生人的作品，给人的感觉就像是在讲述一连串奇异而富于幻想的事情；听众接受与否，全看社会学家所讲内容的有趣程度。如果我们这样去讲解社会学，多数听众很快就会弃之而去。毕竟，社会学家之间的对话远没有社会生活本身有趣。大多数明智之人更愿关注的都是社会生活，而非那些关于社会生活的学术研究。

　　因而，事情经常都是这样，与社会学的相遇仅仅给人留下一种非常微弱的印象。人们依稀还记得一些零散的事实和概念，但其思考事物的习惯却没有丝毫改变，而且也没有掌握很好的方法去对社会世界做出不同的解释。换句话说就是，我们讲了很多别人描绘的图景，但却忘了，关键是要教会人们去描绘他们自己眼中的图景。

　　如果你想看到的是关于社会学学科的书面图景，你在许多地方都能找到，但却唯独不是在这里。本书不会去讲解社会学中的各种概念、理论和发现，尽管也会间接用到它们。它讲的是如何进行社会学思考，以及为什么值得这么去做。它讲述和展示了，如何从社会学视角去关注和理解社会世界。我称这为践行"社会学正念"（sociologically mindfulness）。一旦你掌握了社会学正念，你就可以自行描绘你眼中的世界图景。

社会学正念

　　你是否认识本书所用的各种字体？本书采用了什么样的装订方式？本书的封面用纸和正文用纸又是什么？如果你觉得这些问题很奇怪，那是因为你还没有学会对书籍产生正念。我们对身边许多熟悉的事物都是这样，那些事物深深地影响着我们，而我们却并不明白它们是什么，因为我们对它们缺少必要的正念。幸运的是，我们可以学习。

　　正念并不只是集中注意力。关注一样事物，就是看到并欣赏它独有的品质。例如，关注一个人，作为人类的一员，意味着尽力看到并欣赏其作为一个会思考和有感情的动物的独特性。当我们按照这种方式去关注他人，我们就超越了陈规（刻板印象）和偏见。

　　孩子们经常会以一种惊人的清晰度去关注事物，因为他们眼明心净；在他们眼中，这个世界崭新而神奇。不过，孩子们的正念是不加分析和评判，好像用一种方法就可以理解世间一切。我们成年人则学会了以适合我们所遇到的事物的方式去关注它们。例如，我们知道，想要理解人，必须从人之为人的角度入手，如观念、情感、欲望、身体和习惯等。同理，想要理解书，就要从书之为书的角度入手，如字体、用纸、设计、装订等。对每样事物，我们都有一种不同的理解方式。

社会学正念是一种了解社会世界运作方式的实践。虽然在一定程度上我们都是社会的一员，但要真正了解社会世界，我们就要学会看清它的本质。也就是说，我们必须学习一些必要的观念，看看是什么使社会世界成为一种独特的现象。这些观念事关**如何关注**社会世界。社会学正念就是用这些方式集中注意力的做法。

具有社会学正念后，我们会看到什么呢？举例来说，我们会看到，社会世界如何被人们创造出来，我们如何从婴儿变成一个顺利适应社会的人，我们如何与他人相互依存，人们如何对其所处环境做出反应，社会生活如何由一个又一个模式组成，偶然性如何塑造我们的命运，表象如何被策略性地制作出来，权力如何运行，不平等如何被创造出来并得到维持，构成社会世界的"事物"如何成为各种过程的产物，自然与社会如何相互交织，以及我们如何创造出大量有效而可靠的关于社会世界的知识。

培养社会学正念的理由

我们为什么要费心去培养社会学正念？所有这些关于社会世界的分析思考有何意义？我对这两个问题的回答，基于以下三种信念。

信念一，只有在一个和平、合作、平等、自由的社会中才能有美好生活，即那种能激励人的、热情的、快乐的、有目的的、关爱的、有尊严的生活。信念二，每个人都有过上美好生活的平等权利，所以谁都不应该以牺牲他人为代价去享有权力和特权。信念三，人类的生活是相互联系的，所以我们都有义务考虑我们的行为将会如何影响他人，尤其是他们过上美好生活的机会。

我希望你会觉得把这三种信念作为出发点是合理的。如果你想在这里细加审视，你可以从下面这个角度入手：想想你爱的人和你希望他们过上的那种美好生活。它是那种充斥暴力、贫困和痛苦的生活？还是更像我上面所说的那种美好生活？如果是后者，我希望你会考虑下面这一可能性："社会学正念是一种为更多人创造更好生活的有用方式"。

社会学正念是有用的，因为它有助于我们看到，我们的生活如何交织在一起，我们的言行如何以一种不易察觉的方式帮助或伤害他人。社会学正念在帮助我们看到下面这一点上显得尤其重要：我们的言行经常会产生超出我们意想之外的后果。

例如，一个人讲了一个带有种族主义色彩的笑话，其本意可能只为博人一笑。然而，这个人所做的却是强化了某些人是愚蠢的、虚荣的、不道德或低人一等的这一印象。即使在讲这个笑话时无人生气，从长远来看还是会有人受到伤害。笑话中流露出的那种情感，会降低人们对他人感受的敏感度，从而在他人需要帮助时未能及时伸出援手；或者，它会让一些人看起来不值得获得他人的友谊，进而将人们隔绝开来。换句话说，伤害有可能是间接的、微妙的和延迟到来的。没有恶意并不重要。关键是它确实会给人造成伤害。

有时候，即使我们的行为很高尚，也会给他人造成伤害。例如，通常，人们努力工作是一件好事。但是，当人们为那些制造武器、香烟或色情产品的公司这么干时，或者是为那些宣传、销售和保护这类产品的公司这么干时，暴力、死亡、疾病和苦难就是最终将会出现的结果。并没有人故意去伤害他人，可事情的结果却就是如此，所以那些促成这一切的人是有责任的。若非他们努力工作，原本对他人的伤害是不会发生的。

社会学正念生发的那种觉省可能会让人感到不安，因为它会迫使我们去看到那些我们不愿看到的东西。但若没有这种觉省，我们就会在无意中破坏或摧毁我们想要长久留存的东西。或者，我们会通过做出一些短视行为，减少我们自己和他人过上美好生活的机会。通过帮助我们超越我们的意图看到我们行为的后果，社会学正念有助于我们避开类似陷阱，虽然要做到这一点并不那么容易。

具有社会学正念也意味着，关注他人所面临的困难和选择。如果我们能够意识到他人的境况与我们不同，我们也就更有可能对他们表示同情，给予他们作为人类应得的尊重。我们也不太可能因为他们做了我们不喜欢的事情而不公平地谴责他们。通过帮助我们理解他人行为的背景和条件，社会学正念有助于我们减少世间的仇恨和冲突。

由于深陷日常事务而难以自拔，我们经常无法看到和欣赏我们与他人之间的所有联系：为我们做衣服的人，为我们种粮食的人，为我们搞卫生的人，从我们所选政治家的行动中获益或受损的人，以我们为榜样的人等。社会学正念有助于我们看到社会生活中的这些联系，以及它们是如何支持和约束我们的。具有社会学正念的主要好处是，它能使我们成为人类社会中更负责任的一员。这是学习这种新的知识实践一个很好的理由。

社会学正念的稀有性

如果人人都有社会学正念，我也就无须为之力辩。你会认为下面这一点是理所当然的：我们都需要关注并认真思考社会世界的运作方式。你会觉得有人在这上面小题大做很是奇怪。然而，在美国社会，社会学正念的存在却是非常少有。

原因之一可能是，社会学正念看起来不太有趣。谁会没事找事想要拥有更多的思考规则？只要有规则，我们就会担心对错。所以我们可能会说："我受够了那些花哨的智力计划！我觉得有常识就够了。我只想简单生活，我可不想对生活分析个没完。"在我们这个社会，由于人们对大多数事物都持怀疑态度，所以出现这种情绪反应并没有什么不合理之处。

原因之二可能是，认为社会学正念无关紧要（有它没它都一样）。既然这样做不会有任何改变，我们为何还要费心去分析社会生活？一些明哲保身者远离社会，因为他们不相信他们能改变世界。他们和许多社会中人一样觉得自己无能为力。我认为这才是真正阻碍人们具有社会学正念的原因所在。我们倾向于关注那些我们觉得有责任并能对其有所控制的事情，因而，一旦觉得无力改变现状，我们也就不会去对现状进行深入分析。我们会为自己避开了麻烦而深感幸运。

美国社会中流行的个人主义思潮，也抑制了社会学正念在个体心中生根发芽。作为美国人，我们知道自力更生、靠自己取得成功、为自己考虑是一件好事。在某些情况下，这些想法是有益的。但是，它们也会让我们看不到我们与他人之间的相互依存性，看不到我们与他人之间的联系如何引导我们以某种方式去思考、感受和行动。认为我们只是一些相互竞争的个体、我们随时都可以去做我们想做的任何事情，类似这样的想法也会让我们远离我们置身其中的社会世界。

也可能是我们在生活中一心只顾追求金钱和地位，以至于我们没有时间去多想：社会是如何运作的？他人对生活的体验与我们有何不同？或者，我们可能担心，质疑那些伴随我们成长而来的信念会让我们失去安全感。或者，我们可能对那些虐待我们的人非常气愤，以至于我们对那些境况比我们还要糟的人失去了同情。或者，我们可能更喜欢不去多想我们是如何参与到压制他人的过程中的，因为这会让我们心中有愧。

人们抵制具有社会学正念有许多理由，但却并非因为他们天生就自私、好胜或懦弱。如果有后面这种感觉出现并抑制了具有社会学正念，那是因为人们的成长经历使然。在一个竞争不那么激烈的社会，人人都有好工作，人们觉得经济有保障，生活更安全，可能就会愿意花费更多时间去思考：社会是如何运作的。当生活变成一场没有终点的赛跑，为了不落人后，也就很少有人愿意停下来去详加分析，这场比赛是关于什么的，或者它将会走向何方。

具有社会学正念违背了西方社会的传统。它也违背了我们作为美国人从小就被灌输的许多动机。如何克服这些阻力？首要的就是抱有下面这种信念：培养和践行社会学正念是值得的。如果你需要被说服，我希望，我在上面所说的，至少已经部分说服了你。

　　这里还有一种观念可能会促使你想拥有更多的社会学正念：即使你现在还很年轻，你也有可能在 40 岁或 60 岁时离开这个世界；如果你现在岁数比较大，那你剩下的时间就更少了。都说人生苦短，时光飞逝如电，你想如何利用它？你可以一生只为名和利，这也是我们西方文化中许多人的主要志向；然而，人类生活中还有许多更高的目标。你可以通过传授知识、创造艺术、修复家园、促进健康、抵制暴力，或者是组织变革，来丰富他人的生活。关键问题是，人生一世，你想留下什么样的印记？如果你想在离开这个世界时让它变成一个比你初来时更好的地方，社会学正念将会有助于你看到需要去做些什么。

持续对话

　　无论我们多么仔细地去研究社会世界，我们对它的了解也总会是不完整的。即使你能读尽世间所有书籍，你仍会有陌生的经历。即使你能比一般人对生活有更多体验，你仍会从自己的视角去解释一切——这种视角由你在特定地点、时间、文化和群体内的教养塑造而成。我们没有办法绕过这一对我们知识的限制。

　　因为人们在生活中会看到和经历不同的事情，并有不同的方式去解释他们所看到和经历的事情，所以人们肯定会对社会世界的运作方式及其应该如何运作有不同看法。你可能会问了：那又如何？如果分歧涉及品位（"哟！你喜欢歌剧？"）或琐事，我们可以不予理会。我们可能会说这"没什么"，但心里则会好奇：为什么会有人接受这么奇怪的观念？

　　然而，在其他情况下，人与人之间的分歧就有引发冲突的风险。比如，一个人认为选举制度可以保证民主，因为在选举中，得票最多的候选人赢得政府席位，失败者可以在下次选举中重新争取。另一个人则认为选举制度并不民主，因为它意味着，最终可能有 49% 的人在政府中没有发言权。类似这样的分歧，当它涉及众多各自支持一方立场的人时，就会引发暴力冲突。

具有社会学正念，有助于我们避免在不拘大小问题上出现的分歧产生一些潜在的破坏性影响。有了它，我们就会意识到：我们的知识总是有限的，他人会从他们所处的位置去认识这个世界是什么样子，谁也不能声称自己独占真理。因而，至少我们会想听一听他人的意见，了解一下他人对事物有何不同看法及其原因所在。而且，我们也可以回顾一下自己的成长经历，努力弄清楚我们的知识来自何处。

因此，具有社会学正念，有助于我们参与到与他人的对话中，深入理解一些重要事情：社会世界是如何运作的？为什么他人会与我们有所不同或相似？我们如何在与他人有分歧的情况下做到和谐相处？只要我们参与这样的对话（只要我们在思考如何交谈，如何理解彼此和我们自身），我们就不会强迫他人去照我们说的去做。他人也不会这样对待我们。

我说的这种对话有可能涉及很多人，它可以通过报纸和网络等媒体来进行。它也可能发生在很长一段时间内，如几天、几周或几年。事实上，如果我们足够幸运的话，这一对话会无限期地持续下去，因为这是我们避免暴力和共同创造"社会安排"的唯一方法，这些社会安排会使社会上最大多数的人都过上美好生活。

本书也是这一对话的一部分；毫无疑问，在关于社会世界如何运作，或者关于如何最好地理解社会世界这个问题上，人们不可能没有不同看法。所以我确信，你会不同意我在这里说的一些话。当这种情况发生时，请你自己或者和他人一起就书中内容进行对话并提出问题。如果我们将这视作一个机会，进而深入研究为何他人会从不同的视角去看世界，分歧就会推动对话向前发展。我希望，无论书中内容会引发怎样的分歧，都可以用这种方式来解决。

我在本书中所能做的，就是邀请你培养自己的社会学正念，我相信，它能为我们更好地理解社会世界，更加人性化地生活其中，带来一种巨大的希望。我希望你会同意，对实现这些目标而言，社会学正念大有裨益。如果连我自己都不相信这一点，我也就不会去写这本书。但是，不管你怎么想，只要你愿意继续与人对话（当然也包括与自己对话），我就会心满意足。有时候，这是我们能做的最好的事情；有时候，能做到这样也就足够了。

对话——标签和根源

我听说一些不喜欢本书中某些内容的学生喜欢宣称："施老师是一个自由主义者！"好像单是这样一句话就可以反驳我所说的一切。同样的事情有时也会在课上发生。那些自称"保守主义者"的学生，那些被书中论点困扰的学生，有时也会通过将论点（或论点的作者）贴上"自由主义"这一标签来加以驳斥。每逢遇到这种情况，我都会追问道："给论点贴上一个政治标签，会使论点变得正确还是错误呢？"我用这个问题来把学生们的注意力引向论点本身，而远离那一会分散其注意力的标签。

问题并不是这样的标签（保守主义者、自由主义者、激进主义者）没有意义。问题是，人们经常粗心大意地使用它们。如果在使用它们之前我们能先给它们下一个确切的定义，它们就会变得很有用。

在经典政治理论中，保守主义者认为，传统是人类所积累智慧的体现。因此，保守主义者相信，我们应该保护现有的社会安排。你可能已经猜到了，保守主义经常会吸引特权群体成员，因为他们从现有的社会安排中受益最大。但请注意，原则上，保守主义与支持减税、激进军国主义、学校祈祷、强迫母职（forced motherhood，女性以其身为女性而被界定为一种僵化的社会女性角色，例如，认为女性应该温婉柔顺、被男人支配、担任生育和家庭工作等）无关。

在经典政治理论中，自由主义者认为，我们应该利用人类理性的力量来不断改善社会。保守主义者可能会说："东西没损坏就别去修理它。"（这句话直译为"不要没事找事"，其言外之意就是"不要破坏现状"。）自由主义者则可能会说："我们应该不断努力改进我们的社会机制，不论它是否有所'损坏'。"因此，自由主义吸引了那些对人类进步抱有信心的人，那些认为传统经常是进步阻碍的人。这里要注意的是，原则上，自由主义与支持福利、政府支出或生育权无关。

因而，自由主义者比保守主义者更怀疑传统，更乐于改变。不过，即使如此，自由主义者通常也会认同保守主义者的如下观点：社会的基本结构是好的。如果有问题出现，按照自由主义者的观点，无须对社会进行重大改革就可解决。激进主义者的观点则与自由主义者或保守主义者都有所不同。但是，激进主义并不意味着离经叛道或无法无天。

"激进"（radical）一词源出于拉丁语"radix"，意为"根源"。所以确切来说，激进主义者就是那些寻找事物根源的人。因而，在分析社会问题时，激进主义者经常会试着去看一看，那些问题是否根植于人类组织社会的方式。

这里我们举一个例子。假设我们看到很多孩子在校表现欠佳。再假设所有政治派别的人都同意，这是一个我们应该努力想法解决的问题。

保守主义者可能会说，我们不应该认为问题出在学校身上。毕竟，我们的学校教育方式是此前这么多年成功经验的结果。这种学校教育方式不仅在过去很有效，而且对现今的大多数学生来说（至少看上去）仍然有效。所以我们不要急着去用那些新的教育风尚代替过去成熟的方法。也许我们所需要做的，只是鼓励学生们再用功些。

自由主义者可能会说，社会变化日新月异，我们需要重新审视那些旧方法。也许今天的学生与过去的学生有所不同，所以学校需要适应这一新的现实。没错，学生们是应该再用功些，但我们也必须确保教师受过良好培训，能与那些来自不同背景的学生融洽相处。另外，学校可能也需要得到更多的资源，以确保所有学生都受到良好教育。

在这个例子中，保守主义者的观点并不排除关注学校如何运作。它只是不先去关注那里。自由主义者的观点也不排除关注学生的学习习惯或努力程度。它只是先关注别处。但不管怎样，这两种观点都没有对学校的组织方式、学校在资本主义经济中的运作方式，以及学校如何为特权群体的利益服务提出质疑。

在这个问题上，激进主义者又有什么不同的观点呢？我应该首先说明的一点是，并非只存在一种激进的观点。事实上，有多少种关于根本原因的看法，就有多少种激进的观点。因而，关于学生在校表现欠佳这一问题有多种激进的分析。下面我们就来简单介绍一些关于这个问题的激进主义观点。

我们首先要问的是：谁在校表现好，谁在校表现欠佳？［其实在真正进行讨论之前，我们还需要先定义什么是"表现好"（学习优秀？品行上佳？），但在这里我们暂且将其放在一边。还应说明的一点是，我所说的学校指的是那些公立学校。］事实证明，对那些来自中产阶级和上层中产阶级的白人学生来说，学校往往运作良好；而对那些有色人种学生和来自工人阶级的学生来说，学校往往运作欠佳。这是一条很有用的线索，它告诉我们，需要把种族和阶级考虑在内。但是，这本身并不能使激进的分析显得激进。事情并没有那么简单。

激进主义观点可能会说，在资本主义社会，学校存在的真正目的是强化和维护不平等，指望学校反其道而行之，未免太过天真。没错，是有一些来自底层社会的学生，通过接受教育，提升了其在阶级阶梯上所处的位置。但在大多数情况下，学校都是作为一台分拣机在运行，为来自工人阶级的孩子提供工人阶级的工作，为来自中产阶级的孩子提供中产阶级的职位。想要看清楚这一点，你所要做的就是关注学校产出的结果，而不要把冰冷的现实与激昂的言辞（"教育能给每个人提供平等机会"）相混淆。

激进主义者还会指出其他一些事情。例如，在一个经济状况极度不平等的社会里，相对于那些家中拥有更多资源的孩子，许多孩子都未做好充分准备去在校取得成功。所以也就可以预见，许多孩子都会在校表现欠佳。激进主义者可能会说，如果工作机会太过有限，以至于很多学生怀疑念书是否会给他们带来相应的回报，他们也就不会去接受学校强加到他们身上的不尊重和冷漠，只为拿个好成绩。此外，预期自身会受到种族主义歧视，同样会削弱孩子们积极向上的动机。

激进主义者可能也同意学校可以做出一些适当的调整（比如，对学校老师进行反种族主义培训，为资金不足的学校提供更多资源）以更好地服务学生，并同意一些学生可能会从"学习再用功些"的鼓励中得到益处。然而，只有通过观察周围社会的基本特征（不同阶级之间不平等的经济状况，普遍存在的白人种族主义），才能理解孩子们在校表现欠佳这一问题。激进主义者会说，正是由于我们社会的这些基本特征，这个问题才变得根深蒂固。因此，除非我们消除这些根源，否则这个问题永远也不会得到真正解决。

哪种分析是正确的？我们不可能说，我们无须去研究这个世界上正在发生什么，因为那只是一件孤立存在的事情。社会学正念要求我们在思考问题时考虑到更大的图景（社会背景），尽力看清社会世界中的一个部分（如经济）如何与另一个部分（如学校）发生联系。如果不这样去做，我们也就无法看到关于社会运作方式的重要事情。换句话说，如果自由主义者和保守主义者的补救措施都不起效，我们就可以合理地怀疑，问题的根源要比这两种观点所能看到的更深。

在就自由主义、保守主义和激进主义这三种视角说了这么多之后，我们可以得出一个结论：贴在分析上的标签并不重要。重要的是，分析是否基于可靠的证据和严谨的思考。试图仅仅通过给分析贴上一个不受欢迎的标签而去诋毁它，并不是一种在智识上负责任的表现。当然，所有的分析都会面临挑战。但是，那种值得慎重考虑的明智的挑战，必须以反驳的形式出现。

在最低限度上，对社会世界的分析，或者是对其任一部分的分析，都离不开社会学正念，否则我们就会错失一些重要的东西。至于本书中所呈现的种种视角，我要说，如果愿意，欢迎你贴标签，只是别忘了，标签本身并不是一种深思熟虑的判断，更谈不上是一种反驳。视角，应该根据它所产生和强调的价值观，根据它能让我们对我们所感兴趣的事物有多大程度的了解（洞见）来加以判断。基于这些理由，我非常欢迎你对我在书中提出的观点和论据进行评判。

杂记　偏见

　　早些年间，我曾开过一门社会性别课。有一次，一个学生在课上告诉我，他认为社会学有偏见，因为它忽略了男女两性行为的生物学原因。我说，社会学并未忽视那些关于生物学原因的说法，只是大多数社会学家都发现，那些说法基于一些错误的逻辑、可疑的证据，对社会生活如何塑造人类缺乏足够的了解。但是，那个学生依然认定社会学在关注社会原因上有偏见。从某种意义上来说，他的看法是对的，但却并不是因为社会学有什么特殊之处。

　　说一个人有偏见，就是说他/她有一种以特殊方式去看待世界和事物的心理倾向。从这个意义上来说，所有学科的从业者都有偏见。例如，生物学家倾向于看到有机体之间的关系。心理学家倾向于看到感知、记忆和认知相互作用的方式。物理学家倾向于看到物质和能量类似某种定律的行为。至于社会学家，他们则倾向于看到社会行为的模式，以及这些模式如何塑造我们这些各不相同的个体。

　　如果你看世界的方式与你身边的人差不多，他们就不会认为你的观点有偏见。实际上，他们会觉得你的观点很客观，就像你觉得他们的观点很客观一样。然而，当人们从不同的视角（不同的观念透镜）去看这个世界时，经常会出现那种"你有偏见"（或"你的看法不够客观"）的指控。换句话说，在日常生活中被我们视为"客观"或没有"偏见"的观点，往往是那些最接近我们自己持有的观点。

　　因而，一个人有偏见是不可避免的，而且这也不一定就是一件坏事。事实上，我们需要各种不同的视角来理解我们自身和这个世界；事实上，每种视角都带有一定的偏见或倾向性，尽管通常只有在遇到那些我们不熟悉的视角时我们才会意识到这一点。那么，什么时候偏见是有问题的呢？首先，当我们没有意识到它会影响我们所有人，从而误认为我们的视角是中立的和客观的，而他人的视角则是有偏见的，此时偏见就是有问题的。其次，当我们深深地陷入我们自身所持有的偏见之中，而不肯去考虑那些新证据和新想法时，它也是有问题的。因此，**问题不在于一个人是否有偏见，而在于一个人是否会被偏见所束缚。**

三 / 思 / 而 / 行

（1）想象一群你非常了解的人。它既可以是你所属的小群体、俱乐部或小团队，也可以是和你一起共事或曾经一起共事的人，还可以是你的一家人。假定你是这个群体的专家。现在想象一下，一个群外人飞快地扫了一眼你所在的这群人，说道："这些人看上去就像是一群呆瓜，这世上怎会有人以如此极端的方式行事？"你可能会觉得其所言既无知又不公平。但我们假设这个人真的很想了解你所在的这群人。你会如何引导他/她去理解你所在的这群人？或者，换句话说，这个人需要关注你所在的这群人的哪些方面？

（2）一些人认为，教育始于学生被送进学校听课。另一种思考方式则反映在下面这句古老的谚语中："当学生准备好了，老师就会出现。"这意味着，除非我们在智力和情感上准备好听进某些信息，否则没人能把那些信息传递给我们；一旦我们做好准备（虚心受教），我们就会找到我们需要的老师。这一想法可以怎样帮助我们去理解（本章开篇）那位声称在大学里什么也没学到的年轻人？假设我们已经做好了充分的学习准备，我们可以做些什么去增加我们与那些能教给我们东西的人进行联系的机会？

（3）我有一个女性朋友是一位社会学教授，她用我这本书当社会学导论教材，她要求班上学生回答我在书中提出的一个问题：他们想在这个世界上留下什么样的印记？当她把学生们写的东西拿给我看时，我发现许多学生都说了类似这样的话："当我离开这个世界时，我想让人记住，我是一个关心和帮助他人的人。"这是一个美好的愿望，我们都应该努力成为一个有爱心和乐于助人者。但是，关心他人对我们的看法，并不同于关心我们如何通过自身行动去影响世界。所以在我看来，我朋友班上的那些学生误解了这个问题。我猜想，许多人都会以同样的方式去理解和回答这个问题。你如何解释这种趋势？是否我们的文化中有什么因素，促使人们去用我朋友学生们的那种方式来回答这个问题？

第2章

创造社会世界

一美元钞票只是一张纸。它虽印制精美，但却并非一件珍贵的艺术品。那么，一美元钞票怎么会有价值呢？为什么有人会用一张纸去换一杯咖啡？这只能是因为喝咖啡的人相信，纸币可以换来他们想要的东西。如果人们不相信纸币可以换来他们想要的东西，这样的纸币将一文不值。

金钱的力量来自共同信念，仅此而已。有钱的人之所以有权势，是因为他们可以用金钱让他人为他们工作。如果没有人愿意用商品和服务去换取金钱，拥有金钱也就不会给人带来力量。想要让金钱带来力量，人们必须创造并分享关于金钱价值的信念——然后他们必须表现得好像这是真的一样。

想想你已经拿到或者是将要拿到的文凭。你可能希望这张纸能帮你找到一份工作。可是，为什么有人会因为这张纸而给你一份工作呢？一纸文凭并不能表明你就能干、诚实或勤勉。如果一纸文凭帮你找到了一份工作，那只能是因为你的老板相信，在获得文凭的过程中，你获得了那些能让你成为好员工的技能和习惯。如果你的老板不再相信这一点，文凭在人才市场上就会变得一钱不值，许多学校也会人去楼空。

没有共同信念，战争就不会发生。如果老师在课上对你说："坐在教室最后一排的学生都是恶魔，你必须在他们杀了你之前先杀了他们。"你可能连动都不会动一下。但是，假设总统发表电视讲话："大洋洲的人民都是恶人，他们想要毁掉我们的生活方式，所以我们必须在他们攻击我们之前先轰炸他们。"假设这是真的，事情又会如何？你是否会自愿驾机投弹？炸弹落下的一瞬，你是否会高声欢呼？许多人都会这样，尽管他们对大洋洲人一无所知。

为了让战争发生，一个国家的人民必须相信：另一个国家的普通民众对他们来说是一个严重的威胁；他们必须相信：政客说的是实话；他们必须相信：如果当官的都这么说，那么杀人就是可以的；他们必须相信：没有和平解决冲突的方法。当这些信念被清楚地表述出来后，它们似乎怎么看都不可能是真的，以至于让人震惊的是战争确曾发生过。事实上，涉及数百万人的战争过去已经发生，当下正在发生，未来仍将发生。由此我们可以看出，共同信念是非常重要的。

谈论共同信念的力量，就是在谈论观念的力量。在美国（许多美国人都喜欢认为自己是务实之人），观念的力量往往不被人理解。社会学正念有助于我们更充分地去认识这种力量。就像上述金钱、文凭和战争的例子表明的那样，观念很重要。（当一个人说"观念只是空谈，并不重要"，她／他就在被一种危险的想法所误导。）但是，我们也应该看到，金钱、文凭和战争并非只是几个特例。社会世界中每个部分的存在，都仅仅是因为人们共同接受并付诸行动的那些观念使然。

社会世界由何组成

说社会世界仅仅是因观念而存在，并不意味着它就是一种幻觉。身体不是幻觉，它们以某种方式行动的倾向也不是幻觉。家庭、学校、银行、教会、俱乐部、公司、城镇、政府、军队和国家也都不是幻觉。你无法期望它们自行消散。它们由那些按照循环有序的方式一起做事的人们组成。

这才是社会世界真正的组成部分：活动模式。

不过，我们一般都不会这么说。通常，我们会直接谈论家庭、学校、银行、教会、俱乐部、公司、城镇、政府、军队和国家。但是，它们只是一些涉及许多人的活动模式的名称。正是因为人们对如何一起做事抱有共同的观念，这些模式才得以持续存在。

观念让我们得以日复一日地以熟悉的方式一起做事。没有观念来引导、激发和维护我们所做的事情，我们也就没有社会可言。观念自然不会生长在树上，所以当我们陷入失序状态，或者是与他人发生冲突时，我们也就无法随手从树上摘下一个来帮忙。如果我们缺乏解决某些问题，或者是激发或维护某些行动所需要的观念，我们就必须创造出这些观念。人类有一种奇妙的有时则是令人恐惧的能力来做到这一点。事实上，我们几乎可以去解释、想象或维护任何事情。

社会世界的存在依赖人类发明的观念，所以它的存在同样是真实的。不过，它的存在不同于星星、树木和细菌。一方面，人类不会创造星星、树木和细菌，这三样事物早在地球上进化出人类之前就已存在。另一方面，在人类出现之前也不存在家庭、学校、教会、政府等。这些事物之所以会存在，仅仅是因为在很久以前人类为了生存下来而设计出的一些观念和做事方式。

说"社会世界是人类创造的"，听起来可能会让人觉得有些奇怪，因为我们通常认为社会世界坚固而耐久，就像它独立于我们而存在并可被触及。至少在大部分时间里，社会世界看起来都是令人信服的和真实的。

社会世界持久存在的原因之一是，人们拒绝怀疑那些将它合成一体的观念。例如，假设你认为你的父母是外星变形人。如果你把你的这一想法告诉他人，他人就会觉得你这人非疯即傻。人们绝对不会相信你的这一想法，因为真要信你所说，他们也就不得不怀疑他们所抱有的许多观念。大多数人，甚至是那些有时做出疯狂之举者，都不喜欢这种迷失方向的状态。每个人的心智都喜欢处在一种相反的状态——那种凡事都是可以理解的状态。

　　人们也会紧抓住这些观念不放，因为这些观念可以告诉他们何为对错。虽然"不可杀人"只是一种观念，但它却是一种指导人们行为的好观念，因为这样一来与他人一起生活就是安全的。所以，凡是对这样一种基本观念的威胁，也就是对社会本身的威胁。关于人类的道德行为还有许多类似观念，许多人们认为对维系社会（如他们所愿）至关重要的想法。难怪人们会拒绝去改变这些观念，甚至坚持认为这样的观念神圣不可改变。

　　类似这样的观念也能让人自我感觉良好。你如何知道你是一个好人？答案就是，你在自身的成长经历中，早就学会了一套可以用来评判你自己和你的行为的观念。例如，你学到，善良、慷慨和宽恕是一个好人所具有的品质。如果你在自己身上看到这些品质，你就会觉得自己值得得到自己和他人的尊重。我们都喜欢自身具有这种自我价值感，并会抵制那些想要改变这种自我价值感所依赖之观念的做法。

　　那些将社会团结在一起或者是帮助人们对自我感觉良好的观念，也常会得到其他观念的保护。例如，有人可能会说："我们社会赖以为基的这些原则来自上帝，永世不变。"另有人则可能会说："老祖宗定下的规矩，我们决不能变，要不国将不国，我们珍视的东西也会毁灭。"无论是哪种情况，人们的意图都是想要让社会持久地存在下去。因而，一个社会只要一直存在，对生活其中的人们来说，它就会显得牢固而真实。

　　观念也会影响人们的感受。当人们适应了一种理解世界的方式后，他们也就习惯了一种对世界、他人和自身的感受。这些感受也许会让人感到愉悦，也许不会。但无论是哪种情况，人们都能感到自己被情感所左右——当他们所持有的那些观念受到挑战时，他们更是会产生一种他们不想拥有的感觉。这也就难怪人们会拒绝放弃那些他们熟悉的想法，并会竭力保持他们所知的世界完整无缺。

习惯和隐形观念

你可能想知道，在哪里可以找到所有这些熟悉的观念。它们是在书里吗？其中有些是。事实上，它们大都只存在于人们的头脑中，或者体现在人们的习惯中，从未被说起或记下。我们当中没有一个人能知道我们持有并据此采取行动的所有想法。这是因为我们的许多观念都是一些隐藏很深的假设，它们的存在被认为是理所当然，以至于在通常情况下我们根本就不会去质疑它们。

例如，你可能会假设，本书并不是一台会向你的大脑传送电波的无线电发射机。你可能会假设，你正在看的这页纸上并未涂有一种可以通过皮肤吸收的药物，会让你耳鸣不已。你可能还会假设，本书不会在你读到 67 页时突然爆炸。然而，你并未意识到要做出这样的假设，事实上，由于它们隐藏太深，你永远都不会意识到它们的存在。我们的许多行为都是这样，它们根植于那些我们从来都不会去关注的地方。

将社会世界联系在一起的那些观念的无形性，是它们显得如此真实的部分原因。它们给人这样一种感觉，那就是，社会世界被缠绕我们身边许多看不见的线连在一起。只有当我们想要以某种方式脱离模式，我们才会感受到这些线的真实存在及其有形的力量。如果具有社会学正念，我们就会看出，这些线实际上是由普通人在日常生活中编织而成。

那些将社会世界联系在一起的观念中有许多都是隐形的，因为它们早已变成人们生活中的一种习惯。例如，小时候，你的爸妈可能会教导你睡前别忘刷牙。你可能会问这是为什么，你的爸妈解释说要不会长蛀牙，长了蛀牙就得去看牙医。如今你仍然知道这一切，但是，现在刷牙早已成为你的一种习惯，而你也已经不会去想起隐藏在这一习惯背后的观念。所有的观念都是如此。很久以前我们被告知为什么要做某件事，现在我们则是不假思索地就会去做。那些引导性的观念依然存在，尽管它们只是作为一种习惯为人所见。

刷牙是一个有些乏味的例子，但它却是引出了一个有用的观点：一些看似属于个人的习惯，实则是文化的一部分。在你出生之前，有人想到了刷牙可以作为避免蛀牙的一种方法。这是关于在你之前所存在的问题的一种解决方案。今天，几乎所有的孩子都会被教导要养成每天刷牙的习惯。这就是刷牙成为文化一部分的感觉。人们现在每天都会这样去做。

文化就是这样被创造出来的。有人找到了问题的一种解决方案，其他人认为这个方案可行并予以采纳，最后这一解决方案也就变成"每个人都在做的事情"。有段时间，人们依稀还记得某一实践背后的观念，但再过上一段时间，他们就忘记了。他们开始说："这就是我们做事的方式。"等到有了孩子，他们就会理所当然地向他们的孩子教导这种做法，而且很少会向他们的孩子解释它最初所源出的那种观念。这在某种意义上就像是，这种做法（解决问题的行为）已经成为构成文化的沉积物的一部分。

有一次，一个女生在课上谈起她的职业计划。她想毕业后努力工作，快速升职，赚很多钱，然后到了生孩子时，她就会放慢脚步。我问她这是为什么，因为要是她如此热衷于自身事业发展，生孩子就会妨碍她向上升迁。她看着我，有一阵儿什么也没说。然后，她说道："我不知道。我只是从未想过我这辈子会不结婚生子。"请注意，这里就有一种强大的文化习惯！它是如此根深蒂固，以至于许多人甚至都没有想过要去做出与之不同的行为。

直面当下社会世界

想想你初入学校的经历。你会发现那里有一套在你到来之前就已制定好的安排。没有人会问你是否喜欢学校的同学、老师和校长，也没有人会问你是否喜欢作业、考试和分数，更没有人会问你是否喜欢与许多人一起上课、坐硬板凳和课间休息 10 分钟。所有这些安排（学校这一社会世界）都在那里等着你，不管你是否喜欢，你都必须面对。你面对的是其他人习惯性的一起做事方式。

当你初入职场时，情况几乎是一样的。你的老板说："这就是我们在这里做事的方式。这就是你的工作内容。"你的同事说:"你可以稍微变通一下规则,但你不能做得太过。"你再次面临一系列安排,必须适应一种新的现实。我们就这样度过一生,不断地去适应那些在我们之前的人们形成的习惯和期望。我们亲身经历的一次又一次的社会阅历,让社会世界显得非常真实。

社会世界之所以显得如此真实,部分原因是它让我们面对一个又一个既定模式。小时候,我们的父母和老师会把他们觉得有用的观念和习惯教给我们。对此,我们除了接受,并无太多选择。尽管我们也会质疑我们所学到的一些东西,但我们大都还是接受了它们,因为不这样我们就会很难与人和谐相处。

每个社会都建立在一系列实践的基础上,人们通过这些实践来满足他们对衣食住行的需求。改变这些习惯做法是有风险的,尤其是那些行之有效的做法。人们不愿放弃那些依然可行的旧系统,以免有无法满足其日常生活所需的风险。那些从旧制度中受益最多的人自然也最不可能去改变它。任何想要寻求变革的人都会发现,社会世界既由那些影响人们思维的观念来维持,也由那些影响人们身体的工具(如枪支等)来维持。

让人消失

意识到并牢记"社会世界是人类创造的",并不是一件容易的事。出于许多原因,社会世界似乎"就在那里",好像并没有人对创造它负责。有人可能会问了:那又怎样?如果我们忘记社会世界是人类创造的,又会有何不同?这一不同就像是:当我们在使用工具时意识到自己手里的工具有什么用,和让这些工具(好像它们有自己的想法和意志)掌控一切之间的不同。

看不到社会世界是人类创造的,这叫"物化"(reification),它也可以被定义为倾向于认为社会世界有其自身意志和力量,不受人类控制。例如，有人可能会说："计算机技术是当今经济变革的主要推动力。"在这一声明中，计算机技术就被物化了，因为这句话听起来就像是，计算机技术有一种独立于人类的意志。似乎是计算机技术使事情得以发生。

然而，如果我们把"计算机技术"拆开来看就会发现，它只不过是一些金属和塑料。人们制造这些材料，将其组装成电脑和其他设备，然后决定如何使这些工具发挥作用。在这一过程中，自始至终都有人在选择建造什么和如何使用结果。但若我们把技术本身当成一种力量去谈论，创造和选择技术的人就消失了。这样一来，技术就像重力或风一样，成为一种我们对其无能为力的自然力量。

物化使我们看不到，技术产生的力量来自人们选择以某种方式一起做事。如果我们看不到这一点，我们就会忘记去追问一些重要问题，比如，谁选择制造哪种设备？为什么？我们的社会将会如何改变？谁会从中受益，谁会为其买单？我们是否应该避免这些变化？如果这些变化伤害了人们，谁应该承担责任？我们是否应该决定用其他方式去使用技术？

这是物化的另一个例子："市场对今日利率上升反应热烈，尽管经济学家预期这可能会对就业产生不利影响。"你可能以前多次听过这种说法。它给人的感觉就像是关于洪水或其他自然灾害的报道。然而，市场只是许多人以某种方式一起做事的结果，利率是由人们确定的，就业则是雇主选择的结果。物化使得这些人和他们的选择全都消失不见。

在我们当下这个复杂社会中有一种很强的物化趋势，因为人们很难看出，事情是在哪里和由谁来做出决定的。所以人们也就很容易认为，是技术、市场，或者是神秘的**它们**，正在使事情发生。就连那些理应知晓这一点的人有时也会如此行事。当社会学家们说"内城的工业发展趋势正在导致家庭结构变化"时，他们同样犯了物化之过。这种语言会让人觉得，没有人应该对那种选择伤害或帮助他人的行事方式负责。

因而，物化会使我们看不到谁在对谁做什么，以及如何这样做，进而导致出现某些后果。物化的存在，导致很难让任何人对其行为产生的好 /

坏结果负责。通常，都是那些有权势的人隐藏了他们的卑劣行为，摆脱了他们自身制造的那些困境。

物化也会让我们感到无能为力，因为社会世界似乎不受人类控制。如果我们给"技术""市场""政府""趋势""社会结构""社会"等抽象事物赋予一种独立的力量，那么想要出手进行干预并让事情发生变化也将变得毫无意义。我们无法不去随波逐流。有这种想法的人很可能会处处被动（即使他们看到他人失业、生活贫困或陷入困境），因为他们会觉得自己（对改变现状）无能为力。

当我们将社会世界予以物化，我们就把它的现实与星星、树木和细菌的现实混淆了。这些事物（作为一种物质实体）确实独立于人类的观念和行动而存在。但在社会世界中却没有人会是这样。物化就是忘记了这一点，忘记把社会世界视为是由人类创造的。因此，我们也就忘记了，发挥集体力量，我们能以一种更好的方式去重建世界。具有社会学正念，我们就会认识到，**我们生活其中的当下这一社会世界，仅仅是众多可能存在的社会世界之一**。

发明分类和发明人

即使我们相信存在最佳的学校教育方式，或者是最好的政府管理方式，我们也仍然可以承认，这些一起做事的方式取决于人们发明的观念和习惯。但我们却很难接受，同样的原则也适用于那些与我们认为自己是谁有关的社会建构。

例如，许多人都认为他们属于某个"种族"并认为"种族"是一种一眼就可看出的生物现实。然而，事实上，种族也是人类的发明。许多人在谈论不同的种族时往往会给人这样一种感觉，就像是人类群体之间存在一些显著的遗传差异，导致不同的群体有着不同的智力水平和行为；但是，他们错了。"白人""黑人"等必须被定义为是一种存在（的事物）。这些群体分类在很久以前就被人类发明出来，而且主要是基于政治原因被发明出来。

种族当然是一种社会现实。人们依照不同的肤色和祖籍被定义为属于不同的种族，这一标签会影响人们所受的待遇、和什么样的人生活在一起、他们学到的习俗，以及他们对自身的看法。但是，所有这些都是因为发明了把人进行分类的方法。事实上，我们也可以根据眼睛的颜色或身高来对人进行分类。如果我们真照这些新的分类去采取行动，它们将会和我们目前关于种族的想法一样真实和重要。

正如有些人认为当他们看到一个人的肤色就能看到种族一样，也有些人认为当他们看到婴儿的生殖器时就能看到性别。"啊，这个小家伙有阴茎，是个男孩。这个小可爱有阴道，是个女孩。"然而，把生殖器等同于性别是错误的。虽说阴茎和阴道显然是人体的一部分，但是，性别则是人类必须学会的一种东西。

如果我们没有赋予"阴茎"和"阴道"与其相应的意义，如果我们没有用不同的方式去对待这些器官拥有者的文化习惯，我们就不会产生"女孩""男孩"／"女人""男人"（这些标签）。这样的生物现实是许多人接受并按照相似观念行事的结果。其他不同的观念和行为会产生不同类型的人。我们所知的"男人""女人"只是一系列可能性中的一种。

将种族和性别视为一种社会建构可能会让人感到不安，因为它让我们显得好像没有像个体一样的实质内容，好像我们对自己的感觉随时可能消散空中。尽管人们并没有那么容易消散空中，但是，这种恐惧还是有一点真实性的。

我确信，如果你出生在一个不同的社会世界，你将会是一个（与现在的你）不同的人。你可能从未试着想过自己是一个男人或女人、一个黑人或白人、一个欧洲人或非洲人、一个同性恋或异性恋。所有这些身份都来自人类发明的类别，而并非大自然的一部分。事实上，你拥有的所有关于"你是谁"和"你是什么"的想法，都来自你成长其中的社会世界。

也许你可以在这里看到人类创造的世界如此真实的另一个原因：它早

已深入我们的内心。那些将社会世界联系在一起的想法会告诉我们"我们是谁"。如果我们不继续相信社会世界是真实存在的，我们就会失去我们作为个体的真实感。由于担心出现这种情况，许多人都会拒绝去研究社会世界是如何形成的，而更愿相信它有一种超自然的起源，遵循一种天国设计的蓝图。

发明真实

如果我的所有想法都与你的想法相反，你可能会想知道：谁的想法是真实的？这是一个需要考虑的重要问题，但我会让你自行判断。在这里，我想就社会世界之建构提出另一个观点。问题的关键是：那些我们用来判定哪些想法是真实的规则，也是人类发明的。

例如，你可以遵循这样一条规则："只有经典之作中所写的东西是真实的。"或者你也可以遵循这样一条规则："只有你可以自己验证的事情是真实的。"或者，你的规则还可以是："只有那些得到科学证实的事情是真实的。"你可以找到接受这些规则和其他规则的人来判定什么是真实的。

无论你喜欢什么样的规则，它都会是你在特定时间和地点成长时所学到的。这将是一个由人们发明并传递给你的规则，就像所有关于如何最好地做事的观念一样。搞清楚什么是真实的，就像刷牙一样，也是一种文化习惯问题。我们几乎不假思索就能做到这一点，这在某些情况下（对我们）是有帮助的，但在其他情况下（对我们）则是有害的。

人类的行事方式是这样的：首先，我们会为信念制定规则；然后，我们就会习惯性地遵循规则，坚定我们的信念，假设知道事情真假，仿佛真实的事情不经任何努力就会来到我们面前。例如，月亮不是由绿色的奶酪制成的，这一点似乎不言自明。然而，要接受这种说法是真实的，我们必须对"月亮""奶酪""制造"的含义有相同的理解。我们还必须就什么是支持或反对这种主张的证据达成一致（比如，我们是否必须有一个关于月球的样本？如果这个样本由 99% 的矿物和 1% 的奶酪构成呢？）。如果我们能就这些问题达成一致看法，我们就可以创造出一个关于月球的真实观念，就像我们创造关于其他事物的真实观念一样。

具有社会学正念，我们不仅会关注世界是如何被社会建构的，也会关注我们如何发明各种方法来决定什么是真实的。具有社会学正念，我们也会更容易理解，他人如何对"什么是真实的"得出不同的想法。我们也就不会坚持要求他人认为我们的世界图景是唯一真实的图景。我们甚至会更乐于去考虑他人创建的世界图景。

关注"发明真实"的意义并不在于找到决定什么是真实的最佳规则。事实上，这个世界上并不存在什么最佳规则，而只有那些对实现我们的目标或多或少有用的规则。因而，重点不在于获得更真实的真相，而在于通过关注人们如何判定什么是真实的，来更好地了解社会现实是如何被创造出来的。如果你关注这个过程，你就会发现：（1）在决定何为真实上，并非所有人都有平等的发言权，（2）真理常会向强权低头。

如何看待社会世界的形成

我们如何看待社会世界的形成？答案就是，用正确的方式去关注我们周围一直发生的事情。至于如何关注世界由社会建构而成，既可以采用告诫的方式，也可以采用提问的形式。这是一个知道应该寻找什么和询问什么的问题。

第一，寻找一起解决问题的人。在这里，你会看到习惯和惯例正在形成。当两个人或更多人面对一个共同的问题，得出一种相似的观点，并为此设计出一种解决方案时，他们就在创造一种社会现实。当他们的解决方案被其他人所接受，当这种做事方式成为人们的习惯时，一种文化就形成了。如果这种常规做事方式涉及许多人日复一日地协调他们的行动，一种制度就形成了。

第二，询问谁会从某些做事方式中获益。解决方案在解决一些人所遇到的问题的同时，也会给其他人带来一些问题。例如，公司裁员会增加雇主的利润，但却会损害员工的利益。维持学校秩序的某些方式对教师有好处（因为便于对学生进行管理），但对学生来说则不太好（他们的主动性受到了束缚）。所以我们在审视任何社会安排时都要记得追问："谁受益？谁受损？"你会发现，在建构社会世界的过程中，经常会有冲突发生。

第三，留意标签和类别是如何被发明出来的，尤其是那些适用于人的标签和类别。留意关于这些标签和类别（它们常会成为人们身份的来源）之含义的争议。留意人们如何被归入一个或另一个类别，如何以这样或那样的方式被贴上标签，以及他们如何接受或拒绝某些身份。这些标签、类别和身份的含义，决定了人们是会受到尊重、忽视还是虐待。如果你看到人们正在就这些含义进行协商，你就会看到社会现实正在被建构，人们的生活正在成型。

留心你用来了解自己和他人的那些标签和类别。不妨试着追问一下：是谁发明了这些标签和类别？谁受益？谁买单？这些标签和类别如何影响人们的行为？答案并不总是那么好找，但要想成为一个负责任的参与者来创造社会现实，你就必须寻找答案。否则你又怎能理解你在做什么、你是什么的一部分？

第四，留意人们在宣称社会世界中某些事物是真实的时所做的假设。看看他们认为什么是理所当然的。看看他们拒绝怀疑什么。通过这样做，你会找到人们确立现实感的基石。检查你自身的基石是否足够坚实，也是一种很好的做法。

还要留意人们如何在他们中间创造什么是真实的版本。要看到这一点，你必须观察当真相大白时，人们之间发生了什么。谁说了什么？什么样的论点被视为可信的和有说服力的？什么样的证据被视为令人信服的？哪些假设从一开始就被否决？如果你能识别这些事情，如果你能看穿具体过程是如何展开的，你就会看到，不同的群体如何创造不同的真理和他们生活的社会世界。

重塑社会世界

虽然我在前面说过，社会世界就像是一种可以依靠其自身而存在的坚实且持久的事物，但这只是它看上去的样子。事实上，如果我们不每天都进行重演，社会世界就不会继续存在。我们是社会世界的一部分，正是我们的思想、感受和行为使它持续存在下去。社会学正念的一部分就是关注我们如何做到这一点。我们会在无意中把哪些想法传递给他人？我们支持哪些习惯、惯例和制度？我们反对哪些习惯、惯例和制度？想要了解社会世界的形成，我们必须了解我们如何为它的形成做出贡献。

对"社会世界是建构而成的"具有社会学正念，就是看到改变社会世界的可能性。这意味着认识到我们可以采取不同的行动，选择反对或不支持那些有害或不公正的安排。不与他人保持一致行动的后果可能很严重，但我们不应假装我们没有选择。我们唯一没有选择的时候是，我们从未想到我们有选择的时候。一旦我们意识到有采取不同行动的可能，再说什么"我必须那样做，我别无选择"就是一种不诚实之举。此时我们真正想说的是："因为我承受不了做 X 的后果，所以我选择做 Y。"我知道，要让一个人这么说并不容易，因为这意味着要对我们的所作所为负责。

作为个体，我们所做的事情似乎对这个世界并没有太大的影响，因为我们做出的那些反抗之举常会被忽视。但别忘了，这个世界正是通过那些小小的行动而被重塑的。假设你意识到某种文化习惯对环境有害，例如，乱扔玻璃瓶。你认为这是一个问题，所以你想找到一种方法去改变它。你向那些与你一样关注这个问题的人们提出了一种解决方案：回收利用。很快，就有相当多的人有了一种不同的行事方式；在这种情况下，社会世界就在发生变化，哪怕只是一点点变化。也许在某个时候，平衡被打破，更大的变化就会突然发生。历史有时就是这样展开的。

社会世界的形成始终离不开协作，我们无法一个人去创造和改造任何**社会事物**。我们的想法，我们的解决方案，必须传递给他人，并且必须能够吸引他人。只有关注他人那些没有得到满足的需求，并向他们展示如何用不同的做事方式去满足那些需求，我们才有可能引发重大变革。换句话说，我们的力量在于我们通过言行与他人进行交流的能力，这样他人就能看到不同行事方式带给他们的好处。

你可能已经看出，我这里所讲的内容似乎有些矛盾。一方面，我在说，社会世界中的一切都是共同信念和人们经常按照惯常方式一起做事的结果。这似乎没有给个体留下多少空间。另一方面，在谈论创造和变革世界时，我却强调了个体的责任和主动性。鱼和熊掌如何兼得？如果人们必须适应既定的文化习惯和社会安排，如果这些习惯和社会安排彻底塑造了他们，他们又如何能对其加以抗拒？

一方面，人类的思维难以驾驭。它们不像电脑，只会去做那些被告知的事情（让干啥干啥）。人的大脑会产生形象、渴望，以及一些奇怪的和不可预知的冲动。这些思想的产物是不满、抵抗、创造力和改变的种子。毫无疑问，你可以想象出种种令人向往的事物、情况和经历（那些在你当下的生活中尚不存在的东西）。你的头脑总是可以超越日常生活，让你对现在享受不到的东西产生渴望：更多的乐趣、挑战和满足感。你之所以会对现有的东西产生不满，就是因为你能想象未来事情会变得更好。

当人们相互分享他们对现有事物的感受及其对可能存在事物的想象时，他们经常会在此前那些被认为理所当然的事物中看出问题。这种对话可以让人们意识到，问题其实是广泛存在的，即使以前没人指出它。如果人们然后说"让我们看看能否解决我们面临的共同问题"并设计出一种一起做事的新方式，社会世界就被重塑了。

因此，虽然在很大程度上我们必须适应社会世界，但却也正是在我们学会适应它的过程中（部分是通过拓宽思维和提升与他人相处的能力），我们也获得了改造它的力量，迫使它适应我们，哪怕只是一点点。所以从社会学视角来说，我们看到，人既是一种社会产物，也是一种社会力量。尽管我们是由我们所处的社会世界塑造而成，但我们每个人仍然在地球上拥有属于自己的一个位置，在这个位置上，当一个人内心的想法和感受发生冲突时，就会影响他人。这就是改变发生的方式。

在一次课上，一个学生说："将世界视为是人类创造的，会消除它所有的魔力和神秘，好像世间所有事物都没有什么特别的。"对这个学生来说，只有在超自然力量的控制下，这个世界才会显得神秘而特殊。我说，我想知道为什么有些人会需要相信那些超自然现象。我说，我对人类发明这类想法的能力感到惊讶。我说，对我来说，科学时代的人们如何保持对鬼神的信仰是一个谜。我的观点是，如果我们关注社会世界的形成，尤其是人们深陷其中的矛盾之处，社会世界就会以一种新的方式变得迷人而美丽。

我们可以真切地意识到社会世界是如何形成的，但却仍未看到所有可以看到的事物。事实上，总是会有一些新的事物在角落里、在我们的背后或脚下出现。我们经常忙于生活，无暇思考我们正在做什么。而这也就意味着，我们总是可以花点时间去理解我们今天做了什么。关于社会生活，总是有更多的分析思考要做，因为生活总是具有超越我们理解它的能力。

因此，社会学正念并不是一种可以用来看待一切的方法，好像一切都很容易被看透。它是更深入地了解社会世界形成的过程，以及如何改变社会世界的一种方式。即使我们从未完全理解它，通过尝试这样去做，我们也可以过上一种更有趣、更负责任的生活。我们还可以更好地看到，如何将我们置身其中的这个世界，重塑成一个人们能够过上美好生活的地方。

对话——克服单向度思考

我听说有些人被社会世界是人类创造的这一想法所困扰。有人告诉我，一名学生甚至拒绝接受性别是社会建构的观点。我怀疑这种抵制来自这样一种愿望，即我们的社会安排（尤其是那些关于性别、性取向、种族和社会阶层的安排）是神圣的。我确信，对一些人来说，认为他们对那些超自然存在事物的想法与他们对衣服、电影和音乐的想法一样都是社会建构的，这同样令人恐惧。

所有这些在本书中其他地方都有提及或暗示。在这里，我想指出，为什么有些人会觉得"社会世界是人类创造的"很难理解。我也将提出解决这个问题的方法。

假设你一辈子都生活在某种单一文化中，从未去过其他国家。在这种情况下，你会觉得世界各地的人类文化都是一样的。你也很难理解信念和实践的多样性（那是人们为了帮助他们在不同的环境下生存下来而创造出来的）。换句话说，如果你没有看到或了解人类文化多样性的范围，你就会觉得人类文化的多样性并没有多少。这种信息的缺乏会让你更难看到你自己的文化也是人类创造的，就像所有其他文化一样。许多人，如果他们没有走千里路或读万卷书，就会抱有这种狭隘的观点。

地球上有多少种人类文化？不确定，因为有许多文化从未被记录在案。答案还取决于我们如何定义"文化"。回顾整个人类历史，一个比较保险的答案是"数以千计"。今天，我们拥有人类学家研究过的 330 种不同文化的信息（你可以在图书馆或网上查阅"人类关系区域档案"）。单是知道存在如此多的不同文化，就足以让那些认为自己的文化代表全人类的人停下来好好思考一番。

因此，一些人仅仅因为缺乏信息或经验而低估了文化多样性。但是，有时候，权力也与这一点有很大关系。这里我们不妨来看一下美洲原住民（北美印第安人）的情况。

如果我让美国大多数非印第安人告诉我，哥伦布时代之前的印第安文化是什么样的，他们大都会提到羽毛头饰、弓箭、骑马猎牛和住在帐篷里。然而，这是一种基于好莱坞对 18 世纪平原印第安人描绘的刻板印象。就连那些声称尊重印第安人自然生态或精神智慧的白人，也经常误将所有印第安人视为一个群体。

北美印第安人过去和现在的文化多样性，远比大多数非印第安人想到的要多。人们普遍接受的一种估测是，在前哥伦布时代，生活在今天被称为北美地区的土著所讲的语言超过 300 种。可以说，每种语言都反映了一种不同的文化。而且在整个美洲大陆，不同土著之间在经济、宗教、政府和其他习俗上有很大差异。这种多样性至少和欧洲人内部之间的多样性一样大，然而，所有这一切都在"印第安人"这一标签下消失了。

假设我问：今天有多少个印第安部落？许多非印第安人可能会猜 12 个，即使他们说不出那么多。其他人可能会猜 20 个。一些人可能会说高达 100 个。但是，即使 100 个也太少了。美国政府正式承认的部落有 567 个，另有 400 个未被承认的部落和氏族。并非每个部落的规模都很大，依据 2010 年人口普查数据，8 000 人以上的部落有 39 个。

我曾在课上问过学生这些问题，所以我知道很多非印第安人估测的印第安部落的数目都过低。事实上，就连那些声称具有美洲原住民血统的人也经常对其估测太低。那么，这一切与权力又有何关系呢？

在本书第一部分第 10 章我会就权力谈论更多，但在这里，不消说，我指的是群体的政治和经济权力。集体定义自己为"白人"的欧洲人，比美国历史上任何其他群体都拥有更多的权力。这一点很重要，因为成为占统治地位群体的一员，也就意味着不需要去了解那些力量不够强大的人。从历史情况来看，白人经常忽视那些未被归类为"白人"的人群之间的差异。

因此，大多数白人对印第安人的多样性知之甚少也就不足为奇。除了不经意间从电视上和电影中学到的一点皮毛，白人不会被迫去学习美洲原住民文化。这与白人个体懒惰无关，它事关一个群体支配另一个群体时通常会发生什么。弱势群体的人性常会被抹去，其整个民族（和其他民族一样具有内部多样性）被简化成一种刻板印象。由于主导群体的文化倾向于塑造整个社会，所以社会上的每个人都会受到这种文化的影响。这就是大多数人（而并不仅仅是白人）对印第安人的文化多样性知之甚少的原因。

我举此例旨在说明，为什么有些人很难把社会世界视为人类创造的。归根到底，权势集团成员因为没有动机去研究他们自身以外的人，往往看不到人类的多样性。在他们眼中，似乎每个人，或者是每一个重要的人，都像他们一样。结果就是，他们不仅缺乏对他人的了解，还缺乏对自身文化的了解。而也正是因为缺乏这种（人类多样性）视角，才支持了一个人对其自身文化的幻想：认为其自身文化是上帝的礼物，而不是其前人发明的生活设计。

上述印第安人的例子只是众多事例之一。每当看到群体之间存在巨大的权力差异，我们就应该怀疑，类似的过程可能正在发挥作用。我们不妨想一想，美国人对第三世界国家人民的想法和感受了解得何其少。在这里，我们可以再次看到权力（一个超级大国）如何滋生无知。社会学正念有助于我们认识到这种倾向并努力加以弥补。这样我们就可以宣称，我们有能力创造一种不同的社会世界。

杂记 常识

我经常听闻"社会学不过是一种常识"，当然，谁都知道，这并不是对社会学的一种恭维。我也经常听闻"任何有常识的人都知道如何进行社会学思考"。然而，据我在现实生活中所见，这一看法并不是真实的。人们可以拥有帮助他们解决日常生活问题的实用智能（即有常识），但却没有学会从社会学视角去看这个世界。

例如，许多在美国文化中长大的人都会学到一种常识性的想法，即在我们这个国家，人人都能获得平等机会，只要努力工作就能取得成功，因为个人的优点会得到认可和公平的奖励。当我在讲授不平等这门课时，我经常听到学生们这样说。

但是，随着我们从社会学视角去研究不平等，学生们逐渐学会看到：孩子们是如何开始生活的，他们根据其家庭所处的社会阶层而拥有不同水平的资源；工作的金字塔形状，如何使得不可能每个人都取得成功；强大的团体如何囤积机会；人际关系网络如何限制人们去获取那些对他们取得成功至关重要的信息；发展自身能力、展示能力并得到认可的机会，如何取决于各种条件和过程，而对此我们谁都没有太多的控制权。

　　对许多人来说，用这些社会学术语去思考不平等，是对他们所抱有的那些常识的一种挑战。看到社会世界是如何建构而成的，会对他们构成一种更大的威胁。因此，虽然社会学思考与常识之间有重合之处，但在更多时候，它们之间都会发生冲突。顾名思义，**思考任何事物都意味着超越常识**。

　　过去，常识告诉我们地球是平的，是宇宙的中心。今天，关于这方面的知识，我们已经有了更多的了解。但是，想要移除那些根深蒂固的常识并不容易，因为人们之所以接受常识，更多是因为它的舒适性（它会让人感觉无比舒适），而不是因为它的真理性。这也就意味着，每当我们用批判性的观点（如社会学）去检验常识，就会不可避免地引发冲突。

（1）早前我在文中引用了"不可杀人"的观念，认为它可以让我们安全地与他人生活在一起。然而，事情并没有这么简单。即使在那些人们声称接受这一观念的社会里，也有杀戮发生。有时，这发生在危机时刻，人们感到自己的生命受到威胁，或者是发生在一些"激情时刻"，这时人们常会"失去理智"。在美国，当一个罪大恶极者被处死时，杀人更是会以一种冷酷的方式发生（比如被电死）。我们可以用什么样的观念来证明违反"不可杀人"的戒律是正当的？为什么有些人认为政府可以杀人，即使他们的宗教告诉他们的与此相反？

（2）许多人仍然认为，性别不同源于男女两性身体上的差异。当然，身体差异会导致机能差异：只有女性才能生孩子。人类生物学上的这一基本事实必然会影响社会生活中某些部分的组织方式。思考一下，这种情况如何与社会学思考并不矛盾。然而，我们必须谨慎对待这一点，因为许多关于生物学与社会行为之间联系的共同观念，都是被用来证明统治和剥削是正当的。关于性别（或种族或性取向）之生物学基础的流行观念，如何以这种方式发挥作用？如果这种观念被广泛接受，谁将受益？

（3）科学家曾认为，物体燃烧时会发出燃素。医生曾认为，疾病是由血液中的体液不平衡引起的。生物学家曾相信，现有物种不会消失，新物种也不会出现。地质学家曾认为，大陆从不曾移动。过去，大多数人都认为太阳绕着地球转，地球是宇宙的中心。现在我们知道，所有这些曾被许多聪明人接受的观念都是不真实的。目前流行的那些关于"人性"、社会行为或社会世界的观念，在未来百年内有哪些会被抛弃？你认为这将会如何发生？

第 3 章

看到事物之间的联系

有一次在课上，一个女生说："我相信传统，我认为在家里应该男人说了算。"

早先这个女生说她大学毕业后想去当一位公司律师，于是我就问她："你是否希望自己在职场能被平等对待？"

"那当然了。"

我接着问道："如果男人习惯在家里把女人当成下属，你是否会认为男人很难在工作中做到平等对待你呢？"

她看起来很是有些困惑不解，但是，另一个女生听出了我的意思，就对她说："想想你丈夫，如果他习惯在家里把你当下属待，他对单位里的女同事也会那样。"

这时，一个男生说道："如果你在一个男人说了算的家里抚养男孩，那么等到他们长大走上社会，他们也会期望自己说了算，这样就会伤害到与他们共事的女人。"

另一个男生试着做了一个总结："如果女性满足于家庭不平等，她们也就永远不会获得职场平等或政治平等。"

具有社会学正念的一部分就是看到：我们在生活中某一领域做出的行

为，如何成为导致其他地方所发生事情的原因和后果。在上例中，第一个女生没有看到，接受家庭不平等会如何阻止她和其他女性获得职场平等。她没有意识到，家庭生活如何与职场生活联系在一起，使得她在一个领域做出的行为，有可能在另一个领域产生一些意想不到的后果。

下面是另一个例子。由于各种原因，有些人不想纳税来支持那些旨在帮助穷人的项目。于是他们就投票支持那些宣称会通过削减福利、教育、公共住房和学校午餐项目开支来降低税收的政客。你可能会 / 不会认为，削减对穷人的援助是一种卑鄙自私的政策。但在这里，我们不用这些术语来做评判，而是要追问它是否是一种有意为之的行为。

我们首先应该注意的是，美联储设定了利率，使得官方数据显示失业率保持在 5% 左右（当然，官方数据是不可信的，根据一些研究人员进行的更贴近现实的研究，真正的失业率为 10%）。这意味着有数百万人都没有工作，而这则并非他们自己的错。如果一方面没有足够的工作可做，另一方面公共援助又被取消，结果会是什么？那就是，会有更多的犯罪、更多的疾病和更多的绝望——而所有这些情况都有一定的代价：为更多的警察和监狱支付更高的税收，支付穷人急诊护理费用的医疗保险费率提升，支付投保入室盗窃损失费的保险费率提升，穷人和中产阶级之间出现更大的怨恨和恐惧。考虑到这些因素，所谓的节省又体现在了哪里？由于我们的社会运作方式，并未体现出那种所谓的节省，而且在许多方面，除了那些富人，每个人都要付出更高的成本，承受更多的痛苦。

社会学正念意味着从一种更大的视角去看待事物。 例如，在税收和公共援助方面，一种明智的做法是，看看我们的联邦预算中有多少花在了贫困家庭临时补助（TANF）也即通常所说的福利上（1%），又有多少花在了军费上（约 30%）。我们看到，其实我们有足够的财富，可以为所有需要它的人提供食物、住房、教育、医疗保健等——要是我们每年不在制造武器上花费数十亿美元就好了。

尽管有时一次只研究一个问题是一种有益的做法，但是，了解问题如何联系在一起则要更重要。这里我们不妨思考一下在校表现欠佳这一事例。为什么会有这么多儿童和青少年在校表现欠佳或辍学？通过观察学校内部发生的事情，我们只能找到答案的一部分。为了理解为什么学生在校表现欠佳，我们必须了解学校如何与更大的社会联系在一起。

那些饥肠辘辘或疲惫不堪的学生可能在校表现欠佳。为什么他们会饥肠辘辘或疲惫不堪？也许是因为他们的家庭收入太低，无法给他们提供足够的食物，无法给他们提供属于他们自己的房间。为什么会这样？也许是因为社会上没有足够的好工作可做。为什么会这样？也许是因为雇主希望保持高失业率好压低工人工资提高企业利润。缺少工作也会挫伤人们的积极性。如果学校让人感觉很无聊，而且上完学也找不到工作，为什么还要待在学校？我们也可以建立另一个联系：学校让人感觉很无聊，因为老师工资太低，还要加班加点，结果落得疲惫不堪。为什么会这样？也许是因为有那么多钱都花在了制造杀人机器而非教育上。

事实上，在校表现欠佳这一问题远比上面所说的要复杂得多。而这也正是问题所在：这个问题很复杂，因为它产生于学校、学生、教师、家庭、公司和政府之间形成的一个很大的联系网。为了全面了解问题，我们必须找出这些联系。简单地把问题归咎于学校内部，或者像有些人那样归咎于学生自身动力不足，并无助于解决问题。**追寻联系的关键所在就是，找到我们想要弄清楚和解决的问题之根源。**

我们再来思考一下职场平等与家庭平等之间的联系。如果女性在家中还要上"第二班"（搞卫生、洗衣服、带孩子），她们也就无法像男人一样在工作中平等竞争。那些有妻子代做家务或者不尽自己家务职责的男人，有更多的自由可以一心扑在工作上。随着这种自由转化为更高的收入，男人期望并会在家里获得更多的权力，因为他的工作成为家庭收入的主要来源。这一联系现在有两种方式：在家里享有的一点额外权力（源于传统性别观念），可以让一个男人在工作中享有优势，而这反过来，随着时间的推移，则会使他在家里拥有更大的权力。用这种方式看待事物意味着，想要减少男女之间的不平等，我们必须解决生活中那些看似不同却又密切相关领域的不平等。

认识到会有意外后果发生

也许你在想："家庭不平等问题没你说的那么复杂。如果两个人都忙于追求事业并都发展不错，他们完全可以雇人来做。"这是一个不是解决办法的解决办法的好例子，因为从中我们可以看到，我们是否注意到意外后果是如何产生的。要看到这些意外后果，我们必须首先看到事物之间的联系。

夫妻俩的收入与雇人这一行为之间显然有联系。只有那些高收入者才雇得起人。缺乏就业机会与佣人的可得性之间也有联系。如果有很多工作都能提供不错的工资和工作条件，那么很少有人会去选择打扫别人家厕所来谋生。上述两种联系都是一眼就能看出，相比之下，其他一些联系则要更难看到。

为了看到那些隐藏的联系，我们必须留意：首先，大多数佣人都是女性；其次，当一对夫妇雇人时，通常都是因为女主人拒绝去做这么多家务。如前所述，之所以会出现这种情况，是因为男主人拒绝平分家务。如果他肯平分家务，他们也就不需要雇人了。

那么，在雇人来做家务的情况下，事情是否有真正的改变？不多。"做家务是女人的责任"这一观念并未受到挑战，因为最终做家务的只是一个不同的女人。这对夫妇只是用他们的一部分收入，将不平等的负担转嫁给一位贫困妇女。这样做的结果可能是夫妻双方在家务劳动上更加平等，但整个社会的不平等却是变得更加严重。如果这对夫妇是白人而女佣不是，这一点就更加正确无误。

即使所雇的佣人是男性，事情也没有太大不同。在这种情况下，"做家务是女人的责任"这一观念没有得到强化，但"不平等是可以接受的"这一观念却是依然得到了强化。事情仍然是，那些没有多少工作机会的人去打扫别人家的厕所，后者则可以更自由地去做一些更为丰富多彩的事情。这种安排传达出的信息就是："我忙于赚钱和娱乐，无暇去为清理自己造成的烂摊子而烦恼。那些挣钱少的人应该为我去做这项工作。"

在这里，我们可以看到一系列使不平等看起来可以被接受的想法之间的联系。其中一个这样的想法是，有钱人有权让他人替他 / 她去做脏活。使用这样的想法来证明雇人是正当的，也会肯定不平等的正确性。这就像是在说："财富决定人的价值，所以对我这样富有和有价值的人来说，完全可以雇人来替我做家务。"那些雇人来替自己做家务的父母会教给他们的孩子这个原则，他们的孩子则会从中学到，富人不必负责清理他们制造的垃圾。

男人们可以用同样的想法来争辩说，他们应该远离脏活，他们应该有更多的时间去"认真"工作和玩耍，因为他们赚钱更多，所以他们比其他人（通常都是挣钱少的女人）更有价值。这里的联系是两种看似不同的不平等的延续：一种与经济有关，另一种与性别有关。这两种不平等紧密相连，因为有一个相似的信念支撑着它们：什么决定了人类的相对价值。

社会学正念揭示了上述联系。我们需要看到的是，由于社会世界的运作方式，我们的行动，以及我们用来证明其正当性的想法，如何产生预期后果和意外后果。如果我们的社会没有这么多不平等，那么雇人做家务这一行为的意义和后果也就会有所不同。

分析道德问题

当眼前的问题在我们心中唤起一种强烈的情感时，我们愈发需要留意事物之间的联系。堕胎就是这方面一个很好的例子。为了看清这一点，我会通过社会学正念去思考；要是你能抛开（哪怕只是暂时抛开）你对这个问题的情感就更好了。我强烈建议你，不要让自己被那种强烈的情感蒙蔽了心智，而是应该转换心态，尽力对那种情感进入深入剖析。

　　反对堕胎者认为，胎儿是未出生的孩子，所以堕胎类似于谋杀。支持堕胎者则认为，直到胎儿可以在子宫外存活，它才成为女性身体的一部分，所以堕胎是女性对其身体和生活行使主权的一种权利。在实际生活中常被忽略的一点是，堕胎并不仅仅是一种个体妇女控制自己身体的权利。如果我们留意我们社会的运作方式，我们就会看到，这里面暗含着更多的利害关系：限制堕胎使得女性不太可能实现与男性平等。

　　如果女人被迫成为母亲，她们也就无法与男人进行平等竞争，因为男人永远不用担心怀孕或照顾孩子的义务会妨碍他们事业有成和仕途亨通。缺乏那种自主决定是否生育和照顾孩子的自由，使女性处于一种不利地位。通过限制堕胎强迫女性成为母亲也强化了这样一种观念，即做母亲是女性最重要的角色，这意味着女人最好是生孩子和照顾好家庭，而不是去制定法律或经济政策。

　　这里还有一种联系。如果女性无法安全地合法堕胎，她们也就只能是在那种不安全的条件下去进行堕胎，而在这种情况下她们就有受伤和死亡的危险。当堕胎受到限制时，事情总是如此。这意味着，在限制堕胎时，女性的愿望连同她们的安全都被忽视了。因此，这一政策也传达出了一种关于女性作用和价值的信息。它实际上就是在说：女性不应该抵制当母亲，女性对社会的重要性不如她们肚子里的胎儿。

　　剥夺女性终止妊娠的选择还以另一种方式与不平等联系在一起。限制堕胎的政策意味着，女性无法在这些生死攸关的个人事务上做出明智选择。如果事情是这样的话，女性也就肯定没有能力去处理好那些更大的与人类生死攸关的事情，例如，是否发动战争和杀死数百万成年人。因而，限制堕胎不仅阻碍了女性与男性进行竞争的能力，它还强化了这样一种观念，即当涉及处理社会重要事务时，女性与男性在道德和智力上不平等。

　　也许上面所讲的听起来像是一场关于堕胎的争论。事情并不完全如此。这是尝试在堕胎问题上实践社会学正念，以便看到潜藏在这个问题后面更多的利害关系。这样做并非必然就会得出"堕胎是正确的"这一结论。

例如，你可能相信"堕胎是一种不可取的做法"，因为它强化了"不方便的生活是一次性的"观点，从长远来看，这种态度会产生一些不良后果。

不同的价值观也会导致在这个问题上得出不同的结论。假如你认为，受精卵或胎儿应该得到和成年女性一样的道德考虑，所以限制女性自由是保护胎儿"生命权"的一种合理代价。如果事情是这样，你就会认为限制或禁止堕胎是应该的。但是，想要在这个问题上得出任何正确和负责任的结论，人们必须意识到堕胎与妇女自由和两性平等之间的联系。

社会学正念有助于我们看到，在寻求那些道德问题的解决方案时必须考虑更多事情。我们应该试着从社会世界的运作方式出发，思考我们的行为与其后果之间的联系。堕胎这个事例表明，按照这种方式进行思考，需要愿意带着某种超然的态度来审视社会世界是如何运作的，不管我们喜欢与否。当然，这并不意味着在做出道德判断时忽视我们的内心感受。它意味着，在做出判断时别忘了使用我们的理性思考能力。

读懂标志

社会世界中充满了被称为标志的符号。与所有的符号一样，标志也是代表其他事物。学习读懂标志是学习具有社会学正念的一部分。从社会学视角来解读符号，就是了解它与社会世界运作方式中某些方面的联系。

例如，假设在一个穷人聚居区有一条未铺砌的道路。在这种情况下，这条道路就是一个标志。它指出了住在附近者的贫困和无能为力。这当然是一种解释，我们可以核查一下它是不是真实的。考虑到我们社会的运作方式，这是一种合理的解释。另外，我们知道，人们通常都喜欢自己住处有铺得很好的道路，路政官员通常都会对富人做出更积极的回应。因此，这条未铺砌的道路也可以被视为美国政府运作方式的一个标志。如果我们知道如何读懂这条道路，它就会指引我们看到许多其他事物。

有些标志则与人联系在一起。例如，在我们的成长过程中，我们学会把汽车、衣服和房子作为一个人财富的标志。我们学会把一个人的行为当成其性格的标志。我们可以这样去做，因为我们对社会运作方式，以及人们为什么会像他们做的那样行事，有自己的想法。这些想法使我们能够看到标志与其他事物之间的联系。一般来说，我们拥有的这种想法越多，我们能够看到的联系也就越多。如果人们没有看到同样的联系，那很可能是因为他们对世界的运作方式有不同的看法。

社会学正念并没有准确地告知我们，标志如何与其他事物联系在一起。它也没有告知我们，什么是什么的标志。对标志具有社会学正念仅仅意味着，试着去了解某一事物、习俗和事件如何成为指向其他事物的标志。我们可以通过养成询问的习惯来做到这一点："这种事物、习俗或事件**意味着什么？它指出了**哪些其他现实？它**揭示了**哪些社会本质？"我们会得出什么样的答案，取决于我们对社会运作方式的了解。

非显著标志

在我们的成长过程中，大多数人都学会了把一个人的行为、外表和财产作为他们性格和财富的标志去进行解读。这是一种基本解释技能。但是，社会学正念能让我们走得更远。有了它，我们就可以对那些看似没有意义的事情详加审视，更深入地去探讨它们的意义。从这个意义上来说，社会学正念能够增强我们的解释能力。

以下是一些可被视为标志之安排、习俗和事物的示例。我的解释基于我对社会世界运作方式的理解。你对社会世界运作方式的看法可能与我有所不同。如果是这样，那么在你看来，我的一些解释就会显得很奇怪。这很好，你没有必要非得像我一样去理解符号标志。重要的是，养成将社会世界的一部分视为标志的习惯。

前面我曾提到，我们的共同财富中有很大一部分都被用来制造杀人工具和训练人们使用那些工具。你可能会认为这种安排很糟糕，极为不幸。就当下讨论而言，你的这一看法并不重要。你可以静下心来想一想，我们用这么多共同财富来杀害或准备杀害他人意味着什么。这对我们的社会意味着什么？它对我们作为一个民族又意味着什么？

我认为，它说明我们生活在这样一个社会：那些富人和有权势者利用我们的大部分共同财富变得更富有和更强大，他们通过组建装备精良的军队来控制工人，获得原材料，并保持贸易市场开放。它说明我们生活在一个许多人感到他们别无选择，只能暴力抵抗压迫和剥削的世界。它说明我们生活在一个有些人觉得有权剥削他人的世界上，只要他们有能力这样去做。它也说明，我们大多数人都不敢对把我们的共同财富用去制造巨大的暴力工具提出抗议。

人们对"军费开支"有不同的理解。你可能不同意我认为它所代表的事物。再说一遍，这很好。重要的是不把它视为一种理所当然的存在，而是把它视为一种标志，一种我们社会运作方式的结果。有了社会学正念，我们就可以把"军费开支"视为通往其他社会现实的大门。一旦这扇大门被打开，我们就能找到不同事物之间的联系，谈论它们可能会让我们看到什么。

下面是另一个示例。今天，美国许多内城的境况都很糟糕。许多行业都已搬迁到那些更为有利可图的地方。因此，这里的好工作很少，失业率很高。由于有这么多人都找不到稳定工作，内城的住房状况不断恶化，吸毒泛滥，街头犯罪猖獗，婴儿死亡率极高，学校教学质量低下，好医院奇缺。生活在内城的人们大都是少数族裔成员。

在这种情况下，我们可以说，内城的境况是我们经济运作方式的标志。当把工厂搬到其他地方可以赚取更高利润时（不管这样做对那些留在原地的人会有什么不好的影响），这就是工厂老板要做的事情。但是，在这种情况下也出现了一种不同的标志。如果我们放眼城市之外，我们就能看到它。想想大多数美国白人对内城现状有何反应。

有何反应？最明显的反应就是指责穷人，坚持认为他们应该工作更加努力，并认为应该中止对他们的公共援助。但是，美国白人最普遍的反应却是漠视。大多数美国白人并未要求采取更多措施去帮助生活在内城的人们。他们只是一心希望这个问题就此消失。

缺乏同情心是什么意思？它对美国白人意味着什么？它可以被视为种族主义的标志，尽管我认为它指出的远不止这些。它还指出了美国白人对自身经济地位没有安全感，指出了他们渴望相信他们的成就是他们自身所为，指出了在解决如何使用我们的共同财富问题时他们感到无能为力。在这种情况下，标志就是那些**未采取的行动**。社会学正念有助于我们看到，缺少某些东西也可能是一种标志。

作为标志的社会组织

我们组织自己完成任务的方式也可以被解读为标志。换句话说，我们习惯的做事方式编码了关于我们的信息；它们可以被理解为我们重视什么和害怕什么的标志。例如，想想我们的教育方式。

我们给每个学生打分，并坚持要求每个学生都要好好学习。我们把学校生活与家庭生活分开，让老师充当替代父母和老板，把学校的一天分成几段时间，给学生课间休息和假期，让学生遵守纪律，惩罚那些胆敢违反纪律者。这些做法对我们意味着什么？我认为，它们说明，我们主要关心的是把学生变成好工人。

学校教育所包含的不仅仅是传授知识和基本技能。我们的教育形式教导学生成为有竞争力的个人主义者，接受等级和权威，遵守纪律，每天早早起床做一些毫无意义的工作。学会接受（学校）这个团体的学生很快就能适应工作世界，因为工作世界的组织方式与此大致相同。如果学校采取一种不同的组织方式：等级减少，威权控制更少，时间控制和监管更少，竞争更少，更加尊重学生真正关心的问题，那么学生也就可能不太适应雇主的要求。

我们是否真像我们所说的那样重视学生的创造力、独立的道德判断和批判思考能力？我们的学校教育形式给出的答案是否定的。尽管有些人

（包括许多教师）可能比雇主更看重不同种类的知识、技能和思维习惯，但是，大多数学校教育都是为了创造好工人，而不是艺术家、社会批评家和政治活动家。这一事实可以被视为雇主（企业）影响我们组织看似非经济活动方式的权力的标志。

下面列出了一些我认为可被视为标志的事物。你可以试着拆解它们。问问它们意味着什么，它们指出了哪些社会现实，以及它们揭示了哪些社会本质。

- 带有暴力色彩的电影和体育运动在社会上广为流行
- 《财富》500 强企业中女首席执行官占比很小（<5%）
- 电视台拒绝播放安全套广告，即使在艾滋病流行期间
- 许多人都爱八卦演员和其他社会名流的生活
- 许多人使用手机和社交媒体上瘾
- 即使在科学时代，宗教信仰依然广泛存在
- 许多富人服用改变情绪的药物
- 几乎所有地方都装有监控器
- 学校里出现校警
- 美国的监禁率（每 10 万人中约有 700 人）是世界上最高的
- 一年一本书都不读的美国人的百分比（28%）

你可能会把这些事物仅仅视为一些奇谈怪论，不去多想。但若你想练习社会学正念，你就可以将它们视为许多扇门，在它们背后，隐藏着一些通往社会世界中其他方面有趣而复杂的联系。

与过去的联系

如果你关心过去，关心过去与现在的联系，你不需要跑去博物馆，因

为你已身在其中。事实上，过去就在我们身边。我们穿的衣服，我们讲的语言，我们住的房子，我们信奉的观念，我们遵奉的习俗，都是过去留给我们的。我们当然会改变这些事物，但我们并不会从零开始。

　　具有社会学正念，我们会看到过去如何把我们带到现在，以及当下这一时刻告诉我们的关于过去的事情。我们可以称之为"试着看到历史联系"，或者是"回顾过去，看看今天的事物如何变成现在这样"。这就像是把现在的事物视为过去的标志，尽管现在的事物并不仅仅指向过去。

　　如果我们考虑衣服和住房这样的实物，这一点可以说是再明显不过。我们穿的衣服和穿衣方式显然是一个传统问题。我们住的房子及其建造方式也是如此。食物也是一个很好的例子（每顿饭中都隐含着我们的过去）。这些旧事物似乎将过去牢牢地固定住了。我们可以看着它们说："看到没，这就是很久以前的情况。我们今天仍在以同样的方式行事。"在这些情况下，过去的证据显而易见。

　　知识本身就是生活在我们头脑和习惯中的过去。我们今天之所以能知我们所知，做我们所做，离不开几千年来先人创造的东西。这一点可以说是再明显不过，正如我在写作，而你（稍晚）在阅读。我们的语言不仅把我们彼此联系在一起，也把我们与人类共同的过去联系在一起。

　　"现在与过去紧密联系在一起"这一想法可以说是显而易见。然而，人们之所以经常看不到历史联系，是因为他们不想看到。例如，许多美国白人常说："种族主义是过去的问题。歧视黑人现在是非法的。如今人人平等，所以我们无须特意对黑人实施平权行动或特别计划。"像这样的陈述就抹去了现在与过去之间的联系——好像白人奴役黑人数百年所积存的所有权力和特权都不存在。

　　下面是另一个示例。过去，女性在婚后会放弃她们的姓氏，改随夫姓。这种做法表明，妇女作为一种财产，从一个男性（父亲大人）手上被转移到另一个男性（夫君）手上。男人没有改变他们的姓氏。男人是主人而不是财产。

今天，我们反对"妇女是一种财产"这一观念，然而，这种改随夫姓的做法却是依然存在。为什么？也许是因为许多年轻女性没有看到这种做法与过去之间的联系。如果是这样的话，她们就没有看到改随夫姓的意义。她们没有看到，放弃她们的姓氏（很少有男人会这样做）有助于延续旧父权制所赖以为基的同一理念。这一理念就是，女人的身份由她和男人的关系决定。如果我们想要肯定女性的价值和两性平等，明智之举就是拒绝那些让暴虐的过去活在当下的做法。

改随夫姓这个例子说明了，如何从社会学视角去关注过去与现在之间的联系。光说"过去塑造了我们今天的思维和行为"是不够的。虽然这是一个重要的认识，但我们仍需更进一步。有了社会学正念，我们应该追问：这种做法是如何产生的？它为谁解决了什么问题？这些问题只能通过回顾过去来回答。寻求答案并不只为满足对过去时代的好奇心，而更多是为更好地理解当下发生的事情。

深入理解现在

从社会学视角考虑过去和现在之间的联系，也可以让我们更好地思考当下问题。例如，我们可以追问：任何一种传统的观念、习俗或社会安排，其当下用途与最初是否一样？它是否在某种程度上有些功能失调？如果是这样的话，为什么这一传统还能保留至今？谁会从延续这一传统中受益——还是和过去一样的那些人吗？这些年来，传统有何改变？为何改变？

提出这类问题会使现在变得更加复杂和有趣。找寻答案的过程也有助于我们理解社会世界的建构性。通过观察过去和现在之间的联系，我们看到：人们在很久以前建构的东西，随着时间的推移，会发生很大变化。回顾过去也有助于我们了解偶然性（命运攸关情况的特殊组合）如何影响社会世界的形成。

在上一小节中，我采用了奴隶制与白人的政治及经济权力得到巩固这一事例，并说这一过去塑造了我们的现在，否认这一点是错误的。但是，在过去如何塑造我们当下的哪些部分这一点上，仍有争辩和权衡证据的余地。进行这种研究和对话，是具有社会学正念的一部分。

意识到现在中之过去的另一种方式就是倾听此时此地他人的声音（意见）。具体来说就是，我们应该记住过去的意义及其在人们心中唤起的感受。问题不在于人们对过去的看法是否正确，而在于人们对过去的感受（无论它们基于什么之上）如何影响他们现在的行为。

再回想一下奴隶制的例子。我们可以分析它如何影响当今美国黑人和白人之间的权力平衡。这是一种重要的分析。但是，我们也必须把奴隶制的意义视为我们过去的一部分。我们必须考虑我们过去的这一部分对现在的人们来说意味着什么。如果我们想要理解现在，我们就必须考虑这些意义，因为这些意义会影响黑人和白人相处的方式。如果我的人民被你的先人奴役了几百年，然后你在 150 年后告诉我："这没什么大不了，而且这和现在没有任何关系。"你尽可相信，这肯定会影响我对你的看法。

理解人们如何定义过去及其对过去的感受，是从社会学视角关注过去和现在之间联系的一部分。这是看到过去存在于我们的内心并会影响我们之间所发生事情的另一种方式。下面是这方面的一个例子。

有一次，我和几位教授谈起佐治亚州的亚特兰大，再过几天我们就要去那里参加一个会议。每个人都称赞这座城市。一个人说："这座城市在内战中烧毁后，很快就被重建起来，真是令人惊奇。"我们这个小组中有一位女教授恰好来自佐治亚州，她说："亲爱的，亚特兰大并没有在内战中烧毁，**它是被烧毁的**。"她说这句话是想提醒我们，一个可怕的事件并不是简单地发生的，而是北方军队对她家乡的一部分进行了野蛮的袭击。她的话让我有些吃惊，因为我在北方长大，从未见过任何对内战抱有强烈情感的人。在这个例子中，我们在这个场合的互动，就受到了赋予 120 多年前那一事件意义之情感的影响。

我们可以争论，抓住过去的某些部分不放是好是坏，是有益还是有害。但那是另一回事。这里的要点是，如果不关注他人赋予过去的意义如何影响其赋予当下事物的意义，我们就无法做到很好地与他人相处。我们还必须关注人们如何理解并定义过去。要了解这些事情，我们必须把一个人和他 / 她的过去联系起来，就像我们必须和自己的过去联系起来一样。

如果看不到这些联系，我们就会产生一种错觉：似乎我们直接就从现在坠入未来。似乎现实本身不过是环境的随机配置。具有社会学正念，是消除这种错觉和找到现在与过去之间有序联系的一种方式。这也是避免重蹈覆辙，以及看到过去的危险何时以新形式出现的一种方式。

对话——小事情和大事情

有人告诉我，妇随夫姓这一做法是一件"小事"，人们不应该对此大惊小怪。关于性别歧视语言，我也听过类似说法。例如，当我反对使用"新生"（freshmen）一词来指一群包括男女在内的一年级学生时，有人告诉我，这是一件小事，我不该把它放在心上。毕竟，没人会有意使用这个带有性别歧视的术语。既然如此，为何还要对其大惊小怪呢？

大惊小怪的主要原因我已在前面提过：不管人们本意如何，这一做法都是有害的。因而，使用性别歧视术语的人是否**无意**造成伤害并不重要，重要的是这种做法是否会产生有害后果。如果确实会产生有害后果，我们就应该对其大惊小怪。

你可能想知道，妇随夫姓或使用男性专属词语［例如，人类（mankind）、主席（chairman）、新生，或者是指混血人群的"伙计们 / 各位"（you guys）］会如何造成伤害。在本章前面我曾说过，妇随夫姓是父权时代遗留下来的一种做法，在那个时代妇女被视为一种财产，而且时至今日，这种做法依然带有这种内涵。我还建议，否认这种做法是肯定男女平等的一种方式。不过，你可能会想："一些传统做法一直存在又有什么大不了的？现在，没人会把妇女当成一种财产。"

　　然而，在现实生活中，"没人会把妇女当成一种财产"这一点却并非清晰可见。许多男人仍然认为他们的妻子和女友是**他们的**。如果有另一个男人对这个女人感兴趣，这会被视为**侵犯**第一个男人财产权的一种形式。有些男人甚至会采取暴力手段，强制实施他们想象中的所有权主张。

　　你可能不止一次见过下面这样的新闻头条：一男杀妻后饮弹自尽。这些故事经常涉及一个想要逃离不幸婚姻的女人。什么样的想法会让一些男人如此暴力行事？可能是下面这样：如果她不是**我的**，如果我不能再得到她，那么谁也别想得到她。这些想法是如何延续下来的？妇随夫姓的做法会不会微妙地强化它们？

　　暴力侵害妇女行为并不仅限于少数悲剧案件。在美国社会，性骚扰、性胁迫、性侵犯和强奸极为常见，而且这些问题永远都不会完全消失。为什么？完整的答案会很长，但可以肯定，这些问题部分源于一些男人觉得有权控制女人，一些男人愿意把女人当成物体，以及下面这一事实：男人经常会对女人不好。非暴力的歧视行为在男人的思想和感情中有着相同的渊源。

　　为了清楚起见，我应该补充一句，并非所有男人都是暴力成性 / 虐待上瘾，或者把女人当成物体，或者经常对女人不好。但是，许多男人确实符合这些描述，而且有更多的男人都会在无意识的情况下贬低女性。然而，关键问题是：经过几十年争取两性平等的斗争，暴力和歧视问题为何会持续存在至今？为何妇女享有充分平等的权利至今仍未变得根深蒂固，以至于对女性的暴力和歧视是不可想象的？

　　同样，完整的答案可以单写一本书。这里我只想提出我的一种看法：性别歧视语言（那些小事情之一）与它有关。想要看到这一点，我们就要关注不同事物之间的联系。

　　在整本书中我都在强调，思想对塑造行为很重要。我并不认为任何一种想法都会导致任何一种行为。那样说未免太过简单。一种更有意义的说法是，一套广泛共享的思想指导着人们的行为和互动，只要这些想法保持稳定，结果就将是稳定的行为模式。换句话说，我们每个人都有自己的世界观来指导我们的感知，并且经常会在我们不知情的情况下引导我们走上特定的行动道路。

因而，一个很好的问题就是：我们的世界观是如何稳定下来的？部分答案与我们使用的日常语言有关。我们用语言来表达和定义现实的方式反映了一种特定的世界观。但是，这些说话和写作的方式并不仅仅反映了世界观。它们还把我们与我们持有的世界观捆绑在一起，强化了世界观的力量。

那么，如果我们习惯的说话和写作方式使得某些群体隐形，该怎么办？如果我们的说话和写作方式意味着某些群体（男人）是标准和正常的（代表全人类），而其他群体（女人）则是偏常的或低劣的，又该怎么办？也许你已经听出了我的意思。语言不仅仅是了解性别歧视世界观的窗口，它也是不断重建世界和世界观的主要工具。

回看前例，妇随夫姓的做法和男性专属词语的使用使妇女隐形。称一群一年级大学生（其中一半是女性）为"新生"（*freshmen*），其言外之意就是，女性的存在并不重要，人类＝男性。所以这种语言实践也就强化了一种世界观，即女人不如男人重要，女人不像男人那样是完整的人，女人无法与男人一样平等。接下来会有怎样的行为？答案已经浮现：既然女性不像男性那样被视为完全的人，也就更容易忽视她们、虐待她们、歧视她们、限制她们的自由等。

这里更重要的一点是要留意"小事情"和大多数人认为的"大事情"之间的联系。我们生活在一个许多大规模行为模式对女性有害的社会中。这些行为模式得到性别歧视世界观的支持，这反过来又被语言习惯一天重复上百万次。这就是为什么这些习惯并非小得不值得人担心。事实上，它们是导致那些更大的问题持久存在的部分原因。

当被要求改变他们的语言习惯时，有些人会抱有很强的戒心："你不应该为他们会说的话来烦我，这是一件小事情。你应该去关注那些更大的事情。"但我想知道，如果它真的是一件小事情，为什么要拒绝改变它？为什么不先从改变小事情做起？这难道不是我们最容易做到的事情吗？

人们之所以会产生这种戒备心态，也许是因为他们觉得（自己会）受到故意压迫他人的指控。如果事情是这样，他们就不会看到，在一个存在性别歧视和种族主义的社会中，以反映和强化性别歧视和种族主义的方式养成无意识的说话和行为习惯有多么容易。我们谁也不应该因为在孩提时养成的习惯而受到责备，因为这是一个充满不平等的社会里所发生的事情的一部分。所以只要我们愿意批判反思那些灌输给我们的习惯及其产生的后果，我们也就没有必要对此感到内疚。

因此，如果我们从社会学视角去关注社会世界的各个部分如何联系在一起，我们就会注意到那些看似微小的事情如何强化了更大的问题。如果我们想要改变社会世界，我们可以同时去做一些容易改变的小事情（例如，我们的语言习惯）和较难改变的大事情（例如，对女性的性暴力）。同时从这两个方面入手并不矛盾。此外，我们还应铭记，如果一些变化挑战了一种将不平等视为正常现象的世界观，那么，一些微小的变化就有可能引发更大的变革。

杂记　未来

现在和过去之间的联系早就存在，任何有心研究它们的人都可以去进行研究。但是，未来尚未发生，我们又如何能够看到现在和未来之间的联系呢？一方面，我们确实无法做到这一点；我们所能做的，就是推测或想象这些联系可能是什么。另一方面，这也是我们无法避免要去做的事情。

每当我们在日常生活中做出选择，我们都会努力看到现在和未来之间的联系。也就是说，我们会试着设想我们的行动所可能产生后果的意义。当我们思考"做 X 或 Y 是否会带来最好的结果"时，我们正在想的是：现在的选择将会如何导致未来出现的一些结果。那些不进行这种思考的人，会被认为是冲动行事或缺乏远见。

诚如上一章所建议，具有社会学正念，需要以一种超出盘算什么对我们个人最有益的方式去思考我们所做选择的后果。具有社会学正念，意味着思考我们今天所做的选择，未来将会如何影响他人乃至整个社会。

根据美洲印第安人的民间传说，易洛魁人联盟的指导原则之一是，在做出决定时，部落理事会应该考虑到这一决定可能对未来七代人所产生的影响。无可否认，在现今社会，我们很难做到这一点，因为当今事物都在飞速变化，这意味着，我们几乎无法预测哪怕是未来一代人内事情会如何发展。然而，这却是一个非常明智的原则。

作为一个独立的个体，我们可以试着去关注，我们当下的行为如何与我们自己的未来和他人的未来联系在一起。易洛魁人联盟的原则则更进一步，它认为这种正念可以融入一个社会的运作方式中。所以我们可以进一步去思考，我们的政府，或者是我们的经济形式，如何鼓励或阻止我们去思谋未来。如果那些缺乏远见的做法危及我们社会的长远存在，我们完全可以做些什么去改变它们。所需要做的就是人们的集体努力，他们意识到：我们今天所创造的这个世界，将会影响我们的孩子，以及他们的孩子的生活。

（1）几年前，我报名参加了一个诗歌班，任课老师要求我们查找自己名字的意思。他想提高我们对与我们自身相连语言含义的认识。在这之前我已经知道"施瓦布"在德语中是"燕子"的意思。后来在课上我了解到，"迈克尔"（Michael）在希伯来语中的意思是"像神一样"或"与神同在"。对我来说，这一任务很有趣，我喜欢看到我的名字如何把我与过去的文化联系在一起。为什么那些非裔学生和美洲原住民学生对这项作业会有一种不同的体验？学生们完成这项作业的经历，如何与我们社会中过去和现在的不平等联系在一起？

（2）希特勒是二战时德国领导人。战后，随着他的一系列暴行被一一揭露，他被视为有史以来最邪恶者之一，一个必须被全力阻止的人。尽管希特勒在战争接近尾声时在盟军攻入柏林时开枪自杀，但在社会上却始终有一种感觉认为"希特勒"还活着。希特勒作为一个象征或符号在何时何地仍在被使用？还有哪些历史人物或事件演变成符号，被用来塑造现在？

（3）在本章中，我说一项活动的组织方式也可被视为一种标志，并举了一个例子，说明美国教育通常是有组织的，这种教育方式说明了我们的社会是如何运作的。同样的正念原则，适用于任何有组织的活动。例如，你可以思考一下学校开设的一门课程。留意老师如何安排课堂时间、所布置作业的类型和多少、所用教材和阅读材料的种类、选课人数多少、上课学生背景，以及学生们对他们所学东西的反馈。这些事情说明了哪些社会现实？为什么你对这些标志的解读会与你的老师或同学有所不同？

第4章

关系、群体和相互依存

有时我会跑步路过一个住宅区，那里有豪宅、独家乡村俱乐部和私人高尔夫球场。这个住宅区道路宽敞，交通有序，房子之间的空地上树木葱茏，绿草如茵。高尔夫球场上有不少人工池塘，鸭子和白鹅在那里自在而游、嘎嘎而鸣。就某些方面而言，这是一个让人赏心悦目的地方。但是，它的存在也可能让人感到不安。

我边跑边想：为什么我们允许一些人住豪宅，而其他人则住棚屋、租公寓或露宿街头？这些房子比任何人需要的面积都大，由此反映出的那种自我放纵和浪费让我心生愤怒。当我看到这个住宅区里的孩子时，我想到他们将会从小就习惯我们社会中少有人知的舒适和特权。当我看到里面正在建造的新房子时，我想起了那些建造房子却买不起房子的工人。

有一次，我在一个大热天跑过这个住宅区，我向两个正在前院推着割草机干活的拉丁裔男子问好。他们只是冲我点了点头，并未对我的问候予以热情回应。我想到了自己享有的特权，以及我必须如何看待它们。在工作日的中间，当他们在为那些有钱人割草时，我则为了自己的快乐而跑五英里。当我跑回家，冲过澡，靠在躺椅上看书时，他们还会在室外，头顶烈日，汗流浃背地为那些有钱人割草。

跑过几个街区，两个白发苍苍的男子开着一辆高尔夫球车从我的身边经过。我们朝着同一个方向，我在人行道上，他们在街道上我左手边。车子经过我的身边后，转向了高尔夫球场（就在我右手方向），这迫使我减速收步。他们两个人仍在絮叨着什么，一点也没注意到他们的车子差点撞到我，于是我就冲他们喊道："看着路儿点，看看你们都开到哪儿了！"他们回头看了我一眼，坐车的那位男子很是惊讶，而开车的那位则是一脸愠色。这些富有的白人并不习惯因为他们的不当行为而受到责备。

我又跑了一英里，现在正跑在迎着车流的路上，这时一辆朝我驶来的汽车开始减速，乘客一侧的窗户开始打开。不用问我就能猜到后面将会发生什么。"乡村俱乐部怎么走？"有人会探出车窗问上一句，甚至都不会为打断我的跑步说声抱歉。无论从任一方向来说，答案都只需要一句话。"一直往前走，兰卡斯特拐弯就是"，我会毫不犹豫地说道，一点不用减慢脚下的速度。

我不喜欢在跑步时被人打断，而且在险些被高尔夫球车撞到后，我对那些迷路的乡村俱乐部成员也不想再仁慈。所以看到车子减速，我只是挥了一下手便继续跑自己的路。"你们迷不了路，"我心说，"只要接着往前开，马上就能找到你们那该死的俱乐部。"

司机意识到我不会停下，就把车子驶离路边。就在我们交错而过的一瞬，我瞥了一眼车内，发现司机是一位中年黑人男子，里面坐着三位衣着朴素的黑人妇女。他们不太可能会是那家乡村俱乐部的成员。我回转头，车已远走，我为自己没有帮助他们而感到羞愧。他们一定会觉得我是又一个不尊重他们的白人，一念及此，让我感觉更糟。

回到家中，我想到了我的感受如何取决于跑步时发生的那些事情。一路上这些短暂的互动影响了我的跑步经历。我意识到，每次出门都会有类似的事情发生。无论是去邮局、超市、咖啡店、电影院，还是别的什么地方，互动总是会塑造我的心情。毫无疑问，我的行为——热情招呼，恶语骂人，冷嘲热讽——也会影响他人的心情。这反过来又会如何影响一个人一天中其他时间的心情呢？很大程度上就要看陌生人之间的这些短暂相遇是什么样的。

在我跑步期间发生的这些互动并非个性的产物。在每种情况下，都有不平等的身影出现。拉丁裔男子之所以会对我有那样的反应，部分原因是我们的经济地位不平等，部分原因是美国社会中盎格鲁人和拉丁裔人之间的不平等。高尔夫球车上的人可能只是粗心大意，但我怀疑，是他们的社会阶层导致他们期望别人毫无怨言地放弃通行权。我对他们大喊大叫的冲动和我从中获得的快乐，则可以追溯到我自己的工人阶级出身。

当我没有为那些需要指路的人停下来时，不平等则有所不同。如果车里坐的是白人，或者我是黑人他们是白人，或者周边社区是一个穷人社区，我的路过就不会有同样的意义。但是，由于我是一个白人，由于在美国社会白人虐待黑人，所以我的行为很可能会被解释为又一起不尊重行为。知道我的行为可能伤害了车里的那些黑人，我的心里很不好受。

社会学正念有助于我们明了，我们的感受如何取决于像我跑步时遭遇的这些事情。它也有助于我们明了，我们对这些遭遇的情感反应，如何受到历史、文化和当前社会安排的影响。换句话说，我们与他人发生联系，是因为我们所处的环境（背景）。具有社会学正念，我们就会看到，无论我们有时感到多么孤独，我们都无法在与他人断绝联系的情况下走过这个世界。甚至就连孤独感也取决于我们与他人之间的关系状况。

如前所述，我的跑步故事主要事关情感相互依存，不过，它也说明了其他类型的相互依存。如果我没有从他人那里得知跑步有益身体健康，我就不会去跑步。我还依赖那双让我跑起来不会受伤的运动鞋。我穿的内裤、短裤、袜子、T恤，戴的眼镜、汗带和手表，也使我的跑步成为可能——我跑过的人行道和马路也是如此。如果之后没有干净的水从水龙头里流出让我洗去满身汗味，我可能再也不会去跑步。即使我是"一个人"跑步，我仍然和他人有联系。

我们之所以能够做我们所做的，是因为他人为我们创造了可以使用的东西。不仅是我们的特殊活动，就连我们的日常生存也都取决于我们与他人的关系。就连我们最有创造力的行为，也是建立在我们从他人那里得到的想法和原料的基础上，或者是利用了那些想法和原料。同样，他人也在依靠我们来生存和发展。社会学正念的一部分，就是关注这些联系是如何形成的，以及由此产生的后果。

跳出个人主义

生活在美国社会的人们，往往看不到他们与他人之间的相互依存关系。我们喜欢想象自己是自立的个体，凭借我们独有的天赋力量在社会上进行打拼。社会学正念有助于我们认识到，这种想法相当愚蠢。事实上，如果我们想要像人一样生活在现代世界，没有他人我们就无法生存，就像没有空气我们无法生存一样。

这里我们不妨来考虑一下所谓的成就问题。通常，我们认为成就是个人努力的结果。我们想到一个人努力做大事，然后我们就把这些成就归功于这个人的特殊品质。这种思维方式很诱人，因为这样一来我们就可以创造英雄，为我们的成功而自豪，为他人的失败而责备他们（而没有注意到我们也应该对这些失败负责）。然而，具有社会学正念，我们就会看到，个人成就是一种错觉。

当然，也有所谓个人成就的例子。只不过，这种成就并非真正是个人的；它总是源于一个人与他人之间的联系。假设有一个穷人家的孩子努力工作，克服重重困难，最终当上美国最高法院法官。这难道不是一个个人成就的例子吗？并不完全是。事实上，它是许多联系和互动的结果，而且它只能是许多幸运意外的结果。

想要看清这一点，我们不能忘记那些显而易见的事实：每个穿黑袍的法官都曾是一个穿着尿不湿的婴儿。如果不是那些在我们小时候照顾我们的成年人，我们没人能活到今天。因此，个人成就的错觉在这里受到了第一次打击。我们也必须记住，作为儿童，我们依靠成年人来教导我们，鼓励我们，为我们树立榜样，帮助我们养成好习惯。如果他们没有为我们做这些事情，我们就不会长成一个聪明、善良、勤劳的人。

成就还取决于他人给我们提供机会，来发展和展示我们的能力。这取决于他人能够并且愿意承认我们努力的结果。这取决于那些强者是否会不遗余力地压制我们。另外，这也取决于那些培养我们的人，为我们打开大门的人，给我们时间在舞台上证明自己的人。如果这些事情没有发生，而且是发生得恰当其时，我们就无法实现自我。

获得较高的社会地位也离不开机构的存在。任何人想要成为最高法院法官，都离不开小学、中学、大学、法学院、联邦政府、最高法院等机构的存在，否则也就无法获取这样的职位。这些机构之所以存在，只是因为有许多人持续不断地以一种稳定有序的方式一起做事。因此，任何个人成就都取决于其他许多人尽力来维持整个演出的进行。

成就还取决于集体创造的观念和价值观。例如，为什么有人会认为首先争取权力和地位是值得的？为什么有人会看重这些东西？人们如何知道怎样做才能获得这些东西？这些观念和价值观也必须在很久以前就被创造出来并灌输给个人。野心和狡猾一样离不开社会结构。

获得地位和权力的人往往看不到是什么成就了他们。也许他们会想："是的，我想我这一路上确实得到了一些机会，但在大多数时候我之所以能取得成就，是因为我比他人更聪明更有毅力。我真的是一个出类拔萃之人。"这是个人主义给人造成的一种典型的错觉。这就像是在说"看我有多擅长爬这根绳子！我可以自己做这一切"——却不知道是谁教你爬的，是谁做的绳子，又是谁垂下绳子。或者是谁建造了你要爬的地方。

也许你想相信天才是一种力量，一种从个体内部产生的神秘力量。当然，有些人的思维在某些方面的发展速度超出常人。例如，莫扎特小时候就创作出了交响乐，后来成为一位伟大的作曲家。我们可以对此惊叹不已，但却仍有必要看到隐藏在莫扎特取得伟大成就背后的那些事物。如果莫扎特的世界里没有钢琴、音乐和音乐老师，尤其是他的作曲家父亲老莫扎特，那么他再怎么努力也不会变成他现在在人们心中的样子。

同样的观点适用于所有的所谓天才事例。如果相关背景不支持相关能力的开发，任何能力都将化为乌有。毫无疑问，在这个世界上，有许多潜在的莫扎特，在从未见过钢琴的情况下，消磨了自己的一生。

意识到我们相互依存

那些一心追求成功的学生，如果只为完成学业后找到一份风光的工作，往往没有意识到他们与他人之间的相互依存性。有时他们会说："我之所以能有这份好工作，是因为我自身的优点，我会凭借我的优点来实现我的愿望。没有什么能阻止我。"一个人对自己充满自信固然是好，但能做到下面这样则更好：既充满自信，又能看到我们如何依靠过去和现在的其他人来培养、认可和奖励我们的优点，不管这些优点具体是什么。

意识到成就的社会基础，有助于我们避免变成一个自私自利和忘恩负义之人。它也有助于我们对那些过上好日子机会有限的人抱有同情。如果我们能够看到我们自己的成就如何依赖与他人的联系：父母、老师、朋友、生活伴侣、导师、雇主，那么我们也应该能够看到，并不是每个人都能从相同的联系开始或者能够建立相同的联系，所以也就不是每个人都能培养能力、展示能力并获得对其能力的奖励。如果我们能够看清这一点，那么我们接下来要做的一步就是寻找模式，即试着了解一些群体如何被剥夺过上好日子的机会。

在本书第一部分第 7 章我将会讨论"理解模式"。这里我想就意识到社会生活如何使我们成为人类多说几句。这也是本章和下一章的主要内容：我们的相互依存关系如何使我们变成当下这样。甚至就连理解这种相互依存的原则，也取决于我们与他人的关系。

想想你对本书的反应。你可能喜欢书中某些内容而不喜欢其他内容。为什么？这可能很难说，但一定是因为书中所言给你带来的想法和感受。

这些想法和感受从何而来？来源必然是你与他人之间的关系，它可以一直追溯到你的童年。这也就意味着，我们今天所持有的立场（我们如何对本书做出反应或理解世界），是我们过去和现在与他人之间联系的结果。

哲学家认为："所有知识都与视角有关。"这意味着我们只能从某种角度去认识世界。具有社会学正念的一部分，就是试着理解我们的观点如何是我们与他人之间联系的结果。具有社会学正念，我们也可以看出，这些联系之所以会是这样，是因为我们成长的家庭、学校、社会阶层、工作场所、族裔和地域社区、性别群体、民族和历史时代造成的。这也就是说，我们所知道的和我们如何知道的，都是我们与他人之间联系的结果。

因为我们对世界和我们自身的了解源于我们迄今在生活中所经历的各种联系，所以我们对世界和我们自身所了解的东西是有限的，除非我们不停地走动。我们可以在字面意义上"走动"：生活在不同的地方，结识与我们不同的人，了解他们如何看待世界；或者我们也可以在隐义上"走动"，即开动脑子。我们可以阅读他人的经验和想法。从这些与我们不同的视角回看我们自身，我们就会看到一些我们从未想到过的事情。

视角和群体

社会学正念意味着，我们不仅承认还有与我们自身观点不同的其他观点，而且承认这些观点与持有这些观点的群体有关，并与这一群体相对于其他群体的地位有关。以教师为例。他们共享一套想法、谈话方式和总体观点，因为他们做着类似的工作，在做这些工作时面临类似的问题。教师还会相互学习，如何与学生、家长、校长、学校教务处等打交道。

教师之所以会面临类似的问题，是因为学校的组织方式，以及教师相对于其他群体的定位。如果对学校进行重组，将管理大权交给教师，这将改变不同群体之间的相互关系，那么毫无疑问，在这一体系下，教师和其他人就会形成不同的观点。因此，观点因共性（在本例中就是教师之间）

和差异（教师与教育系统中其他群体之间的差异）而形成。

再举一例，只要医生与病人、护士、医院行政人员之间的关系，以及他们作为一个群体彼此之间的关系，都取决于医院的组织方式，医生就会面临类似的问题并形成共同的观点。当然，并非所有医生，也不是所有教师，在所有问题上都有相同的想法。关键是，从事类似工作、解决类似问题、以类似方式赚钱、以类似方式与他人交往的人，往往会形成共同的世界观。

当我想让学生们思考男子气概（masculinity，又译"阳刚之气"）的危险时，我会说："教室里每个男生都能想象出，在什么情况下他会觉得不得不杀死另一个男人以证明自己的男子气概。"那些男生一脸严肃地点点头。然后，我问班上的女人（女生）："你们能想象自己不得不杀死另一个女人来证明你是女人吗？"她们只是扭头看了看其他女生，因为考虑到我们在文化中如何定义女性，这个问题毫无意义。这里的相互依存体现在哪里？它就体现在女人和男人之间。如果我们能够认识到男人是被塑造（建构）成与女人不同的样子，我们就可以看到这一点。

在我们的文化中，男人应该有使用暴力的能力，女人则不应该有这一能力（尽管事实上有些女人相当暴力）。想要成为"男人"这一类别中受人尊敬的成员，在某些情况下，必须威胁他人将会对其使用暴力或者直接对他人实施暴力。男人们知道，即使他们不说，为了避免被当成女人对待（这意味着被其他男人主宰），有时必须做出一些暴力之举。当我让班上学生举出一个男人在什么情况下不得不为证明自己是个男人而与人打斗的例子时，通常都会有人提及"如果有人说你像个娘们"。

这里重要的是性别分类之间的相互依存关系，这些两性类别产生了不同的观点。**"男人"和"女人"原本是两个互补的类别，但在现实生活中却经常被塑造成对立面。**从这个意义上来说，这些类别是相互依存的——离开对方，哪个类别都没有意义。如果我们不创造男人和女人这两个类别，并坚持这样一种观念，即作为男人一定不能表现出那些被定义为女人特征的柔弱和被动，男人也就不会知道男人的荣誉和杀戮。

如果我们不创造一群称为男人和女人的人，如果我们不把他们隔开来教给他们不同的做人方式，他们之间就不会有什么不同。但是，我们的社会是有组织的，所以女性和男性通常都会经历不同类型的任务、困难和乐趣。所以男人会知道并感受到女人不知道的事情，女人也会知道并感受到男人不知道的事情。这些知识和感情上的差异并非自然形成，而是如何界定男人和女人这两个类别的结果，以及如何教导这些类别中的人去思考、感受和行动的结果。

再次，并非所有的男人都有相似的想法和感受，或者彼此意见一致，也不是所有的男人都和女人完全不同。这两者显然都不是真实的。然而，事实是，了解自己作为一个男人，从男人视角去了解世界，只有在男性和女性被分配了**男人**和**女人**这两个相互依存的类别的基础上才有可能。在这种情况下，社会学正念有助于我们看到，我们作为一个男人或女人的"个人"观点，实际上是我们学会如何与他人相处的结果。

通过理解他人来理解我们自身

我们与他人之间的实质关系，会阻止我们去了解关于我们自身和他人的重要事情。以黑人和白人为例。哪个群体更了解另一个群体？看起来，黑人对白人的了解要多于白人对黑人的了解。为什么？因为白人比黑人掌有更多权力，所以为了生存，黑人不得不仔细研究白人。

事情是这样的：如果你是一个工人，你就必须关注你老板的想法和感受，因为你的工作取决于你能够预见他或她的行为。当然，那些好老板会主动关注员工的想法和感受（遇上这样的老板是你的幸运），但这不是问题的重点。关键是，由于老板手里拥有更大的权力，比起老板研究工人，工人更有动力去研究老板。毕竟，如果工人没有很好地预知老板想要什么，老板可以解雇工人；工人则无法解雇老板。

在美国历史上，黑人一直无法"解雇"那些奴役、虐待或歧视他们的白人。黑人没有权力这样去做。所以为了生存和不惹麻烦，黑人不得不比白人更用心地研究白人。因此，一般黑人对白人和"白人文化"的了解，要比一般白人对黑人和"黑人文化"的了解更多。这个例子向我们揭示了：群体之间的不平等如何塑造或限制这些群体中的人所掌握的知识。

如果我们想要把这个例子推而广之，我们可以考虑以下问题：黑人是否比白人更了解白人？答案很可能是"是的"，因为了解我们自身需要考虑他人的观点。换句话说，我们必须能够像他人看待我们一样看待自己。如果我们相对于其他人或其他群体有很大的权力，我们也就不太可能去关心他人会如何看待我们。

在现实生活中，大多数白人都不会尽力从黑人的视角来观察自己。这并不是说白人就会故意忽视黑人的观点。实际情况更可能是，大多数白人从来都不会从黑人的视角去看待自己，因为他们没有找到令人信服的理由这样去做。同样，大多数美国人也很少通过其他国家人民的视角来审视自己的国家。美国在全世界首屈一指的经济和军事力量，使得美国人完全可以忽视其他国家人民的想法。

这里的原则之一涉及权力和知识。如果不同群体之间存在不平等，那么这肯定会影响这些群体的成员可能相互了解的情况，以及他们如何努力去了解对方。通常，那些更强大的群体都会对较弱小的群体知之甚少。在某些方面，有权势者甚至比那些无权势者更不了解自己。这也就给人一种感觉，好像权力的代价就是无知——不了解自己和他人。

不平等关系也是一种相互依存的关系。一个群体有可能比另一个群体强大，但却依然依赖于另一个群体。主人需要奴隶，就像资本家需要工人。当处于支配地位和从属地位的人为生存竞争（认识到一个群体的求生比另一个群体困难得多），他们就创造出了一些条件和经验，使一些人知道其他人不知道的事情。个人获得的知识在很大程度上取决于他们属于哪个群体，以及他们所属的群体如何与其他群体进行合作和竞争。

因此，第二个原则就是，所谓的"个人"知识始终是一种社会产物。

我们所知道的取决于我们与他人之间关系的性质。社会学正念的一部分就是超越个人主义，看到这些关系如何使我们成为现在的自己。通过这样做，有助于我们发现自身知识的局限性，进而了解如何用那种能够让我们更负责任地生活在这个世界上的方式，去增加我们的知识。

"个人选择"

如果你有弟弟和／或妹妹，你的父母很可能会要求你为他们树立一个好榜样。在告诉你这样做的时候，你的父母试图让你意识到一种相互依存关系。他们希望你意识到，你的行为会影响从观察你的言行中学习的其他人。否则，你很可能会认为你的行为纯属"个人选择"，而没有意识到你的选择会在有意无意间帮到或伤及他人。

相反，社会学正念意味着关注我们的行为如何影响他人并受他人行为的影响。所以我们会看到，我们的许多选择并没有那么多的个人化色彩，因为它们会直接或间接地对他人产生重大影响。在现实生活中，看到这一点并不总是那么容易，而且在某些情况下，我们很可能并不想看到这一点。

前面我曾说过，意识到我们行动的后果，并不意味着去想象所有可能的后果。真要那样，反而会因思虑过多而阻止我们采取实际行动。我们能做的最好的事情就是，根据社会世界的运作方式，想象可能产生的后果。社会学正念并未规定或禁止我们做出任何特定选择。具有社会学正念，是指在采取行动之前要关注更多的事情。如果我们这样去做，我们就可以决定采取不同的行动方式，这具体则取决于我们看重什么。

我在本书前面使用了那些从事破坏性工作的事例。社会学正念让我们看到从事这类工作给人造成的伤害，也许会让我们换种不同的谋生方式。下面就是一些这方面的例子，虽然它们与工作无关。我在每个例子中都会提出建议：如果意识到我们与他人之间的相互依存关系，我们可能会看到什么。

吸烟

如果你是一个吸烟者，你可能会为自己的这一习惯进行辩护，理由是这是"个人选择"。也许你认为，即使吸烟有害身体，这也是你的身体，你想怎么做就怎么做。也许你认为，只要你不怕吸烟上瘾，不让他人吸你的二手烟，那就不关他人的事，而只关你自己的事。这是那种个人主义所鼓励的思维，它抑制了对你的习惯如何影响他人进行深入评估。

作为一个吸烟者，你为你的孩子和可能尊敬你的人树立了一个坏榜样。你的行为表明：吸烟是一种可以接受的行为，吸烟并不是真的有害，要不你为什么要这样做？如果你像大多数吸烟者一样在室外吸烟，把烟头直接扔在地上，你也向他人传达了一种对公共空间和地球的不尊重态度。如果你在有人的封闭空间吸烟，即使他人不说你，你也在伤害他人的健康。

此外还有更多要考虑的问题。例如，当你买烟时，你就是在帮助他人上瘾——不仅因为你树立了榜样，还因为你为烟草公司提供了广告资金。这就像是把钱捐给毒贩，帮助他们说服儿童（特别是青少年）吸毒是一种性感而迷人的行为，是一种成熟的标志。因此，你选择吸烟，就会对那些被骗成为吸烟者造成伤害。

即使你躲入无人的房间，抽偷来的烟，你也会影响到他人。想想看，你在医疗保险上会花费更多，因为你需要额外护理来治疗你身上各种与吸烟有关的疾病。如果你因为长期吸烟导致肺气肿而致残，或者是导致肺癌或心脏病发作而过早离世，你的亲友会非常痛苦。因而，你也在迫使他们为你的选择付出代价，如果你能看清这一点，你就会明白，这根本不是什么个人选择。

如果你觉得我认为吸烟是一个不好的标志，你是对的，尽管我在这里所说的并不是反对吸烟的理由。这是一个例证：当我们做出个人选择时，社会学正念会要求我们思考哪些内容。社会学正念有助于我们看到，有时我们的选择有可能产生远远超出对我们自身的影响。社会学正念的一部分就是，尽力辨明那些由于我们与他人相互依存而产生的影响。

带有暴力性的体育运动

这是另一个有害选择的例子，一个你可能会觉得有些奇怪的例子：观看橄榄球比赛。也许你在想："橄榄球？他未免有些过头了！橄榄球能有什么问题？它又不会让人得肺癌或心脏病。它只是好玩！"的确，除了球员受伤，橄榄球并不会伤害他人身体。然而，它确实助长了社会生活中的几种疾病：威权主义、军国主义和性别歧视。

如果我们说"橄榄球只不过是运动员争夺奖品的另一种游戏"，我们就忽略了关键问题所在。橄榄球并不仅仅是一种游戏，而是一种需要暴力的游戏，所以它非常重视身体、力量和攻击性。是的，它也讲究战略和技巧，就这一点而言，它就像许多其他游戏一样。但是，我们应该追问：在橄榄球比赛中，那些战略、技巧和力量都服务于什么目的？答案在于游戏本身：突破对方领区最远的极限（达阵得分或射门得分）。把这视为战争的一种隐喻，并不需要多么高深的解释技巧。

那么，在观看橄榄球比赛时，社会学正念会让我们看到什么呢？我们可以说："啊，我们看到它是战争的隐喻。"但我们可以更简单地说，我们看到的是一群强健的男人在努力支配对方。然后，放大视野，我们就会看到，当男人们全心投入比赛你来我往时，女性在一旁欢呼；我们看到，球迷在"他们的球队"压垮对方时欢呼雀跃；我们看到，这一行动由几位男性"指挥官"指挥：教练和四分卫。

由此可见，橄榄球不仅是战争的隐喻，它还是我们星球上社会生活的缩影。男人们为了权力而相互争斗；少数男性精英命令他人去做一些危险的工作；女人不要挡路（女人被排除在外），她们负责提供支持和装饰（拉拉队）；大多数缺乏力量（权力）的人，只能站在一旁观看和欢呼；高薪评论员则在一旁解释为什么游戏很精彩，没有明智的人会想改变它。

你可能会接受上述这一切而仍然喜欢看橄榄球赛。如果是这样的话，是否还有什么害处呢？答案是，参与到橄榄球赛中，即使只是作为一个观众，也会强化战争和男人统治女人背后的价值观和冲动。这是通过暗示

"为男性权力而进行的暴力斗争是一种很好的娱乐"做到的。人们可能无意暗示任何这样的事情，他们可能只是想从游戏中找点乐子。然而，他们的行为却是表明，游戏中编码的价值观是可以接受的。

相比之下，一个出于良知而反对橄榄球赛的人可能会说："我和这个游戏没有任何关系——我甚至不会通过观看它来赋予它合法性——因为它使暴力、男性主导、贬低妇女，显得很正常并可被接受。"反对者意识到了行动是如何强化思想和价值观的，因为行动（看橄榄球赛）会传递信息。因此，反对者选择不向他人传递下面这一信息：橄榄球赛中隐含的价值观没有问题。

生孩子

下面是又一个例子，它进一步深入到了我们通常认为是个人选择的领域：女人生孩子。我并不建议考虑女性选择生育的所有情况。我想到的情况是：一个受过教育的年轻女子，大学毕业，已婚，工作一段时间，然后辞职回家生孩子，主要靠丈夫的收入生活。这是美国异性恋女性中的一种常见模式。

如果这样一个年轻女子想结婚，工作一段时间，然后辞职回家生孩子，这难道不是她可以自由做出的选择吗？没错，这是她可以自由做出的选择，就像人们可以自由吸烟和观看橄榄球赛一样，只要这是他们经过充分考虑后想要做的。社会学正念只需要正念，而不是某一特定行动。

那么，如果一个年轻女子考虑生孩子，她应该关注哪些方面的事情？想想她的情况会如何发展。因为与男性相比女性更容易被引导去从事那些低收入低地位的工作，所以，首先，她的工作可能比她丈夫的工作报酬低。她也可能会觉得自己的工作不是特别有意义。在这种情况下，生孩子这一选择就会变得很有吸引力。这是一种避免工作场所麻烦的方法，一种做有意义事情的方法，一种获得成人女性身份的方式。这也可能是一种结束父母唠叨的方式："你到底什么时候要孩子？"

　　如果她辞职回家生孩子，可能会有以下几个后果。其一，她的老板（很可能是一个男人）会想："没错，这就是我担心会发生的事情。我们花大量时间和精力来培训这些女人，没过两年她们就放弃工作回家去生孩子。我认为，这就是她们的天性。以后我会让男人从事她们做的那些工作并更快地提升他们，因为男人对工作要更专注。"雇主的这种想法，很可能会给其他职场女性带来负面影响。

　　辞职的女人也很可能会在家里失去权力。部分原因是，她在经济上依赖她的丈夫。现在她的丈夫可以说："我每天都在外面忙着挣钱养家。我尽到了我对家庭的责任。所以我认为在家里做决定时，应该优先考虑我的意见。"即使他从未这样明说，但要是他从未这么想过的话，那也会让人感到惊讶。无论我们认为这种信念是对是错，单从经济角度考虑，对一家之主的需求给予优先重视，并没有什么不对劲的地方。

　　因此，现在她待在家里做饭，搞卫生，带孩子。他可能偶尔也会搭把手，但因他是一家之主（一家人的开销都要靠他来挣），他必须工作更加努力。所以他可能没有时间去做他眼里的家务琐事。"此外，"他可能会想，"这难道不是**她**应该对家庭做出的贡献吗？如果我挣钱供养一家人，她就应该把家里收拾得干干净净，把孩子照顾得好好的。我有更重要的事情要操心。"也许女人也会接受这种安排，因为这样可以帮助她的丈夫在工作上取得进步，这意味着他可以拿回更多的钱养家。事实上，这是一项隐藏着其他成本的安排，但她却认为这是她的个人选择。

　　要看到这种选择的意外后果，不妨想一想她的丈夫在职场上的竞争对手。谁最不可能有妻子在家提供支持？女人。没有妻子（帮着消除后顾之忧），女人自然无法全心投入工作。于是老板就会有这样一种印象，男人是更好的雇员，尤其是高层员工，因为他们将会更敬业——更愿"加班加点，完成工作"。女性选择在家带孩子和照顾丈夫的后果之一就是，职场中的性别不平等现象长期存在；换言之，它限制了女性在职场获得晋升的机会。

你可能会想："如果一个女人不想让生孩子这件事影响她的职场生涯，她就不应该生孩子，或者她可以保持单身，这样她就能与职场中的男人进行竞争。"你想得没错。然而，假设与单身或无子女女性一起工作的大多数男性都有在经济上依赖他们的家庭主妇。如果这些男人习惯于把他们的妻子当成"小伙伴"（弱势一方）对待，他们又怎么可能在职场中去平等对待他们的女同事和女上司？而且他们很可能会认为，女人最适合待的位置是在家里、她的工作就是满足男人的需要。在这种情况下，他们就会假定，职场是男人们的领地（竞技舞台）。他们还可能会假定，他们在家里从他们的妻子那里得到的服务和尊重，也是他们有权从一般女性那里得到的。

丈夫和妻子在情感上和经济上显然相互依存。这一点很容易看出。较难看出的是女性之间如何相互依存，使得留在家里生孩子的妇女的"个人选择"，对在职场争取平等的妇女产生了影响。如果留意我们社会的运作方式，我们就会看到，当女性放弃经济独立，与男人建立关系时，她们就在使其他女性处于一种不利地位。更重要的是，当一个女人出于需要或内心渴望想要回去工作时，她会发现那些不利条件正在等着她。

我听过我班上的一些女生说："我真的不喜欢那些女权主义者说，如果你在家带孩子，你就是坏人。"当我问她们为什么认为女权主义者会说这样的话时，她们说："这是因为他们认为干家务有辱人格（贬低女性）。"这种看法是错误的。事实上，是男人认为家务活太琐碎、干家务有辱人格，所以他们不想干家务。而且女权主义者也没有说过，照顾家庭和孩子的女性是坏人（事实上，女权主义者认为，照顾和养育工作是有价值的和重要的）。

女权主义者所做的是，敦促女性注意她们的选择会如何影响其他女性。仅仅因为女性应该这样做，或者因为事业停滞不前而选择去生孩子，并不是做出了一个有意识的选择。它将会被拉回到一条远离两性平等的道路上。同样，对这些事物具有社会学正念，并不排除女性选择生孩子。它只是意味着，我们需要认识到人与人之间的相互依存性，这种依存性使得这一选择产生了深远的社会后果，而不仅仅是一种个人后果。

科学家的困境

假设你是一个需要资金来做研究项目的科学家。假设一家基金会愿意为你的项目提供资金。假设这家基金会与一家烟草公司有联系，所以它提供的资金也就是来自烟草公司售卖香烟的收入。在这种情况下，你是否会接受这笔资金？在做出最终决定之前，你可能需要考虑为什么这家基金会愿意提供资金支持你的研究，以及它这样做想要达到什么目的。

为什么公司会"放弃"自身的部分资金？答案是，让公司和公司的产品显得合法。这确实是一种广告形式。如果你拿了钱，你就是在帮公司显得体面。拿这些钱意味着，如果它来自公司出售会伤害和杀死人的药物，那也没什么大不了。实际上，你可能会觉得这根本无须担心。因此，你将通过帮助公司宣称它是一个有用的企业公民，帮助它继续运营。

如果你是这个案例中的科学家，你可能会发现很难对这件事具有社会学正念。你可能会倾向于夸大你的研究项目可能带来的好处，并为接受这笔资金进行辩护："就算我不接受也会有人接受，至少我还会用这笔资金去做些好事。"这可能是事实：你的研究项目可能会给一些人带来一些好处。

然而，指望这种可能的好处能够抵消对数百万健康受损和因被诱骗吸烟而过早死亡的人造成的伤害，是否现实呢？让烟草公司显得合法和体面是它所要计谋的一部分。诚实地意识到这一点，你就会从其他渠道去为你的研究项目寻找资金。

重新审视我们的选择

当我们宣称吸烟、看橄榄球赛、生孩子或从任何合法来源拿钱是一种"个人选择"时，我们就掩盖了我们与他人之间的相互依存。这就像是在否认这些行为对他人有任何影响，并说没人有权就这些行为向我们提出质疑。**社会学正念在一定程度上就是重新审视我们的选择，尤其是要关注我们的选择如何对他人产生影响。**

面对选择，人们有时会考虑他们偏好的选择并说："为什么不能这样去做？我想不出不做 X 的理由所以我就要做 X，因为 X 对我最有吸引力。"通常，这样说意味着："我不愿（或不知道如何）去多想做 X 的后果，所以我会继续做 X。"然而，这并不是一种谨慎之举。

无论如何，我们总是会认为，所有该考虑的问题我们都已经考虑过了。然而，如果我们具有社会学正念，要做到这一点就会需要更长的时间，因为我们将会考虑更多的联系和相互依存性。另外，我们还会试着从一系列角度去思考我们的选择。这也需要更多的时间，因为我们需要与人交谈，或者是阅读他人写的东西，学习如何从新的视角去审视我们的选择。

具有社会学正念有可能减慢我们的速度，但却不会减少我们的选择。事实上，它会让我们看到先前错过的选择。它还能使我们做出经过深思熟虑的选择，反映我们的最佳价值观。因而，关注联系和相互依存，有助于我们做出真正的"个人选择"。

话又说回来，个人不应对其行为的结果负全部责任。相互依存意味着，我们的行为之所以会有这样的后果，是因为社会世界的运作方式使然。女性应该能够在不会造成性别不平等的情况下生孩子。科学家应该能够在不会帮助黑心公司的情况下获得资助他们研究项目的资金。如果不可能做到这一点，那并不是因为个人是不道德的，而是因为他们的行为所处的背景限制他们这样去做。具有社会学正念有助于我们更清楚地看到这些背景，并看到我们如何克服这些背景的限制，负责任地采取行动。

对话——情感投资和选择

我关于"个人选择"的言论给我惹来一些小小的麻烦。正如我所料，当我说吸烟、看橄榄球赛和生孩子（在某些情况下）会产生一些往往没有被考虑到的有害后果时，一些读者甚是不安。有一次，当我访问一个用我这本书当社会学导论教材的班级时，一个学生当众说道，如果我使用不那么具有挑衅性的例子，读者就会"更认真地对待我说的话"。一位老师告诉我，在她的课上，一位学生驳斥了我关于吸烟、看橄榄球赛和生孩子的言论，认为那"只是施瓦布的意见"。我不止一次听到过这两种评论。

没错，我是可以使用那些<u>不那么具有挑衅性</u>的例子。许多行为都会产生我们没有意识到的有害后果。空房间里亮着灯和扔掉可回收瓶罐是在浪费能源，会导致污染和全球变暖。许多人都对这些后果视而不见。但我要是真以灯泡和瓶罐为例，还会有人记得吗？

到现在为止，经过多年的宣传，在思考那些铺张浪费的消费习惯造成的环境后果上，大多数人都不再有很强的抵触心理。在这个领域，许多人都愿意在小小的激励推动下具有生态环保意识，甚至是采取一些环保行为。因此，回收瓶罐这个例子对大多数人来说都不会有所触动。然而，一旦人们在实践中投入情感，想要做出意识和行为上的改变就会变得更加困难。

奇怪的是，许多美国人在观看橄榄球赛时却是投入了很多的情感。他们觉得这一游戏提供了与朋友一起玩乐的场合。或者当他们看到自己支持的球队获胜时，他们可以从中得到一种很大的快乐，甚至可能是一种力量感。男人们还可能会沉迷于橄榄球赛，因为当球迷是一种方式，表示一个人对一种被定义为坚韧和有男子气概的事物有亲和力。

我可以用同样的方式去分析吸烟、生孩子和从可疑来源取得研究经费。在每种情况下，都有一些对人们来说在情感上很重要的事情：他们自己很酷的形象，被群体接受，获得成人地位或事业成功。因为想要自我感觉良好，所以在我们需要保持警惕的地方往往很难保持清醒。正如社会学家艾伦·约翰逊（Allan Johnson）所说，不经意地采取"阻力最小路径"会让我们感到无比舒适，但从长远来看，这样做常会导致有害结果。

这里的社会学观点是：有害习俗往往会持续存在，因为人们被教导从这些做法中获得快乐和自我价值感。社会学正念有助于我们看到这个过程是如何运作的，以及我们如何身陷其中。当然，我们的情感投入越多，也就越难批判审视我们的做法。但话又说回来，如果我们能学会在困难的情况下具有社会学正念，我们也就肯定能在容易的情况下做到这一点。

还有一条建议：审视那些你不愿批判思考的实践，如吸烟、看橄榄球赛、生孩子、玩暴力视频游戏、听带有性别歧视色彩的说唱乐、支持美国军国主义、化妆或衣着暴露。如果你不愿批判思考这些事情，不妨问问自己这是为什么。你在这些实践上有着怎样的情感投入？在某种程度上，它们是否是一种让你对自己感觉良好的来源？回答完这些问题，再试着考虑一下你的选择所产生的意外后果。也许到那时，你就会在你的批判思考力量的引导下，去做出不同的选择。

……

我对"个人选择"的看法是否只是我个人特殊观点的表达呢？如果是这样，那么你完全可以驳斥我，说："嗯，施瓦布不喜欢吸烟和看橄榄球赛。他有权发表他的看法。但我跟他观点不同，所以让他一边去吧。"根据我从一些老师那里得到的反馈，这就是一些学生对我关于吸烟、看橄榄球赛等所做评论的理解。我认为，有这种想法的学生并未明白我的真正意思所在。

我的观点并不是谴责任何特定做法，而是说我们应该从社会学视角去更好地关注我们所有的实践（做法）。如果我所说的个人选择有一个中心信息，那就是：**请想想你的行为如何给他人造成无心的伤害，因为只有这样你才能做出在道德上负责任的选择**。因而，我的观点并不是真正关于吸烟、看橄榄球赛、生孩子或从可疑来源获取经费。它是关于如何留意我们作为社会生物的相互依存关系，以及我们为什么要努力做到这一点。

这里我应该补充说明一下"观点"的性质。你可能听人说过：观点很便宜，因为人人都有；这意味着所有观点的价值大致相等，接近于零。我不相信这一点，原因如下。

观点就是结论。理想情况下，我们会通过权衡所有的相关证据，然后仔细推理来得出这些观点。换句话说，**我们需要提出合理的论据以得出明智的观点**。当然，并非每个人都会一直这样去做，所以有些意见是建立在不良信息、不完整信息或不合逻辑的推理的基础之上。在这种情况下，它们确实没有什么价值。

另一方面，有些观点则是基于确凿而广泛的证据和仔细思考。能找到这样的观点是我们的幸运，因为它们可以为我们省去很多工作。但是，能够看到这些工作是如何完成的，并且我们能够自己来做这项工作则更好。这也是我在本书中想要教会大家的：如何更好地形成对社会世界的看法。因而，你当然也应该对这里谈到的所有观点进行批判性审视。你可以审核它们的基础，然后试着看看它们是如何建构而成的。

杂记　盲点

试着一直具有社会学正念，看起来像是一项艰巨的任务。这确实是一项艰巨的任务，因为没有人能一直成功地做到这一点。在这一点上我也不例外。但是，经过一段时间的实践，具有社会学正念完全可以成为我们的"第二天性"。也就是说，具有社会学正念可以成为我们是谁的一部分。然而，即便如此，我们在某些领域仍然会有盲点。

"盲点"是一个人视野中看不清或者根本就不会往那儿看的部分。如果我们从字面意义上来谈论人的眼睛，我们会注意到，盲点是由视网膜部分受损或退化而引起。但在这里，我是在隐义上使用"盲点"，我用它来比喻一个人没有能力或不愿去批判思考或看到社会世界的某些方面。

试看下面这个例子：一个来自低收入家庭的白人男性勤奋学习，远离各种麻烦，考上大学，并最终实现向上流动。他可能会发现，很容易从社会学视角去关注社会阶级制度，以及它如何对一些人有利而对另一些人不利。这一点很容易做到，因为他亲身感受到了它的一些不利之处。

然而，对他来说，从社会学视角去关注白人特权和男性特权就会比较困难。为什么？因为看到这些社会现实就意味着要承认，尽管他因其阶级背景而面临障碍，但他却因其种族和性别而获得了意想不到的优势——这将威胁到那种认为自己是通过天分和后天努力取得成功的看法。在这种情况下，我们就可以说，他在种族和性别方面有盲点。

在看到那些可能危及我们自身所珍视观点的事物时，我们都有盲点。我们能够做到的最好的事情就是尽力去意识到这些盲点，并克服内心阻碍去面对那些可能会让人感到不安的真相。这并不是一件我们可以一劳永逸地学会去做的事情。具有社会学正念是一个与我们相伴终生的过程。它需要不断实践，不仅要看到那些容易看到的东西，还要看到那些我们可能不愿看到的东西。

（1）即使明知某些选择可能带来的伤害，我们也可能会拒绝改变我们的行为，因为这些选择对我们有益（或看似有益）。例如，谈及看橄榄球赛，一些学生说，他们并非真喜欢看它，事实上，这辈子不看都无所谓；他们之所以看它，是因为它提供了与朋友玩乐或与父母（通常是喜欢这一体育项目的父亲）联系的机会。但是，为什么会有这么多人觉得他们必须依靠看橄榄球赛来提供这些陪伴的乐趣呢？除此之外，人们还可以选择如何寻求这些乐趣？

（2）假设有个年轻女子叫玛拉，她被雇来当酒吧服务员。她向那些来喝酒的男性顾客明确表示，虽然她喜欢和他们开玩笑，但她反对听到那些带有性别歧视色彩的言论或笑话。大多数时候，那些男性顾客都会改变他们的行为。后来店里又雇了一个年轻女子叫克里斯蒂。那些男人们在试探过她之后发现，她并不介意那些带有性别歧视色彩的言论。她只是笑笑，一切照旧。很快，那些男人们就又恢复旧习。当玛拉批评其中一人时，他说："人家克里斯蒂都不介意，为什么就你在意？"然后，玛拉找到克里斯蒂，说起这个问题。克里斯蒂说："我不在乎男人们怎么说。接受与否是我的选择，这与你无关。"是什么让克里斯蒂很难在这种情形下具有社会学正念？玛拉如何做才能让克里斯蒂有不同的想法，进而在与那些男人们互动时做出不同的选择？

（3）有一种观点认为，情绪更多是由大脑中的生化物质而非社会互动所决定。然而，具有社会学正念，我们至少会怀疑，大脑中发生的事情一定与社会生活中发生的事情有某种联系。事实上，你可以通过在头脑中描绘你目睹的痛苦伤害、你讨厌的食物或者是性幻想来证明这一点。当你这样做时，那些心理形象就会唤起你的身体反应，这种反应是因为形象影响到大脑中的生化物质。思考一下，这些形象及其意义如何源自社会生活。那些具有强烈情感的形象如何在我们的脑海中形成？我们如何学会使用这些形象来管理我们自身的情绪？

第 5 章

人 之 成 人

　　本章我们先来做一个实验。我们需要一对新生的双胞胎。我们还需要一个大盒子，好让其中一个孩子在不与他人接触的情况下生活。这个盒子必须能够自动运送食物和水并清除废物。它还必须是不透明的和隔音的，这样这个孩子就不会通过它的四壁与外界进行互动。

　　实验很简单：一个孩子正常长大，另一个孩子在盒子里长大。然后，等到 18 年后，我们打开盒子，看看这两个孩子可有不同。如果他们之间有所不同，我们就可以得出结论：与他人相处很重要。如果他们之间没有不同，我们就必须得出结论：社会化（从与他人相处中学习）并未让人有所不同，个性是先天基因编程好的。

　　我们可能会认为："社会化当然会让人有所不同。我们不用让孩子在盒子里长大就能证明这一点！"但也有很多人认为，一个人长大后会变成一个什么样的人，取决于其先天基因。如果这是真的，那么一个孩子就是在盒子里长大也没关系。基因编程自会把这个孩子变成他 / 她注定要成为的人，无论他 / 她是在盒子里面还是外面长大。

　　当然，做盒子实验是错误的，因为一个婴儿会被剥夺在我们的文化中我们珍视的诸多体验：亲密感，身体爱抚和心智刺激；我们之所以珍视这些东西，正是因为我们知道它们对培养一个正派的人有多么重要。仅仅是想象一下盒子实验，就会让我们想到这一点。

但是，并非每个人都能意识到社会生活如何使我们成为人类。有一次在课上，在讨论过如何教育孩子成为男孩和女孩之后，一个男生说："我妈妈教我缝纫和做饭，我爸爸教我打猎和钓鱼，我的姐妹们也学会了做所有这些事情。"他的观点并不清楚，所以我就问他："你的意思是说，不管你的父母教你什么，你生来就注定要成为现在的你吗？"他说，是的，这就是他的意思。

在下一节课上，我告诉这个学生，他有一个孪生兄弟叫费斯特，一出生就被卖给不择手段的实验者。"他在盒子里度过了他人生的头 18 年，"我说，"当盒子被打开后，呈现在我们眼前的是一幅悲伤的景象。费斯特畏缩一团，像一只无助的受惊动物，他既不会说话，也不会思考。你并不知道实验者在将你与他进行对比，因为他们是通过视频秘密进行的。这些判断是由一组科学家做出的，他们审查了磁带并判定——"就在这时，另一个学生插话说："没有区别！"就连可怜的费斯特的哥哥也笑了起来。

这个玩笑说明，认为任何人都能自动"变成"一个懂得如何为人处世的成年人是荒谬的。如果真是这样，父母就可以通过在盒子里抚养孩子来为自己省去很多麻烦。

在现实生活中，"先天（自然）v 后天（培养）"之争是无法解决的。每个人都像他 / 他自身那样发展，因为他 / 她身上有一些潜力得到了培养，其他潜力则没有得到培养。没有社会生活，就没有潜能会得到发展；不同的社会生活，会发展出不同的潜能；如果没有潜能，也就没有什么可以开发的。因而，"自然和培养"对我们成为现在的自己的贡献是分不开的（参见本书第一部分第 12 章）。事实上，每个人都是这两种影响相互作用的结果。

从社会学视角考虑人之成人，我们只需假设一点：每个人都有比其想象中更多的潜能。这意味着，我们作为个体会变成什么样的人（能力、欲望和习惯造就了我们），只是一组可能性的实现。我们无法真正知晓我们所有的潜能，我们只有在步入晚年时才会知道自身哪些潜能变为现实。我们能够知晓或者至少要注意的是，社会生活如何把我们变成某种人。

要看到这一点，我们必须注意我们与他人之间的相互依存关系。但是，另外还有更多需要注意的事项。我们还必须注意社会是如何组织起来的、我们在社会上所处的位置，以及我们在这一位置上的人生经历，正是这些经历让我们成为现在的自己。这种"社会性"（socialness）包括所有使我们比其他动物更强大的东西：我们心智的运作，我们拥有的自我意识，我们的欲望和希望，以及我们对自己的看法。所有这些关于我们的东西、这些让我们成为人类的品质，都源于社会生活。

并非每个人都想知道这一切是如何发生的。有些人，像费斯特的兄弟，就拒绝从社会学视角去思考我们如何成为人类。为什么？也许是因为美国文化教导我们，我们的价值取决于成为独一无二的个体——而考虑我们是如何被社会生活塑造的，则会让我们显得不那么特别。由于其他许多人也是以类似方式被塑造而成，所以思考这一事实就会让我们觉得，自己不过是普通人群中不起眼的一员。

我们和其他人一样吗？在某些方面，我们与其他人很相像。我们拥有相似的经历，持有相似的态度、价值观和信念，做着相似的事情。当人们在相同的文化中成长时，这就是我们所期望的。在某些方面，我们与其他人略有不同——有区别，但不是很大，只是一点点。在其他方面，我们则可能是独一无二的。没有人会有与我们一模一样的经历，没有人会像我们一样被塑造，也没有人会生活在我们的皮囊里。

事实是，我们都是独一无二的。我们和别人既不同（同中有异）又相同（异中有同）。在美国文化中，我们经常夸大我们与他人之间的差异，却没有注意我们与他人之间的共同点。

中国有句古老的谚语："物以类聚，人以群分。"意思就是，成为个体的第一步就是认识到你不是孤立存在的个体。这意味着，只要我们执念于"个性"的错觉（而不去审视我们与他人之间的相似和不同），我们就无法成为我们作为个体所能成为的一切。"我们是独一无二的"这一幻觉是如此令人感到满足，以至于它阻止了我们去做那种有助于我们成长为人的思考。这句谚语也提醒我们，我们与他人之间的相似之处对人之成人至关重要。

关注这些问题的目的，并不是为了帮助我们努力追求个性，好像那就是人类生活的最高目标。关键是要留意我们如何让自己和他人成为人，这也是一个人具有更多智慧和同情心的重要一步。社会学正念有助于我们了解：我们作为人会变成什么样，取决于我们与他人之间联系的性质，进而我们也许就可以看出，我们如何一起做事，使得每个人都能充分发挥自身潜能，为我们自己和他人创造美好生活。

收集意义

你很幸运，没有在盒子里长大。相反，你从他人那里学到了一种语言，它让你能够理解和掌控这个世界。对你来说，这个世界并不是一个令人困惑的地方，而是一个有意义的地方，一个充满有意义的事件、情境和对象（包括你自己和他人）的地方。没有语言，这一切都将消失不见。你将会被困在一个毫无意义的世界里。

是什么让我们像人类一样生活在一起？是我们和平及创造性地解决问题的能力，我们建立精心设计的制度和传统的能力，我们互相分享经验的能力，我们随着时间推移保存知识的能力，以及我们想象和谈论未来的能力。没有语言，我们也就无法去做这些事情，语言给了我们发展个人身上人性的能力，并让我们能以人类独有的方式与他人发生联系。如果你注意到语言的力量，你就会密切关注它的本质和使用。而这样做就是在留意，人们如何创造他们自身及其共享的社会世界。

谈论身份

在你还是一个婴儿时，你并不知道你一次又一次听到的声音就是你的名字，但是最终你会明白，"张三"或"李四"是一个声音，指的只是你。在学习你的名字时，你意识到自己是一个对象。你了解到你是一个可以被谈论、被想到、被赞美、被责骂、被爱、被恨的生物。一旦你能想到"我是某某某"，你就在开始为自己收集意义，并成为一个复杂的生物体。

随着我们逐渐长大，我们开始从我们生活的文化中为自己收集意义。这意味着学习用我们文化中那些可用的术语来定义自己。他人必须教导我们可以使用哪些术语和何时使用。我们收集的这些意义，如学生、生物学专业、儿子或女儿、民主党人、自由派、基督徒或佛教徒、黑人或白人、同性恋或异性恋、婴儿潮一代或千禧一代等身份，让我们得以了解我们是谁。这是人之成人的一部分，也是一个了解我们是谁和是什么的过程。

具有社会学正念，我们会看到，我们赋予自己的意义总是产生于社会生活。我们相互依赖，不仅是为了界定自身，也是为了保持一种连贯性和稳定性，即我们作为人是谁和是什么。如果没有他人帮助确认我们的身份，我们也就很难确定我们到底是谁和是什么。

我们的身份（我们赋予自己并向他人宣称的意义）可以定位我们相对于他人的位置，并告诉他人应该如何对待我们。了解我们的身份可以让他人以一种可预测的方式与我们进行互动。例如，如果他人知道你是一个水管工，他们就会知道在某些情况下如何与你互动，比如在管道漏水时请你上门维修。因而，身份并不只有萦绕我们脑海的私人含义。它还具有公共意义，决定了人与人之间的许多事情。

你可能会收集其他同样起作用的意义。如果他人知道你"脾气暴躁"或"富有"或"幽默"，他们就会知道如何与你进行互动。因此，在为自己收集意义时，我们获得了许多可能的联系点——也即许多方式，他人可以看出我们是谁和我们是什么，从而以一种可预测的方式与我们顺利互动。

社会生活不仅给了我们身份，它还依赖于我们的身份。

有了身份，我们就可以快速地向他人解释自己。当你说"我是学生""我主修生物学""我是工程师"时，你就用一种速记的方式告诉了别人你是谁和你是干什么的。当然，并不是每个人都会以同样的方式去理解"学生""生物学""工程师"的含义。即便如此，这样的身份也是一个很好的起点。在宣布过我们的身份后，我们通常都会继续向他人解释自己。我们会试着用许多方式去影响他人赋予我们的意义。

掌握语言和发展自我意识，对人之成人和在社会世界中正常生活至关重要。收集一个人自我的意义，即成为自己和他人眼中独特的个体，也是人之成人的一部分。具有社会学正念，我们就会看到，这些过程仅仅是因为互动而发生的。我们不可能在盒子里变成人。我们成为一个什么样的人，取决于我们所处的社会生活给我们提供的那些符号和意义，以及使用它们的机会。我们成为人和做人一样，都离不开与他人相互依存。

自我约束

费斯特的哥哥可能会因"没有区别"这句话而生气，变得狂暴。幸运的是，他和我们一起笑了起来。事情为何会是这样？他为什么没有发狂？他一定已经发展出了一些能力，使他能够约束自身，以便成为社会生活中一个可以让人放心和有用的参与者。如果人们不以这种方式自我约束，就会惹出很多麻烦。

语言和自我意识是自我约束的先决条件。但是，仅有这两样还不够。我们还必须发展出其他几种明显的人类特征。首先，我们必须对我们给自己所收集的意义产生依恋。我们之所以对它们产生依恋，是因为它们给我们提供了一种连贯性和连续性。你今天是你母亲的儿子或女儿，就像昨天一样。这些知识，以及你对其他身份的了解，通过让你一天天舒适地确定自己是谁和是什么，可以让你保持清醒。

如果你对某些身份产生依恋，因为你（和他人）高度重视这些身份，那就更好了。如果这是真的，这些有价值的身份就会成为你自尊的源泉。这是你可能对它们产生依恋的另一个原因。也许，你对某一特定身份越是自信，你就会越发坚定地对它产生依恋。

这与自我约束有何关系？如果你对你的身份产生依恋，你就会试着以支持它们的方式去行事。例如，如果你认为自己是一个诚实的人，然后你有机会在考试中作弊，在这种情况下你就很可能会选择不作弊，这样你才能继续把自己看成一个诚实的人。如果你认为自己是一个好学生，而且这一自我概念对你很重要，你就很可能会去做那些好学生会做的事情：阅读，思考，提问，上课，按时完成作业等。这些行为会告诉你和他人，你确实是一个好学生。

如果我们对自己的某些想法产生依恋，我们往往就会去做肯定而非违背那些想法的事情。我们会努力以那种我们希望别人看待我们的方式去行事。例如，如果某个人的一个重要身份是"友好的人"，他 / 她就会抑制自身朝人发脾气的冲动，或者保持冷静，以免他人对他 / 她有不同看法："你冲人发脾气，你这人不够友好！"身份，不管它是什么，只要我们有心接受它，它就会成为约束我们自身行为的工具。

自我约束还取决于自我评价的标准。通常我们都会希望自我感觉良好，所以我们会试着去做一些能够证明我们有能力有道德的事情。这些事情具体是什么取决于一个人所处的文化和情境，以及一个人宣称的身份。例如，一个人知道，在与孩子打交道时，一个好人是有耐心的、善良的和慷慨的。如果他能表现出这些品质，他就可以高度评价自己，从而保持自尊。

并非所有的自我评价标准都是如此正面。在美国文化中，一些男人认为，真正的男人是强大的、好斗的、有竞争力和控制力的。因此，他会尽力向人展示这些品质，以便自我感觉良好。如果他在这条路上走得太远，他的行为就有可能伤及他人。

幸运的是，费斯特的哥哥似乎认为自己是那种坚强得可以被取笑并自嘲之人。如果他认为自己是那种会用暴力去惩罚任何侮辱他尊严的人，事情就会变得很糟糕。

至此你应该已经可以看出：为什么我们要谨慎对待我们教导孩子的自我评价标准，以及为什么我们应该严格审查我们适用于自身的标准。因为不这样做就会有一种危险，我们将会把自己的能力和价值感寄托在一些错误的事情上，那些事情经常会给他人造成不良后果。

我们应该感到高兴的是，对大多数人来说，做一个好人意味着诚实、善良、慷慨、富有同情心、爱好和平。在了解了这些自我评价标准后，人们相处得更好，也更容易相处。换句话说，大多数人都会避免去做那些不诚实、残忍、自私、冷酷无情和暴力的事情，以免把自己视为一个坏人。这也使得人们会以一种有用的方式去进行自我约束。如果人们学会通过善待他人来寻求自尊，他们也就更有可能像正派人一样来表现自己。

缄默知识

自我约束还需要掌握在各种情况下如何与他人进行互动的知识。这种知识通常都是不言自明的（这是一个知道如何做某事而不一定能说清它的问题）。我们依靠大量的缄默知识来度过我们的日常生活。

例如，你可能知道如何去一家超市找到质优价廉的豆腐和茄子，付钱购买，然后离开。你可能也知道如何排队买票，如何在葬礼上表现，如何在聚会上闲聊，早上起来如何打扮，初次约会如何表现，如何与老板打交道，如何向人问路和为人指路，如何在公共场合擤鼻涕，等等。这些行为之所以看起来显得很简单，只是因为我们已经忘记做到它们需要掌握多少知识。

想象一下，如何给机器人编程去寄信。乍一看，我们似乎只需要两个指令："在信封上贴上邮票"和"将信封放入邮箱"。但是，机器人比较笨，所以你必须给它提供更明确的指令。你必须说明什么是邮票，如何选择正确的邮票类型，什么是信封，把邮票贴在信封上的什么位置，什么是邮箱，在哪里找到邮箱，如何把信封投入邮箱，等等。你的机器人需要知道所有这一切。

最终，你的指令清单可能有上千条之多。比起为机器人编程完成一项像寄信这种"简单"工作所花费的努力，更令人惊奇的是下面这一事实：你的大脑里已经有了所有这些知识。想象一下，有人想要给机器人编程，让它做所有你知道如何去做的事情。事实上，不太可能有比人类大脑本身更简单的存在形式，能够容下所有这些知识（数十亿条指令）。

作为缄默知识的又一个例子，想想你必须知道什么，才能用英语说出一个句子。你能解释一下具体如何做吗？你是如何把所有正确的单词按正确的顺序进行排列，说出一个连贯的句子？虽然你很可能说不清，但你或多或少都会知道怎么做。

知道如何与人进行互动，几乎是一样的情形。就像我们需要知道英语语法规则来说出恰当的句子，我们也需要了解社会生活的规则，好把我们的行动整合成为一个连贯的整体。

在我们需要知道的那些规则中，有一些是规范性的，例如，**不要把他人当成物品，或者永远都要尊重他人的感受**。这些规则告诉我们什么是对与错，以及如何道德行事。也有一些规则是程序性的，它们会告诉我们如何让事情按照我们希望的方式发展。

如果每个人都知道同样的程序规则，我们就可以顺利地去购买茄子和豆腐，排队买票，驾车出行，与人交谈，坠入爱河，开办大学，等等。当我们想要一起做事时，我们每个人都会对事情应该如何进行有一个大致的想法。一旦我们掌握了处理日常事务所需要的程序规则，我们也就无须打电话回家请示父母即可继续生活。换句话说，我们会自我约束。

这些规则无法从内部控制我们。相反，它们是我们用来和他人一起做事的资源。有时，我们也会通过打破规则来完成工作。

例如，在社会生活中，有一条规则是"不要盯着人看"。走在喧闹的街道上，你用这个规则来避免引起陌生人的注意。你希望，通过避免眼神接触，陌生人就不会打扰你。在其他情况下，比如有人在公共汽车上侵犯了你的空间，你可能就会打破"不要盯着人看"的规则，说"请离我远点"。在这种情况下，你盯着人看就是一种传递信息的方式。这种方式很有效，因为人们知道"不要盯着人看"这一规则，也知道打破它另有其意。

让事情步入正轨

互动的基本规则会让我们顺利地度过生活中的大多数时光。但在规则不清楚或者不是每个人都清楚规则的情况下，或者是当人们对在特定情况下应该使用的规则出现分歧时，就会出现问题。由于这些原因和其他一些原因，互动就有可能出错。这时不管采取什么方式，我们都必须尽力让事情回到正轨。

很明显，我们可以通过对话来做到这一点。在出现混乱或冲突的情况下（当人们似乎不知道发生了什么事情时），我们通常可以通过交谈找到某种解决办法。然而，我们不能光说不练。我们还必须接受他人的观点。这意味着去想象他人的想法、感受和可能会做的事情。

重要的是，我们要学会用这种方式去阅人和理解他人。我们必须能够观察他人的情况并思考："换成我在那种情况下，我会有何感受？我会如何行动？"有时我们必须从他人的言语和外表中做出推论。我们可能会想："她这人没精打采，蓬头垢面，不愿与我直视，听声音又累又伤心——她可能很沮丧。"我在这里所说的有点夸张，因为一个人内心状态的迹象往往更加微妙，很难察觉。但是，无论如何我们都必须学会"看透人心"，以便我们能够预测他们会如何表现，他们对我们有何期望。

与人一起做事需要我们能以这种方式去阅人。顺利穿行社会世界，并不仅仅需要我们知晓在正常情况下互动的规则。我们还必须能够应对那些异常情况，在这些情况下，有必要弄清楚陌生人的想法和感受。对话和换位思考是我们所知道的如何让事情继续下去的最好方法。

与吾心有戚戚焉 —— 同情和移情

也许我在上面所讲的会给人这样一种印象：自我约束完全依赖理性，所以人们只要头脑清醒，就会变得温柔体贴。然而，实际情况远非如此。理性并不足以阻止我们去伤害自己和他人。历史上发生的事件表明，人类总有办法让残忍之举和暴力行为显得合理。因而，那些合乎逻辑和理性的论点，并不足以确保人类的行为就是人道的。同样必要的是有对他人感同身受的能力和意愿。

我指的是所谓"用心透视"（换位思考）：让自己对他人做出情感反应。我们的反应可以是同情或移情。如果我们朋友的父母不在了，我们为他 / 她感到难过，这就是一种同情的反应。如果我们能够感受到他 / 她的悲伤，就像我们自己的父母不在了一样，那就是一种移情的反应。无论哪种情况，我们都能体验到对对方感受的反应。这种反应并非自动就会产生，我们也可以拒绝对他人产生这种反应。

假设你有一个很好的机会可以偷走一大笔钱而不被人发现，这笔钱是为贫困山区儿童买药而捐赠的。钱就在那里放着，无人看守。你可以用它去还账，换部新手机，找点乐子。被抓的可能性可以说非常小。你是否会拿走这笔钱？

你可能会试着想象，拿走这笔钱会让他人有什么感受。捐赠者和募集者会感到气愤。那些期望从中受益的孩子会感到难过和沮丧，并会因缺少他们需要的药品而受苦。如果你点儿背不幸被抓并被判刑，你的亲友会对你感到羞愧和失望。你可能也会对自己感到厌恶。如果你能想到这一切，能感受到如果你偷了钱他人会怎么想，你就可能不会去碰这笔钱。

但是，假设你的理智比你的心智运转更快，在你产生任何感受之前，你会想："捐钱者很有钱，他们这样做只是想让自己少交税；他们并不是真心关怀贫困儿童。至于孩子们，我敢肯定还会有人帮助他们的。再说了，大多数药物都不起效，还是不用它们的好。而且我怀疑大部分钱最终是否会花给孩子们。它们很可能会偷偷溜进管理者的腰包。那些人已经有了比他们需要的更多的钱。我没有。我破产了。这笔钱能给我带来的好处，远大于能给他们带来的好处。所以我要把这笔钱拿走。"

在第二种情况下，你很理性地说服自己拿走这笔钱是一件合理的事情。其中甚至也有一些换位思考，如"富人并不是真心关怀贫困儿童"。这一点也许是真的，但这并不能成为你拿走这笔钱的理由，因为你的这一举动还会伤害他人的情感。只有忽略他人的感受，理智才会允许你得出你可以拿走这笔钱这一结论。

并不仅仅是为了阻止我们做出有害行为，我们才去对他人产生同情和移情。日常互动也取决于情感上的回应。例如，遇到认识的人时，我们通常都会发出礼节性的问候："嗨，你好吗？""我很好，你好吗？""很好。""这很好。""再见。""再见。"在这一交流中并不存在什么想法或情感。那我们为什么还要这样做呢？它有什么用呢？

问候仪式是人们承认对方存在的一种方式。我们这样做是因为我们知道，肯定一个人的存在要好过忽视一个人的存在。换句话说，我们这样做是因为我们尊重他人的感受，他人也尊重我们的感受。这是一个小小的仪式，在我们的日常生活中，它会提升和稳定我们的情绪。试想一下，如果你向人问好："嗨，你好吗？"对方扭头不理，或者拉着脸说"走开"，你会有何感受？

人与人之间那些小小的礼貌行为也是出于同一目的。那些看似很小的行为（请，谢谢，对不起），表达了对他人感受的尊重。这些行为向他人表明，我们作为互动者是可以信任的。如果我们用这些小小的方式表示尊重，他人就可以相信我们不会以伤害其感情的方式行事。这意味着，对他人在情感上做出反应，是与他人一起完成事情的必要条件。

我们在情感上对他人做出反应，也可以保护我们自己的情感。如果他人愿意，他们可以否认我们的身份声明（也就是说，他们并不认为我们是我们自己宣称的好人），或者不尊重我们。我们当然也可以对他人做同样的事情；我们同样可以否认他人的身份声明，不尊重他们。这是我们在情感上与他人联系在一起的另一种方式。我们尊重他人，不仅让他人自我感觉良好，还让他人感到有义务以维护我们珍视的身份并让我们保持自尊的方式对待我们。

我们所做出的大多数顺从行为，都是基于我们对他人的情感反应和相互依存。换句话说，我们对自身的感觉是好是坏，很大程度上取决于他人对我们的反应，以及我们对他人会如何评价我们的想象。例如，我们可以思考一下刮腿毛这一做法。

当我在社会性别课上问那些女学生，为什么她们会去做这么奇怪的事情时，她们通常都会说："那不过是一种个人选择，我这么做是因为我觉得刮了腿毛更好看。"这是一个有用的答案，因为它根本没有意识到真正的问题所在。为了说明这一点，我会追问："为什么班上每个女生都会做出同样的选择？如果这真是一种个人选择，在我们这种重视个性的文化中，难道不是应该有至少 10% 的人会做出与此不同的选择吗？"一分钟后，答案来了："我男友讨厌它""人们会认为你是女同性恋""你无法在公共场合穿短裤，因为人们会盯着你看"。因而，真正利害攸关的是对自我的感觉，它们受到来自他人真实或想象的反应的影响。

你可能会想："如果我们的文化更喜欢女人无腿毛而不喜欢男人戴首饰，这又有什么大不了的？每种文化都有自己的时尚。"这一点是事实，但却并非问题的重点，问题的重点与为什么人们觉得必须遵从传统有关。重要的是，传统的力量在很大程度上来自于我们对他人的情感反应。反过来，这种反应则源于我们想象他人会对我们有何评价的能力，以及我们对自我感觉良好的渴望。如果我们想象他人认为我们愚蠢、丑陋或不道德，我们也就很难自我感觉良好。

与他人隔绝的风险

我们对他人的情感反应激励我们尊重他人并努力和睦相处。知道我们的情感掌握在他人手中、他人的情感掌握在我们手中，我们有充分理由对待彼此友善温和。然而，有时我们也会对他人漠然以待。在某些情况下，我们还会切断自己对某些人的同情和移情。

例如，在战争中，一个国家的人民将另一个国家的人民定义为敌人。而这还不是事情的全部。为了发动战争，敌对国家的人民必须停止对对方的同情和移情。这种情感隔绝，就是普通人和正派人变成冷血杀手的原因。如果双方人民都能感受到那些被害者和伤残者的痛苦，就不可能有战争。然后，那些下令杀人的政客和将军，就可能会被放逐到一个他们不能再做害人之事的地方。

但即使在战争中，人们也会对他人产生情感反应，如同胞和战友。面对共同的敌人和死亡的前景，人与人之间的情感联系往往还会变得更加强烈。如果人们在日常生活中缺乏这种情感上的紧密联系，他们就有可能会觉得战争很有吸引力。这就好像，暂时爱邻居或战友的代价就是对他人进行大屠杀。

部分问题在于，我们对一些人的判断会让我们反应过度，被迫去做一些我们明知不对的事情。我们渴望被一个群体中的人接受和喜欢，有可能会导致我们去伤害其他群体中的人。具有社会学正念，我们就会警惕出现这种情况。如果我们感觉到我们对一个群体的忠诚导致我们把另一群体的成员视为"猪狗不如"，我们完全可以停下来扪心自问："如果我只是为了在这里被一些人接受而忽视他人的人性，会有什么后果？"这是一个凡是具有自我约束力的人都应好好思考的问题。

人们并非只有在战争状态下才会切断对他人的情感反应。如果某一个群体成员觉得自己无法得到另一个群体成员的尊重，那么不受尊重群体的成员可能就会不再关心另一个群体成员的感受和判断。这种情况往往发生在优势群体和弱势群体之间。例如，在美国，几个世纪以来白人对黑人的不尊重导致黑人对白人的蔑视，以及许多黑人对被定义为"白人"的东西的蔑视。这并不是"逆向种族主义"，而是拒绝那种占据主导地位的不尊重弱势群体的文化。

因此，不对他人在情感上做出回应有可能是一种自卫之举。如果非要去关心那些无论如何都不会尊重我们的人的判断和感受，未免会让人觉得太过痛苦。

不过，这种切断（对他人的情感反应）也有其他原因。可能优势群体成员对他们给他人造成的痛苦感到羞愧和内疚。倾听和感受那些受到伤害者的心声让人感到痛苦，难以忍受。也许这就是为什么许多白人很难去倾听黑人描述种族主义给其带来的痛苦。在他们看来，感受这种痛苦和悲哀并承认他们对此负有部分责任，实在是让人难以承受。

彼此相爱的人之间有时也会发生类似的事情。如果有人伤害了我们爱的人，我们很快就会表现出同情和移情。我们会努力去感受和同情受伤的人。但若我们所爱的人痛苦的根源来自**我们的**行为，我们就会在情感上无动于衷。我们很可能会借助理性来避免动情。我们可能会说："很遗憾你觉得受了伤害，但你好好想想，你就会明白你误解了我的行为，所以你不应该有那种感觉。"

我们中很少有人会想去感受因为知道自己伤害了我们所爱的人所产生的那种内疚感，所以我们常会认为他们不可理喻、过于敏感，或者是误解了我们的意思。具有讽刺意味的是，我们之所以会这样做，恰恰是因为我们在情感上对他人很敏感。要不然，我们也就不必如此聪明地运用理性来避免他人的痛苦会在我们身上引发的不愉快感。还有的时候，是我们害怕（敞开心扉去感受和同情他人）他人会让我们有这种感觉，才把我们分开。

理性并非情感的敌人。理性可以帮助我们看清自身感受，选择最佳行动方案——很可能是最尊重他人感受的行动。正因我们有时有攻击他人的冲动，我们才需要理性来自我约束。例如，我在这里用理性来论证对他人在情感上做出回应的重要性。只有当我们不知道如何应对他人或我们自己的感受，我们用理性来避免倾听他人的意见时，问题才会出现。

有意识地抵抗

我们所有人都会关心某些人胜过其他人。对我们所有人来说，无论我们是否愿意承认，总是会有一些群体对我们很重要。就连那些摆出一副很酷的姿势说"我不在乎别人怎么看我"的青少年，也是在塑造一种形象，以打动同龄人，惹恼父母。一个人宣称自己不在乎他人怎么想，也是其自我表演（自我呈现）的一部分。

然而，人们也有很好的理由去抵制某些人所做的评判。女性可能决定不刮腿毛，以此来反对性别歧视文化，这种文化坚持认为女人应该身体光滑柔软、讨男人欢心。黑人可能决定不拉直头发，以此抵制种族主义文化，这种文化把白人眼中美的标准强加给了他们。我们可能都决定不关心政治家和将军的评判，他们告诉我们：要爱国，我们就要仇视和杀害他国人民。在这种情况下，决定不关心某些人，也是抵抗压迫的一种方式。

决定不关心某些群体的评判和感受是一件很严肃的事情。当然，这样做也有代价。不刮腿毛的女人可能要付出更多努力，去寻找一个认同其反性别歧视价值观的伴侣。在一些地方，抵制公司老板权力的人可能会失业、被监禁、受酷刑，乃至被杀害。因而，我们必须留意我们的抵抗行为。如果我们决定忽视某个群体的愿望和感受，那一定是因为这样做有助于促进广大人类社会的正义和平等。

具有社会学正念，我们可以看到，我们对他人的情感反应受到我们生活背景的影响。例如，生活在一个许多人因不平等和不公正而受苦的社会里，我们可能很难敞开心扉去感受他人。我们可能不愿去多想那些苦难，并会试图将那些受苦的人拒之门外。如果我们自身就是不公正和不平等的受害者，从而被自身的痛苦所吞噬，我们也很难去感受他人的痛苦。

不平等还会以其他方式影响人们的情感反应。优势群体可能会对弱势群体无动于衷，因为他们拥有的权力会助长其不尊重他人的感受。与此同时，弱势群体则可能会发展出一种不尊重强势群体的情感和评判的防御姿态，因为似乎怎样都无法从对方那里赢得尊重。在非常时期和战争时期，社会上有许多人都会想法在情感上跟那些与之交战者隔绝开来。

由此我们可以看到群体之间的界限有多么重要。这些界限决定着谁是内群体（像我们一样的人），他们应该得到关心和尊重；谁是外群体（与我们不同的人），他们应该得到较少的关心和尊重。当然，我们不必相信这样的界限和他们之间的差异错觉。具有社会学正念，我们会质疑所有的界限和类别，因为它们会削弱我们对他人的情感反应，促生不尊重和虐待他人的事情发生。

社会学正念有助于我们看到的并不仅仅是社会化的重要性。大多数人都知道，想要把一个婴儿培养成一个善良、温和、聪明的人，需要对其细心呵护。具有社会学正念，我们可以看到更多事情：我们组织自身一起生活的方式也会影响到人之成人。社会上存在大量的不平等，会让人产生恐惧、不信任、不尊重、愤怒，甚至是仇恨，并会使人与人之间产生距离。在这样的社会中，我们中的许多人就像是在盒子里长大成人。

具有社会学正念，我们会关注社会生活如何将我们塑造成人。我们会追问：我们的信念和我们共同生活的方式，是有助于还是抑制了我们约束自我和对他人的感受做出情感反应的能力？社会学正念并不会告诉我们这个问题的答案，它只是一种寻求答案的实践（它对于我们了解如何创造一个更好的社会世界至关重要）。具有社会学正念，我们不仅可以看到我们如何成为人，还可以看到我们如何能够过上那种更合乎人性的生活。

对话——社会世界中的大脑和心智

关于"人之成人"，我有两个问题。第一个问题与我们的经历如何塑造我们使我们以后无法改变有关。一个学生这样说道："你所说的就像是，人们随时都能成为他们想成为的人。但我想知道的是，人们有没有可能受到无法修复的伤害？"这是一个重要问题。

我应该说的第一件事是，我认为人们在任何时候都不可能成为他们想成为的任何人。事情远非那么简单。人们当然可以改变自己，但是，这一过程可能是艰巨的和复杂的。这不仅涉及我们在童年时是如何被塑造的，还涉及我们作为成年人如何融入这个世界。

人之成人的一部分就是获得观察方式、思考方式和感受方式。当我们接近成年时，这些方式已经**深深地扎根于我们的心中**——就像一块木板，受到一棵树如何生长以及在其生长中遭遇的压力之影响，而长出纹理一样。当然，我们不是木板，所以我们还是有可能发生改变的。但是，成长的时间越久，它需要承受的压力就会越大。

这种压力并不神秘。你大体上可以想象它们是什么：改变我们世界观的新想法，引发不安情绪的经历，要求我们采取不同行动的人，旧习惯行不通的新环境。有时，面对这样的压力，直到多年后蓦然回首我们才会意识到，它们对我们产生了多么大的影响（改变）。有时，我们也会主动寻求这样的压力，希望在短时间内改变自己。

使改变变得困难的是，即使我们主动寻求改变，我们也会部分抵制它。我们这样做是为了保持理智。如果我们每天无法确保我们对世界和我们自身看法的一致性和稳定性，我们就会失去对现实的控制。在太短的时间内发生太多的变化，会以一种负面的方式扰乱我们的心智和生活。所以说，我们必须始终脚踩刹车。

社会学的智慧认为，改变一个人的最好办法是将其放进一个新环境，带来新的人、新的关系、新的思想、新的工作等。言下之意，**那些声称想要改变自己但又无法或不会改变他们所处环境的人，不太可能有太多改变**。对那些因为已经适应恶劣环境而陷入困境的人来说，情况往往如此。除非他们能够进入一个不同的社会世界，否则他们很可能会继续深陷困境。

因而，或许你会明白，为什么"人们可以在任何时候成为他们想成为的任何人"这一说法太过简单。当我们努力去理解自己和周围世界时，我们自然会抵制急剧变革带给我们的压力。更重要的是，我们周围世界的稳定性和有序性（他人的思考、感受和行为方式，以及自然环境的稳定性），也会合谋让我们保持不变。

到目前为止，我忽略了问题的另一半：人们有没有可能受到无法修复的伤害？或者也可以换种问法：人们是否会被他们的经历所伤害，以至于他们日后无法像聪明的成年人那样与人和睦相处？提出这个问题的学生想到的是那些在虐待和匮乏条件下长大，后来接连犯下冲动的暴力犯罪的人，他们的结局往往是被关入监狱。

这些人是否受到了**不可逆转的伤害**呢？我不知道。但若从社会学视角来思考这个问题，也许我们可以得出一些有用的想法。

需要记住的一点是，行为是环境的产物，而不仅仅是个性的产物。我在下一章会对此有更多说明。这里我只想指出一个显而易见的事实：我们大多数人都有**在一定条件下**做出暴力之举的潜力。所以我们不应急于假定：有暴力行为史的人比其他任何人都更容易受到伤害。也许他们只是比其他人更容易陷入那种助长暴力的环境。

还有一点也不能忘了，也有不少人改变了他们的生活。有时，那些有着多年卑鄙、自私和暴力行为的人会经历一种觉醒，一种心灵和思想上的急剧转变，导致他们在日后的人生中做出截然不同的行为，给人的感觉就像是判若两人。这种事情的存在意味着，即使看似不太可能，改变的**可能性**也依然存在。因此，在这里，我们应该再次警惕那种认为"伤害不可逆转"的看法。也许有些人只是需要给予他们一定的机会，来发展出他们身上的同情心。

不过，一个人的早期经历确实会影响其日后成长。例如，如果小孩子在其关键"发展窗口期"（在这一时期，他们的大脑正在形成神经网络）没有学会使用语言，他们就有可能永远不会发展出正常的语言技能。换句话说，在一个人生命早期的关键时期，极度的剥夺会使得一个人以后很难学会某些东西。但这是否就意味着存在一种无法弥补的伤害呢？不清楚。人的大脑具有惊人的可塑性，在这里，心理变化或晚熟天才的惊人案例表明，大脑——在适宜环境的刺激下——比我们现在意识到的有更多的生长和自我修复能力。

所以我们有充分理由怀疑"人们会受到无法修复的伤害"这一说法。这似乎不太可能，除非存在足以给人造成器质性损伤的伤害、疾病或剥夺。然而，关注社会环境如何影响个人发展是合理的。从社会学视角来看，这样做意味着要更进一步。我们并非只是询问过剥夺或虐待给人造成的损害就了事，我们还必须询问，如何创造一个没有人会被剥夺或虐待的世界，在这个世界中，每个人身上最好的一面都可以得到充分发挥。

* * *

在一堂课上，一位主修生物心理学的学生提出了一个基因对行为影响的问题。她问道："科学家们对基因如何影响人类的了解越来越多，这难道不是真的吗？"我说，那是真的。但是，他们并未看到基因可以在环境之外直接影响行为。事实上，他们看到的恰好相反。

如果你想要找到一种关于这一问题的技术性解释，你必须去看别的书。在这里，我将用一个比喻来解释基因是什么，以及它们如何发挥作用。基因是一种以分子形式编码的配方（序列），用于制造蛋白质并将其组装成活的有机体。但是，引导这个过程的基因，就像任何配方（序列）一样，无法确保一定就会出现特定结果。这在很大程度上取决于环境（想象一位厨师，混合配料，设定烤箱温度，决定烘烤时间）如何与配方上说的要做的事情相互作用。科学家们还了解到，环境条件可以激活一些指令，而终止其他指令。

因此，即使我们谈论的是**身体**如何发育，基因本身也无法严格决定其过程或结果。如果我们谈论**大脑**，特别是受环境刺激而形成的神经网络，基因能够决定的事情就更少了。如果我们更进一步，谈论**思想**（思维模式和内在心理表现），那就很难看出基因的重要性。基因指引大脑的建构，大脑则能进行人类思考。但是，基因并未决定这些想法是什么，或者有此想法之人接下来会有什么样的行为。

　　研究这些问题的科学家们已经认识到，基因与环境之间的相互作用，比先前研究者所怀疑的要多。这支持了我的观点：想要将"自然和培养"（先天 v 后天）截然分开作为人类发展的贡献者这一做法是徒劳的。无论如何，我们主要关心的是行为，而不是解剖学。所以我们必须小心，不要把身体的塑造（这绝对是由基因引导的事情）与心灵的塑造混为一谈。后者取决于我们置身其中的文化和我们与他人之间的关系。那些深信行为由基因决定的人，往往会忽视人类生存中这一明显事实。

杂记　情绪

　　通常，我们认为情绪植根于我们的内心深处，产生于我们作为个体所特有的心理动力。相反，上一章开篇讲述的跑步故事则表明，情绪产生于与他人之间的互动——不同社会类别成员之间形成的互动。事实上，情感的社会性远比我此前所述的还要多。

　　在日常生活中，我们很容易看到，我们的情绪受到与他人之间互动的影响。我们不太容易看到的是，人之成人的一部分是学习：我们在不同的情况下应该有什么样的感受，如何正确表达情感，如何管控我们自身的感受和对他人的感受。一个没有学会这一课程的人会被他人视为一个怪人，并会觉得日子很难熬。

　　假设你正在高速路上正常行驶，突然有人变道超车插到你的前面。你迅速转向以免发生碰撞，但却险些车辆失控。在这一危险的瞬间过后，你的手颤抖不已，你的心怦怦直跳。现在你会怎么办？你有什么样的情绪？也许你到此时还没回过神。你可能会感到害怕、生气、悲伤或感激——或者是这些情绪兼而有之。你要做的是**解释**你被唤醒的情绪并给其贴上标签。作为人之成人的一部分，这也是我们必须学会做的事情。换句话说，我们必须学会弄清楚，我们的内心发生了什么。

　　我们如何标记我们的情绪很重要。在上述事例中，气愤不已的司机可能会追上那位突然变道的司机进行报复。当然，这种做法极其危险。为了防止出现这种反应，被冒犯的司机可能会（人们希望他／她会）试着让自己冷静下来，想象如果无辜者因为这种行为而受伤或死亡，或者想象如果最坏的情况发生将会失去的好事，他／他会有什么样的感受。

旨在改变我们内心感受的思考过程叫"情绪工作"（emotion work）。学习如何做好这种工作，是人之成人的另一个重要部分。社会生活确实可以在情感上把我们击倒。但是，文化也让我们有能力独自或与他人一起去应对遇到的挫折。

（1）理解人们赋予自身意义的方法之一就是使用"20题自我陈述测试"。这项测试很简单。询问自己：**我是谁**？然后写下想到的20件事。你可以自己试试，看看你想出了什么。你对这个问题的回答，有助于你评估你对自己的理解（收集的意义）。看看你的清单，你认为什么对你最重要，为什么？这些意义如何取决于你与他人之间的关系？

（2）一说起"社会化"，我们常会想到父母、老师和其他成年人告诉孩子如何做人。诚然，社会化经常都是这样发生的。家长、老师和其他成年人对孩子解释什么该说不该说，什么该做不该做。但若关注社会化的实际发生方式，我们就会注意到两件事：①它们大都不涉及公开指导，②它们大都是在孩子们的互动中完成的。想想你是如何学会作为女孩／女人或男孩／男人来行事的。你从自身观察中学到了什么？你从与同龄人的互动中又学到了什么？

（3）人之成人及学会在社会中与人和睦相处的一部分，涉及形成适应性的习惯，即习惯性地对人和情境做出反应的方式。一般来说，我们会形成并保持那些起作用的习惯。但是，当那些在某种情况下有用的习惯，被扩展到了它们不适用的情况下时，就会出现问题。例如，在一个激烈竞争的社会里，许多人都会养成下面这种习惯，即把每种情境都视为一种竞赛，而在竞赛中努力脱颖而出则是很重要的。这一竞争性习惯会在哪里、如何、给谁带来问题？美国社会中有哪些因素鼓励很多人（尤其是男性）养成这种习惯？

第6章

行为是互动的产物

演讲结束，演讲者通常都会问上一句："谁还有问题？还有什么需要我解释的吗？"——听众席上一片沉默。大家你看我我看你，谁也不说话。这是一种很奇怪的现象，因为就算演讲者所讲的内容无聊透顶，也不可能在神志清醒的成年人中引不起一丝反应。那么，我们如何解释这种沉默呢？也许，那些在大学或其他地方聆听演讲的人患有一种叫"极度安静症"的疾病。

显然，不可能每个听众都有相同的特质。而且你的自身经历就会告诉你，"极度安静症"这种想法太傻了。即使你很少在演讲结束后站起来发问，这也并非因为你天生就极其安静。毕竟，换种不同的环境，你可能会高声喧哗。但这更是给这个问题增添了几分神秘感。为什么那些有时会像你一样高声喧哗的人，在演讲结束后却只是安静地坐着，一言不发？

具有社会学正念，我们会试着通过**观察情境而非个性**来回答这个问题。我们会试着确定人们保持安静的条件，哪怕他们内心有很多想法。也许我们会发现，当人们觉得他们的智力会受到他人的评估时，当他们无法平等地参与讨论时，当他们觉得他们的提问在他人眼里有可能显得太傻时，他们就会静坐不语。我们也可能会发现，这些条件在大多数举办讲座的地方都会存在。

　　问题的关键所在是，人们对其所处情境做出反应所依据的是，他们认为在这种情境下对他们来说利害攸关的事情。这一想法似乎很好理解。然而，我们却很少会去考虑他人对其所处情境的看法。如果他人在某个场合下表现欠佳，我们常会想："真是太糟了！我可不会让这种事在我身上发生！"也许你确实不会像他人那样。但若我们肯停下来思考一下，对方如何看待其所处的情境和做出的选择，也许我们就会慢一些去下判断。

　　作为一种情境的局外人，我们很难理解那一情境中人之所看、所思和所感，以及他们为何会像他们那样行事。例如，为什么在看起来明显有人需要帮助的情况下，人们却经常不给予帮助？作为这种情境的局外人，我们很容易说那些不出手相助者（那些袖手旁观或路过而不施以援手的人）冷漠无情或胆小懦弱。

　　认为胆小懦弱或冷漠无情是他人未能出手相助的原因，这会让我们对自身感觉良好，因为这样我们就可以想象，我们作为一个更勇敢或更自信的人会做得更好。然而，与本章开篇用"极度安静症"来解释演讲结束后听众之沉默相比，胆小懦弱和冷漠无情并不是一种更好的解释。同样，我们必须关注背景（context），以理解人们做了什么或没做什么。

　　至少在美国人们经常不会施以援手，而出现这一现象的背景则是这样一个社会：在这个社会里，我们中很少有人了解我们的邻居。在大城市，甚至是在郊区，我们可以为邻多年，却对彼此知之甚少。因而，在某些情况下，我们并不确定自己是否应该"多管闲事"。我们也生活在一个充满愤怒和暴力的社会，警察不可能一天到晚寸步不离地守着我们。因此，人们害怕"惹上麻烦"并成为受害者，也不是没有道理。

　　另一方面，情境也有可能会让人感到困惑，弄不清对方是否需要帮助。如果一个衣衫褴褛的男人躺在人行道上，人们不经意地跨过他，你应该弯腰看看他是否需要帮助吗？如果你看到一辆汽车停在高速路边，汽车引擎罩下冒着浓烟，数百辆汽车从一旁飞驰而过，你应该掉头回去帮忙吗？或者，假设你看到一个女人冲出一家酒吧，紧跟着就见一个男人快步追出，一把抓住她的胳膊，厉声斥责她。这是一场正在进行的攻击？一场醉酒恋人间的争吵？还是东西被偷者想要抓住逃跑的小偷？

即使我们认为有人需要帮助，我们往往也更愿意想象他人会给予帮助。也许当你看到一个男人躺在人行道上，一辆冒烟的汽车，或者是一对争吵的夫妇，你会想："为什么该我上前？我上班快要迟到了。我相信自会有人帮忙。"当然，如果每个人都这样想，那么最终结果就是，没有一个人会上前帮忙。

认识到具体情境可能含混不清，认识到出手相助可能有风险，而且我们有可能会在无意间为不出手相助进行辩解，这并不是在给大家提供借口。原谅或责备都不是问题的重点，重点是，要关注环境如何影响人们的行为。也就是说，我们应该试着去理解，为什么人们会做他们做的事情，而不是指责他们没有去做我们作为局外人想象我们会做的事情。

想要理解人们在特定背景中的行为，我们必须先要了解实际情况：谁对谁做了什么？在何时何地？如何做的？在什么条件下做的？如果这些问题我们答不上来，我们就没有掌握足够的信息，去理解为什么人们会那样做。我们还必须意识到，这种情况在置身其中的人们看来是怎样的。我们必须试着通过他人的眼睛去看待事物，而对他人抱有的偏见则使我们做到这一点变得更难。

例如，年轻黑人妇女，尤其是内城那些贫困的年轻黑人妇女，经常受到这样一种指责，说她们生孩子就是为了获得国家福利。这些指责通常都是由那些对内城就业前景，对种族歧视，对贫困黑人女性的生活，或者是对实际福利有多少一无所知之人提出的。尽管对这些背景情况一无所知，但是，那些指责者却在大胆地说："她们不负责任！她们不想工作！她们宁愿通过多生孩子和领取政府福利来生活！"

具有社会学正念，我们会追问："谁生了多少孩子？对这些年轻女性和让她们怀孕的男性来说，他们眼中的这个世界是什么样的？他们如何看待性和节育？做母亲／父亲对他们意味着什么？他们认为在社区中谋生和获得尊严有哪些选择？是否每个想工作的人都有工作？在这些地方生活要花多少钱？一般工作能给他们提供多少钱？福利又能给他们提供多少钱？"有了关于这些问题的详细答案，我们就会开始了解正在发生的事情。

让人们解释他们自己的行为也很重要。面对他们的解释，我们有可能接受，也有可能不接受，因为人们可能并不知道所有影响他们行为的社会力量。但是，我们至少应该先听听人们如何解释其自身行为，然后再下判断。如果我们没有倾听到（对方的心声），我们就应保持沉默，直到我们对对方情况有更多了解。

依赖社会上广泛存在的那些成见和偏见，要比找出有关他人生活的事实容易得多。而且谴责我们眼中他人的不当行为，而不是看到那些我们不喜欢的行为如何源于个人无法控制的环境，也会让我们感觉良好。然而，具有社会学正念，我们就会抵制以牺牲他人为代价来拔高自己这一诱惑。当然，我们也希望他人能够考虑到那些促使我们像我们一样行事的环境，尤其是在我们无法做到像圣徒一样生活的时候。

文化背景

从社会学视角来看，关注背景也意味着关注文化（一群人共享并从一代传到下一代的信仰、价值观和实践）。我们也应该将文化放进一个更大的背景中，因为文化是一个群体适应其生存环境的产物。当我们考虑到一个群体生存的条件时就会发现，那些看似奇怪的信仰和行为通常都是有意义的。

如果我们将文化考虑在内，我们就能理解：那些对局外人来说显得怪异或错误的行为，实则是正常的和适当的。当然，这并不是说，任何行为，只要它是某个群体的传统做事方式，或者它有助于他们的生存，就是正常的和适当的；而是说，如果不考虑人们在其成长的世界中被教导认为正常和正确的东西，我们就无法理解他们在做什么和为什么会那么做。

我们也必须记住，人们无法选择他们出生的世界。如果我们出生在一个富裕祥和的世界，我们就可以简单地通过索取来得到我们所需要的东西。如果我们出生在一个资源匮乏、求生艰难和沮丧绝望的世界，我们就会认识到，我们的生存取决于好斗甚至暴力。这里所说的重点，并不在于为侵略和暴力进行辩护，而是在于：**想要理解他人在特定背景下的行为，就要了解他们是在怎样一个世界养成他们的生存习惯的。**

假设在你长大的地方，任何示弱迹象都会让你成为受欺负者。假设你的生存取决于对自身尊严受到任何威胁都能迅速予以还击，尤其是在公共场合。现在想象一下，你的第一份工作是售货员。在这份工作中，你必须忍受被老板支使、被同事取笑、被顾客侮辱。在这种情况下，你是会每天都告诉自己要学会忍耐并以幽默回应，还是会回到你的旧习惯上，等到某一天实在受不了的时候，对你的老板、同事或顾客一顿暴揍？

如果你是在一种与此不同的背景下长大，你可能会想：所有低级别工作都要忍受一些讨厌的人，所以在你得到一个更好的职位之前你必须学会忍耐。如果你相信这一点，那是因为你学到的是一种不同的生存习惯。也许你已经学会了掩饰自己的情绪，听老板话，这样就能和睦相处，升职加薪。这种策略在有些生活世界中会收到很好的效果，但它并非在所有地方都有效，而且采取这种策略的人也要为此付出一定的代价。

假设你已经养成了照令行事的习惯。想象一下，这一习惯让你得到一份高薪工作。有一天，你意识到公司计划生产的产品存有一定缺陷，会对用户造成伤害。你认为公司应该重新设计产品好让用户用起来更安全，但你被告知："那样生产成本太高，所以我们将会照计划行事。如果有人受到伤害，保险公司自会理赔。"于是你就依赖帮助你成功的习惯：照令行事。然后，正如你所担心的那样，有些人在用了你所在公司的产品后受到严重伤害。

当这一切被公之于众后，局外人说你应该揭发内幕或辞职以示抗议。

你原本可以让用户免受伤害，但却没有。为什么？我们可以说你这人软弱和不负责任——就像人们说那些生孩子只为领取福利的黑人妇女一样。或者，我们也可以试着在你所处的背景中去理解你的行为。

我们应该关注你能有的选择。如果你提出抗议，你是否认为你会被解雇？如果你辞职或被解雇，你是否认为你能找到另一份工作？考虑到其他雇主对待举报人的惯常做法，你是否认为，如果你揭发公司内幕，你的事业就完了？也许你还有孩子要考虑。如果你失业了，你如何供他们吃穿住、看病、上学等？所以也许你会觉得，为了他们，你最好还是闭口不言。

我们也应该关注你的工作对你意味着什么。也许就像美国文化中的大多数人一样，你也学会了把你的身份押在你的工作上，所以失去工作将会对你造成毁灭性的打击。或者，也许你早已接受教导，是下达命令的老板，而不是执行命令的工人，应该对结果负责。这是一种危险的信念，这种信念在美国社会也很常见，但我们却不能责怪你这么想并照其去做。

为了理解你在本例中的行为，我们必须同时关注数种背景：公司，你在里面几乎没有权力；家庭和友谊网络，你是其中一员；激烈竞争的个人主义社会，你有理由担心自己能否过上体面生活。鉴于这些情况，你的做法虽然无法让人敬佩，但却至少是可以理解的。

互动之意外

具有社会学正念，并不意味着就会得出下面这一结论：背景决定行为。虽然这句话也有一定的事实依据，但重要的是要看到，在某种情况下发生的事情是人们试图找出如何一起做某事的结果，而这并不能保证事情的发展就会如任何人所料。换句话说，我们必须留意，行为是如何在互动中以不可预测的方式出现的。

我们必须关注互动，因为人们不会如同条件反射般对背景做出反应；

他们和其他人一起创造背景，并想弄清楚：在这种背景下需要做出什么样的行为。假设你正在和朋友一起喝咖啡。在这种情境下到底发生了什么？是调情、诱惑、治疗、操控（统治）、教育、争论、闲聊、崇拜、阴谋、竞争，还是盗窃思想？根据情境的定义和互动展开的方式，所有这些事情都有可能发生。

假设你和几个朋友在咖啡馆聊天。在这一背景下，有很多事情都有可能发生，其中有些事情是没人能预测到的。也许在某个时候，两个男人手牵手走过。看到这一幕，帕特说："看看那些同性恋，我讨厌这样。"每个人听到这句话都很吃惊，因为帕特此前从未说过这种厌恶同性恋的话。然后，罗宾尖锐地说道："你这么说也许是因为你希望自己能像他们一样勇敢。"两个男人走过引发了这一短暂的交流互动，情境发生了变化。接下来会发生什么？根据场景如何展演，人们的生活有可能会发生很大变化。

社会生活中的许多场景都是可以预测的。如果你去商场购物或去电影院看电影，你很清楚会有什么事情发生。即便如此，也会有你没有预料到的事情发生。也许收银员会对你购买腌鲱鱼发表评论，然后你开启了一次约会和一段新关系。在电影院，你身后的人可能会把爆米花扔到你头上，然后你卷入一场打斗并被关入监狱。即使在熟悉的场景下，我们也永远无法完全确定会有什么事情发生。

下面是以小故事形式出现的另一个例子（故事出自我手，但它基于一件真事）。在这个故事中，互动导致没有人期望或想要的结果。故事的主角叫托马斯，他是一个在芝加哥公共住房项目（廉租房社区）中长大的年轻人。他在高中刻苦学习，获得了常春藤联盟大学的奖学金。在大一那年的春假中，当他的许多朋友去佛罗里达游玩时，他则回到了老家。他知道自己可以给家里帮上一些忙，哪怕只有一周时间。

就在返校的前一天晚上，托马斯和他昔日两位好友德里克和贾马尔相约一聚，他俩都没考上大学。虽然托马斯是一个好学生，从未惹过大麻烦，但他却也很难算得上是一位天使。毕竟，他是在贫民区长大，必须显得足够强硬才能生存下来。贾马尔和德里克取笑他上大学是为了成为一个"白富胖"。托马斯接受了两位好友的戏弄，因为他心里很清楚，这是他俩发泄他们所遇到的挫折的一种方式。

托马斯、德里克和贾马尔开着玩笑聊了几个小时。现在时间已经很晚了，他们都喝了很多酒。托马斯说他不得不走了，因为还得赶第二天一早的飞机。当他和他的两位好友准备驱车而返，一辆汽车在他们身边停下，车上坐着五个来自附近一个贫民区的年轻男孩。有人在车里大叫："你们这些混蛋，最好快点滚出我们的地盘。"德里克回敬了一句；汽车加速而去，然后在半个街区外的一个拐角处消失不见。

汽车继续行驶，过了紧张的一分钟，托马斯和他的朋友们开始拿"现在这些孩子"开玩笑：要是跟他们打上一架谁会赢。但是，先前那种好心情已经没有了。托马斯和他的朋友们现在安静而小心翼翼地前行。在另一个街区，他们来到托马斯家住的公寓楼。当托马斯和他的两位朋友正在人行道上道别时，一辆汽车沿着街道疾驰而来。四扇车门突然打开，汽车在他们面前戛然而止。正是刚才开走的那辆车。

五个男孩跳下车，围住托马斯和他的两位朋友。其中两个男孩比其他三个男孩大。一个岁数稍大的男孩说："我来教教你们这些混蛋学会尊重人。"贾马尔边朝他走过去边说："会有人教，但肯定不是你。"这第一个男孩从夹克下面掏出一把藏在裤子里的枪。贾马尔伸手去抓，但还没碰到对方，他的腹部就中了一枪。

当贾马尔一脸痛苦地跪倒在地时，又响了一枪，第一个男孩的头猛地往后仰去。托马斯一个后滚翻，在接下来的一瞬间发现自己和德里克蹲在他们自己的车后面。"拿着这个，"德里克边说边把第一个男孩掉下的枪递给托马斯。德里克自己有枪。托马斯并不想要枪，但他的手却不由自主地接了过来。两颗子弹击中他们身后的汽车挡风玻璃，碎玻璃如雨点般洒落一地。

剩下四个男孩想回到车上，他们的车子仍停在道路中央，车门大开。托马斯听到远处响起了警笛声，希望这样一来枪击会很快结束。就在这时，德里克起身朝一个想要进入驾驶座的男孩开了一枪。那个男孩转身回击。德里克摔倒在地，捂着脖子呻吟着。托马斯想去扶起德里克，但他却觉得自己好像瘫痪了，丝毫动弹不得。

击中德里克脖子的那个男孩并未上车，反而是朝着躺在地上的德里克走了过来。托马斯惊恐地盯着他。当那个男孩用枪指着德里克的脑袋时，托马斯突然站起来惊声尖叫道："不要开枪！"那个男孩大吃一惊，子弹偏向了人行道。当托马斯朝他的胸部开枪时，他的眼睛仍然睁得大大的。

停在道路中央的车子飞快地开走了；又过了一分钟，也许是十分钟，警察赶到了现场。托马斯整个人仍然陷入无边的惊恐中。他几乎不敢相信自己会因犯下谋杀罪而被捕。

……

如果这些都是真实事件，故事并不会就此结束。托马斯的生活已经被改变了。即使他不会被判犯有谋杀罪，他能否重回大学校园也是值得怀疑的。他将会碰到什么事情？虽然故事对那些在打斗中被杀的男孩们来说已经结束，但我们可能想知道，在他们的家人和朋友身上将会发生什么事情。

这个故事展示了，背景在我们谁也不期望发生的事件和行动中所起的作用。托马斯和他的两位朋友只是想聚一聚，玩得开心。他们没想找麻烦。如果不是那些年轻男孩挑事，第二天托马斯和他的两位朋友都会回归他们各自的正常生活。托马斯将会回到学校，进入一个非常不同和更安全的社会世界。

你可能会想："你说得没错，但托马斯和他的朋友们应该知道，不要深夜出去在一个坏社区喝酒。他们也不应该在受到挑衅时回骂对方。"这样想很有诱惑力。我们经常都会通过责备个人，而不是思考（个人行事的）背景，去理解人们遇到的困境。

在这种情况下，我们可以试着从托马斯及其朋友们的角度来看问题。

对他们来说，这并不是一个"坏社区"，而是他们从小长大的地方，并且是他们中两个人仍然生活的地方。晚上在街上闲逛和散步是他们一直在做的事情。他们也是年轻人，他们知道被人侮辱而不予以反击是危险的。你可能会说，这次回骂是一个糟糕的选择，但这完全是一种事后之见。如果那些男孩没有回头找事，你就会认为托马斯和他的朋友们只是做了在他们的社会世界中再正常不过的事情。

或者你会认为："托马斯在学校学习很好，一切顺利，他应该知道不该打架。"再次，作为局外人，这也是站着说话不腰疼。托马斯并没想打架，但他陷入了一种他的生活和朋友的性命岌岌可危的境地。他不可能说："等一下，伙计们，我是一个有着远大前程的大学生，请让我离开这里。"考虑到托马斯的成长方式、他对朋友的忠诚、他对自身荣誉的尊重，以及当时面临的致命威胁，期待他做出这样的回应是不现实的。

具有社会学正念，我们就会看到，托马斯及其朋友所遭遇的，并不是任何一个人所作所为的结果，而是不同人彼此互动的结果。可以说，每个人相互合作，结果促成他们中任何一个人都不想要的事情发生。事件的展开，是因为托马斯和他的朋友们，以及那些年轻男孩，如何看待他们共同创造的情境对他们的要求之结果所致。

这个故事还暗示了，我们需要关注背景的另一种方式。我们需要超越眼前情境去追问：为什么这些年轻人会对自己的未来漠不关心，做出致命的暴力之举？为什么他们没有美好生活可以期待？为什么他们会认为暴力是证明他们是男人的正确方式？为什么他们会这么容易获得枪支？

提出类似这样的问题，是希望我们能够去关注更大的背景，在这一背景下，社会生活的场景得以展演。换句话说，我们不仅要注意舞台上的动作，还要注意道具、剧本和剧院本身是如何被创造出来的。或者，换句话说，我们必须关注场景与其发生的背景之间的联系。如果我们这样去做，那么在看到随机事件之前，我们就会看到模式。由此，也许所有在某种程度上类似托马斯及其朋友们的故事，都会开始变得有意义。

意识到自我和忘掉自我

如果你家近处有橄榄球场，去那里拆掉一个门柱；如果警察上前阻拦，你告诉他们滚开。以下是你有时间去做的其他一些事情：在人潮汹涌的街道上裸奔；在红灯亮起时走到一辆车前用力推它，就像你要把它翻过来一样；找一个有许多老橡树的地方，把一卷卷卫生纸扔到树上，直到上面挂满卫生纸。你一边做着这些事情，一边大声喊道："我们是第一！我们是第一！"

你可能会认为这些都是疯狂之举。如果你现在这样去做，你很可能会被抓并要被迫接受精神测试。但是，如果等到你支持的橄榄球队赢得冠军，几千名球迷追随你，你也许就可以做这些事情而不会被抓。你的行为有可能招人厌，但却不会被视为你有精神病或有邪恶意图的证据。很可能你会被认为只是"有点失控"。

显然，我认为你在任何时候都不应该去做这些事情，因为它们会伤害他人，不尊重地球。提出这些问题旨在提供一个例子，学习如何从社会学视角去关注背景及其对（人类）行为的影响。

通常，那些平日性情温和之人在人群中做出疯狂之举后会说："我不知道我今天怎么了。我只是似乎不在乎发生了什么。好像不是我自己在做那种事。"这些看似有些空洞的借口，实际上非常接近事实。我们赖以控制自身行为的自我意识，在人群中会大大降低。

我们通常都不会有意去破坏财产、在街上裸奔、毁坏树木，原因之一是，我们能够想象到，如果我们这样做了，他人会对我们有何反应。我们大多数人都不喜欢被人认为自己有破坏性和愚蠢。因而，即使有时有做疯狂及有害事情的冲动，我们通常也不会冲动行事，因为我们能在心底想象到，那样一来将会给自己和他人带来的麻烦。

但是，一旦进入人群，人们就会感到自己是匿名的。他们觉得自己不会被认出，并且不用对自身行为负责。当人们在人群中"表现疯狂"，做出一些平日不会做的事情时，那是因为他们暂时不再关心那些（对他们来说）重要的他人会如何评价他们。或者我们也可以说，这种疯狂之举的产生，是因为人们觉得不用对他们的行为负责，不用考虑那些不赞成其行为者的看法。

界定情境

你可能会想："并非只是人群（让人们的行为）有所不同，因为人们并不会在人群中自动发疯，而且大多数人也都并不吵闹。"当然，你的想法是对的。重要的并不只是有他人在场，还有如何界定情境。在比赛获胜后，人们想要享受征服英雄的那份荣耀。在这种情境下，允许甚至鼓励人们展示他们也拥有冠军那种不屈不挠的精神。如何做到这一点？也许就是忽视通常的公共文明规则。毕竟，胜利者会制定属于自己的规则。

然而，在橄榄球赛后吵闹不已的人，也会在葬礼上保持庄严肃穆。再次，重要的是如何界定情境，也就是说，重要的是这样一种想法：人们对应该发生的事情抱有共同看法。如果参加葬礼的人足够多，人们可能也会觉得自己是匿名的。但是，他们绝对不会在墓地又跳又唱"叮咚！邪恶的女巫死了"，来破坏这种场合下的气氛。

他人在场有时也会提高我们的自我意识。也许你会在独自沐浴时用优美的共鸣音调吟唱《奇异恩典》。但是，假如老师在课上说："在讨论苯分子中碳键的性质之前，我们先来唱一遍《奇异恩典》，这样我们就能有一个学习的好心情。"你是会引吭高歌还是会退缩？

你可能会担心被人发现自己唱歌跑调。或者，你想在他人面前显得自己比较酷，所以不能去做像在化学课上唱《奇异恩典》这样的傻事。或者，你声音甜美，内心也很想唱歌，但你担心自己比别人唱得好，会让人觉得你像是在自我炫耀。在这种情境下，你的自我意识就会提高，于是你就会努力压制自己。

我们是会因感到自己是匿名的而无所顾忌，还是会因感到自我意识提高而谨小慎微，取决于我们如何界定自己所处的情境。这是一种人们希望就他们的表现互相批评的情境，还是一种人们希望可以不受他人监督和评判的情境？从社会学视角考虑为什么人们在特定情境下会那样做，意味着需要关注人们是如何界定情境的，以及它在人们身上所激发的自我意识的程度。这一点并不容易做到，尤其是在我们不熟悉那一情境的情况下。

看到更大的图景

当向心脏供血的动脉被脂肪堵塞时，部分心肌缺氧，可能受损。如果损伤严重，心脏可能完全停止工作，从而导致死亡。虽然这是人们心脏病发作的真实原因，但这一解释看到的视角却是非常狭隘。心脏病发作并不仅仅是一种机械故障。

动脉堵塞的主要原因是人们营养不良和缺少锻炼。吸烟也会损伤动脉。当然，必须将这些行为都考虑在内，才能理解为什么人们会心脏病发作。压力是心脏病发作的另一个危险诱因。这一点也必须考虑到。但即使我们考虑到了这一切，我们也仍要追问："为什么人们营养不良？为什么人们很少运动？为什么人们明知吸烟有害身体还要抽个不停？为什么人们感到自身压力山大？"为了回答这些问题，我们必须研究人们生活其中的社会世界。

这种对心脏病的更广泛看法（考虑到具体的行为和社会背景）是一种"整体性"视角。在医学上，整体性观点有助于我们更充分地理解疾病的起因。它有助于我们看到，与疾病作斗争和过上健康生活，可能需要改变环境、行为和文化习惯。这种想法就是试着看到整体，看看里面的事物是如何联系在一起的。

社会学思考与整体思考是一样的。具有社会学正念，我们会尽力去看到整体，即看到人们的行为和文化习惯得以产生的更大背景。换句话说，

就是看到更大的图景。

再想想人们在比赛结束后做出的疯狂之举。为什么人们会去寻求这些情境，让他们深陷其中，无法自拔？也许是因为他们讨厌父母、老师和老板平日对他们施加的限制。有这种厌烦心理的人可能渴望创造一些机会，能让他们逍遥法外。"那么，"我们也应该追问，"为什么在我们的社会中，会有这么多人想要控制我们？"

历史背景

有一次，一个白人学生在课上说："在我看来，黑人是种族主义者。我的意思是，看看他们是如何给予那些浅肤色者更高地位的。"一些黑人学生皱起了眉头。沉默片刻，其中一个黑人学生（一个深肤色者）说："托德说的在某种程度上是真的，但他并不知道自己在说什么。"没等托德来得及答话，我就插入进来，让那名黑人学生详细说明一下他的意思。他说："他不明白种族主义和色彩主义（colorism）的区别，他对历史也一无所知。"

尽管一开始课堂气氛有些紧张，但是，接下来的讨论却是帮助我们看到了偏见、种族主义和色彩主义之间的差异。我们最终达成的一致理解是：我们所说的偏见是指相信某些群体中的人是低人一等的或邪恶的。从这个意义上来说，任何人都会有偏见。然而，种族主义是指一个占主导地位的群体用来压制另一个群体的信仰和做法。因此，被压迫群体的成员可能会对占主导地位群体的成员"产生偏见"，即认为他们都是邪恶的，但称这为种族主义却是错误的，因为被压迫群体成员没有权力推行其偏见。

那么，黑人中的色彩主义又是怎么回事？为什么浅肤色者（通常是那些有一个或多个欧洲祖先的人）在黑人社区会享有更高的地位？答案的一部分在于欧洲人创造和传播的一种信念，即浅肤色比深肤色更有吸引力，浅肤色是优越感的标志。当然，这是一种迷思。但因几个世纪以来这一信念已被有权推行它的群体所接受，所以受压迫群体成员会受到它的影响，也就不足为奇。

答案的另一部分在于白人给予浅肤色者额外特权的做法。在奴隶制下，这种特权包括在室内工作，而不是下地劳作。伴随室内工作而来的还有更好的衣服、更好的食物，有时还有机会获得教育、友谊和土地所有权。换句话说，一些白人给那些因为肤色较浅而看起来更欧洲化的黑人提供了额外资源。这些资源给了那些黑人在其自身社区争取财富和地位的优势。时至今日，我们则看到了这些优势的累积结果。

也许由此你已看出，为什么这会导致一个与肤色有关的复杂问题。许多浅肤色的黑人都不愿意承认他们今天享有的优势源自与白人的肤色合作。所以浅肤色的黑人有时试图通过接受"浅肤色是一个人拥有更好性格的标志"这一想法，来证明他们相对于那些深肤色者所享有的优势是正当的。因此，一些黑人确实接受了种族主义思想，以此来为其享有的特权进行辩护。

具有社会学正念，我们必须把这一切都放入背景中。美国的色彩主义并不是黑人发明的，它是欧洲人发明和推行的种族主义的产物。色彩主义是因为下列条件而产生的：黑人被带到北美成为奴隶，他们为生存和获得自由而奋斗。为了理解色彩主义产生及持续存在的原因，我们必须考虑到这一历史背景。我们学到的经验是：想要理解任何群体中存在的麻烦，我们必须关注它是如何与它周围更大的群体联系在一起的。

常见的疯狂

早些时候我举了一个人们变得疯狂的示例，以及如何在背景中去理解它。也许这会让人觉得，关注背景主要是对解释那些让人愤慨的行为有用。然而，所有的行为，就连那些看似完全正常的行为，都必须放到背景中去理解。关注背景甚至可以让我们重新思考：什么是不可容忍的，什么是正常的。

假设人们没有杀人，而是礼貌而平静地过着自己的小日子。这有什么问题吗？毕竟，这难道不是我们大多数人被教导要做的吗？是的，而且大多数时候我们这样做都毫无问题。但不幸的是，我们可以如此习惯于礼貌和平静，以至于我们周围发生的可怕事情都无法激怒我们。纳粹德国是20世纪最常被引用的例子。数百万人在集中营丧生，而大多数德国人则平静地过着自己的小日子。我们如何才能理解这一自满情绪？

与其他国家一样，德国政府声称它有权使用暴力来控制其境内民众。德国政府像其他政府一样收税，利用这些财富来创造暴力手段（设立警察部队、军队、间谍机构和制造武器等）。德国人依靠政府来保护他们不受外来者的伤害，维持内部秩序，并给他们一种属于特殊群体的感觉。二战前和二战期间，大多数德国人都认为他们的政府做得相当好，或者至少没有糟到引发大规模叛乱的地步。

我们可以把德国政府（它的雇员，它的运作规则，它所拥有的资源）视为控制它的人手中的工具。当纳粹领导人控制德国政府后，他们就控制了一个有着丰富的人员、信息、金钱和武器资源的组织（或者可以合法地去收集和使用这些资源）。无组织的反对者很难抵制这样一个实体。

德国政府也非常官僚化。与任何此类组织一样，它也有许多规则、政策和管理层来控制人们。所以人们很难挑战他们的老板，甚至很难弄清到底发生了什么事情。如果你在大型官僚机构待的年头足够长，你就会知道问题所在。

即使人们开始看到发生了什么事情，大多数人也会感到无能为力，害怕带头去做任何事情。在政府和军事官僚机构工作的人，可以用"我没有杀人。我没有扣动扳机。我只是在做我的工作"这样的话来为他们没有抗议进行辩护。二战结束后，许多因为犯下反人类罪而受审的纳粹领导人都为自己辩护说："我只是在服从命令。"那些杀人的人都能以此来为自己辩护，也就可想而知，那些远离杀戮的人这样做有多容易。

回首往事，纳粹政权显得既可怕又疯狂。我们想知道，怎会有人直接或间接地支持它。但在这里，我们同样不能忘记考虑背景。在第一次世界大战失败后，许多德国人都觉得自己的民族自豪感受到严重伤害。许多德国人都对德国在第一次世界大战结束时被迫签署的和约感到愤怒。德国经济摇摇欲坠（在 20 世纪 30 年代全球经济衰退的背景下），许多德国人都在担心自己将会失去工作和收入。因而，许多德国人都感到愤怒和不安全并心生怨恨，对谁该受责备（谁该为这一切负责）感到困惑。

在这一背景下，纳粹散布了种种诱人的信息：其他国家应该为限制德国从第一次世界大战中复苏的能力负责；犹太人、共产主义者和同性恋者应该为从内部削弱德国负责；德国人天生就是优秀民族，如果有机会，他们可以再次建立一个伟大的国家。这些信息让德国人的民族自豪感再次膨胀，并给了他们一种直白的答案来去除他们内心的恐惧和焦虑。

我们也应该记住，一旦纳粹控制了德国政府，他们就获得了塑造人们思想和感情的巨大力量。他们利用政府来制造和控制新闻，大肆宣传，压制异见。因此，许多德国人在了解本国和世界的情况时，都受到了纳粹政府的摆布。与其他任何民族国家一样，德国纳粹政府也是创造社会现实的一种有力工具。

看过这个让人心情压抑的例子，你可能想知道这一切对现在的我们有何意义。这是否表明我们可以通过考虑背景来理解，为什么德国人民陷入了巨大的罪恶中？是的，这是意义的一部分。然而，更重要的一点并不是关于 20 世纪 30 年代和 40 年代的德国，而是关于我们在当下如何生活。

我们如今仍然生活在一个民族国家林立的世界里，其中没有一个是真正民主的，而且所有的民族国家都有自己的政府，这些政府被那些为了自身利益而寻求权力的人所把控。这些民族国家的政府仍在用暴力手段去对抗对其权威的严重威胁。这些民族国家中的大多数都是资本主义国家，这意味着许多人都对他们的工作和收入感到不安。另外还有很多种族主义观念助长了人们去寻找替罪羊。因此，发生大屠杀的条件依然具备。

也许你会认为："这一切都是真的，所以我们能生活在一个有着仁慈政府的国家真的很幸运。"这无疑是一种令人欣慰的幻觉，因为美国政府并不是一个仁慈的政府。具有社会学正念，我们会试着从更大的背景去思考问题，并会考虑在伊拉克人、越南人、尼加拉瓜人、古巴人、智利人、危地马拉人、阿富汗人，以及其他国家的人民看来事情是什么样的，这些国家被入侵、被轰炸或被迫服从美国政府管理者的意愿。我们可能还会考虑美洲印第安人的观点，他们可以告诉我们一些关于美国政府"仁慈"的事情。

常见的疯狂之解药

社会学正念有助于我们理解，鉴于国家强大的宣传力量，为什么许多人会认为他们的政府是仁慈的。大多数政府的领导人都想在普通民众中培养这种信念，因为这有助于他们掌握权力。如果我们能够从不同的角度更全面地了解世界的运作方式，我们就不容易受到错觉的影响——当恐惧在我们周围蔓延时，这些错觉被认为可以让我们保持礼貌和平静。

社会学正念也有助于我们意识到我们有这样一种倾向：通过接受一个简单的答案来化解愤怒、沮丧和困惑。意识到这一点，我们就不会被政客和其他可能的领袖所诱惑，他们希望我们把麻烦归咎于那些无能为力者。**社会学正念是破解寻找替罪羊这一渴望的良药**。具有社会学正念，我们更容易看到：**我们的麻烦来自掌权者滥用权力，而非来自无权者的顺应之举**。

具有社会学正念，我们会尽力看到全景。我们会尽力去了解：人们如何适应他们的生活条件，他们如何感知其所处的环境和面临的选择，以及他们如何回应他人的存在、期望和行动。所有这些都是关注背景的一部分。然而，我们还可以采取更全面的观点，试着在文化、共同体、社会、民族国家、全球经济和历史进程中去理解人们的行为。看到人们的行动与背景之间的联系，以及它们所处的更大的背景，在很大程度上意味着要有社会学正念。

正念本身也是背景的一部分。具有社会学正念者所关注的环境，不同于那些没有社会学正念者。有此正念，人们可以更充分地感知他们行为的原因和后果。这种意识反过来也可以改变人们的行为，进而创造新的环境。正念蓬勃发展之处，无知、恐惧和痛苦就会减少，邪恶也就无从生根。

对话—— 常见的疯狂之先决条件？

一些读者告诉我，我应该用那些比纳粹和第二次世界大战离我们更近的例子来讨论我所说的常见的疯狂。但是，以史为鉴旨在教授如何培养社会学正念。所以我使用了那些我熟悉的事件，这些事件有助于明确说明这一点。我更关心一般原则，而非具体情况。我希望通过说明这些原则，哪怕例子有些老，读者也能运用这些原则来分析今天发生的事情。尽管如此，接下来我也会举一些比第二次世界大战离我们更近的例子。

2003年2月，小布什前往亚特兰大郊区一所高中发表演讲。车队行经沿线挤满了围观者。其中一人是一位有4个孩子的42岁母亲，她希望总统能看到她举的牌子。牌子上写着"不要用战争换石油"（No War for Oil）。这位妇女想要表达她反对小布什进攻伊拉克的计划。

虽然她什么也没说，只是安静地举着牌子，但是，站在她身边的人却是在朝她大声喊叫："去死吧！滚出这个国家！你不属于这里！"一些人朝她吐口水。一些人做出一些下流手势。一群人围着她高声喊道："滚出美国！"其中一些冲她大喊大叫的人还是带着孩子的妇女。

在这天早上一开始，这位妇女还在为自己成为其所在社区的一员而感到自豪。但是，她邻居们的这些行为改变了她的看法。后来，她写道："我害怕我的邻居们会伤害我，因为我敢于当众表达我的观点。但我想这不可能发生，至少不会在美国发生，对吧？"

第二个例子发生在2003年3月的纽约上州。一位60岁的男子进入一家商场买了一件T恤，T恤正面印着"地球和平"，背面印着"给和平一个机会"。和佐治亚州那个女人一样，这名男子也是想要表示反对小布什攻打伊拉克的计划。这名男子穿着新买的 T 恤坐在美食广场，保安人员走近他，告诉他要么脱掉衬衫，要么离开商场。这名男子拒绝这样做，随后警察就赶来以"非法侵入"的罪名逮捕了他。

这两起事件都让人感到不安，因为它们与美国的政治价值观背道而驰。作为公民，我们不仅有权利，而且有义务，在我们认为政府的行为是错误的时候公开进行反对。正是通过这样做，两百多年来，美国人抵制了国内暴政。然而，在这两个故事中我们却看到，那些一向被珍视的价值观已经被一些人抛弃，这些人那种过分热情和狭隘的爱国主义，使他们无法容忍哪怕是那种极其温和的异议行为。

你可能会想："没错，人们对那个举着反战标语牌的女人恶语相加肯定不对，逮捕那名穿着印有反战标语 T 恤的男子更是反应过度，但这些都是孤例，并未给人造成长期伤害。"事实上，在 2001 年 9 月 11 日之后，这类事件并非孤例。如果你仔细阅读报纸，你会发现那上面有很多关于人们以某种方式表达反战意见而受到惩罚的故事。至于伤害，重要的是要看到，禁止提出异议会如何促成极其危险的事情发生。

二战前和二战期间，当纳粹政府实施恐怖行为时，大多数德国人都对他们的生活感到满意，这是怎么回事？事实上，人们对当时发生的事情也并非一无所知。既有报道，也有怀疑，并且在纳粹巩固他们的权力之前还有抗议。但是，通过镇压异见（通过暴力、恐吓、逮捕和经济制裁等手段），纳粹让大多数人都闭上了嘴。缺乏明显的异议常会给人一种印象：事情并没有那么糟糕，大多数人都支持政府。

同样重要的是要记住，异议可以在不暴打每个人的情况下被消除。所需要的只是提供一些反对者悲惨遭遇的例子。也许有不少人都同意那个举着"不要用战争换石油"标语牌的女人的观点，但在看到她的遭遇后，他们是否还会直言不讳呢？大多数人是否会为穿一件支持和平的 T 恤而甘冒被捕的危险呢？许多人即使不赞成政治领导人的所作所为，也可能会决定保持沉默，不引人注意。

然后呢？我们从历史上看到了可能发生的事情。那就是为常见的疯狂的发生创造了条件。

持怀疑态度的读者可能会说，我选择的例子来自非常时期，比如"9·11"事件和美国入侵阿富汗和伊拉克——那是一个情绪高涨的时期。但在 2015 年和 2016 年美国总统大选初选期间，竞选集会上也发生过同样的欺凌行为。在这些事例中，我们看到的与过去看到的并无不同：一些人用口头辱骂和武力来压制异议和强制保持一致性。正是这种行为（它很难彻底消失），让人们不愿公开反对他们所看到的那些错误之举。

还有一种先决条件，它没有采取冲人大喊大叫或将人逐出竞选集会的形式。我指的是一个现今已被视为理所当然的先决条件：政府监管公共行为和私人通信。就在 20 年前，比如说，在 20 世纪 90 年代中期，谁要是预言美国人会接受几乎所有地方都安装监控摄像头、美国人几乎不会反对政府监视普通公民的私人通信，准会被视为疯子。热爱自由的美国人绝对不会容忍这种情况发生。

然而，时至今日，正是那些极力反对实施这些监视做法的人，那些认为这些监视做法对思想自由和结社自由构成潜在威胁的人，更可能被视为疯子或危言耸听者，至少在某些方面是这样。这里的情况与过去并无太大不同。一旦当权者开始秘密监视普通守法公民的言行，人们就会停止去说和停止去做那些能够区分民主国家之公民和政治政权之臣民的事情。

具有社会学正念并不意味着总是持有不同意见，或者总是抗议政客的所作所为。提出异议或抗议，是一个人在分析过具体情况后决定采取的行动。但是，具有社会学正念确实意味着，关注思想表达如何受到控制，关注产生这种情况的前提条件，关注历史告诉我们的压制异见和强制保持一致性将会带来的危险后果。

杂记　偏常

一直有人要求我在书中添加材料，谈谈传统社会学教科书中的那些主题。其中经常提到的一个话题就是偏常。迄今为止我还没有说过任何关于偏常的事情，至少没有明确说明，因为我觉得自己对那些不明显的偏常并没有什么好说的。但是，也许值得注意的是那些显而易见的偏常，因为如果我们不希望看到它，就有可能忽视某些显而易见的东西。

以下是我的主要观点：何谓"偏常"，即什么被界定为不正常和不道德，取决于一个人或一个群体的观点。从一个角度来看觉得不正常的行为，换个角度来看就可能会认为是正常的和可以接受的。这是一个相当简单的社会学观点。然而，当我们询问以下问题，事情就变得复杂起来：谁能判定什么是偏常？这些判断的标准从何得来？如果有不同看法怎么办？将一个人、一个群体或一种行为贴上"偏常"的标签，会有什么样的后果？

过去，那些想有投票权、想在外工作，或者想在婚后保留对其财产控制权的妇女被认为是偏常的。相反，那些接受自身政治权利被剥夺和丈夫控制权的妇女则被视为"善良正直的"妇女。在经历了几十年女权运动后的今天，西方社会中的大多数人都对妇女权利持有不同的看法。现如今，那些认为妇女不应该享有充分人权的人会被认为是偏常的。正如这个例子所暗示的，权力与所谓的偏常有很大关系。背景也很重要。拳击场上可以接受的行为（打人鼻子），在教室里就会被认为是偏常之举。

请务必核查导致将人或其行为定义为"偏常"的价值观和过程。当然，作为一个社会，我们可能会认同，一些有害行为几乎在任何情况下都应受到谴责。但是，抗议不公正战争的非暴力反抗呢？那是偏常之举吗？男同性恋和女同性恋之间的关系呢？类似这样的事例提醒我们，**将人或其行为标记为"偏常"，通常都是那些占据统治地位的群体为了控制他人而做的事情。**

（1）关于本章开头讨论的旁观者问题，人们经常会用一些案例来加以说明，在这些案例中，明显有人需要帮助但却没人回应。事实上，旁观者问题在日常生活中经常出现。例如，一些白人真心憎恶那些带有种族主义色彩的语言和笑话，但当群体中有人使用这种语言或者是讲一些带有种族主义色彩的笑话时，他们却是保持沉默。同样，有些男人并不喜欢其他男人用来指称女人的那些性别歧视语言，但当他们的男性朋友使用这种语言时，他们却是保持沉默。你如何解释人们这种面对歧视性和伤害性言论保持沉默的倾向？在这种情况下，什么因素更易让人做到直言不讳？

（2）假设你回到了1840年，这样你就可以见证美国白人西进的场景。有一次，你和一户待人和善的人家共进晚餐。饭吃到一半的时候，谈论的话题转向赞扬军队在"清除野蛮人的领土"方面的高效工作。你的主人对政府成功地清除了那些曾经住在你坐的地方的印第安人感到很高兴。当你质疑这样对待印第安人是否合乎道德时，你的主人之一说："你怎敢质疑我们并想让我们感到内疚！你不明白这里的情况。"但是，在哪些方面，你可能要比招待你的主人了解更多？现在再回到当下，假设你正在接待一位来自未来150年后的时间旅行者。关于当前的事件或社会安排，这个人可能会问你些什么？

（3）学生交的学费只占公立大学正常运转所需费用的一小部分。其余所需费用另有来源，包括国家收入（即税收）。因而，如果你进入公立大学，你就会享有一种福利。也许你会对此感觉良好。毕竟，很快你就会成为一位有所担当的公民，所以公众对你接受高等教育的支持可被视为一种投资。当然，那些为你上学纳税的人希望你确实对得起他们的投资，所以他们自然会坚持让你去上所有指定的课，去读所有指定的书，按时完成作业，充分利用图书馆，努力学习尽可能多的知识。如果你做了所有这些事情，你就会觉得自己的良心是清白的。但若你没有这样去做，你会如何向纳税者解释你的懒惰？在他们对你做出评判之前，你希望他们能够先了解些什么？

第 7 章

看 到 模 式

有时我会让我的学生读一个"典型的约会强奸"故事。故事中描述了酗酒，不该有的信任，沟通不畅，微妙的暴力威胁，以及一名男子拒绝接受一名女子"不"的回答，最终导致强奸发生。有一次，一个女生在课上读过这个故事后说："没有典型的约会强奸。每个案例都是独一无二的。"我不同意她的看法。

我说，写这个故事的人研究过许多约会强奸案件，这个故事总结了他所学到的东西。我的这一解释并未说服那名女生。她坚持认为每个案件都是独一无二的。我说："是的，每个案件在细节上可能都是独一无二的，但是许多案件也有一些共同的特点。"另一位学生说道："我在妇女中心做过心理咨询，我可以告诉你，这个故事非常真实。它符合我一再看到的模式。"

事实证明，那位坚称每个案件都是独一无二的学生承认，她只知道一个这方面的案例——一个与故事中描述的模式不太相符的案例。正因如此，她才认为没有模式，不可能一般而论。她错了。

社会学正念的一部分就是看到社会世界是在按照模式运作。有许多模式都很容易看到。数百万人一早起床，朝九晚五，下班回家，吃饭睡觉，来日继续，周而复始，月复一月，年复一年。这就是一种模式，它的存在是因为许多人一次又一次地以同样的方式一起做事。事实上，所谓模式，就是世界运转的规律。

约会强奸故事则描述了另一种模式，一种不太容易被人看到的模式。它要求研究许多约会强奸案件，从而得出这一模式。找寻社会生活的模式通常需要进行大量的研究工作，因为有些事件并不是每天都会发生。如果要求你描述一个典型的银行抢劫案件，你将不得不研究相当多的案件，看看它们有什么共同之处。等你找到它们的共同之处，你就会看到这里面存在一种模式。

社会世界运作的有些模式显而易见，有些则深藏不露。具有社会学正念，意味着要以受过规训的方式去关注（事物），这样我们才能看到那些不明显的模式。从这个意义上来说，受过"规训"，就是在观察世界上正在发生的事情时要遵守某些程序规则。如果我们不够细心认真，我们仍会看到事情在发展，但是，许多模式对我们来说却是依然不可见。

例如，有可能我们考查了许多约会强奸、银行抢劫或其他犯罪案件，却未发现任何模式。这可能是因为我们没有得到关于每个案件的同类事实，所以我们看不出很多案件有什么共同点。因而，在关注（事物）时能有一个好的程序规则，我们就有可能总是得到关于每个案件的相同事实。坚持这条规则，意味着以受过规训的方式去关注（事物）。

在本书第一部分第 14 章，关于关注（事物）的规则，我有更多的话要说。这里我更想说的是，为什么我们应该关注模式，为什么从**社会学视角**关注它们很重要。

应该关注模式的原因之一是，**想要改变世界，我们必须意识到那些让世界变成当下这样的模式**。例如，如果我们想要防止强奸事件发生，那么了解通常都是什么条件、想法和行为导致强奸，就会对我们有很大帮助。这种意识有助于我们看到，我们应该尝试改变哪些条件、想法和行为，从而破坏强奸事件发生的模式。

我们可以把这一原则（掌握产生特定结果的模式），应用到任何我们想要改变的事情上。例如，为了阻止疾病传播，我们必须知道它是如何传播的，而要找到答案，我们就要找出一种模式。哪里突然出现病例？哪些人容易发病？这些人有哪些共同点？他们是否去过同一个地方，做过同样的事情，吃过相同的食物？通过回答这些问题，我们就可以找出模式是什么，以及如何防止疾病传播。

有时，重要的是要意识到并打破我们自身思想和行为中的模式。假设有一个人总是愿意帮助他人完成项目。助人为乐使这个人对自身感觉很好，但是，对他人太多的帮助，使得她未能完成自身工作。由于没有完成自身工作，她觉得自己就像是一个失败者，所以她情绪低落。假定这种情况一再发生。如果她能意识到这个模式，她就可以做出改变。唯一需要做的就是，当他人的求助变得太过频繁时，学会对他人说"不"。

模式中的模式

有时，较大的模式中还会包含较小的模式。想一想职场性骚扰。骚扰者通常都是男性。事实上，几乎所有骚扰者都是男性，几乎所有受害者都是女性，所以男性对女性进行性骚扰这一模式很明显。但这是否意味着女性就从不骚扰男性呢？非也。在一小部分案件中，犯罪者就是女性。

也许你会认为："如果女人是骚扰者而男人是受害者，那就意味着，你不能一概而论说男人总是坏人。"确实如此，并非男人总是坏人，但模式依然存在：绝大多数犯罪者都是男人（即使男人是受害者，犯罪者通常也还是男人）。但是，既然女性有时也会成为犯罪者，我们就需要找出一个更大的模式。如果我们研究实际案件就会发现，那些骚扰男性的女性与那些骚扰女性的男性有一个共同点，那就是，她们在工作中拥有掌控他人的权力。

因而，在这个问题上，更大的模式与权力有关。如果我们只看见最明显的模式（男性骚扰女性），我们就不会看到权力的重要性。但若我们也留意到那些比较少有的案件（女性骚扰男性），我们就不得不深入思考，从而看到：当一个人控制另一个人的命运时，性骚扰最有可能发生。

看到模式并不代表就知道模式存在的原因。为什么有些人一再陷入困境？为什么某些群体的疾病发病率高于其他群体？为什么有些人滥用权力剥削他人？这种模式可能很容易看到，但却很难给出一种合理的解释。通常，我们必须继续深入挖掘，才能找出事情发生的原因。

为了了解恒星运转的模式，我们必须像物理学家和天文学家那样去研究它们。为了了解生物体工作的模式，我们必须按照生物学家的方式去研究它们。为了理解社会世界（去观察和解释让世界变成当下这样的模式），我们必须研究人们如何一起做事，他们创造的意义和安排，他们接受的想法，以及他们形成的文化习惯。只有关注这些事情，我们才能看到人们生活中那些重要的模式。

这并不仅仅是去寻找那些典型案例。找到某一事物的典型案例，就是识别一种模式。如果我们用不同的方式去关注社会世界，我们也会看到其他模式。社会学正念有助于我们发现，这个世界在许多方面都是模式化的。

差异模式

有一种描述社会世界模式的方式是："人类世界被分成不同群体，这些群体中的人们通常具有一些相同的特征，使得他们不同于其他群体中的人们。"这并不是一种多么伟大的洞察力。我们很小的时候就知道这个世界上存在许多不同种类的人们。我们通常不知道的是，如何从社会学视角去关注不同群体之间的差异。

同样，想要看到这些差异模式可能并不容易。"女人"这一群体中的人们，是否就比"男人"这一群体中的人们寿命更长呢？也许你见过或认识许多老年男人，但却很少见到或认识老年女人。所以你可能会认为男人比女人寿命长。实际情况是，平均而言，男人没有女人活得长。在美国，女性的寿命要比男性平均长5年。然而，只有系统地关注这一事物，你才能看到这种模式。

我们应该记住"平均"是什么意思。这并不意味着所有的女人都比男人寿命更长。说女人平均比男人多活 5 岁，只是意味着活到老年的女性比男性多。单看生活中的个案，我们可能看不到这一点。但是，通过查看所有案例（或者是具有代表性的样本），模式就会变得显而易见。

具有社会学正念，我们会追问："我们社会中的群体在哪些重要方面有何不同？"一些群体比其他群体拥有更多的金钱、更多的教育、更好的健康、更多的威望和更长的寿命。通过观察这些平均差异，我们就能看到那些揭示社会世界如何运作的模式。或者换种更好的说法，观察这些模式可以让我们对社会世界有一种简明的了解。此外，我们还想知道这些群体差异源自何处。

我们也应该注意，群体差异并非只是一种抽象的存在。它们是某个群体中人们的生活如何不同于其他群体中人们的标示。例如，白人家庭的平均工资远高于西班牙裔和黑人家庭，这一点可以告诉我们，在这些群体中长大的人会有不同的人生经历。

不过，群体平均值并不会告诉我们有关个人的问题。虽然白人家庭的平均财富比黑人家庭多，但在现实生活中，许多白人贫困而一些黑人则很富有，这也是一种不争的事实。每个群体都有不同的收入和财富，所以一个群体中处于顶端的人可以领先另一个群体中处于最底层或中间阶层的人。尽管如此，平均差异依然存在，这种模式可以告诉我们不同群体所享有的地位和权力，即使它没有告诉我们每个群体中每个人的经历。

解释群体差异

重要的是要留意我们如何解释群体差异。缺乏社会学正念，会使我们给出的解释加剧不平等。例如，平均而言，男人比女人强壮。这是一个明确的模式，但其含义却经常被人扭曲。

要看到这一扭曲，我们首先应该记住：差异只是平均差异。并不是每个男人都比每个女人强壮。有些女人比有些男人强壮，最强壮的女人比大多数男人都强壮。我们还应记住，平均差异并不只是生物学的结果，它也是文化的结果。如果男人被鼓励发展自己的力量而女人则不被鼓励这样去做，就会导致群体差异。如果我们注意到这些问题，我们就会发现，男女之间的"力量差距"似乎并不显著。

然而，在现实生活中，人们通常却是这样来解释这种差距："平均来说，男性比女性强壮，所以男人比女人强壮。"这种解释具有误导性，因为它把群体平均值转化为一种关于群体中每个成员的说法。事实上，"男人比女人强壮"这一说法是不正确的，因为它给人的感觉就像是所有的男人都比所有的女人强壮。

为什么会有人犯这样的推理错误？也许是因为我们文化中赋予身体力量的价值。力量常被认为是一种可取的特质，尤其是对男性而言。此外，男性经常把力量作为他们支配女性的理由（"我们比女人有力量"）。因此，尤其是对那些有着中等身材和力量的男人来说（最强壮的女人可以像对待孩子一样对待他们），很容易将平均差异转变成一种关于男女之间普遍差异的说法。

问题的根源并不在于男人不去直接思考这些问题。这里还有一个更大的模式。占据主导地位的群体成员经常会犯同样的错误。例如，平均而言，白人的智商测试得分高于黑人。尽管一些黑人的智商测试得分远高于许多白人，但是，白人却经常认为，两个群体之间的平均差异意味着白人比黑人聪明。对白人，尤其是那些智商测试得分属于中等的白人来说，这是一个尽管不合逻辑但却令人欣慰的结论。

［谈及这个问题，我应该解释一下，黑人和白人在智商测试得分上的微小差异（即使考虑到学校教育和社会阶层，这种差异仍然存在）与先天能力无关。差异源于两件事。其一，智商测试中的许多问题都偏向那些生活在欧美中产阶级文化中的人，这使得黑人学生处于一种不利地位。其二，智商测试的意义所引起的焦虑，使得黑人学生难以发挥其最佳水平。

如果你被告知你的测试成绩将被用来衡量你的人类价值，或者是你的族群价值，焦虑无疑会影响你的表现。另外，我们也有必要注意背景。在一个没有种族主义的社会里，这些偏见和考试焦虑问题就不会出现。]

具有社会学正念，在考虑群体之间的差异时，我们应该询问："这些群体**内部**的差异是否大于群体**之间**的差异？"如果一个群体中人（在一些特征上）彼此之间的差异大于与其他群体之间的差异，那么群体之间的差异可能也就没有意义。

例如，假设我们想知道，在一个小镇上，是女人还是男人更善良。有些人可能会根据传闻猜测，女人比男人更善良。但是，如果我们想要确定这一点，如果我们想知道两者之间的差异有多大，我们就得衡量两者的"善良"程度。也许我们可以询问人们，他们过去一年做了多少善举（假设我们可以就何为"善举"达成一致）。无论如何，假定镇上所有的男人和女人都接受了"善良测试"，这样我们就可以计算出每个人的善良商数（KQ）。

在这种情况下，我们应该很容易分辨出谁更善良，因为我们要做的就是计算每个群体的平均 KQ 分数。假设我们发现男性的平均得分高于女性，我们就可以得出结论：男人比女人更善良。但是，假设"女人"和"男人"这两个类别中的 KQ 分数相差很大。换句话说，每个类别中都有很大的分差范围；这告诉我们，说到善良，一些女人与其他女人非常不同，一些男人与其他男人非常不同。然而，由于一些男性（他们可能高估了他们的善良程度）的分数很高，有些女性的分数很低（她们可能低估了她们的善良程度），所以男人作为一个群体的平均分数略高。对此我们该怎么想？

从社会学视角考虑，这些结果应该告诉我们，我们一直在做无用功。如果我们想要比较的群体内部存在如此大的差异，而它们彼此之间的差异则相对较小，我们就应该意识到，我们一开始的类别（女人和男人）与人们是否善良无关。（我们无须通过观察 KQ 分数来得出这样的结论，有统计方法可以判断差异是否显著。）

"善良商数"这个例子似乎很傻，但这与那些研究"个性的性别差异"

的心理学家多年来的做法并无太大不同。具有讽刺意味的是，许多此类研究的总体结论是，在个性方面，女性和男性要更相似而不是更不同。因此，如果一个人必须寻找群体差异，社会学正念会建议他去寻找更有意义的分组。

最后需要留意的一点是，记录群体差异不同于解释群体差异。为了解释群体差异，有必要研究它所包括的人类行为（找出行为背后的原因）。社会世界中的所有模式都是如此。无论看到什么模式，我们都应追问：谁在何时何地如何对谁做了什么，这样模式就会出现。如果我们进一步去揭开产生模式的过程（参见本书第一部分第 13 章），我们就不会误解它。

趋势和倾向性

有些模式只有随着时间的推移才会变得为人可见。当我们观察世界如何变化时，我们就会看到它们。那些长期持续的变化（如人口持续增长）是一种趋势。20 世纪 80 年代中期以来美国创造的大多数新就业岗位都是服务性工作，这也是一种趋势。社会学正念的一部分就是关注这些变化，并思考它们可能会导致什么情况发生。

就像模式内有模式，趋势内也有趋势。例如，自 1800 年以来，美国人口从未下降或保持不变；它一直在增长。这是一个总体模式。然而，它在有些时候要比其他时候增长更快，例如，在一场大战结束后的下一个十年里（如 1870—1880 年、1920—1930 年、1950—1960 年）。因而，就这一事实而言，可以说是模式中有模式：总体增长，战后增长更快。同样，为了更好地理解整体，找寻模式内的模式也很重要。

倾向性是一种概率模式。例如，出生在工薪阶层家庭的人，最终很可能也在从事工人阶级的工作。当然，这只是一种倾向性。也有一些工薪阶层或贫困家庭的孩子日后成为医生、律师和教授。甚至还有可能，那些专业人士父母的孩子成为工厂工人、卡车司机或收垃圾者。即便如此，常见的模式（最强烈的倾向性）仍是：人们最终会与其父母处于大致相同的社会阶层。

　　为了看到倾向性，我们必须随着时间的推移密切观察并跟踪发生了什么，以及发生的频率。例如，吸烟者患肺癌的可能性是非吸烟者的 15～30 倍，具体情况依据其他危险因素而定。到了中年，男性从教育中获得的回报（就收入而言）比女性高 45%～70%，具体情况依据所得学位而定。这种倾向性，如女性比男性长寿，可以通过观察群体差异来发现。

　　如果我们不在足够长的时间内观察在足够多的情况下会发生什么，我们就有可能看不到趋势和倾向性。假设你是工人阶级家庭中第一个上大学的人，并假设你大学里的大多数朋友都有与你相似的背景。那么，说工人阶级家庭的孩子倾向于留在工人阶级中似乎就是错误的——毕竟，你和你朋友们的情况证明了向上的阶层流动是可能的。话虽如此，但是，战胜困难并不意味着没有困难。

　　为了看到真正的倾向性，我们必须考察在很长一段时间内来自工人阶级家庭具有代表性的儿童样本，看看他们最终从事的都是什么样的工作。只有看到更大的图景，真正的倾向性才会显现出来。具有社会学正念，我们就能避开从个人经验中做出过度概括这一错误，并会在掌握许多案例的信息后得出真正的模式。

　　试着看到趋势和倾向性，旨在更好地了解世界的运作方式——尽管观察趋势或倾向性与解释它有所不同。这样做需要研究谁在对谁做什么，在哪里，如何做，为什么。看到趋势或倾向性是解决这些问题的一步。一旦确定了趋势或倾向性，我们就可以试着辨别产生它的人类行为。如果没有意识到趋势或倾向性，我们也就不会意识到有什么行动值得期待。

　　通过识别趋势和倾向性，我们还可以了解我们前行的方向。如果美国公司继续将生产外包，让民众失业，怎么办？如果人们从事的有保障的工作越来越少，怎么办？如果贫富差距继续扩大，怎么办？如果我们的内城继续衰败下去，怎么办？如果全球人口继续以现有速度增长，怎么办？如果越来越多的人觉得他们无法控制自己的生活，怎么办？这些趋势将会走向何方？又会引发哪些新的问题？

社会学正念解答不了这些问题，但它确实有助于我们理解为什么这些问题很重要，并能帮助我们找到更好的答案。具有社会学正念，我们将会看到（事物之间的）联系，我们将会看到是人们的行为创造了社会世界，我们将会看到人们的行为如何受到其所处环境的影响。如果我们以这种方式去关注（事物），我们就能更好地理解我们置身其中的模式，并且我们很可能会想要做出一些改变。

相配的事物

看到模式通常就是看到什么样的事物往往在一起或一起发生。自然界里有一种模式是，飞行与羽毛联系在一起。任何会飞的生物（除了昆虫）都更有可能长羽毛，而不是鳍或毛。也许你会觉得，这并不是一个值得了解的有用模式。下面是另一个模式：任何有三角形头部的滑行无腿生物都可能有牙和毒液。知道这一模式也许会在某一天救你一命。

创造关于世界的知识，在很大程度上就是一个识别模式的问题。当我们知道什么趋势伴随着什么，或者是什么样的事物往往一起发生，我们就会开始知道发生了什么。如果我们知道世界的运作模式，世界就会成为一个更可预测和更好控制的地方。如果我们知道这些模式，我们就可以更好地避开或解决问题。如果我们知道事情是如何发生的，我们还可以主动进行干预，让它们以其他方式发生。

然而，具有社会学正念，我们应该认识到自然界模式与社会世界模式之间的差异。自然界模式（例如，飞行与羽毛之间的联系）不是人类的发明。我们看到和描述这些模式的能力是社会建构的，但是，模式本身就在那里。社会世界模式则是信念和文化习惯（我们发明的一起做事的方式）的结果。因而，这些模式是可以更改的。如果人们有了不同的想法和行为，模式就会发生改变。

　　例如，你可能知道，收入往往随着教育（年限增多）而增加。就像羽毛往往与飞行相伴一样，金钱则往往与学位和证书相伴。然而，这种模式并非自然规律。我们可以改变我们的经济制度，为努力工作的人（不管他们从事什么工作）支付工资，而不是按他们获得的学位付钱给他们。或者，我们可以根据人们需要多少钱来照顾自己和家人去给他们开工资。有许多可能的安排，也就是说，我们可以创建许多不同的模式。

变量之间的关系

　　有些人可能会说了，"社会学之思"就是把社会世界切分成不同的"变量"，然后看看变量之间是如何相关的。例如，我们可以衡量收入（美元 / 年）和教育（受教育年限），看看它们是否同步上升，或者是否以某种其他方式相关。也许在某一点之后，更多的教育便不会带来更多的收入。如果这是一种模式，它就值得我们了解，尤其是如果有人希望读博能给其带来高薪的话。

　　我们也可以使用善良商数（KQ）来查找模式。也许教育会增加个体的善良程度，因而，大学毕业生的善良商数平均就要比高中辍学者高。另一方面，收入增加也可能会减少个体的善良程度。这意味着教育的影响被抵消了，因为教育会增加收入。如果事情是这样的话，我们就可以解释，为何上过大学的人并不比其他人更善良。当然，上述这一切都很愚蠢。我们以此为例，只为说明一些人如何在社会世界中寻找模式。

　　以这种方式去关注模式并非总是愚蠢之举。例如，是否某些族裔或性别群体中的人们更有可能失业、从事低薪工作或以某种方式受到虐待，还是值得了解的。查看群体平均值的差异，是识别这种模式的一种方法。看看在什么条件下什么和什么一起出现，是获得模式的另一种方式。看到这些模式（如果它们确实存在），对理解社会世界的运作方式至关重要。但是，仅仅做到这一点还远远不够。

知道一个变量与另一个变量同时出现，只是一个起点。在看到一个模式后，我们必须去思考它是如何产生的。例如，为什么随着人们的肤色变浅，他们的收入会增加？这是一个令人不安的模式，对此应该有一个合理的解释。为了解释这一点，我们必须仔细研究谁对谁做了什么且是在什么条件下如何做的，使得肤色较深者的平均收入更低。社会学正念有助于我们去关注，产生我们所见模式背后的那些人和行为。

模式与个人生活

卫星相机可以向我们展示，云朵和风暴以我们在地上看不到的方式形成的模式（图案）。具有社会学正念，就像是从卫星高度去看社会。这意味着，当我们从一种情境进入另一种情境设法加以应对时，我们要尽力看到那些不明显的模式。可以说，想要有社会学正念，就要获得一定的高度，这样我们就能看到人类行动的模式在我们周围盘旋，而我们则置身其中。

但是，时时让自己保持一定的思考高度并不容易。通常我们都是专注于日常问题。这一点其实很好理解，因为这些问题对我们来说最为要紧。我们也可能会认为，我们改变社会世界的机会和改变天气的机会一样多。既然如此，我们为何还要受累去关注那些更大的图景？

具有社会学正念，我们将会看到，我们每天经历的许多斗争，都是从我们置身其中的人类行为的更大模式中产生的。如果我们在生活中很难得到尊严、安全与和平，那么这主要是因为我们缺乏对我们的工作、社区和政府的控制。如果我们不去关注这些社会生活的模式特征是如何运作的以削弱我们的控制，我们可能永远也找不到对策，去改变那些不断产生我们日常生活中许多问题的条件。

在审视社会生活的模式时，有一点很重要，那就是我们融入其中的地方。有时，我们很像那些典型的例子；有时，我们正好位于平均水平；有时，我们的生活会按照惯常趋势发展；有时，我们则处于模式的中心。其他时候，我们可能与模式并不一致。

也许我们的生活与模式背道而驰。如果是这样的话，我们应该试着去了解这是为什么。例如，我在早些时候说过，孩子们往往会与他们的父母处于相同的社会阶层。但是，我们假设对你来说这一情况不是真的。假设你经历了"向上的阶层流动"，即你有一份比你父母所从事的更有声望、收入更高的工作。这打破了模式。对此你会做何解释？

你可能会想："我的生活与那一模式不同，因为并不存在通常的趋势；每个人都是独一无二的。"然而，你的这一想法是不正确的。如果大多数出生在任何特定社会阶层的人最终都处于同一社会阶层，那么这很难证明你的独特性。我们可以如实地说，通常的趋势是没有什么阶层流动。因而，如果有 10% 的人确实实现了向上的阶层流动，那只是模式的另一个有趣部分。也许你就是那幸运的 10% 中的一员。

不拘在任何情况下，重要的是从社会学视角去关注你的生活如何切合或不切合通常的模式。如果它切合通常的模式，你可以追问：事情如何和为何会是这样。你和像你一样生活的人有着什么样的共同之处？你和他们共享什么样的条件？什么样的问题和机会？具有社会学正念，你会试着去了解共同的环境如何为你和他人创造了类似的生活，不管你是那 90% 还是那 10% 中的一员。因此，你可以通过观察它如何与你的生活联系在一起，来更好地理解总体模式。通过这样做，你也能更好地理解自己的生活。

社会学正念并不意味着，只要了解人们属于哪一类别，就能理解他们的生活。你是一个出生在中产阶级家庭的白人男性，并不意味着你的经历就跟所有出生在中产阶级家庭的白人男性一样，也不意味着你与其他类别的人就没有共同经历。即便如此，由于同属某些种族、性别和类别，你很可能与同一类别中的人们有很多共同之处。你也有可能陷入类似的模式。

试着确定谁是或什么是典型案例，研究不同群体之间的差异，寻找趋势和倾向性，以及什么与什么相伴出现，都是深入了解社会世界运作方式的方法。如果观察足够仔细，我们就会看到一个大的模式及其下面许多小的模式。从社会学视角去关注自身生活，我们也会努力了解我们融入这些模式的位置。因此，我们可能会发现，我们的许多"个人"思想和行为习惯，都是适应那些更大的社会生活模式的结果，尽管我们并不会听任那些模式的摆布。从社会学视角来看，关注社会生活的模式，也使得改变这些模式成为可能。

对话——社会结构

关于本书，我从一些老师那里得到的一种评论是，本书主要"关注微观层面"，对社会结构说得不够。我认为这种评论是不正确的，尽管我也能理解为什么本书会给人留下这样一种印象。这与误解什么是社会结构，以及它与日常生活的关系有关。下面我就来试着澄清一下这一点。

我已经说过，日常生活的大部分内容都是例行公事。人们的生活习惯当然会改变，但从短期来看，它们往往相当稳定，所以我们才会看到人们日复一日以习惯的方式一起做事。换句话说，我们会看到许多稳定的行动和互动模式。社会学家用"社会结构"一词来指代这些模式。

我们也可以谈论一个社会的组织方式。例如，我们可以看看，在这一社会中，经济是如何组织的，教育是如何组织的，医保是如何组织的，政府是如何组织的，警察和法院是如何组织的，家庭生活是如何组织的，等等。在每种情况下，我们将会观察：谁与谁一起做了什么，他们是如何做的，又完成了什么。社会学家也会研究这些不同的活动领域是如何联系在一起的。研究这些问题就是在研究社会结构。

再换种说法。如果我们说一个社会以狩猎和采集为基础，由部落长老统治，另一个社会以定居农业为基础，由武士贵族统治，还有一个社会以工业生产为基础，由财产所有者统治，那么我们所说的其实就是，每个社会都有不同的社会结构。这种大规模的安排被一些社会学家称为社会的

"宏观"特征。

在社会学中，"微观"（与"宏观"相对）一词并不是指那些难以看见的微小事物。这个术语通常指的是，在具体情况下人与人之间发生的事情。研究面对面的互动被许多社会学家认为是在研究社会生活的微观方面。例如，如果你仔细研究游说者如何与当选官员对话，这是在研究微观事物。如果你研究国际贸易政策如何影响国内劳动力市场，进而影响阶级的形成，这就是在研究宏观事物。

如果你还记得前面关于物化的讨论，你就会发现，只关注宏观事物是有问题的。我们可以说社会像一种系统一样运作，使得一样事物（贸易政策）的改变导致其他事物（劳动力市场、社会阶层）的改变。我们甚至可以说，任何一个群体都无法完全意识到或控制这种改变，所以社会看上去经常像有自己的想法。然而，我们必须谨慎对待让人消失这种做法。

我们不应忘记，社会世界中发生的事情，是因为人们创造了特定的意义并根据这些意义行事，以特定的方式认同自己和他人，并以特定的方式界定情境。所有这些都是通过面对面或远距离的互动得以实现。同样，只要记得我们所说的"结构"由行动（人们以有序和稳定的方式一起做事）构成，我们也就可以很好地谈论社会结构。

然而，即使我强调要更多关注社会生活是通过互动得到创造和维持的重要性，也并不意味着我们就可以忽视资本主义、企业权力、联邦政府、教育系统、社会阶层、民族主义乃至世界体系等宏大事物。我们当然应该留意这些"结构性"问题，只要我们记得它们也是建立在互动的基础上。

也许你会觉得这里的社会学行话略显过多。但若本书是你的社会学导论课教材，那你很可能会碰到这一行话，而了解它的含义则会对你有所帮助。在遇到人们使用不同的社会学语言时，你也会更好地理解他们所说的意思。如果你遇到"社会结构"或者是更吓人的"宏观结构现象"之类的术语，你不妨停下来思考一下它们的含义。通常，等到它们的意义被拆解开后，你就会回到互动上来，而这些互动依然有待分析。

杂记 理论

在我的社会理论课上，当谈到什么是理论时，我喜欢问我的学生这样一个问题："进化是一个事实还是一种理论？"这是一个很好的讨论问题，因为大多数学生都认为它是一种理论。然后，我就会向他们解释，为什么说它是一种理论是错的。

没错，包括大多数科学家、生物学教师和科学作家在内的大多数人都会提到"进化论"。但这个短语具有误导性，因为很多人都把"理论"这个词理解为是一种猜测或预感。所以一提到进化论，许多人都会有这样一种印象：科学家只是猜测进化发生了。其实事情并非如此。

包括人类在内的所有生命形式都是从先前的生命进化而来（用达尔文的话来说就是"后代渐变"），这个命题是科学中可以找到的最可靠的事实。许多学科的证据，主要是物理、化学、生物学、遗传学、地质学和古生物学，都记录了进化的发生。鉴于这些证据，在科学家中，进化论与地球绕着太阳转的说法一样无可置疑。

因而，正确来讲，我们可以说："进化是一个事实，科学家利用自然选择理论对其进行解释。"自然选择是达尔文偏爱的一种理论。自从他那个时代以来，科学家们已经认识到，性选择、遗传漂移、突变和环境变化也推动了进化的发生。不过，关于哪个进程最重要、这些进程如何相互影响，以及它们能以多快的速度产生变化，则一直存在争论。

因此，理论是一种为了理解事实而设计的想法，或者用一种更华丽的术语来说就是为了"解释数据中的模式"。一种理论若是能够解释大多数事实，没有根据我们所知道的其他情况做出不可信的假设，符合逻辑连贯性，能够做出正确预测，通常就会被认为是比不符合这些标准者更好的理论。因为理论也会塑造我们对事实的看法，所以能从不同的理论观点去看世界也是一件好事。我们可能最终会决定拒绝接受某种理论，但在此之前我们首先应该对它进行一下测试，看一看它能否帮助我们去识别和解释那些我们可能忽略的模式。

（1）找一个地球仪，或者是找一幅世界地图，你会注意到大陆轮廓像拼图一样相互匹配。看起来，如果你能移动这些大陆，它们就会组成一片巨大的陆地。长期以来，陆地轮廓的这种匹配都是显而易见，但是，大多数科学家都认为这只是一种巧合造成的错觉。在地质学家将这种"错觉"视为一种有意义的模式之前，发生过什么事情？（上网搜索"板块构造"会对你有所帮助。）就自然世界而言，新思想可以帮助我们看到除了人类行动之外存在的模式。那么在社会世界中，新思想如何创造或改变模式？

（2）两个学生正在谈论，从事类似工作的人往往具有相似的人格特征。他们同意这种模式是存在的。但一个人说这是因为工作塑造了人们的个性，而另一个人则认为是人们的个性决定了他们最终从事的工作。假设他们请你帮着评判谁的看法对。你需要掌握哪些数据来识别真正的模式？假设事实证明，在其他所有条件相同的情况下，比起人塑造工作，工作更能塑造人。你会如何解释这种模式？

（3）有研究表明，小学老师在课上常会对女孩和男孩区别以待。大多数老师都否认自己会这样做，他们声称自己给予女孩和男孩的关注同样多。在某些情况下，甚至是在观察员报告说结果表明老师确实给予男孩更多关注，一些老师仍然拒绝相信他们会这样做。只有当在录像带上亲眼看到自己的行为时，他们才意识到自己的行为模式。你如何解释那些老师拒绝看到这些模式？你的行为中有哪些模式很难被你看到，为什么？

第 8 章

偶然性和原因

你读本书的原因是什么？这个问题看似简单实则难答，事实上，你永远都无法完全解答。为了解答，你必须说明，你是如何能够并愿意阅读本书的。你还必须说明，阅读、写作和图书出版是如何存在的，本书由何而来，你和我由何而来，你和本书又是如何走到一起的。这一切你都无法解释。

在日常生活中，我们无须对自己为何会读一本书详加解释。只要我们说"它很有趣"或者"它是老师让读的"，大多数人都不会再深问下去。即便如此，如果语言和书籍、你和我，以及把本书放到你手中的环境没有出现，你也就不会拿起本书。导致你阅读这些字句的一切，都是导致它出现的部分原因。没有人能找出所有的原因，每个原因都有其自身原因。

我再提一个问题：人们感冒的原因是什么？你可能会说："人们的黏膜感染鼻病毒就会感冒。"就其本身而言，这个答案是正确的。然而，实际情况要更为复杂。

首先，鼻病毒并不总是会给我们带来麻烦。我们自身的免疫系统通常会控制住它们，除非是由于某种原因使得我们自身免疫力下降。所以我们必须思考，是什么原因导致人们免疫力下降。我们还必须思考，环境如何让鼻病毒存活足够长的时间进行传播，以及什么样的行为会有助于其传播。因此，关于人们感冒原因的一个很好的解释，将不得不超越"病毒侵入人体，人就会感冒"这一解释。

社会学正念的一部分就是认识到，**所有的解释都是不完整的**。在试着分析事件、行为或趋势的原因时，我们不可能说出所有的有利条件是如何来的。所以我们别无选择，只能将这些条件中的大部分都视为理所当然，并满足于对事情发生原因的不完整解释。当然，这种解释仍然有用。你无须知道发动机的工作原理就明白，只要你转动车钥匙，汽车就会启动。

在试着理解社会世界时，我们经常会说是什么导致事情发生。我们通常并不在乎我们的解释是否不完整，只要它们能让世界变得更加可预测和可控。有时我们会找到一个很棒的解释，从而认为我们找到了事件发生的真正原因。但这是一种错觉。事件并非某个单一原因的结果，而是一系列原因的结果。各种条件必须在恰当的时间以恰当的方式结合在一起，才能使事情发生。换句话说，所有的事件都是偶然的，这意味着它们是条件和行为独特组合的结果。

为了使"偶然性"这一概念变得更加具体，这里我们以 1991 年海湾战争为例。回首往事，我们能说出海湾战争的原因是什么吗？它是否有一个真正的原因？如果你翻阅过关于这场战争的相关报道，你就会发现，下面这些都被认为是其发生的主要原因：

- 时任美国总统老布什下令对伊拉克动武，因为他想提高自己在民意测验中的支持率，转移民众对国家经济问题的注意力，在历史上占有一席之地，并证明自己是一个男人。
- 美国石油公司的利润受到伊拉克接管科威特的威胁，所以老布什就代表这些公司，用暴力让伊拉克领导人萨达姆就范，恢复美国对中东的控制。
- 美国资本家利用欠发达国家的劳动力和原材料获利，所以这些国家想要摆脱资本主义控制的任何企图都无法被美国容忍；因此，美国摧毁了伊拉克，向其他欠发达国家的领导人表明，如果他们想要越界，他们将会落得一个什么样的下场。

- 海湾战争的发生是为了证明，美国政府持续增加的巨额军费开支是合理的；它表明，即使苏联不再是一个严重威胁，镇压萨达姆这样的恶棍仍然需要一支强大的军队。

这里面可否有一个是第一次海湾战争的真正原因？事实上，它们中的每一个都是有道理的，而且它们也并非互不相容，可以说它们都是真的。而且，如果你对美国历史上的这段插曲了解更多，你还会想到其他原因。重要的是，这些解释中的每一个都留下了许多未予说明的东西。具有社会学正念，我们就会停下来思考，有什么东西被遗漏了。

例如，关于下面这些问题它们就什么也没说：为什么美国经济如此依赖进口石油，为什么美国民众觉得有权获得他国的自然资源，为什么萨达姆（或者他如何）拥有一支装备精良的军队可以供他支配，为什么美国士兵愿意服从命令在另一个国家杀人，为什么大多数美国公民愿意接受他们政府的这种暴行。

海湾战争的爆发**取决于**这些条件。如果情况不同，战争就不会发生。所以我们应该警惕那种"战争只有一个原因"的说法。这一原则适用于所有大小事件。具有社会学正念，我们就会避免匆忙确定一个单一原因，而是会试着去深入思考，事件是如何从环境和行动的结合中产生的。

当然，我们可以试着确定，是否某些行动或条件（如病毒侵入人体，想法闪现脑海，武器发到士兵手上）是使某件事发生的必要条件。但即便如此，我们也必须看到，最终会发生什么取决于许多其他情况（其中有些是稳定的，有些是多变的）以恰当的方式结合在一起。如果我们能够意识到，一连串意外事件有时会如何引发可怕的事情，我们就会关注，在任何特定时间，事情是如何发展的。

稳定性和变化

也许我在上面所说的会让人觉得，社会生活是随机的和混乱的，每个事件都是独特的和令人惊讶的。显然，这一点并不是真的。事实上，大多数时候，社会生活都是有序的和可以预测的。你可能会认为，这种有序性驳斥了事件和行动总是源于一连串意外事件的想法。然而，这两者并不矛盾，因为社会世界既是变化的，又是稳定的。

由于人生苦短，我们经常把暂时的稳定误认为永恒。例如，你可能会认为本书会持续存在很长时间。然而，就在当下这一刻，它也正在一点点地消解，就像世界上所有的山峰和建筑物一样。太阳和地球看似会永恒存在，但是，再过上 40 亿年，太阳就会烧毁坍塌，然后爆炸；地球也会随之毁灭。因此，就连我们居住的星球的存在也是暂时的。

我们也要考虑到，维持世界有序需要付出努力。如果太阳不把能量射入地球大气层，我们认识的所有植物和动物（包括我们自己）很快就会消失。为了让社会世界每天有序运行，我们必须投入精力去形成和传播文化习惯。如果我们不这样做，秩序就会崩溃。因而，我们在世界上看到的秩序，并非简单的事情是怎样的，或者是惯性的结果。事实上，秩序和稳定都是行动的结果。

因而，当环境以一种恰当的方式发生惊人的变化时，它总是会在那种相对稳定的条件背景下形成。在第一次海湾战争的事例中，背景是一种渴求石油的全球经济，它由少数强大的资本主义国家主导。尽管这场战争为时很短，但是，这些背景条件在战前就存在，并且在今天依然存在。具有社会学正念，我们就不会把这些条件视为理所当然，而是会将其视为一系列原因和一连串意外事件的一部分，所有可预测或令人惊讶的事物都由此产生。

具有社会学正念意味着，我们不仅要认识到我们的解释总是不完整的，还要了解它们是**如何**有选择性的和不完整的。为什么我们会选择将某些条件确定为原因，同时将其他条件视为理所当然？要找到答案，就要去研究我们的如下偏好：我们往往会认为某些事物是非同寻常的，而对其他事物则熟视无睹。

原因、条件和选择的可能性

如果你把一块粉笔扔出窗外，粉笔掉到地上，我们可以合理地说是重力导致它下坠。要理解事情为什么会是这样，你可以去读一本物理书。你不会要求粉笔开口解释它为什么会下坠。然而，如果是你从窗户跳出去摔到地上，我们就会想知道你为什么会摔到地上。如果你也说是重力所致，我想大多数都不会接受你的这一说辞。

我们的行动并非由自然力（重力导致粉笔掉落的方式）所引起。说"天热导致人们去海滩"可有道理？即使很多人都会在热天跑去海滩，但说是天气导致他们去海滩却是愚蠢的。因为人们也可以采取其他方式来降温。或者，他们还可以选择什么都不做。粉笔无法做出选择，所以将因果语言应用于粉笔和其他无生命物体身上是公平的。然而，若是有人将这种语言应用到人类身上，我们就应该引起警惕。

有一次，一个学生在课上说："我在法律课的课本上读到，种族导致刑事被告刑期更长。"他的意思是，在犯有同样罪行的被告中，黑人的监禁时间和刑期往往比白人更长。他对这一模式的看法是正确的；在其他各方面因素都一样的情况下，平均而言，黑人确实会因犯有同样的罪行而被判处更长的刑期。但是，我说，说这种模式是由种族因素所致，则具有一定的误导性。

具有社会学正念，我们会通过观察谁在对谁做什么来理解这种模式。被判入狱并不会像雨点那样公平地落到所有人头上。法官会就这些问题做出裁决。因而，我们必须追问：为什么法官会对黑人判处更长的刑期？是种族因素导致他们这样去做吗？并不完全是，就像并非天热导致人们去海滩一样。

与我们大家一样，法官也会对人的性格做出判断，而他们有可能无意识地依赖的一个品格标志就是肤色。在我们这个种族主义社会，黑人的特征常被视为不良品格的标志。法官（其中大都是白人）由此可能认为黑人需要或者应该得到比白人更严厉的惩罚。但是，并不是被告的种族导致法官这样去看待事情。相反，问题在于一系列种族主义信念和偏见，是这些信念和偏见影响了法官思考案件和做出判决的方式。

我们不应该把（对黑人）更严厉的判决单纯归咎于法官的想法。这里面也有一系列因果关系。例如，要解释这一对黑人更严厉的判决模式，我们必须知道：为什么法官会觉得有压力要对黑人处罚更重，媒体如何塑造黑人的形象，为什么会有这么多白人（不只是法官）坚持认为肤色是品格的标志。此外，我们还应该记住的一点是，与重力不同，所有这些"社会原因"都是可变的。

有利条件

在一次关于色情制品的课堂讨论中，一个学生说："我读过发的材料，我说不清作者是否在说色情制品会导致性暴力。如果是，请告诉我。"这个学生想要一个是或否的答案，当我拒绝给出一个肯定的回答时，他可能会认为我在犹豫不决。

你可能会明白，为什么像"色情导致性暴力"这样的陈述是错误的。色情并不是一种自然力量，导致人们以任何特定方式行动。但若你注意到联系、背景和一系列偶然事件，你就会明白，为什么说"色情与性暴力无关"也是错误的。色情制品的确与男性对女性的性暴力有关，但这种联系并不仅仅是因果关系。

性暴力涉及一个人伤害另一个人。一个人要去伤害另一个人，施暴者必须无视受害者的感受。也就是说，施暴者把对方当成一个物体，一种其情感不值得尊重的东西。为什么有些人的情感不值得尊重？这只能是因为有些人创造并传播了这样一种观点，即他人的感受并不重要。

通过文字和图片，色情制品传播了一些关于女性的想法，这些想法会影响男性对女性的思考。许多色情制品传递的一种观点是，不管外在表现如何，女人总是准备好并愿意满足男人的性欲。另一种观点则认为，女人之所以受欢迎，是因为她们外表诱人和愿意为男人提供性服务。换句话说，女人的思想和情感，不如她的乳房和臀部大小，或者是她与男人发生性关系的兴趣重要。

色情电影和图片随处可见，也传递了一种信息：可以将女性描绘成性对象（物体）。如果到处都有关于女性的色情表现，而且对此没有什么抗议，那么将女性视为性对象（物体）也就显得再自然不过和完全可被接受。

这些想法及其普遍性是否会导致性暴力？非也，这样说未免太过简单。大多数男人都不会因为看了色情制品就觉得不得不去实施性暴力，即使那些图片会勾起他们的性欲。但是，反过来这也并不能证明色情就与性暴力无关。考虑到原因和偶然性，我们可以将色情制品及其随处可见和随时可得，视为引发性暴力的有利条件。

在美国文化中，那些年轻男子被教导相信，男人气概的标志就是与女人发生性关系。所以男人相互竞争（看谁更像男人）的方式之一就是看谁征服的女人更多。在这场竞赛中，男人的目标是让女人顺从他的性愿望。她的情感只有在阻碍了男人对她的性进攻时才会得到考虑。因此，女人的情感不受尊重，而被视为男人需要克服的一个问题。

这种争夺成年地位的大背景，确保了大多数男人都会一败涂地，因为最终的胜利不仅取决于男人的性能力，还取决于大多数男人都没有的财富和权力（看看媒体上的报道，女人从小就梦想长大后嫁给王子或者是嫁入豪门）。正如你想象的那样，或者你可能从你自身经历中知道的，这些情况会让许多男人感到愤怒和不安全，现在再加上随处可见的色情内容，它强化了女人是性对象（物体）、男人比女人更了解女人的性欲望的想法，在这些条件下，暴力和那些微妙形式的性胁迫很可能会发生。而在现实生活中，事情也经常都是如此。

从社会学视角来看性暴力的"成因"，我们又回到了"偶然性"这一概念上。我们看到性暴力是因各种有利条件而出现的。因此，我们固然不能说"色情导致性暴力"，但却可以说它有助于创造助长性暴力的条件。从这个意义上来说，色情制品是众多原因之一，是一个巨大网络中的一环。

如果用这种方式去关注原因，我们就能够理解：为什么废除色情制品并不会终止性暴力。原因之一就是，宣扬性暴力的思想并不仅仅体现在色情制品中。单纯禁止色情制品并不会改变（促使性暴力发生的）其他大多数有利条件。反过来，正如有人所言，废除色情制品有可能通过使它传达的想法不太容易被人们获得，并通过表明这些想法是有害的，应予拒绝，来减少性暴力的发生。

原因与选择

提高禁止色情制品的可能性使我们回到了选择的问题上。假设很多人都认同，色情制品是性暴力的一个促成因素。假设很多人开始看到，利用女性的身体来促销啤酒、汽车和体育赛事也是问题的一部分。然后呢？有些人可能会说："事情就是这样，我们对此无能为力。"其他人可能会说："如果是这些事情导致问题出现，哪怕它们不是唯一的原因，为什么还要接受它们？既然有充分理由抛弃它们，那还犹豫什么。"

要就我们是否应该废除色情制品或者是利用女性身体做广告达成一致看法，需要考虑的问题比我在这里提出的要更多。但无论如何，说"我们无能为力，世界就是这样；我们必须忍受那些色情制品和带有性别歧视色彩的广告的所有不良影响"，都是不正确的。具有社会学正念，我们就会看到，那些有利条件是可以改变的。我们完全可以去做一些与先前不同的事情，从而鼓励事情朝着更好的结果发展。

将因果语言应用于人类行为会让我们忘记，人们是在依据想法和意义行事，人们完全可以重新思考他们的想法和意义，选择不同的行事方式。

当然，人们若是从不质疑他们行动的理念和意义，就会继续照老办法行事。如果人们相信肤色是品格的标志，种族就会导致歧视。然而，社会学正念让我们看到，是人类创造了维持这些行为模式的想法和条件，同时它也给予我们改变这些模式的力量。

作为构建原因的规则

如果老师在评分等级曲线图上打分，只给班上排名前 10% 的学生打 A，那么，是否是这一评分方案**使得**班上前 10% 的学生获得 A？你可能会说不是，因为这个计划并不是一种自然力量；这仅仅是一种有意选择的做事方式。但是，"只有排名前 10% 的人得 A"这一规则有某种因果关系，因为它总是会导致某些结果。无论学生多么努力，或者老师教得多好，都只会有 10% 的人拿到 A。只要遵循 10% 的规则，就没有办法解决这个问题。

指导人们一起做事的规则很像那些游戏规则。只要遵守规则，就会出现某些结果。例如，在网球比赛中，规则确保比赛不会以平局结束，而总是会分出胜负。更重要的是，你不能跑到球网对面去挠对手痒痒来赢得比赛。这是规则不允许的。

规则也会产生一些意想不到的后果。例如，竞技体育的比赛规则不仅确保会有赢家，还确保大多数人都会成为失败者，都会感到焦虑和沮丧。并非有人一定想让这种情况发生，但是，竞技体育的存在逻辑，却是使得它的出现不可避免。

社会学正念的一部分就是研究那些管理社会安排的规则，询问这些规则必然会导致什么结果发生（不管人们有何初衷）。我们可以通过游戏、组织、经济和政府（人们一起做事的任何模式）来做到这一点。所有这些事物都将根据一些可以辨别的规则运作，只要遵循这些规则就会产生某些不可避免的结果。资本主义可以说是这方面一个很好的例子。

生死游戏

资本主义最基本的规则就是允许少数人控制巨大的财富和财产。如果资本家认为可以通过关闭工厂和让数千人下岗来赚更多钱，他们就有合法权利去这样做。如果资本家认为，长远来看他们可以通过让财产闲置来赚更多钱，他们也会让财产闲置；即使别人正在挨饿，他们也可以用财产来养活自己。简言之，资本主义的基本规则是，财产权优先于人类需求。

资本主义的另一条基本规则是，为了获得最大利润，就要让工人做尽可能多的工作，而付给工人尽可能少的工资。付给工人更少的工资意味着产品低价销售仍能营利。一个付给工人更多工资的公司，除非能以更高的价格销售其产品，否则其利润就会减少。但是，提高价格通常都会意味着失去客户，因为客户在其他地方可以花费更少。因而，一个不努力驱使工人多干活、维持工人低工资的资本家很可能会破产。这不是资本家对待工人是否友好的问题，这是资本家为了生存下去必须做的事情。

当资本主义经济按照这些规则运作时，会有什么事情发生呢？首先，人们得到的财富总是不平等的，因为资本家控制着为自己创造巨大财富的手段，而工人则只能靠出卖自己的时间和精力来换取工资。其次，社会不平等会不断加剧，尽管工人可以通过加入工会来抵制这种情况。很多人都会因为失业或工作太少而无法过上体面生活，而这样一来资本家也就可以通过威胁用更多陷入绝望中的人取而代之来控制工人。

有一次，当我谈论资本主义的运作方式时，一个主修商科的学生抱着双臂，靠在椅子上。"你是说资本主义会导致贫困吗？"他的话语中带有几分愤怒和怀疑的意味。在我回答之前，他坐直身子，接着说道："在我看来，资本主义创造了就业机会。"这是一个有用的挑战。

没错，我说，资本家是创造了就业机会，但前提是这样做能给他们带来利润。如果他们出于任何其他原因这样做，他们就不会作为资本家生存下去。我说，如果能用低薪工作取而代之，资本家会将体面工作的数量降至最低，因为资本家在减少劳动报酬总额时会赚更多钱。事实上，我说，资本家只有在必要的时候才会创造就业机会并会尽可能少付工资，而且如果可能，他们还会通过自动化机器来代替工人。

这个商科学生对我说的很多话都很熟悉。但是，他对我的解释仍不满意。他说："商人当然会想尽一切办法去赚钱，但这并不一定就会导致贫困。"他的看法是对的。我说，即使资本家有心把工资降到贫困线以下，也不意味着他们总是可以这样做。有时，工人也会成功地对他们进行抵制；有时，有特殊技能的工人也会获得高工资。

为了回到他关于贫困的观点上，我问他："既然如此，为什么人们还会接受如此糟糕的工作？"他说："首先，人们需要工作；其次，总会有一些没有受过足够教育、无法获得更好或足够自尊的人愿意去工作。"我说他说的第一点（人们需要工作）很重要。如果人们没有别的谋生之道，那么看到他们愿意接受任何工作，我们都不应感到惊讶。

他关于教育的观点使我想到可以进行一个思想实验。我说："假设每个人都有博士学位和高度的自尊。然后呢？每个人都会找到一份好工作吗？"当他迷惑不解之际，另一位学生说道："我不认为每个人都能有一份好工作，因为不管到什么时候都会需要有人拖地板、捡垃圾和挖沟渠。就算有博士学位的人愿意这样去做，可能也没有足够的工作给每个人。看看现在社会上有多少人失业，就因没有足够的工作可做。"那名商科学生承认这是真的。

我问："那我们为何不利用政府的力量来为每个人创造就业机会，这样每个想工作的人都能有一份体面工作？"这一次，那个商科学生答道："商人不喜欢那样。"我说他是对的，不仅男商人（businessmen）不喜欢，女商人（businesswomen）也不会喜欢。但这又是为什么呢？难道雇主不是经常都在批评福利并说每个人都应该工作吗？如果是这样，他们为何又会反对利用政府力量去创造就业机会？他回答说："我想就像你说的，如果每个人都知道他们能找到一份体面工作，他们就会变得更加挑剔，更不愿去做那些低薪的糟糕工作。这就意味着雇主不得不支付更多的工资来留住他们，而这将会损害雇主的利润。"我很高兴他看到了这些不同事物之间的联系。

我们还没有回答关于贫困的问题。"那么，这是否意味着，贫困就是资本主义运作方式的必然结果呢？"我问。班上没有人应答。于是我又换了种问法："如果资本主义经济能够产生和我们一样多的财富，为什么还会一定有人贫困呢？"过了一会儿，一个学生说："我不认为一定有人贫困；这主要是财富分配问题，那些拥有财富者不愿放弃他们的财富，至少他们不会不战而降。"看来我们的谈话有了很好的进展。

"战斗将会在哪里发生？"我问。另一名学生说道："如果你在谈论利用政府创造就业机会，那么我想这将是一场政治斗争。"我问谁会赢。我们一致同意，资本家可能会获胜，因为他们手里拥有更多资源，对政府有更大的控制权。"他们一定会赢吗？"我问。那位商科学生说："不一定。如果各行各业的工人能够团结起来，赢的人就可能是工人。但这需要进行一场大的战斗。"

下课时间快到了，所以我试着总结了一下。资本主义往往会使劳动人民陷入贫困，我说，因为资本家的利润依赖于保持低工资，甚至是让人失业（只要机器做工更廉价）。贫困也会使资本家受益，因为这意味着许多人会不顾一切地想要得到不管多低工资的工作。所以资本家并不急于结束贫困。因而，虽然资本主义并非一定会导致贫困，但它确实激励资本家去以那种使贫困成为可能的方式行事，特别是在工人无力组织起来进行反击的情况下。

我讲述这些的目的并不为表明资本主义一无是处，而是为了表明某些不良后果（不平等、糟糕的工作、失业、贫困）源于资本主义运作方式。如果我们把资本主义视为一种游戏，一种为了赢得高额赌注而持续进行的游戏，我们就会看到它的规则使得一些不良后果不可避免，而另一些不良后果则极有可能出现。一旦人们被锁定在游戏中，这些结果也就必定会产生，除非人们奋起反抗，去改变或打破既定规则。

避免简化论

那些作为社会安排基础的规则，很少会像"十诫"那样被直白地说出。它们更像是一种潜规则，等待被人发现。不过，一旦我们看到规则是什么，我们就可以考虑它们的后果。这就像是在说："如果我们以这种方式一起做事，如果我们遵守这些规则，它会把我们引向哪里？我们将会为自己创造出一种什么样的结果？"当然，这只是第一个问题。具有社会学正念，我们还会追问：规则由谁制定？谁会从中受益？

把规则当成原因，也有助于我们避免用心理学方法去解释社会生活，这一错误叫"简化论"。例如，有人说"橄榄球运动是暴力的，因为橄榄球运动员的个性使他们容易有暴力行为"，这就是简化论。事实上，是游戏规则使然，橄榄球运动才是暴力的。它的暴力程度要视比赛的激烈程度而定，但却是橄榄球比赛的基本规则要求人们互相冲撞。

缺乏社会学正念，使得许多人都养成了那种简化论思维。例如，许多人都认为贫困是懒惰所致。但若数百万人都很贫困（他们在低薪工作中努力工作），那么把问题归咎于人们的性格缺陷就是错误的。具有社会学正念，我们会关注人们陷入其中的游戏规则。在这种情况下，我们应该看到，问题并不在于人们生性懒惰或贪婪，而在于人们把彼此视为一种赚钱工具，而非一个个活生生的人。

机会、模式和路径

说人们"陷入游戏规则"，可能会让人觉得人们的生活道路是由这些规则设定的。然而，事情并非完全如此。即使在体育运动中，规则也只会规定如何玩这个游戏，而并没有说游戏中会发生什么，也没有说比赛结果会怎样。总是会有惊喜发生。无论有多少口头和未言明的规则，社会生活依然是一系列偶然性的旋涡，从中会出现没人料到的事件。

当我们观察人们的生活时，我们就会看到这一点。无论我们对一个人的背景了解多少，当我们猜测这个人的生活将会怎样时，我们难免还是会出错。但这并不意味着这一切都是偶然的。在人们的生活中，就像在更普遍的社会生活中一样，既有机会，也有模式。具有社会学正念，我们会试着去观察，机会与模式如何联系在一起。也许展示这一点的最好方式就是讲述一个故事，这个故事有两个结局，而这两个结局都可能是真实的。故事详情如下。

＊　＊　＊

　　莫伊拉还缺一门选修课。她的一个朋友劝她去选瓦尔基里教授的哲学导论，但莫伊拉对哲学没有太大兴趣。莫伊拉说："我几乎听不懂哲学课上讲的东西，哲学对我来说太难了。"她的朋友说："没错，过去我也认为哲学要么无聊透顶，要么难以理解——你知道，像柏拉图之类的东西让人头大。但是，瓦尔基里教授不一样，她真的会让你开动脑子进行思考。你应该试试她的课。"到了注册时间，莫伊拉想上的天文课已经人满。唯一不与她的课程安排时间起冲突的就是瓦尔基里教授主讲的哲学导论。

　　莫伊拉朋友的话是对的。瓦尔基里教授的课非常棒。那些复杂的哲学观念，经她一讲，立马清晰易懂。她还把哲学与人们在日常生活中会遇到的那些问题联系到一起。莫伊拉喜欢这一点，并发现这有助于她理解很多事情。莫伊拉在这门课上表现积极，给瓦尔基里教授留下了深刻的印象。学期结束时，瓦尔基里在莫伊拉最后一篇论文的批注中写道："你取得了长足的进步。你的写作和思考都是一流的。如果你需要推荐信，请告诉我。"

　　春季学期结束几周后的一天，瓦尔基里教授准备吃午饭时遇到一位外系教授。她们决定去"一便士大学"（The Penny University）尝尝鲜，这是校园附近一家新开的咖啡馆。结果食物还不错，但是服务员的效率很慢，卡布奇诺咖啡也不够热。好像没人教给柜台后面的人如何做好他们的本职工作。

　　在回校园的路上，另一位教授对瓦尔基里说："刚才那个地方的服务提醒我，我的研究助理得走人了。他把事情搞砸的次数太多了，我需要一个更可靠的人，但我不知道夏天去哪儿能找到人。"瓦尔基里教授说她认识一个学生，这个学生人很聪明，可能还需要一份工作。回到办公室，她们查到了莫伊拉的电话号码。

另一位教授打电话给莫伊拉，莫伊拉说要是能做研究助理工作，她愿意辞去她在 GrabnGo 的工作。她们约好第二天上午 9 点见次面。莫伊拉对高薪和更有趣的研究工作感到兴奋，但她内心也很紧张。尽管她在哲学课上表现不错，可她并不确定自己是否适合做研究。

莫伊拉为面试选了一身她认为合适的衣服：漂亮但不花哨。她不想给人一种关心衣服胜过关心书籍和思想的印象。即使要在吃早餐前清理室友的盘子，她仍有足够的时间在 8：30 前赶到学校。她可不想面试迟到。

离开公寓约三个街区，车子开始右转时，一只小鸟撞上了汽车挡风玻璃，一片蓝色的羽毛轻轻飘起；莫伊拉下意识地转动方向盘，右后轮胎在路边弹了一下。她停下车，盯着小鸟撞到挡风玻璃上的地方。莫伊拉感到一丝悲哀，就像她刚刚干涉了这只鸟的生活，只为毁掉它。车子后面响起了喇叭声，莫伊拉意识到自己阻塞了交通。"发生这事不能怪我，"她深吸了一口气，"还是走吧，要不会迟到的。"

车子刚开过另一个街区，就听后面传来"噗—噗—噗"三声响。刚才撞到路边的轮胎瘪了下来。"狗屎！"莫伊拉骂了一句，她看了看时间，一拳砸向方向盘。她在道边找到一个停车处，很快就换好轮胎。车子再次上路，她感觉自己一直都在看到那只小鸟撞上挡风玻璃。现在这让她很生气，就像这只小鸟打断了她的生活，让她偏离了正轨。

更换轮胎使得莫伊拉手上和身上脏兮兮的，满头大汗。她知道，这一耽搁，面试肯定会迟到，等她赶到那里，事情只会一团糟。莫伊拉给那位教授打了个电话，告诉她发生了什么事。教授说："我明白了。你听着，我正在和人谈这份工作，我今天就要用人。所以要是明天我还需要人，我会打电话给你。"那是莫伊拉最后一次听到那位教授的声音。后来，当瓦尔基里教授问那位教授莫伊拉干得怎么样时，她说："我们说好见次面，但她却没来。她打电话给我讲了一个爆胎的故事。说实在的，我受够了被我解雇的那些学生找的那些借口。所以我找了别人。"

莫伊拉对连试一试工作的机会都没有感到失望。她能听出，那位教授并不相信她讲的爆胎一事。有一阵子，她幻想着把损坏的轮胎推进那位教授的办公室，然后说："你瞧，这就是我跟你说的那个轮胎。我在上面留了我的电话，再有工作请打电话给我。"但是，莫伊拉所能做的就是回到 GrabnGo 工作，并设法为念书多攒点钱。

那年夏天晚些时候，商店助理离开了，公司询问莫伊拉是否想要这份工作。对此她并不太确定。她也想过自己的未来，希望拿到学位从事某种专业工作。可是除了瓦尔基里教授的课，她在其他课上的表现并不出彩；她厌倦了被迫顺应别人。于是她决定休学一年，试试这份工作。莫伊拉认为，如果不喜欢这份工作，她随时都可以退出，并在春天回到学校。

接手时间不长，莫伊拉就喜欢上了经营这家商店。起初，学习如何进行盘库、订货、安排维护，以及造工资册，对她来说都是一项挑战。但她很快就掌握了诀窍，干得得心应手。做这一切让莫伊拉感觉自己是一个有能力的人。事实上，经营商店中最难的地方并不是干活，而是她感到的那种孤独。她很是想念她那些上大学的朋友们。

那年秋天，莫伊拉开始和一个给商店送啤酒的男子约会。起初她并未把这事太当真，但是，一件事连着一件事，到了一月份，他们已经住在了一起。经过一些适应和调整，这种安排似乎很适合他们。几个月后，莫伊拉和她的伴侣前往弗吉尼亚度假。一天早上，由于感觉彼此十分相爱，他们决定步入婚姻殿堂——当天下午他们就结婚了。

旅行归来不久，莫伊拉就在镇上另一家 GrabnGo 店得到了一个经理职位。此时的莫伊拉已经找到了一群新朋友，并且越来越不去想重返学校的事情。"为什么还要那么麻烦呢？"她想，因为身为经理，她的薪资还算不错。她的新婚丈夫也不喜欢她重返学校的想法。

莫伊拉经营着一家不错的商店，希望成为该公司的区域经理。她先后被提拔了三次。前两次，区域经理职位都给了年长她几岁又有学位的男性。莫伊拉想不明白，这一职位为什么还会需要学位，但她认为，要是有学位的人将她淘汰出局，那并没有什么不公平——如果其他一切都一样。第三次则是在一年后，一个比她在公司工作时间稍短且没有学位的男子被提升为区域经理。莫伊拉开始想知道，这里面到底发生了什么事。

在当过四年店长之后，莫伊拉开始感到很是无聊。所有经营 GrabnGo 店的知识，她早已熟得不能再熟。所以当她发现自己怀孕了，做出辞职在家带孩子这一决定对她来说并不难。莫伊拉认为，在那之后，她会再要一个孩子，等到两个孩子长大后，她也许会重返大学。

这是故事的一个结局。下面是故事的另一个结局。

莫伊拉在锁门时突然感到一阵心慌：自己关炉子了吗？她打开门，又回去检查了一遍。当然，炉子关得好好的。她从未忘过关炉子。但是，每当有要紧事让她感到紧张，她就会想象自己没关炉子，结果被人指责烧毁了房子。"也许我应该早上坚持吃冷麦片（这样就不用开炉子）"，莫伊拉转身出门时心想。

离开公寓约三个街区，莫伊拉正在拐弯时，一只蓝鸟飞快地冲到她的挡风玻璃前。它贴得太近了，近得可以看到它嘴上衔着一根稻草。她想起奶奶说过的一句老话："早上见到的第一只鸟是蓝色的，一整天你都会有好运。"这个想法一闪而过，莫伊拉微微一笑，觉得自己放松了一点。"谢谢奶奶"，她大声说道，确信自己那天早上没有看到其他小鸟。

莫伊拉在教授办公的大楼附近找到一个停车位。她在大楼外的长椅上坐了几分钟，然后走进去，爬楼梯上到三楼。即便如此，莫伊拉仍然早到了十分钟；她正在看办公室门上画着的卡通画，这时一个高个子、黑皮肤、扎辫子的女人从大厅走了过来。她背着一个皮肩包，穿着一条牛仔裤，金色背心外衬白色 T 恤。她的圆框眼镜和背心很相配。"你一定就是莫伊拉，"

那个女人说道，"我是塞西塔教授。进来坐吧。来杯咖啡怎么样？"

面试很顺利。莫伊拉喜欢塞西塔教授，尽管她并不像莫伊拉所期望的那样。当莫伊拉询问需要她做些什么时，塞西塔教授指着办公室一角的一张桌子（那上面堆着半米多高的手稿和旧报纸）说道："当务之急是收拾好这个烂摊子，建立一个书目数据库。这一切并不难，只要你掌握窍门，但你必须足够细心和精确。"

莫伊拉承认，除了写课业论文，她没有做这种事情的经验。谈了约一个小时后，塞西塔教授问道："你什么时候可以开始？"这再次让莫伊拉对她感到惊讶。

莫伊拉向 GrabnGo 递交了辞职信，并在接下来一周就开始为塞西塔教授工作。从某种意义上来说，这项工作其实很简单。莫伊拉所要做的就是将每份手稿或报纸故事的标题、作者和来源输入电脑。等到莫伊拉熟练使用电脑后，工作进度有了很大提升。不过，有时遇到信息缺失，她就得去图书馆进行查找。她喜欢做这种类似侦探性质的工作。

莫伊拉花了一个月时间，整理好了塞西塔教授办公室的手稿和报纸。然后，在图书馆里一个特殊地方，地下室一个少有人去的房间里，还有更多的手稿等着她去整理。莫伊拉喜欢带着笔记本电脑去那里干活。这里很安静，适合冥想，时间过得很快。莫伊拉有时也会停下来看会儿手稿。她似乎没有付出多少努力就学到了很多东西。

莫伊拉还与塞西塔教授谈起了她的研究。塞西塔教授解释了她的项目（课题）是什么，以及她是如何对它感兴趣的。莫伊拉有时也会询问她在手稿里读到的东西。这些是莫伊拉最喜欢进行的谈话，尽管她并不完全理解塞西塔教授所说的一切。莫伊拉觉得，最令人满意的是，当她询问塞西塔教授她所看东西的含义时，塞西塔教授会详细解答，把所有东西都联系在一起。莫伊拉希望她这学期上的课也都能这样讲解。

夏天过得太快了，莫伊拉觉得自己在那段短暂的时间里发生了很多变化。她对学校的感觉在不知不觉间也发生了变化。以前，莫伊拉把她要上的课视为一种通往工作和真正成年生活之路上不得不忍受的痛苦。现在，她觉得每门课都有值得学习的东西，她应该主动去追寻，而不是让枯燥无味的教授或课本碍事。意识到这个世界比她有时间去探索的更加有趣和复杂，既令人兴奋，又令人沮丧。

秋季学期开始几周后，莫伊拉遇到了瓦尔基里教授。

"假期过得好吗？"瓦尔基里教授笑着问道。

"太棒了，"莫伊拉说，"我给塞西塔教授打下手，主要做归档和书目工作。报酬很好，我学到了很多东西。"

"你是说你不会主修我的课了？"瓦尔基里教授半开玩笑道。

莫伊拉也笑了："我的主修一直未定下来，但我现在偏向历史。等到春季报名，我可能会主选历史，次选哲学。我想和你谈谈这事。"

"周二或周四下午你可以到办公室来找我，"瓦尔基里说，"三点到四点是我的办公时间。"

事实表明，莫伊拉决定主修历史和政治学。她又花了一年时间完成双学位，但她并不着急。她知道，离开学校后，她再也无法如此自由地追求自己的兴趣。与此同时，莫伊拉也在积极参与一个学生团体所做的工作：帮助学校清洁工争取更高的工资。当莫伊拉得知她所在的大学付给清洁工的工资使他们处于贫困线以下时，她非常愤怒。她决定在毕业离校前努力改变这一状况。

到她五年级开始的时候，莫伊拉已经认准自己要去法学院。她的一些教授建议她去研究生院，但她不想玩学术游戏，因为这个世界上有太多的事情需要改变。她与学校清洁工打交道的经历，使她看到了无能为力者被剥削的情况。莫伊拉认为，与当教授比，她可以通过当律师做更多事情来纠正这些不公正现象。在法学院学习三年后，莫伊拉在一家拥有工会、消费者团体和激进组织的公司找到了一份工作。莫伊拉在打赢一场针对GrabnGo 公司的重大性别歧视诉讼后，成为一位律所合伙人。

* 　* 　*

　　这个故事的两个结局展示了人们如何遭遇一系列意外事件，其中一些看似微不足道的小事件，比如一只小鸟撞上汽车挡风玻璃，就会导致他们的生活轨道变得不同。我们还从这些故事中看到，并不仅仅是小事件会导致事情发生，而是一系列条件恰好聚集到一起合力所致。即使这些条件有一点微小的变化，也能让人走上一条非常不同的人生道路。

　　也许这会让人觉得：从社会学视角关注个人生活毫无意义，因为每个人的人生都是一系列独特的随机事件的结果。如果事情是这样，为什么我们还要费心去分析个人的生活呢？我们想要理解随机性又有什么意义呢？然而，个体的生活并不是真正随机的，即使有一系列突发事件使得其结果无法预测。

　　就莫伊拉而言，她的生活并不是随机的。它是模式的一部分。要看到这一点，我们不妨思考一下，现实生活中有数百万个莫伊拉：这些年轻女性想要通过上大学来获得成功，但是，她们必须面对生活中人们相互矛盾的要求，这些要求源于工作、性别、婚姻等方面的文化观念。这些女性面临的情况有许多相似之处，这些情况使得某些结果比其他结果更可能出现。尽管有一系列突发事件会产生意外，就像莫伊拉最后成为一名律师一样，但是，我们之所以会对此感到**惊讶**，主要是因为这与**通常**发生的情况有所不同。

　　重写莫伊拉的故事，你就可以看到这一点。如果莫伊拉的父亲是一位外科医生，她的母亲是一位大学校长呢？她还会一直在 GrabnGo 店打工挣学费吗？不太可能。她会把啤酒送货员当成伴侣吗？不太可能。或者，如果莫伊拉是一位男性呢？也许他早就被提拔为区域经理并会在 GrabnGo 店工作更长的时间。这些变化中的任何一个，都会让莫伊拉进入一种不同的模式。

　　想象一下，把小树枝的一小段弹进小溪。鱼儿可能会将其误认为是昆虫，一口吞下。老鹰有可能把鱼儿从水里叼出，然后吃掉它和树枝。也有可能，磨损严重的树枝会自己掉落森林。这一切都可能发生。但最有可能发生的是，树枝会往下游漂浮一段时间，吸足水分，沉入水下，卡在死地或扎入河堤，慢慢腐烂。大多数树枝都会落得这样一个结局，因为自然界就是这样运作的。

莫伊拉的生活，就像我们每个人的人生一样，同样陷入了时间和事件的旋涡。然而，社会学正念有助于我们看到，尽管它有可能给我们带来惊喜，但旋涡不是随机的，而是有模式的。我们可以把这些模式视为导致我们，就像被弹入溪流中的树枝一样，被更强烈地向某些地方推挤和拉扯的原因。我们可以把旋涡，也就是不断变化的环境组合，想象成有时会把我们从一种模式弹入另一种模式（或者是不太可能去往之地）的东西。

对话——自由、约束和不可预见的意外情况

思考原因和偶然性，常会引出一个问题：我们对我们的生活有多大的控制力？当然，我们会做出选择，这些选择会影响我们的生活。然而，似乎很多事情都超出了我们的控制范围。小时候，我们被社会环境所塑造；长大后，我们必须适应和应对我们所处的环境。因此，"人们创造历史，**但不是在他们自己选择的条件下**"这句老话说得很正确。

然而，值得多思的是，究竟是什么限制了我们的行动。我在前面说过，人们在任何时候都无法把自己变成任何他们想要成为的人。但是，是什么阻止我们去做任何我们认为应该做的事情呢？

一个显而易见的答案就是**他人**。为了顺利度日，我们必须能与他人一起协调我们的行动。如果我们行为怪异，或者是与他人期望的方式非常不同，他人也就不会与我们合作。他们要么不知道如何回应我们，要么就是认为我们很危险或疯狂。无论如何，我们都不能超出预期的行为范围，否则我们就会失去来自他人的合作，而这种合作对我们在生活中与他人和睦相处至关重要。

当然，这并不意味着你就不能去做一些很奇怪的事情。你可以编造一

套只有你自己才懂的私人语言，用油脂和鸡毛覆盖你的身体，然后站在街角宣讲反对社交媒体成瘾之罪。你完全**可以**这样去做。这是你的自由，没有什么能够阻止你。但是，别人对你这一怪异行动做出的反应，会让你的生活很难一切如常。

上面这个例子提醒我们，我们比我们经常承认的有更多的选择自由。当一个人说"我**必须**做 X，我别无选择"，这句话并不是真的。它的真正含义是："我之所以选择做 X，是因为不做 X 的后果超出了我的承受力。"即使有人用枪指着你索要你的钱财，你也依然可以选择如何做出回应。

因此，只要我们关心在世界上与人和睦相处，他人就是对我们行为的一种主要约束力量。我们还受到我们用来理解世界的那些观念的限制。对此可以这样去想：我们有很大的自由来决定如何去做，但却无法做出我们不知道的选择。如果你被教导相信你可以选择 C、D、E，你可能永远都不会去考虑 A、B 或 F、G。如果这些选择对你来说因为你被教导的思考方式而真的无法想象到，你的行动实际上也就受到了限制。

我们也受到物质世界的限制。无论我多么用力地摆动双臂，我都飞不起来。我也无法用羽毛去锤钉子。我也不能忽视我的身体对食物、水、衣服和住所的需求。因此，物质世界（包括我们的身体）的本质对我们提出了某些要求并限制了我们能做什么。

有一次，当我谈论那些限制我们行为的事情时，一个学生问及药物成瘾。她想知道，药物成瘾者只要愿意就可以做出不同的行为，这样说是否公平。"这难道不是一种他们无法控制的疾病吗？"她问道。

要想回答这个问题，我们首先应该注意到，人们使用药物（酒精、尼古丁、咖啡因等）有各种原因。对一些人来说，这是一种缓解压力的方法。对另一些人来说，这是一种找乐和社交问题。不管原因为何，我们都可以说，最初，一个人选择了使用或不使用药物。然而，我们也应该承认两件事。首先，许多人都会面临那些让人"压力山大"的环境，而不是他们自己负责创造的环境。其次，人们会从他们的文化中去学习那些应对压力的可以接受的方法。

　　但是，那名学生所提问题背后的真正担忧是，疾病是否会导致成瘾，进而让人失去控制。似乎任何器质性疾病都不太可能导致一个人选择吸烟、喝咖啡或吸食可卡因。然而，有些人的身体（出于生化原因）有可能对某些药物做出反应，使得药效更令人愉悦。在这种情况下，他们很快就会对这种药物上瘾。那么，这是否意味着人们就一定会失去控制呢？

　　一方面，事情并非一定如此，因为人们仍然可以选择如何回应他们的渴望和欲望。他们可以抵抗，分散注意力，或者是屈服。但这假定了人们头脑清醒，可以权衡其行为后果。然而，有些药物会干扰大脑正常运作，以至于一个人无法做到正常思考。因此，另一方面，过度使用某些药物确实会阻碍理性思考，以至于让人失去控制。

　　看起来我好像有点离题了。但我仍然认为原因和偶然性很重要。关键是：我们当下的行动在一定程度上是我们日后必须应对的情况的原因。

　　回到药物成瘾的例子上来，选择服用药物会造成如下情况：一个人后来需要那种药物只为感觉正常。几乎没有人预见到这一点。然而，一旦生理上的渴望占据上风，这就是瘾君子必须面对的现实。例如，吸烟者可能会说："我对尼古丁上瘾使我无法戒烟。"但是，对此更准确的说法是：一次选择（吸烟）会造成一种情况，在这种情况下，其他选择（戒烟）会让人产生不愉快的后果（焦虑，易怒）。

　　我们总是会以那种导致无法预见的后果的方式行事。为了满足我们的需求和愿望，我们帮助创造了我们明天必须面对的条件。换句话说，我们正在制造一系列突发事件，从而把我们的日后行动引向我们无法完全预料的方向。我们今天做出的选择也会改变我们，所以等到明天到来时，我们将会作为不同的人去面对它。

　　社会学正念有助于我们将这一原则应用于更大的情境。想想我们这个以石油为基础的社会。当化石燃料首次被开发出来时，没有人预见到日常生活和整个世界经济会在多大程度上依赖于它们所蕴含的能量。我们可以说"是石油造就了今天的我们"，并可进而言之"没有石油，我们习以为常的大多数社会安排都将不复存在"。

　　然而，现在我们已经知道，石油资源有限，终有一天会耗尽。然后呢？我们将会面临哪些突发事件？我们将会做出何种选择？我们如何做出这些选择？我们可能会以一个接受不可避免的变革并明智地寻找一条健康的未来之路者的方式去行事。或者，我们也可能会以瘾君子的方式去行事，他否认需要改变，然后在事情崩溃时拼命想要抓住任何一根救命稻草。我们将会如何应对取决于我们拥有社会学正念的程度，有了它，我们就能评估我们的现状、我们前行的方向，以及我们将会成为什么样的人。

杂记　运气

　　在很难分辨出是何原因导致事情发生时，我们常会使用"运气"这一概念。如果我们喜欢发生的事情，我们就说这是好运使然。如果我们不喜欢发生的事情，我们便会说这是运气不好。社会学家通常不会就"运气"多说什么，因为这个词会让人觉得人类的命运由一种神秘的力量所决定；大多数社会学家都倾向于认为，原则上，这个世界上发生的一切都有一个清晰的解释。

　　然而，在日常生活中，人们确实在谈论很多关于"运气"的事情；而且他们还会用"运气"来思考事情为什么会发生，为什么他们的生活会是当下这样。因而，从社会学视角对"运气"进行一番考察，也许值得一试。

　　要使任何特殊事情在社会生活中发生，都离不开复杂的环境（条件）相结合。例如，找到一份工作需要在适当之际以适当方式把很多情况结合起来。如果有一种情况不同，这份工作就有可能落入他人之手。因为我们看不到所有这些情况是什么，因为它们的结合可能看起来纯属偶然，加之其中许多情况都超出了我们的可控范围，所以我们用"运气"来解释那些否则我们就无法解释的事情也是有道理的。

当然，与此相关的一种情况是，我们准备利用那些不可能的机会。我们确实可以控制这种准备。有位著名高尔夫球手说过："我练习得越多，运气就越好。"许多人都喜欢在现实生活中引用这句俏皮话，以此来说明：成功与其说是运气使然，不如说是努力工作的结果。

但是，在游戏和运动中环境是公正的：规则和挑战对每个人都一样。然而，在现实生活中，情况则有所不同，可以说，并非每个人都有平等的机会去参与游戏。也不是每个人都有平等的机会去学习游戏，接受专业指导或去练习。有些人甚至会发现，自己比他人面临着更严厉的规则。所有这些情况表明，在现实生活中，我们所说的"运气"并不是随机的，而是以一种有规律的方式分布的，其原因并不总是显而易见。

（1）我还是个孩子时，我父亲在一家铁路公司当电工。后来他被提升为经理，这使得他的社会地位得到提升，收入大幅增加，同时也需要他经常出差（升职意味着每年都要把家搬到一个新城市）。我的父母不想要这种生活，所以他最终又回去当他的电工。我的父母在我 7 岁时做出的这个决定极大地改变了我的生活。抽空问问你的父母，他们是否做过类似选择。这个选择如何改变你的生活？如果你的父母选择了其他方式，你的生活会有何不同？

（2）有句老话说："不是艺术家选择艺术形式，而是艺术形式选择他们。"这意味着，人们在探索从事创造性工作的方式时，出于一种难以理解的原因，受到强烈吸引，最终找到一种适合发挥他们才能的方法。在艺术领域之外，我们可以观察到，许多人都会找到似乎是自然而然地迫使他们投入其中的一种爱好、一项运动、一门手艺、一个研究主题，或者是一种工作。当这种情况发生时，人们经常会以极大的热情和强度去努力获取知识和技能。什么样的社会条件会使人们有这种经历？如果一个人从未有过这种不由自主地投身一种活动的经历，又会有何不同？

（3）并非所有社会现象都得到很好的研究，即找出其根本原因。科学不关注变戏法之类的东西，因为它们微不足道。但是，有些盲点则令人好奇。例如，有许多研究想要找出同性恋的原因，但却极少有研究去找出异性恋的原因。同样，许多研究都想找出为何一小部分穷人能成功，但却没有多少人去研究造成不平等和剥削的原因。都说美国社会科学家可以自由地研究他们想要研究的任何东西，你如何解释他们很少努力去找出我们社会里这些核心特征的原因？这种带有选择性的科学研究会产生什么样的后果？

第9章

形象、表象和解释

俗话说"不要以貌取人",这句话提醒我们,外表可能具有欺骗性。乍看像是真实的事情可能会被证明完全错误。然而,在日常生活中我们却总是会以"貌"取人,以"貌"评书,以"貌"看待其他事物。我们看着我们能看到的东西:书的封面、人的衣服、车的图标,并推断出隐藏其下的品质。我们明知这样做有很大的误判风险,为何还会这样去做?

我们依赖外表的原因之一是,我们需要知道对人和事物可以抱有什么样的期望。当我们遇到陌生人时,我们可能想知道:他 / 她是一个友好的人还是一个危险分子,是一个值得信任的人还是一个无比狡猾的人。我们可能想知道:他 / 她是能给予我们帮助,还是想从我们这里得到些什么。显然,在真正了解一个人之前,我们无从确定这些事情。但是,因为我们需要了解一个人是一个什么样的人,所以我们必须根据我们在他人身上能够察觉到的性格特征,对其做出判断。

我们依赖外表的另一个原因是,我们会与许多我们永远不会了解的人打交道。我们与他人之间的很多接触都很短暂,我们与许多人一辈子仅有一面之缘。然而,我们必须确定他人可能会如何对待我们,进而确定我们应该如何对待他们。为了做到和睦相处,我们必须学会快速"阅读"（解读）他人。当然，我们在这样做的过程中确实会犯错。当那些刻板印象干扰了对个体的仔细"阅读"时，我们最有可能误判一个人的性格。

具有社会学正念，并不意味着我们就可以不受基于有限信息对他人做出判断这一需要的影响。如果我们都住在小村庄，大家都知根知底，情况自会不同。但在像我们现今这样的大都市，我们被迫依赖我们所能看到的东西并迅速做出解释。具有社会学正念意味着，意识到我们正在这样去做，意识到我们如何这样去做，并意识到我们周围所有的外表都是精心设计而成，以影响我们的思想和感觉。

社会世界充满了多种多样精心制作的形象和表象。说它们是"精心制作"，意味着它们是为了给他人留下特殊印象。想想你为自己制作的形象。例如，面试时，你必须在他人面前为自己塑造一种有能力和热情的形象，同时一直表现得非常自然，这样你就不会显得虚伪做作。第一次约会时，你可能很想在对方眼中为自己塑造一种高大的形象，这样对方就能看到你最吸引人的一面。当然，这种行为是双向的；他人也会在你面前塑造他们的形象。

也许这会让人觉得，社会生活就是一场欺骗游戏。你可能会想："具有社会学正念意味着看到每个人都是骗子，因为每个人都想用这些虚假的形象去欺骗他人。"当然，这并不是社会学正念想要引导我们看到的。事实上，并不是每个人都是骗子，也不是所有精心制作的形象都是为了误导他人。关键是，无论我们是想要误导他人，还是想要暴露我们最真实的自我，我们都必须塑造关于我们自身的形象。

假设你想表达你对另一个人的爱。你会如何去做？你必须把你的感情化为行动，让对方将其解释为爱的标志。这是你所能做的，因为对方无法从你的头脑里找到一种被称为"爱"的感觉。对方必须根据你的言行来推断你的感受。这意味着你必须塑造一种形象，让他人看到它揭示了你的真情。无论我们是假装诚实还是无比赤诚，都无法逃避对形象的依赖。

　　这里我们仍以职场为例：当你寻求入职和升职时，能力非凡是一件好事，但更重要的一点是要**显得**能力非凡，因为关于你日后发展的决定基于别人认为你有多大能力。如果你确实很有能力但却没有给人留下一种很有能力的印象，你就不会得到重用。话又说回来，一个人投入更多精力去塑造自身能力非凡的形象，而不是发展自身实际能力，一旦遇到关键考验，也有可能会毁掉自己的形象。

　　我们塑造的形象意义重大。我们的生活有赖它们。他人会根据外表决定如何对待我们，我们同样会根据外表决定如何对待他们。当我们这样做时，我们并非在想："我将依靠外表来判断这个人。"我们或多或少习惯做的是，去寻找那些可以表明人们内在品质的迹象。我们所依赖的迹象，是那些我们已经学会看到和解释的迹象。

　　这种对形象的依赖有一个不寻常的结果就是，我们**在互动中相互塑造**。例如，你可能有过这种经历，你觉得自己说的和做的全都正确无误——你在他人面前塑造了自身一种机智、迷人又善良的形象。在这种情况下，你就是那样的；根据你的表现，别人可以推断，你确实是一个机智、迷人又善良的人。

　　你可能也有过这种经历，你觉得自己做什么都不对，所以别人可能会认为你是一个笨蛋。事情为什么会是这样？你可能会说："今天真是糟透了。"这也许是真的，但若有社会学正念，我们就会看到，今天是个好日子还是坏日子，与人与人之间发生的事情有很大关系：他人可以（让我们）展现出我们自身最好或最坏的一面。

　　如果他人对我们说的话感兴趣，如果他人尊重我们的意见，如果他人听了我们讲的笑话哈哈大笑，那么，比起当我们说话时他们看着别处，听了我们讲的笑话一点反应没有，或者否定我们的意见，我们很可能会表现得更好，即说话更流畅，更自信，更机智和更有魅力。通过影响我们的表现，他人的存在可以帮助我们了解我们所处的环境。如果他人的行为能够引发我们的良好表现，他人就会有证据来证明我们拥有良好的品质。如果他人对待我们的方式让我们陷入困境，他人就会根据我们的糟糕表现，得出结论认为我们无能。

再次，影响是双向的；反过来，我们也会影响他人的表现。这并不仅仅是以能让他人表现出其自身最好一面的方式去对待他人的问题。有时，这也是一个接受别人声称比他们自身好一点的问题。我们的朋友可能会夸大其自身的某种品质或成就。我们对这一夸大有可能一笑而过，也可能会质疑反驳，但无论我们怎么做，我们的回应都会影响我们的朋友想要塑造的形象。他人同样可以支持或质疑我们宣称的关于我们自身的形象。

因此，他人赖以推断我们性格的这些形象，都系社会创造而成。我们无法单靠自己去塑造形象。确切的形象（他人眼中我们的"虚拟自我"）取决于我们能与不同的观众进行合作。但是，关于这种形象和虚拟自我的塑造，其依赖社会生活的方式要更为深刻。

用于塑造形象的资源

想一想，我们怎样才能给自己塑造一个良好的形象。我们必须能以言语、行为和物质对象（如服装）的形式，呈现他人可以用来推断我们的符号。所有这些资源都来自社会生活。我们必须学会如何说话和行动，他人会将其视为我们自身能力、道德或其他良好品质的标志。我们还必须获得某些资源（技能和金钱），它们能使我们获得其他有意义的资源，如一份好工作、一件新衣服、一辆豪车和一座别墅等。换句话说，我们能够收集到的所有塑造自我形象的标记都是社会生活的产物，我们以令人印象深刻的方式使用这些标记的能力同样是社会生活的产物。

也许你在想："没错，符号来自社会生活，使用它们的能力也是如此，可那又怎样？"答案是：在一个不平等的社会里，拥有标示一个有声望的自我所必需的资源和技能的分配是不平等的。这就意味着，不是每个人都能塑造一个有声望的自我。这也意味着，有些人将能凭借他们手上权力的力量，而非其自身美德的力量，在他人面前塑造一种善良的印象。

具有社会学正念，我们就会去关注：谁能接触和使用什么样的标志，谁能学会正确使用它们，谁有机会在某些观众面前使用它们。我们还会追问：**谁决定什么被视为性格的重要标志？**就美国社会而言，这是从社会学视角去考察，为何男性身体、浅肤色、盎格鲁－撒克逊姓、异性恋和积累财富会被视为有价值自我之标示的一部分。

因而，我们应该注意，形象很重要，因为它们会影响我们对待他人的方式，以及他人对待我们的方式；形象不是个性的结果，而是人们如何定义事物，人们如何对待彼此，以及一个社会中不同群体之间存在多少不平等的结果；优势群体中的人们可以利用自身优势来塑造自己有能力和有道德的形象，同时剥夺弱势群体中的人们塑造同等价值形象的资源。社会学正念的一部分，就是关注这些形象是如何塑造出来的，它们如何影响人们过上美好生活的机会，以及它们如何帮助维持（或改变）社会世界的运作方式。

表象

在一次课上，一个学生说，"20世纪60年代"是一个吸毒泛滥、疯狂性爱、恣意放纵、反美主义盛行和社会混乱的时期。他认为，20世纪60年代没有一件好事，最好是把那个充满破坏性的愚蠢时代抛在脑后。

"你是哪年出生的？"我问他。

"1975年。"

"那你又是如何知道这么多关于20世纪60年代的事？"

"各种来源。"

"你能说得更具体些吗，比如说你读过的关于20世纪60年代的某一本书。"

他摸了摸脑袋，说："这方面的书我一本也没读过，我对它们的了解都来自电视和广告。"

从电视节目中去了解遥远的时代、地点和人物并没有错，但我们应该留心，电视以表象的形式为我们提供知识，这些形式通常都是为了娱乐大众而非给大众提供信息。这意味着，有某个人或者是一群人为我们选择了画面的一部分（关于某一事物所有信息的子集）并呈现给我们，就像它是整个画面一样。因此，我们得到的是对现实（一种我们可能无法直接接触到的现实）之精心制作的部分再现。

告诉我关于 20 世纪 60 年代印象的学生没有查证他看到的表象。如果他查证过，他可能就会知道，那个年代的大多数大学生都没有参与抗议或暴乱、吸毒或性狂欢；虽然美国社会中许多具有压迫性的方面，如种族主义、性别歧视、帝国主义和军国主义，通过暴力和非暴力的抗议受到了挑战，但大部分人都是照常生活，而非置身于"社会混乱"之中。他可能还会了解到，现今被他视为理当如此的公民权利方面的许多进步，都是在那个年代取得的。

当然，即使这个学生读过关于 20 世纪 60 年代的书，并和经历过那个时代的人们交谈过，他也仍会依赖表象。既没有生活在那个年代，也没有办法回到过去亲眼见证，他别无选择，只能依靠别人塑造的表象。不幸的是，这名学生依赖的却是那些陈词滥调或刻板印象塑造出来的表象，并且没有质疑它们是如何或为何被塑造出来的。

形象与表象相似，但又不完全相同。形象是由我们可以直接看到的"意味深长的表演"（signifying performance）创造出来的。表象则是关于无法轻易见证的某个时代、某个地方、某个人物、某件事物或某个事件的形象。谈论 20 世纪 60 年代是什么样，中国人是什么样的人，月球背面是什么样，夸克是怎样一种物质，或者上周聚会上发生了什么样的事情，就是在塑造表象。表象将那些遥远之地或无法亲眼看到的现实带入我们身边的此时此地。

表象的必要性和危险性

与形象一样，表象也是必不可少。想要谈论那些距离我们遥远的现实，我们必须创造它们的表象。与形象一样，表象也是在他人的帮助或阻挠下创建出来的。有时，别人会肯定我们创建的表象（"是的，事情就是这样发生的"）；有时，他们会提出他们创建的表象（"让我告诉你**到底**发生了什么"），在这种情况下，我们可能不得不做出一些修改。我们最终认同的表象，通常都是相互协商的结果。

具有社会学正念，我们不仅会看到表象是不可或缺的，还会认为：现实是什么，取决于我们创造和认同的特定表象。如果不加注意，我们可能看不到表象就是表象、它们是对现实未经沟通的观点。如果我们不留意那些重新呈现（再现）的表象，我们也就看不到它们如何经常被扭曲，以服务于其创造者的利益。

一个学生告诉我，有一个电视节目声称要展示真正的警察在行动。我说，他不应该把这个节目太当真，因为它对警察工作的呈现可能是捏造的，好使其更有娱乐性。那名学生坚持认为这个节目完全展现了警察工作中实际发生的事情。我无法说服他，直到我找到一篇文章，文章出自一个帮助制作这个节目的人之手，文中解释了那些看似真实的犯罪现场是如何精心设计出来的。这时那名学生才意识到他被愚弄了，但毫无疑问，仍会有成千上万的人认为，这个节目是对警察工作这一现实未经过滤的准确描述。

具有社会学正念，我们就会怀疑那些宣称是真实发生而非被建构出来的陈述（表象），比如警察的表演。我们应该怀疑它们，因为有人想要让我们相信一种现实是什么样子，同时则掩盖了他们如何选择向我们展示这一现实的事实。如果我们足够细心，我们就会看到表象都是人为建构的，然后我们就应追问：是谁在为谁建构、如何建构、为什么建构。有时答案一眼就能看出，有时则不然。但无论如何，只要我们三思而行，我们就不太可能上当受骗。

对表象保持足够的警惕心很重要，因为在日常生活中我们极为依赖它们。不妨思考一下那些呈现给我们的事物：各种历史事件和时代，其他国家发生的事件，我们自己国家的经济状况，其他国家领导人和人民的性格，公司和政府的行动，科学研究的各个领域。在某些情况下，我们可以直接接触到所呈现的内容。然而，大多数时候我们都无法直接接触到它们，对我们来说，此时最为明智的做法就是从多个渠道去审查表象，并再次思考它们是在何种利益的驱动下如何建构而成的。

刻板印象和习惯造成的误解

从社会学视角考虑人们建构表象的方式，并不意味着我们就要假定，所有的表象都是想要愚弄我们而设计出来的。当然，有些表象确实旨在愚弄我们。例如，一家矿业公司的公关部将公司呈现为环境保护的拥护者，只不过这一伪装很容易被识破。但是，也有可能，那些让人产生误导性的表象，是人们基于文化习惯创造而成，并无欺骗之意。

假设你听到一个为时 32 秒的新闻故事（这是一则电台或电视新闻的标准长度），一个 6 岁男孩因为亲了一下同学的脸颊而被校管指控为性骚扰。你可能会想："这也太过分了！对性骚扰的合理担忧已经变成一种歇斯底里。指控一个 6 岁孩子性骚扰真是疯了！"你有此反应可以理解。许多人都会有此反应。然而，在听到这则新闻故事之后，我们更明智的做法则是，停下来问一问这个故事是否还有其他内容。

结果很可能是，随着我们对故事中的细节有更多的了解，我们对故事的反应也会有所不同。假设你知道这个男孩经常骚扰他的几个同学；这个男孩拒绝校方温和的管教措施；学校管理人员曾因未对一名有类似行为的稍大一点的男孩提出诉讼而被起诉；管理人员并不想对这个男孩提起性骚扰指控，但又觉得他们别无选择，因为这个男孩的父母拒绝合作管教他。如果你知道这一切，你就会对这个故事有一种不同的看法。

这个例子的要点是：了解更多的信息会让我们对情况做出更明智的反

应，而且那些较为复杂的情况经常会以刻板印象的方式呈现出来。在这个例子中，一个超过 30 秒的复杂故事被简化为几句陈词滥调："过分热心的校管为了政治正确而做出过分之举。"这类新闻报道极为常见，尽管它们并非想要否认性骚扰的严重性。这是因为刻板印象（成见）有助于快速创建关于复杂遥远现实之易于理解的表象形式。

同样，这种刻板印象（成见）也影响了我的学生对"20 世纪 60 年代"的看法。毫无疑问，他接触到了许多关于那个年代是一个不负责任的青年反叛时期的（表象）陈述。这种陈规型表象，因为它被如此频繁地使用，似乎是一种每个人都同意的现实版本。在既不知道更好的信息又无充分理由去怀疑它的情况下，他只能是接受它。

所有的表象都是不完整的和简化的。这一点是无法避免的。社会学正念有助于我们避免陷入"表象是对遥远现实的直接看法"这一错觉。换句话说，我们看到的是表象的**建构方式**。同样，这并不意味着将所有的表象都视为旨在误导我们的幻想。它意味着，要去留意表象由谁建构，如何建构，服务于什么样的目的。

在某些情况下，我们一眼就能看出，为什么有人或团体希望我们接受特定的表象。例如，我们可能会看到，如果我们接受关于某个群体的历史表象，就会使他们看起来像是不公正的受害者，值得我们去同情和支持他们。不过，认识到人们对用特定的方式去描绘历史感兴趣，并不意味着他们对历史的描述（表象）就是不正确的；它只是提醒我们，要留心偏见和寻找更多的信息。

简言之，从社会学视角关注表象，就是要去追问：关于这些人或事件还有什么未言明的？无论是否有意而为，提供给我的版本如何被其提供者的价值观和利益所塑造？这一表象是通过仔细调查建构而成，还是通过道听途说而来？谁会用不同的方式来呈现事物？为什么？只要习惯性地想到这些问题，我们就不会被刻板印象所骗，或者是被恶意制造者所骗。

给个解释和接受解释

假设你马上就要错过规定的最后期限。为了避免受罚，你可以请求延期。而要获得延期，你必须给出一个可以被人接受的解释，说明你工作延迟的原因。例如，你可能会说："我的工作未能按时完成，是因为我这人比较懒，责任心不强，我不在乎我的行为是否会伤害他人。但要是你肯让我延期，我会在我想做的时候把它做完。"这也是一种可能的解释。听到它的人至少会称赞你的诚实。

下面是另一种可能的解释："很抱歉我的工作未能按时完成。我真的很想按时完成，但是，我的父亲这周被解雇，我的母亲参加完我姑姑的葬礼一到家就病倒了需要我来照顾，而由于假日关系我又不得不在店里加班，我的情况真是糟透了，所以我的工作落后了一点。但只要能再宽限一天，我就可以把工作做完。"除非听到这一解释的人是一个冷血动物，或者认为你是一个骗子，你很可能会得到延期。

只要我们做的事情是别人期望的，我们通常就不需要给出解释。只有当我们的行为出人意料或违反规则时，我们才必须用正当理由或借口来给出解释。和形象一样，解释也很重要。正确的解释会在是延长最后期限还是被解雇，是被判无罪还是有罪，是挽回关系还是失去关系上产生很大的不同。为了确保社会生活顺利进行，避免给我们自己带来麻烦，我们必须知道如何做出正确的解释。

也许你在想："如果人们都一直讲真话，给个解释这种做法也就没什么用。真相永远是最好的解释。"一直讲真话确实是一种高尚的行为，但在现实生活中事情要复杂得多，因为真相可以或多或少地以不同的方式说出来。

假设你的朋友告诉你他遇到了一个问题，希望你能听他诉说并表现出对他的理解；而你则认为他遇到的这个问题微不足道，因此伤害了你朋友的感情。过了一会儿，他打电话叫你解释一下你刚才的行为。你会说些什么？事实上，你非常喜欢你的这个朋友，但却对所有困扰他的问题感到厌倦，你觉得那些问题根本就不叫问题。所以你可能会说："刚才你说话时我没认真听，因为我厌倦了在这个世界上有许多人挨饿的时候你还在一个劲地抱怨那些小麻烦。"这一解释可能会打翻你们友谊的小船。如果你不希望这种情况发生，你可以试试下面这种解释："咱们是好朋友，我确实很关心你的感受。但有时我很难理解，为什么某些事情会对你有那么大的影响。当我不明白你为什么会有你那种感受时，我就会变得不耐烦，在你说话时有点心不在焉。对不起。"

正如这个例子所示，决定听众对某个解释之反应的并不是事实。重要的是解释本身——它是如何形成的，它所暗示的现实，以及它在听者心中唤起的感觉。与形象一样，这种对解释的依赖也是没有办法的，因为真相，不管它是什么，也不管我们有多么想说出它，只能通过解释来说明。我们没有办法直接得到它。

如果你上班时穿着一件用本书中纸页做成的长袍，肯定会有人要求你解释你的着装。如果你说"我这样穿是因为今天很热，这是一本很酷的书"，你可能会被视为疯了，被送回家，或者是被解雇。有些解释根本站不住脚，与事实真相毫无关系。而当听到解释的人觉得这一解释是可信的和合理的，它就会起作用。球迷俱乐部的成员可能会认为，穿着一件由俱乐部英雄所写书中纸页做成的衣服，是一种完全可以接受的行为。

在解释的背后

如果我们关注解释的塑造方式，我们就会看到那些人们认为理所当然的事物是什么。例如，如果你问某个人："你昨晚为什么喝醉了？"他说："因为我失业了，心情很糟糕。"你很可能会接受这个解释。你可能会说："我明白了。"现在考虑一下这里面认为理所当然的事情：工作很重要，失去工作是一件大事，坏情绪应该排遣掉，喝酒是一种逃避现实的有效方法。如果你不把这些事情视为理所当然，对方关于醉酒的解释也就没有意义。

解释之所以能起用，是因为解释的给予者和接受者共享某些假设。因此，只要用心观察，每一个解释都可以成为我们深入了解将群体团结在一起之共同信念的一种方式。要看到这些信念，我们必须追问：为什么这个解释会起用？为了使这个解释显得可信和合理，必须接受哪些假设？为了练习这种正念，我们不必特意去他人那里找寻解释去研究。我们可以从更加关注我们自己的解释开始。

你可能想向很多人，如教师、老板、政治家、公司高管、行政人员、官僚等要求一个解释。也许你认为像这些人应该被迫解释他们在做什么、为什么那么做。如果他们的解释无法让人接受，他们就该被解雇、解职、开除、坐牢，或者是以其他方式受到惩罚。然而，问题是，你对解释的要求（你可以给当地报社编辑写投诉信）很可能会被忽视。毕竟，你凭什么要求普格曼总理、卢茨坎参议员或 BioDynaTek 总裁给你一个解释？

显然，**权力与问责紧密相连**。事实上，衡量一个人权力的大小，有一个很好的标记就是，这个人无视他人要求其给出解释的自由程度。拥有权力还意味着能够强迫他人对其行为给出解释，他人若敢不从就有可能受罚。因此，留意谁觉得有义务向谁提供解释，谁可以强迫他人提供解释，以及谁可以忽略提供解释的要求，这也是了解在群体、组织、社区或国家中存在的不平等的一种方式。

创造现实的工具

社会现实部分是通过制定和给出解释来建构的。在给出解释时，人们说出他们认为是真实的事情，或者是他们希望他人相信是真实的事情。当一个解释被他人接受时，就像双方达成了协议："好的，我们接受这一解释是对情况的真实描述，我们将从这里继续前行。"也许到那时你就会明白，为什么留意解释是如何被制定、给出和评判的是一件很重要的事情。这是因为，在这个过程中创造出了一种社会现实，我们都要在这一现实中停留一段时间。

也许你会觉得，形象和解释是一回事，现实是另一回事。从某种意义上来说，这是事实。形象有可能是假的，因为它可以精心塑造，以产生关于个人或群体特征的错误推断。解释也有可能是假的，因为它并非完全与事物的实际情况或现在如何相符，这可以通过公正和仔细的调查发现。但在另一方面，我们也是别无选择，只能依靠形象和解释来确定什么是真实的。一个虚假的形象只能由另一个形象取而代之，就像一个虚假的解释只能由另一个解释提出质疑一样。

　　社会学正念有助于我们看到，我们不可能摆脱对形象、表象和解释的依赖，因为只有通过塑造形象、表象和解释，我们才能对现实和真实的东西形成一种共同的信念。换句话说，我们看到，我们关于什么是现实和真实的想法，取决于一个我们无法逃避的过程——一个塑造外观表象并据之采取行动的过程。有了这种意识，我们就可以成为一个更好的分析者，分析谁出于什么目的创造出了一种什么样的外观表象，以及给谁带来了什么样的结果。

明显的缺席

　　假设你遇到了一个你觉得很有魅力的人，你想给对方留下一种深刻印象。你听说这个人看重诚实，所以当这个人问："你是做什么的？"你不是谈论你的工作，而是说："我在没人注意时抠鼻子。我在洗碗池里剪脚趾甲。我把脏袜子扔在饭盒边。有时我几个月都不换床单。"在这种情况下，你的诚实只会适得其反。对方可能会说："你这人很有趣，但我现在必须走了，再见。"

　　你做错了什么？你只是想在一个你认为看重诚实的人眼里塑造一种你是一个诚实人的形象。你并没有承认自己是连环杀手或烟草公司高管。这里面有什么问题吗？

　　这个例子提出了两个严肃的问题。其一，违反了在什么情况下谈论自己的哪些方面合适这一文化规则，会让人觉得你这人无能。也就是说，遵循向他人展示自身形象的通常规则，是塑造自身理智、正常和安全形象的一部分。其二，外观（appearances）是通过将某些事物排除在场景之外而精心设计的。在塑造自身形象时，我们必须知道什么该说什么不该说，否则我们很可能会破坏自身形象。

你无疑早已了解到，通常情况下，在遇到他人时，最好能展现出关于自身的积极一面，以便能给对方留下一个好印象。然后，一旦你说服他人认为你是一个体面的人，你就可以逐渐暴露你的缺点。如果你先把自身不好的一面（形象）示于人前，日后你就很难再让人相信你展现出的良好形象。为了给人留下好印象，你必须知道该隐藏什么。

在塑造表象时，缺少信息很重要。例如，美国历史可以这样表述："在很久很久以前，一些勇敢的欧洲探险家发现了一大片未开垦的土地，后来殖民者在此定居下来，寻求摆脱国王和教皇统治的自由。最终，这些殖民者打了一场战争，断绝了他们与腐败英王的关系。殖民者解放自己之后，建起了一个基于自由和民主原则之上的新共和国。共和国在接下来200 年间不断发展壮大，一直扩展到遥远的太平洋海岸，把一块未开发的土地变成地球上最富有、最有生产力、最自由的国家。"

这是一个令人印象深刻，甚至可以说是有些鼓舞人心的表象，很像小学公民课上所宣讲的。然而，它是一个通过排除一些重要事物而取得积极效果的表象。具体而言，它没有提到这"一大片未开垦的土地上"早就生活着许多土著人民，他们中的大多数人被杀是为了给欧洲移民让路；它没有提到对非洲人的奴役，也没有提到"自由和民主"最初只属于那些拥有土地的白人；它同样没有提到，美国通过暴力手段从墨西哥窃取土地，从而不断扩张。把这些事情放回场景中，就会产生一种完全不同的表象。

有组织的排除和创造

在塑造关于群体的表象时，也会受到缺席的影响。例如，如果那些讲述伟大科学家、哲学家、作家和政治家的书籍或电影从未提及黑人或女性，就会给人一种印象，似乎女性和黑人无法在这些领域取得成就。然而，学者们对美国历史的研究表明，女性和黑人作为科学家、哲学家、作家、政治家等都有出色的表现。但是，如果他们的工作在官方关于谁做了伟大事情的解释中被忽视，就会塑造出一种不公正、不准确和有害的表象。通过这种方式，群体的表象（就像我的形象和国家的表象）就是通过将事物从场景（画面）中剔除而创造出来的。

也许你已经注意到，我们在日常生活中塑造自我形象的方式，与塑造国家和群体表象的方式之间是有区别的。你在塑造自身形象时会与一小群人相互协作，通常是面对面的互动。即使人们在背后对你的议论有损你的形象，它仍是由一小群人非正式地完成的。在日常生活中，很少有人会有组织地去破坏或维护个人形象。

相反，塑造不同类型民族和国家的表象则需要进行大规模的合作。例如，它需要许多人的合作，包括作家、出版商、教师、学校董事会和家长，以创造和维护前述经过修饰的美国的表象。它还需要大规模的合作去塑造以下表象：黑人男性是暴力犯罪分子，女权主义者是愤怒的仇视男性者，工人阶级男性是乡巴佬，女性更适合从事养育工作而不是管理工作，政治领导人是精明能干者等。诸如这样的表象——通过电视、电影、报纸、书籍和学校传给我们——都是制度的产物。

留意那些作为制度产物的表象表明，我们需要知道：谁在控制制度，谁会从制度创建的表象中获益。这并不是说我们总能找到一个高层或委员会告诉他人去歪曲现实。事情更有可能是这样：我们发现，有一群人可以从塑造的关于历史、政治、他人等的特定表象中得到安慰，或者是从中获得其他好处。我们可能还会发现，许多参与塑造表象的人都是在按习惯行事，并未想过要质疑表象背后的那些假设。

从制度上观察表象的创建方式也有助于我们理解，为什么某些表象的存在如此广泛且难以更改。这并不是因为人们太过愚蠢，坚持相信那些虚假的东西，而是因为那些具有误导性的表象，经常被作为真实的东西灌输给人们。如果这些表象来自制度（大众媒体、学校、政府），它们就会很难被摆脱，也很难被反驳；而且它们似乎也会有很大的权威。如果老师说"你必须学习这本书"，比起被书中信息所误导，我们可能更害怕书中内容无聊，让人提不起兴趣。

具有挑战性的表象

要改变那些根深蒂固、制度创建的表象，需要有组织的努力。光是一个人大声说"这是不真实的！真实的事情是这样的……"是不够的。当然，说出我们认为真实的事情是值得做的，因为即使事实证明我们错了，只要我们直言不讳，我们就会学到比沉默不语更多的东西。但是，如果我们确信制度创造的那些表象是错误的，我们就必须和他人一起努力改变这种状况，也许我们可以通过创办报纸、学校、反诽谤联盟或智囊团来改变它。缺少挑战，比如缺少信息，是那些虚假的表象得以存在的部分原因。

从社会学视角去考虑形象、表象和解释，意味着我们应该将它们视为建构而成。这也意味着，我们要习惯性地去怀疑有些东西被遗漏了，我们目之所见包含大量缺失的东西。如果我们看不到那些呈献给我们的表象的黑暗面，我们就应该怀疑这样的一面存在，并对此保持足够的警惕。这样谨慎行事的目的并不是为了揭穿所有看起来好得让人难以置信的事情，而是为了能够更全面、更诚实地去看待所有事物——它们比我们初次所见时可能暗示的要复杂得多。

具有社会学正念，我们就会寻找替代的形象、解释和表象，并试着创造我们自己的事物（人、地点、事件、历史等）图景，而不是接受别人灌输给我们的事物图景。只有这样，我们才能找出是否还有其他版本的现实，这些版本是否已被禁止。以这种方式去关注事物，我们就会发现官方对现实的解释中存在大量缺失。我们还会看到，表象如何与权力联系在一起。与此同时，从社会学视角关注表象是如何由谁为谁创建的，我们也能提升自身视界，深入了解社会世界的运作方式。

对话—— 寻找其他表象

经常有人问我：我们要怎样做才能减少对主流媒体（大企业掌控的电视网络、广播电台、新闻杂志和报纸）提供给我们的那些表象的依赖？这些提问者通常都是一个开始怀疑我们并未被告知美国以外所发生事情的真相的人。如果我们无法去遥远的地方亲身查验事实真相，我们该怎么办？

过去我会对这些提问者说："去图书馆。"当然，现在我仍会这么说。在图书馆，你可以找到许多替代的表象，以及主流媒体的报告中所遗漏的很多信息。我是在读研的第二个学期（1980 年春天）了解到这一点的重要性。事情经过如下。

为了完成一项课堂作业，我决定研究人们如何解读政治漫画中编码的信息。因为需要很多涉及类似问题的漫画，所以我就选择了那些与伊朗有关的漫画。现在看来这似乎是一个有些奇怪的选择，但在当时伊朗绝对是新闻热点。1979 年伊斯兰革命期间，一群伊朗学生在美国驻德黑兰大使馆劫持了 62 名美国人作为人质。随着"人质危机"逐步升级，媒体上每天都有关于伊朗的新闻报道。

在此期间出现了许多关于伊朗局势的政治漫画。在这些漫画中，以及在其他媒体对那里所发生事情的许多报道中，伊朗人被描绘成一群宗教狂热分子，他们被对美国的非理性仇恨所驱使。我不知如何是好。

那时我对伊朗知之甚少，于是我决定先做一些背景阅读。我了解到，1951 年，伊朗议会当选总理是摩萨德，他深受伊朗人民欢迎。他之所以受到民众的喜爱，是因为他承诺用伊朗油井创造的财富去改善公共服务。为此，摩萨德从在殖民时代统治伊朗的美国和英国公司手里接管了石油。美国无法接受摩萨德的行为，所以中情局就策划了一次政变，让被称为伊朗沙汗（国王）的独裁者巴拉维掌权。沙汗一上台就将伊朗石油的控制权交还美国和欧洲的石油公司。

我还了解到，沙汗用一支秘密警察部队来杀害和拷打那些持不同政见者，借以维持他的权力，美国陆军和中情局则给他提供相应的军事培训和经济支持。经过 25 年的高压统治，伊朗人民对沙汗深恶痛绝，最后他的统治在一场由伊斯兰原教旨主义者霍梅尼领导的抵抗运动中被推翻。

收集这些信息并不需要做很多工作。我在外交政策期刊和其他报纸上阅读了六篇文章。关于摩萨德的受欢迎程度和沙汗的残酷程度存有一些分歧。但是，关于美国在罢免民选领导人和设置独裁者（旨在满足美国和欧洲石油公司的利益）方面所起的作用则是无可争议。（如果需要，你可以自己找到当年的这些文章。）

了解到这一切让我感到愤怒和受骗。为什么主流媒体没有向我们提供这些信息？我只用了几个小时就把它们找了出来。当然，电视和报纸记者也完全可以找到它们。

在伊斯兰革命之前、期间和之后的近两年时间里，主流媒体忽视了沙汗政权的历史及其令人厌恶的起源。没有这种历史和背景，伊朗人看起来就像一群宗教狂热分子，他们的不满不值一听。因此，与大多数依靠主流媒体了解外国事件的人一样，我对伊朗的事件、美国在这些事件中所起的作用，以及为什么伊朗人民会对美国感到愤怒，都缺乏真正的理解。在我看来，如果美国人了解事情的全部情况，他们对伊朗人民乃至美国政府也会有不同的看法。

了解关于伊朗信息的经验教会了我几点。其一，怀疑主流媒体对外国事件的报道，特别是在美国介入其中的情况下。其二，不研究历史就无法理解时事。其三，寻找我无法亲自核查之事的其他表象。图书馆仍是了解这些信息的一个好地方，只不过如今事情已经变得更加简单。

1980 年，当我做我的政治漫画作业时，还没有互联网。今天，我在图书馆中找到的许多相同信息都可以在几分钟内在线访问。因此，找到其他表象比以往更容易，我指的是那些提供历史、背景和批判分析的表象。我也鼓励你不要只依赖网络，而是也要利用图书馆来追寻学术书籍。如果你是一名大学生，你也可以要求当地教授（local professor，有相关专业知识的人）指导你获得可靠的信息来源。当然，你仍然需要判断你找到的任何信息来源的质量，但在找到它们后，你至少会意识到还有其他观点需要考虑。

杂记 | **被动时态**

下面是一个以一种奇特的方式讲述的迷你故事：

> 从前，有一个国家被侵略。有许多炸弹被投下，有数千人被杀。入侵进行得很糟糕，因为犯下了错误。谎言被告知，为入侵进行辩护和掩盖错误。由于许多人对已经造成的混乱感到愤怒，一些努力被做出：在别处发动另一场战争来分散他们的注意力。

在这个故事中，事件似乎刚刚发生；而那些入侵、轰炸、杀戮、撒谎和分散人们注意力的人则悉数缺席。这就是被动语态：它忽略了那些其行为导致事情发生的人。在这样讲述的故事中，很难分辨出谁应该为做错事负责。

相反，主动语态就能识别行动的来源。如果我们说"华盛顿砍倒了樱桃树"，我们就会确切知道：谁（华盛顿）做了什么（砍倒一棵树）。如果我们用被动语态说"樱桃树被砍倒了"，我们就不得不怀疑：谁应该对损坏这棵树负责。

在日常生活中，在不确定谁做了什么事情的情况下，我们经常会使用被动语态。例如，我们会说："教室地板周末打蜡了"，或者是"新的分级政策获得了批准"。这样说并没有什么不好，因为我们并非总是要说出到底是谁做了什么，才能理智地去谈论发生了什么。

但在我们需要追究人们违法或故意伤害他人的责任时，被动语态就会成为一个问题。可以理解，那些罪犯通常都会更喜欢被动语态，因为它掩盖了他们自身需要承担的责任。这就是为什么当人们要求那些掌权者（那些其决策确实能让事情发生的人）承担责任时，他们往往会说"错不在我"。

我们应该警惕那些不提供行动来源之事件的表象。**社会世界中会发生什么，都是人们选择如何一起做事的结果。**牢记这一原则，我们就不会被那些用被动语态讲述的故事所蒙蔽。

三 / 思 / 而 / 行

（1）假设你对某个人的生活深感兴趣，想拍一部关于他的传记电影。这是一部短片，时长 30 分钟。为了收集信息，你采访了他。你还采访了他的家人、朋友、恋人、教师、同事、雇主等。你甚至拍下了他生活中的一天。然后你将这一大堆材料压缩到 30 分钟之内。电影上映后，他说："你是怎么拍的！你歪曲了我和我的生活！"但是，所有看过电影的人都认为，它出色地抓住了电影主角性格和生活的本质。你如何解释这种对电影看法上的差异？如果有人想拍一部关于你的传记电影，你会担心哪些事情，为什么？

（2）说社会为我们提供了资源（语言、衣服和其他有意义的物品、身体动作的方式），我们用那些资源来创造自己的形象和给人留下深刻印象，这是一个真理。但是，我们应该思考这些资源从何而来，以及当人们使用这些资源时会产生什么后果。例如，很多年轻人都会选择一个服装品牌、啤酒品牌或香烟品牌，然后说："瞧，作为这个品牌的用户，我是一个特别酷、聪明、顽皮、勇敢和招人爱的人。"然而，这里面也存在一些矛盾之处，因为使用数百万人都会购买的大众营销产品，很难算是一个人作为个体之特殊品质的标志。那么，人们是如何被引诱使用这类产品来塑造自身形象的呢？他们这样做，谁受益，谁买单？是否还有别的选择呢？

（3）阅读一份好报纸，你可以了解到这个世界上发生的很多事情（远远超出你从电视上看到的）。然而，报纸上通常只是报道了当地、全国和国际上发生的一小部分事情；实际发生的事情要比报道出来的多得多。所以报业人士必须决定要报道什么，忽略什么。这些决定都会由报纸所有者、出版商和编辑做出，从而决定了如何向读者表述社会现实。你可以找一位编辑或记者向你介绍一下这些决策是如何做出的。然后，你可以思考一下，这个决策过程如何可能产生某种表象，而不是其他表象。报纸（通过销售广告）营利的需求，如何影响关于报告哪方面内容，以及如何报告的决策？

第 10 章

看清社会生活中的权力

有一次，在课上讲到权力这个主题时，我告诉我的学生们，有一个教授，他对学校的现状非常不满，想要接管大学。他的计划是，他直接走进校长办公室，告诉校长卷铺盖走人，并宣布学校由他接管。我的学生们都笑了。

我说："这有什么好笑的，难道你们不认为他的计划会成功吗？"

没人认为这行得通。大多数人都认为，教授最终会被关进监狱，或者是被送入精神病院。

我说："那可不一定。要是教授向校长解释了为何他主动退位是一种明智之举呢？这难道不会导致出现一种平稳过渡吗？"

一名学生说："这也行不通，因为校长会让校警把教授带走。"

我说："教授可以和校警解释，为什么他们应该支持他而不是校长。"

另一名学生说："这仍然行不通。即使教授说服每位校警接受他为新校长，其他人也不会接受。"

"还有哪些关键人物？"我问道，"有警察支持，难道这还不够吗？"

一名学生说："要被接受为校长，教授需要得到州议员、州长、其他教授和教职工的支持。如果他不是依照正规程序获得校长一职，他永远不会得到这些人的支持。"

我说："教授只需要写一本小册子来解释，老校长是如何把工作搞糟的，应该被换掉。然后，只要每个人都读了这本小册子，他们就会明白为什么现在是时候发生改变了，为什么教授接任时他们应该支持他。"

一些学生在摇头，一些学生在椅子上扭动身子。我听到至少一声叹息。教室里有很多疑问。

喜欢正规程序的那名学生说："这件事太疯狂了。如果人们能像你说的那样去接管（权力），社会就会陷入混乱。不会有合法权威，只会有持续不断的战斗。"

另一名学生说："这个计划并不疯狂但却很可怕，因为它有可能行得通。我的意思是，人们最初是怎样获得合法授权的？它可能总是来自战斗。"

我说："合法授权可以通过各种方式得到确立，但在很大程度上，这种权力总是取决于共同信念和人们一起做事。总统和革命者都不是生活在权力的真空；如果一开始只有几个门徒，他们总是需要得到他人的支持。而要获得他人支持，也就离不开人类社会创造的资源：语言、观念（思想）、金钱、媒体、武器和食物。社会学正念有助于我们看到，权力产生于社会生活，而不是来自那种有魅力（克里斯玛型）的个性。

在组织中，并非要成为老板才有权力。能在某个地方做某事就是拥有权力，不管这件事有多么小。当然，这种权力仍然有赖社会生活，因为这是我们的技能、知识、动机，甚至身体的来源。尽管我们并不需要通过当老板来让事情发生，但是，不管我们拥有什么样的权力，我们最终还是要依靠他人。

观念和错觉

常言道："权力来自枪杆子。"这是真的，因为枪支可以用来胁迫人，因为大多数人都是宁愿服从任何命令也不愿被枪杀。当群体之间发生战斗时，通常都是拥有最多枪支的一方获胜。因而，枪支确实可以让事情发生。不过，常言又道："把一个孩子出生后的头五年时间交给我，他/她将永远听我的。"后一句话与前一句话相矛盾，因为它认为，一个人能做什么取决于教给他/她的是什么。那么，哪种力量更强大：观念还是枪支？

假设你有很多枪并想推翻政府。你有足够的枪来做这件事吗？除非你能找到愿意使用它们的人，否则你就是有再多枪也没用。除非你能说服追随者枪杀他人，否则你的革命也不会走太远。

假设你是上斯洛博维亚（Upper Slobovia）的统治者。假设你推行的政策太糟糕，民众中出现了一场罢免你的运动。有一天，5 万人在首都集会游行，你叫来警察、军队和禁卫军保护你。抗议者冲进宫殿，你下令开枪射杀。接下来会发生什么？什么也没发生，因为警察、士兵和卫队认为抗议者的看法是对的，你就是个腐败者。在这个例子中，抗议者之所以能够获胜，是因为他们的观念让你的枪变得毫无用处。

当枪支被用来胁迫人们时，权力可谓显而易见。然而，当观念被用来塑造人们的思想和欲望时，权力就不那么容易看到。如果叛军首领说"我来告诉你，为什么政府腐败，为什么应该由我来掌权"，这显然是一种利用观念获取权力的尝试。像这样直接的方法当然会让你保持警惕，以免你被说服去支持一场骇人听闻的运动。然而，假设这些观念被更微妙地灌输给那些最无力自卫者，又会有什么情况发生呢？

想一想学校里的孩子们。如果你是一国领导人（或者是从领导者所做的事情中获益的群体成员）并想维持你创建的社会安排，你可以制定下面这样的计划：

- 每天早晨，在每所学校的每个班级，学生们都要面对国旗，手牵手，背诵"团结誓言"，当他们背到"我的心忠于我的国家/当我听到我的国家的召唤/上帝的祝福将会降临在我们身上/我的国家高于一切"，集体把他们的手举过头顶。

- 小学生需要了解我们国家的历史：从第一批定居者将印第安人赶往边疆一直到当下。目的是帮助他们理解我们在文明的征途上取得的巨大进步，这是我国创始人及其之后无数领导人的英勇努力所产生的。

- 中学生必须至少选修一门比较政府课程。目的是让学生看到，我们的政府制度在自由和平等之间做到了最好的平衡。考察其他政府制度，看看它们为何没能做到这一点。

- 中学生必须至少上一门比较经济课程。目的是让学生看到，我们的经济制度为每个人都提供了平等的成功机会，财富差异源于天赋自然差异。

- 虽然学校无需一定遵守这项计划，但是，那些推行这项计划的学校及学区将可获得特别资金。这些资金可被用于学校建设、教师工资、差旅费、购买设备和雇用员工。这些资金将会以整笔赠款的形式分配给那些推行这项计划的学校和学区，支出由当地行政人员控制。

这只是你尝试灌输观念的一种方式，你可以用这种方式鼓励人们接受各种事物，包括你在掌权的事实。如果你能在人们很小的时候就在学校灌输这些观念，他们可能永远都不会有不同的观念。这是一种比用枪支来控制人更有效也是更持久的方法。

灌输需求

另一种可能性（你无须为此控制政府）是，用观念向人们灌输需求：那些只有你或你的产品才能满足的需求。如果你能创造出这样的需求，人们就会想给你东西（金钱、崇拜或服从），以便从你那里得到他们想要的东西。下面这个例子可以说明这是如何发生的。

假设你是一家高科技公司 BDT 的首席执行官。公司利润下滑，你急需通过增加销售额来恢复利润，所以你告诉你的研发团队拿出一个热门新品。经过几年努力，研发团队发明出了一种新式眼镜，这种眼镜看上去很普通，但却能投射出一个像电脑一样的小屏幕，只有佩戴者才能看到，在眼镜上可以显示出隐藏在耳机里的存储芯片中的信息。因此，佩戴者可以在眼球尖端获得各种信息。

你的工程师和会计师计算出，你的虚拟视觉记忆（VMV）眼镜，可以按照与智能手机大致相同的价格出售——虽然价格不菲，但是，大多数中产阶级人群还是买得起的。你的营销人员认为 VMV 眼镜将会大卖并恢复公司下滑的利润，因此你决定先自行制造和销售眼镜几年以建立市场，然后将这一技术专利授权给其他公司。

然而，有一个问题是，没人觉得需要 VMV 眼镜。所以你必须做的事情就是在大众之间创造出对你的产品的需求。你公司的广告人员就是负责做这种事情的，于是你就把问题交给了他们。没过多久，他们就想出了几种推销 VMV 眼镜的方法。他们建议推出如下几种电视广告：

- 一个男人在办公室忙了一天回到家。他的孩子或伴侣看到他两手空空，说："你又忘了？"画面切换到男人离开单位时，检查了 VMV 日历显示；男人看到提醒购买生日礼物；男人回到家，把礼物送给快乐的伴侣或孩子。要旨：VMV 眼镜可以防止因忘记重要日期（如生日和纪念日）而让人尴尬和伤害感情。广告语："VMV。爱意味着永远不必说'我忘了'。"

- 在一次紧张的会议上，一位专业人士（医生、律师、股票经纪人）被问到一个问题，他不知所措地寻找答案。画面切换到老板 / 客户露出恼怒 / 焦虑的表情。另一位专业人士——他戴着 VMV 眼镜——大声说出正确答案。画面切换到老板 / 客户露出赞许和微笑的表情。要旨：VMV 眼镜是解决跟上任何业务或专业领域最新形势这一原本不可能完成的任务的方法。广告语："VMV。什么时候知道很重要。现在。"

- 一对夫妇站在一座大城市一个繁忙的街角，他们四下张望，显然是在寻找什么。一个人翻看一本破烂的地址簿，说："我以为它就在这里，但我想我们错过了。我们最好还是先回去。"另一个人戴着 VMV 眼镜（其穿着也更为时尚），说："等一下，让我看一下。我知道了，它就在街区周边。跟我走，我们有足够的时间。"要旨：聪明、成功、老练的人会用 VMV 来管理现代生活并有时间娱乐。广告语："VMV。专为乐享生活一族打造。"

这些广告并未直接劝说人们去购买你的产品。相反，它们唤起了一种人们对自己显得粗心、无能或不酷的不安全感——然后暗示，这些不安全感可以通过一种他们从未听说过的产品来加以缓解。如果这些广告奏效，公司就会从售卖 VMV 眼镜中赚上几百万美元。

（一些读者可能知道，2014 年，谷歌公司推出了一款产品：谷歌眼镜，这种眼镜很像上面虚构的 VMV 眼镜。它售价 1 500 欧元，但因产品销售不佳，在进一步开发之前就已下市。谷歌公司似乎没有让很多人相信他们需要谷歌眼镜来丰富他们的生活。相比之下，智能手机制造商则在这方面取得了巨大的成功。）

这里的重点并不是如何销售高科技小玩意，而是如何利用观念让他人去做你想做的事。其中一种方法就是，让他人感受到你能给予他们的需要。更多的力量来自让人们认为只有你能给予他们想要的。向他人灌输这些观念会让他人依赖你，在这种情况下，你就可以向他们索取你想要的东西。如果这种需求足够强烈，人们就会满足你对他们非常高的要求。

借助观念之力来向人们灌输需求和依赖感，并不仅仅是一种广告策略。事实上，这一点在生活中极为常见，并非一定要拥有公司的资源。社会学正念有助于我们看到，在许多地方，权力都是这样产生的。我们还可以看到，这种创造权力的方式有很大的潜在危害性。

例如，假设有两个人正在恋爱中，其中一个人对自己的外貌或智力不够自信。如果对方想要控制这段关系，他／她就可以利用这种不自信说："你这人有很多缺点，所以没人想要你，但我不在意你的缺点，无论如何都会和你在一起。为此你应该感到幸运和感激并愿意满足我的需求，否则我就会抛弃你，让你整天以泪洗面。"这些信息通常会以一种更加微妙的方式传递给对方。其结果就是，让一个人对另一个人产生依赖感，而这则会使这个人更容易被对方控制。

有时这种情况也会发生在师生之间。也许学生不断增长的知识和自信让老师觉得受到了威胁。为了让学生不至于冒犯自己，老师可能会说："你认为你很聪明？哈哈！与我相比，你还是个无知者。别忘了你的推荐信可是由我来写，所以不要在我面前显得傲慢无礼。"老师试图通过提醒学生他／她在很多事情上仍要依赖老师，来重新获得对学生的控制。正是这种依赖，加上学生对老师所能给予事物的渴望，巩固了教师对学生的权力。

阻碍批判思考

其他观念则通过让变革显得不可能或愚蠢来帮助维持权力。例如，虽然很容易证明，资本主义这一受到贪婪驱使的经济对人类和地球有很大危害，但在提到资本主义时，许多人都认为："虽然资本主义并不完美，但其唯一的替代选择就是共产主义，没人想要它，因为它会夺走我们所有的财产和自由。"我经常在教室里听到有学生这么说。

许多人似乎都相信，除了资本主义，没有更好的选择，如果进行重大变革，我们在当下生活中的许多享受都将失去。这些观念使得人们很难去认真思考，如何为更多的人创造更好的生活。通过阻碍批判思考和对话，这些观念有助于维持现有制度和那些在现有制度内享有权力者的特权。

"如果事情发生变化，它只会变得更糟"，这一观念存在的时间比资本主义还要古老。每当人们想要保住权力，同样的想法就会出现。认为现有安排（不管它们是什么）是最好的，生活中所有的美好都取决于坚持接受这些安排，这些观念被用来让人们害怕改变，并让人们觉得接受社会现状是明智和成熟之举。

但是，人们也并不总是那么容易气馁。在许多情况下，人们觉得某些安排太不公正或者是其给人带来的痛苦让人难以忍受，于是他们就开始为改变现状而奋斗。美国的民权运动和妇女运动是这方面的两个例子，推翻南非的种族隔离政权则是另一个例子。我们可以举出许多类似的例子。在每个例子中，我们都能找到那些拒绝接受"改变是不可能或愚蠢之举"这一想法的人。

然而，有权势者确实经常能够成功地利用观念来保住其手中的权力。也许在此展示一下如何做到这一点，会对我们有所帮助。虽然许多用来维持权力的观念现在都已过时，但若听众不对其批判思考，它们就仍然有效。那些受到革命者挑战的政府领导人，可能会用以下观念来为自己辩护：

- "你们这些威胁我们伟大社会的人所做的努力徒劳无功。你们缺少赢得控制权的资源、领导力、远见或民众支持。我们的部队在各个方面都很出色。更重要的是，上帝站在我们这边，他告诉我们不要放弃我们肩负的治理职责。所以你们显然无法获胜。你们现在最好是停止无谓的斗争，安稳过日。"

- "你们那些要求改变的人是鲁莽和愚蠢的。你们没有能力管好我们这个复杂社会。事实上，你们应该感激我们这些精神和智力超群的人愿意这样去做。如果你们认为事情的做法有问题，请告诉我们，我们会认真调查你们的投诉。如果我们确认问题确实存在，我们就会采取适当的行动去解决问题。你们必须相信我们会顾及所有人的最佳利益。"

- "你们这些制造混乱者被误导了。你们的领导者并非真的关心你们的需求或福祉。他们只想让你们为了他们的利益去冒险。如果你们追随他们，他们就会牺牲你们去满足他们自己对权力的欲望。与他们不同，我们的目的是，通过保持我们的社会和平而有效地运转来为你们服务。所以请你们及时悬崖勒马，远离你们那些腐败的领导人。我们应该重归于好。"

正如你所看到的，政治演讲作家与广告文案作者有很多共同点。当他们得到报酬去行事时，他们都知道如何利用观念产生怀疑，削弱那种有力量和有希望的感觉并混淆人们的思想。他们已经掌握了将观念作为一种资源来促成或阻止事情发生的艺术。

由于这种操纵极为普遍，你可能会想："我不会相信别人告诉我的任何废话，因为它们全是谎言。我会怀疑一切。"这是一种极端怀疑的姿态，我认为这比相信你被告知的一切要更好，或者比较不那么危险。然而，怀疑一切是不可能的。我们总是会从某个角度去理解这个世界，这就意味着，我们必须将某些观念视为理所当然（如果我们真的怀疑一切，也就无法履行我们的职责）。与其怀疑一切，一种更好的做法是，以一种受过规训的方式去进行怀疑。

显然，观念经常会被用来创造、获取和维持权力，所以我们应该对此保持足够的警惕。在这方面，社会学正念对我们是有帮助的，因为我们会想到追问：这一观念从何而来？谁会希望我相信它？如果有很多人都相信它并循之而行，谁受益？谁买单？记得追问这些问题，我们就不容易被他人操纵。当然，社会学正念并不确保我们一定能找到真正的答案。它只是一种观察方式，让我们不太容易被那些虚假和有害的东西所骗。

控制信息

如果我问你：参加 2016 年美国总统大选的候选人有几个？你会说有

两个吗？这是通常最常见的答案。有些人会想到初选，加上初选候选人，猜有 12 个。事实上，正确答案是超过 500 个。

大多数人听到这一数字都会感到很惊讶。也许你会想："这比我预期的要多很多，但他们都不是真正的候选人。他们中有许多人提交文件并支付费用，只为对人说他们也参加了竞选总统。"你是对的，这 500 多人中有许多人都只是在一个州作为独立候选人参选，而且对他们中的大多数人来说这都只是一场玩笑。然而，有 24 名候选人可以就一系列问题提出一些明智的政策声明。有 50 名候选人至少在参加竞选这件事上还是很认真的。

也许这些候选人中有一个人或多个人的想法和计划会吸引你。遗憾的是，你可能永远都不会知道情况是否如此，因为关于这些人及其想法的信息，被本该将其带给你的组织给过滤掉了。如果我们肯去思考这是如何发生的，以及为什么会发生，我们就会明了：**权力往往取决于对信息的控制**。

其他候选人被忽视的原因之一是，媒体认为他们没有获胜机会。媒体的看法是对的。那些限制性的选举规则和电视广告的高额成本，使得其他候选人很难参与竞争。但是，真正毁掉他们的则是缺乏关于他们的新闻报道。由此，一种自我实现预言就产生了。其他候选人不被新闻报道，因为他们被认为没有获胜机会；因为他们被认为没有获胜机会，所以他们也就不被新闻报道。

一些候选人的施政理念也会被过滤掉，因为他们的施政理念被认为是不切实际的。例如，如果候选人希望将军费开支削减四分之三，用于建造校舍、公共交通和经济适用房，向所有人提供免费教育和医疗，媒体并不会认真对待。为什么？因为公司和富人强烈抵制这种变革，所以任何提出这些变革的候选人都会发现自己几乎不可能获胜。那些报道持有这样观点的候选人的记者，则会受到指责说他们纯粹是在浪费时间。

也许你可以在这里看到问题所在。如果媒体只报道"真正的候选人"，只报道那些竞选纲领不会危及企业权力的候选人，选民就不会听到那些提议对经济运作方式进行彻底变革的候选人的想法，因为那些信息都被过滤掉了。其他候选人可以畅所欲言，但若没有相关的新闻报道，很少有人能听到他们的施政理念。所以对大多数选民来说，似乎每个人都认为没有什么根本性的东西需要改变，而且在如何改变一切上也没有人有什么好的想法。

人员过滤与自我审查

你可能会想："啊，他揭露了一个卑鄙的阴谋！毫无疑问，那些媒体公司的老板与其他公司的老板悄悄会面，密谋了这一切。为了保护那些支持资本主义制度的人，那些媒体的老板同意排除激进的候选人，解雇任何对反公司倡议抱有同情心的记者。难怪人们很难改变现状，甚至很难让新观念进入旧体系。"然而，我想说的其实并不是这个意思。事实上，社会学正念有助于我们看到，为什么这样一个赤裸裸的阴谋是不必要的。

首先，我们应该看到，那些为媒体公司工作的人，不管他们是看门人、秘书、记者、编辑、制作人还是高管，都是一种文化的产物，这种文化认为资本主义制度和极端不平等的存在是理所当然的。因此，让媒体人接受"资本主义制度是正常的"这种想法，并不需要对其施加压力。事实上，当他们去找工作时，他们很可能就是这样想的。

另一方面，媒体人士也了解到，如果他们对政府或公司过于挑剔，就会被人贴上"极端"乃至"偏见"的标签。记者了解到，在其职业生涯内，最好是将自己的观点限定在传统政治观点的范围内。认真关注替代候选人，或者质疑候选人拥护资本主义制度的态度，会被他人视为一种奇怪的举动，而且对记者的职业生涯来说很有可能自毁前程。老板可能会想："这个人难道不知道事情的真相是什么吗？这个人一定是入错了行！"

因此，并不需要玩弄阴谋来以那种有利于当权者的方式去过滤信息。所需要的只是一点人员过滤：招募和奖励那些接受主流媒体对正确和真实事物之看法的人，清除那些有另类想法的人。结果就是，在一个组织中，似乎每个人都同意，哪些内容值得报道，哪些内容过于奇怪不值得关注。虽然这并不是某种阴谋的结果，但却可以看出，这也不是什么意外。事实上，某些资源（主要是金钱）会被用来就什么是正常的和奇怪的问题达成一致。

这并不是说媒体人就从来不会报道有关公司犯罪或政治腐败的故事。当然会有这类报道。然而，这类故事经常都是被视为个人或个别公司不当行为的例子。它们并不会被视为系统本身及其运行规则存在缺陷的证据。在美国大型电视新闻节目中，你可能永远都不会看到如下故事："今晚将要播出一个六集系列片的第一集：资本主义出了什么问题，为什么共产主义是一种更好的选择。"

有权势的人和组织有时也会采取高压手段控制信息流向公众。如果相关新闻报道会对政治领导人或公司产生太大的负面影响，它们就会被高层直接压下。诉讼威胁和撤回广告费也会影响关于要报道哪些故事和如何报道这些故事的决定。但更常见的是，信息流是由自我审查控制的，即记者和编辑在报道新闻时，自动就会去做他们知道可以接受并有可能得到回报的事情，而回避那些他们知道会给自身带来麻烦的事情。

在某些时候和地点，也有人会用胁迫手段去控制信息："你要敢刊发这个故事，休想活过今晚。"但是，胁迫不仅会耗费胁迫者自身的大量精力，还很容易让人心生猜疑并引发反抗，故从长远来看这并不是一种明智的策略。控制信息更有效的方式是，塑造关于什么是好的、正确的和真实的观念并提供奖励："如果你认同那些（我们认为）重要和有趣的内容，你就会升级加薪。"这样一来，人们就会习惯去做那些符合更有权势者利益的事情。

如果那些敢于批评政府的作家被杀，或者他们的书当街被焚，每个人都会知道有人正在努力控制信息。通常，人们很难看到信息被那些塑造什么事物是理所当然的以及什么是有趣和重要的事物的观念所控制。当其他观点被无视，或者是那些墨守成规的工作在组织内部得到奖励时，人们同样很难看到信息被控制。

信息作为力量和抵抗的资源

现在可以看得很清楚，获得权力和掌握权力在很大程度上取决于对信息的控制。或者更准确地说，权力取决于塑造信息内容和控制信息流向某些受众。通过这种方式就可以管控人们的思想，所以人们通常都是顺从的，而不是难驾驭的。

这里有一个一般原则，信息是一种可以用来使事情发生的资源，即信息可以成为权力的来源。例如，如果你知道 BDT 公司今年的股价将会翻三番（因为公司很快将会推出 VMV 眼镜），你就可以利用这些信息致富。你可以现在买进股票，然后在股价拉升至高位时卖出，从而大赚一笔。

或者，假设你知道一家公司有一个职位空缺，并知道一个人在面试中应该说些什么去打动老板，从而拿到这份工作。对那些求职者来说，这是一种很有价值的信息。如果你认识这样的人，你就可以用你的信息从对方那里换取好处，或者是让对方欠你一个人情，日后对你加倍偿还。只要控制了信息，你就可以让一些事情发生，让另一些事情不发生。

即使在恋爱关系中，人们也可能会通过控制信息来寻求权力。例如，如果一个人拒绝透露他 / 她的感受，这就会让另一个人陷入猜测之中。就像一个人在说："我不告诉你我的感受，那样你就会知道我的弱点，不定哪一天你就会用这些信息来对付我。"或者也有可能，一个人会在感情上显得强硬，以便随时都能退出。这也是一种维持权力的方式，因为它会让另一个人感到软弱无助，并会觉得自己关心对方过多未免有些愚蠢。

意识到信息如何与权力联系在一起，我们可以看到，这在很大程度上取决于环境和我们与他人之间关系的性质。没有什么资源会存在于真空中，不论是信息、金钱、枪支，还是别的什么东西。权力是一种让事情发生的能力，然而，到底会发生什么事情总是取决于环境，在这一环境中我们拥有的资源可用或不可用。

我们可以再次用一个简单的问题来记住，**我们收到的信息是如何经过过滤而形成的**。例如，我们可以追问：在这件事情上那些提出想法的人都有哪些共同假设？哪些问题从未被讨论过？这里提供的信息创造了政府、国家或经济的什么形象？什么是真正的替代观点，而不仅仅是一种略有不同的观点？社会学正念也会促使我们去主动寻求答案，而不是被动地去接受他人提供的他们喜欢的任何信息。

观察信息过滤和形成（看到我们依靠单一来源时遗漏了什么）的一种方法，就是找寻各种来源，将其做一番对比，看看有何不同。记住下面这一点也会对我们有所帮助：所有的故事都有多个维度。具有社会学正念，我们会尽力去理解事物尽可能多的方面。当人们能够做到这一点，当他们愿意进行批判思考时，各种各样的剥削者和骗子就会失去他们的力量。

制定规则和议程

请你撕下本页一角，约有铅笔头上的橡皮一半大，然后把它放进嘴里，慢慢嚼一嚼。味道如何？你认为它是（1）美妙的，（2）可口的，（3）令人愉悦的，（4）超乎想象的，还是（5）很棒？也许你在想："这些选择都太傻了！书纸的味道跟它们一点也不像。非要说有的话，它有点让人恶心。"实在遗憾。你必须五选一，否则你的选择无效。

你可能很熟悉这种强制选择情况。在学校，你必须在一系列无聊的课程中进行选择；在每门课程中，你可能要选择写论文、做读书报告或参加考试；在考试中，你可能要在四个选项中选择一个正确答案。或者，也许你曾打过工，你要决定是用拖把、刷子还是海绵去擦洗地板。

下面是另一个例子。假设你生活在一个人们通过投票来选择政府代表的国家。但是，假设竞选公职成本太高，只有那些其想法对富人有吸引力的候选人才能募集到开展有效竞选所需的资金。回想一下前述内容，只有那些能够募集到巨额资金的候选人才会被媒体报道。然后呢？你会发现，选民的实际可选范围非常有限，因为只有那些其想法及计划为富人和有权势者所接受的候选人才会出现在选票上。现在你又到了与选择用拖把、刷子还是海绵去擦地同样的工作了。

对我们普通人来说，可能并不存在真正的选择。那些更有权势者通常都会提前决定我们可以选择什么。事实上，我们的大部分选择都在某种程度上受到限制。社会学正念有助于我们看到，我们的选择经常受到限制，使得他人可以把持权力。

为了说明这是如何发生的，我们不妨将事情颠倒过来。虽然这样做让我有点紧张，但在接下来几页我要把你变成权力贩子 [1]。在我进行转换时，请不要动。Sociotransequitur Bebop Kaboozle！现在，如果你没觉得自己头太晕的话，就请接着读下去。过一会儿，我就会把你变回正派人。

现在你有钱有势，你想一直保持这种状态。你可以试着用你手里控制的资源来强迫人们服从你，但你使用的力量越多，你激起的愤怒和抵抗也就越多。一种更好的策略是让人们有余地做出选择，这会让他们产生一种令人满意的控制感，并会使他们不那么愤怒和叛逆。其中的诀窍就是，确保无论人们选择什么，你都能接受。

你怎样才能做到这一点呢？最好的办法就是试着制定规则和议程，引导人们去做你想做的事。一旦这些规则和议程被人们视为合法，你的权力就将在很大程度上是无形的，相当安全。至少在一段时间内事情会是这样。

首先，**不要**制定像下面这样的规则："我来决定选项是什么，你们从中选择一个。"这样做无法隐藏你的力量。人们明显会觉得自己被人操纵，进而心生怨恨。

这里有一个更好的规则："一个委员会将会制定一系列符合组织目标的选择，委员会由任命的执行官、部门经理和员工组成。"像这样的规则通常会被用来控制大型组织中的人。这样一个规则的真正含义是：**老板们已经决定了组织的目标是什么，他们会挑选那些认同这些目标的人，并会**

---

[1]　权力贩子（Power Monger），又译"权力争斗者"，1990 年推出的一款游戏，你在游戏中扮演一名无恶不作的军阀，对各个村庄进行统治。——译注

让这些人做出就像老板们自己做出的相同的选择。你是一个聪明的权力贩子，你知道这是一个更好的方法，可以让事情变成你喜欢的那样。

这里是另一种情况。假设你所属的统治集团受到各种小团体对政府控制的挑战，这些团体想要建立一个更加平等的社会。你的团队可以利用对政府的控制来压制这些团体，但是，如果你不想让这一切给你带来麻烦，你就可以创造一种安排，让那些实力较弱的团体觉得他们有机会赢得控制权，而事实上这几乎是不可能的。

例如，你可以设计一种选举制度，在这种制度中，谁的得票超过半数谁掌权，谁的得票少于半数则是运气不好。如果你能说服人们接受这种安排，你对政府的控制几乎就可以得到保证，因为任何少数族群本身都不可能获得足够多的票数来赢得选举。此外，你的团队也会有大量资源来力推它的候选人。因而，即使你一次又一次地赢得选举，也会让人觉得你的当权是人们自由选择的结果。

需要遵守的另一个原则是，在制定规则、法律和其他政策时，要让它们显得中立和客观，这样就算人们对自己被人控制感到愤怒，他们也不会责怪你。对你这个权力贩子来说，最理想的情况是，人们感觉这些规则就像是"在那里"被接受，而不是一些服务于你自身利益的工具。在这种情况下，人们考虑的也就不再是如何、为何和为谁制定规则，而是自己是否要服从规则。

当然，要使所有这一切行得通，依然离不开观念。必须有人相信规则并愿替你去执行它们。然而，一旦有了规则，通常都会很容易找到执行者，因为告诉别人该做什么，就是在一个大国属于高层的系统中拥有了一点点权力。总是有人渴望执行规则，因为他们担心，没有规则，这个世界就会分崩离析。作为规则的制定者，在民众之间培养这种恐惧，自然符合你的利益。

尽管你作为权力贩子已经尽了最大努力，但是，仍会有人看透发生了什么，然后说："且慢，在这些规则下我们不可能获胜！如果赢者通吃，而我们又得不到政府代表权，我们的需求如何得到满足？我们的想法如何付诸实践？我们认为是时候改为比例代表制，这样每个群体都会有一些发言权。这样才更像真正的民主。"

许多权力贩子都会对废除确保其权力的系统这一建议做出严厉反应。但是，我们假设你这人足够聪明，知道以暴制暴，暴力永在；而且尽管你很贪婪，对权力充满渴望，但你却并不是一个怪物。所以你更喜欢那些温和的应对策略。

你可以通过散布"他们是疯子、恶人或他国细作"这样的消息去诋毁那些挑战者。如果那些挑战者人数很少且不受欢迎，这样做很有可能就会奏效；不过，如果其他人也不喜欢现行制度并认为那些挑战者的批评不无道理，这种诋毁就很难起用。或许在辩论中，你可以试着反驳那些挑战者的说法。但若这样做，你就给了那些挑战者一个宣传他们自身和让他们显得像英雄的机会，而这则只会帮助他们得到更多的支持。

你需要做的是找到一种方法，这种方法既能抵消那些挑战者关于现行制度是不公平的主张，同时又不会让人们对问题进行太多批判思考。在一种较为理想的情况下，你会以一种让人认为现行制度比他们想象的更公平的方式来做到这一点。所以你和你的团队就想出了这样一个方案："在我们这样的自由社会，定期重新审视我们的机构，确保它们努力为每个人提供公平的代表权，这一点很重要。所以我们正在组建一个新的 20 人无党派研究委员会，来审查我们的选举程序，找出存在的问题，提出调整我们制度的方法，以便它能更有效地实现我们珍视的民主理想。"

这样的声明使得现行制度似乎对批评做出了回应并愿意做出改变。它会让人觉得，你是一个聪明而仁慈的领导人，渴望为人民服务。这些表象将会有助于平息那些挑战者激起的任何愤怒。现在你可以继续操纵游戏，让它对你有利。你只需要让那些认为"赢家通吃"系统是解决问题之最佳方法的人加入研究委员会。在委员会中任命一个相信比例代表制的人也是一种很明智的做法，它可以美化（现行制度有了）改变的印象。

最重要的是，你必须确保委员会了解其工作是对现有系统进行微调，而不是对其进行彻底改革。因而，让委员会主席站在你这边至关重要。然后，如果有人提议彻底改革，委员会主席就会说："这项建议超出了政府许可我们的行事范围。我们还是先干好手头事务要紧，因为它已经交给我们了。我们要赶在截止日期前完工。"

权力贩子必须善于制定议程。其中的诀窍就是安排好事情，从一开始起就将正常事务面临的那些严重挑战排除在人们的考虑范围之外。与此同时，容许人们就那些不会使现行制度的公正性受到质疑的事项进行很多讨论，也是一种聪明之举。如果能让人们忙着处理一个议程，议程里有一大堆不会对现行制度有任何威胁的安全事务，他们也就无暇去思考其他事情。

自主与自由

我要为在前面几页把你变成权力贩子说声抱歉。毫无疑问，这对你来说是一种不愉快的体验。深呼吸，请坐好，我会让你回到正常状态。Sociotransequitur Rebop Kaboozle！好了，你又是一个正派人了。

那么，我们从社会学视角去关注权力，到底意味着什么呢？它意味着，留意资源是如何被谁用来促成或阻止事情发生。它意味着，留意观念是如何被谁用来塑造思想和感受，制造让人感到安慰或者是分散人们注意力的错觉。它意味着，观察信息是如何被过滤和塑造的，是谁在制造依赖关系或阻止他人采取有效行动。它也意味着，批判审视规则和议程，看清是谁创造了它们，它们是如何被创造出来的，它们服务于谁的利益。

从社会学视角思考什么是权力和权力的运作方式，我们认为它植根于社会生活，即在共同信念中，在合作中，在人们每天一起做事的方式中。这种观察方式提醒我们，权力并不是来自个人。如果权力来自个人，那么不用暴力也就很难抵抗权力。但是，由于权力来自共同信念和合作，所以我们总是可以通过挑战信念和拒绝它所依赖的合作来抵制权力。因而，通过发展新的信念和合作方式，我们也就可以与他人一起创造权力。

具有社会学正念，我们也将意识到每当权力产生时就会出现的危险。那就是，有些人（甚至是那些好心人）想要利用权力去做一些只对他们自身有利的事情。然而，如果有许多人关注事态发展并知道如何发现和抵制那种破坏性或自私的权力使用，危险就会大大减少。

从社会学视角关注权力的重点所在，并不仅仅是看透权力是如何运作的，或者是如何单独去抵制它。更确切地说，我们要看到：寻求和行使**对他人的权力**，如何剥夺了许多人创造美好生活的自由。也许你会想："如果能看到有人想要控制我的方式和时间，我就可以避开他们，为自己开辟一个小小的自由空间。"是的，这是可能的。在日常生活中，许多人都想要做到这一点。

然而，我们应该注意**自由**与**自治**之间的区别。独处就是拥有自治。只要我们按照我们被告知的去做，或者不对那些当权者构成威胁，我们就能拥有很多自治。如果你按照别人告诉你的去做，并且不提出具有挑战性的要求，你的老板就会很乐意让你一个人待着。大多数政府领导人也是如此。毕竟，如果你愿意监督自己，这可以节约资源。然而，这并不是自由。

拥有自由就是能够制定选项，而非只能从给予我们的选项中进行选择。从这个意义上来说，为了拥有自由，我们必须与他人一起创造新的共同做事的方式，进而为过上美好生活创造新的可能性。那些从不平等安排中受益的人不会喜欢我们这样去做。只有具有社会学正念，我们才能看清楚，如何抵制他们阻止变革的力量，以及如何在我们之间创造力量，带来一些新的安排。

对话——权力与合法性

一个女学生说，我的看法是对的，人们想要拥有权力，哪怕只有一小点。"警察就是这样，"她说，"他们陶醉于自己手上那一小点权力。"为了说明她的观点，她讲述了一个抗议的故事：警察强迫她和几百人一起进入一个被指定为"言论自由区"的围栏。她说，警察是欺凌者，持有虐待他人的合法执照。我认同有些警察是欺凌者，但是，我说，我们需要以一种更具社会学正念的方式去理解警察的行为。

让我们从这一看法开始：没有警察（在国际上则是士兵）的帮助，那些政治和经济精英就无法维持其权力和特权。否则，当大多数人对精英阶层的行为感到厌恶或愤怒时，他们就会进行反抗将其赶出办公室，或者也可能将其扔出窗外。但是，大多数警察并不认为自己是在帮助精英们维持权力。他们认为自己是在通过执法来维护社会秩序。

因此，我们首先要认识到的一点就是，警察，像其他官僚一样，通常都会相信雇用他们的制度的合法性。在这里，我们再次看到了观念的重要性。无论是谁在从事治安工作，无论是在何种情况下，他 / 她都必须接受那些下达命令者的合法性和命令本身的合法性。如果这种合法性崩溃了，社会治安体系也就崩溃了，精英们就会变得软弱无力。

不过，这并不是说警察一早起来就会想："今天我会打击任何胆敢威胁现状的人。"实际情况更可能是，他们早上起床，考虑如何顺利完成一天的工作。毫无疑问，他们也会操心支付账单，与家人相处，计划假期，存钱养老。这都是一些很平常的事情。然而，从某种意义上来说，一心关注日常事务也是问题的一部分。

假设你当了十年警察，薪资优渥，并因工作出色而获得地位和尊重。身为警察，它让你能够养活自己和家人，它为你提供了一个朋友圈，它使得你可以维护自己作为社会有用成员的形象。这些都是你工作的"边际利益"（side bets）。而且你可能还会在内心深处意识到，好工作很难找。然后，有一天，上级派给你一项任务：去控制一群示威者。

你会怎么做？当然，你会听令行事，因为这是你的工作，因为是你的上级命令你这样去做。大多数人也都会这样去做。至少在正常情况下，你不会去质疑你的上级或你所接命令的合法性。你也不会去过多考虑你被告知要去控制的那群人的信念。

所以，在大多数时候，那些掌握一小点权力并最终是为了保护非常有权势者的人，只是在做他们的工作，而不太关心其工作所产生的更大影响。如果说他们能够考虑到其手头工作以外的任何事情，可能也就是我在上面列出的那些"边际利益"。某种意义上，正是这些"边际利益"，激励人们不要去多想手头工作可能会造成的更大影响。

前面我已经说过，权力就是通过争取他人的合作来使事情发生的能力。由此你也就可以看出如何通过一个系统去控制人们，这个系统会鼓励他们去获取更多他们工作上的"边际利益"。没错，你总是可以拒绝做你的老板让你去做的事。但若这样做会让你失去你所珍视的许多东西，你可能就不会这样去做了。

你也许还会看出，官僚主义如何放大了少数人手里掌握的权力。一个老板有自己的子老板，子老板又有自己的子老板……由此他也就可以领导很多人。在这样的安排下，如果人们被教导只从工作和度过一天的角度去思考事情，而不是去注意那些事情可能产生的更大后果，那么就算是那些最可怕的计划也可以顺利推行。在上层的精心策划下，数百万人会在毫不知情的情况下去努力实现一位领导人的疯狂愿景。

有一次，一个学生问我：一个系统的力量是如何崩溃的？这是一个重要问题，但是，也许我们应该将其重新表述如下：一个系统的**合法性**是如何崩溃的？我所说的"系统"是指，一个社会赖以运作的共同做事的既定方式。我所说的"合法性"则是指，人们普遍相信一个系统是正确的和良好的，应该对其加以维护。

重新表述这个问题会让我们更容易找到问题的答案。如果一个系统应该通过满足人民的需要来维持社会运转，那么如果它无法满足这些需要，它就会开始失去其合法性。然后，人们就会开始想："老办法不起用，我们需要做出一些新改变！"如果只有少数人这样想，一个系统并不会真正受到威胁。但若有许多人都这样想，一个系统就可能会失去其合法性。

人们也可能会开始质疑一个系统的道德性，即这个系统是否真的是正确的和良好的。"是的，这一经济体系满足了我们的许多需求，"人们可能会想，"但它也给一些人造成了可怕的伤害，所以也许它并没有它所宣称的那么好。"同样，如果只有少数人这样认为，一个系统可能并不会失去它的合法性。但是，如果有很多人质疑一个系统的道德正确性，它的合法性可能就会崩溃。

从历史上看，一个系统的**可操作性**，即它如何很好地满足大多数人的物质需求，要比它的道德性更能决定它的命运。通常，当人们吃得饱、住得好、逗得乐（也即很容易被分心）时，他们就会容忍那种会给他人带来可怕后果的系统。这就是为什么当一个系统受到需求得不到满足者的挑战时，那些"中间阶层"的人（那些生活舒适但力量并不强大的人）经常会为之震惊。那些"中间阶层"的人经常想知道（即使一个系统正在崩溃），为什么会有人对这么"好"的一个系统心生不满。

为什么那些在一个系统内享有权力和特权的人会努力维护系统的合法性，原因很清楚。如果人们继续相信这个系统有意义、运转正常、是正确的和良好的，他们就会继续从中受益。但是，你也可以看到，为什么其他很多人（那些过着安全而舒适生活的中间阶层的人）也会强烈地希望相信同一制度的合法性。

但是，假设人们对系统的质疑变得响亮、持久和有说服力。假设人们开始认为系统没有起到其应有作用，它确实产生了许多不良后果。再假设人们开始质疑当权者的能力和道德。此时人们质疑的就不只是一个抽象的"系统"，而是管理它的有血有肉的人。在系统的可操作性和当权者受到严重挑战的情况下，系统的合法性就有可能崩溃。

仍然可行的政治和经济体系往往会在那些高压统治时期得以维持。有时，这是因为幕后有权力的人会换掉台上的现任领导，从而给人留下一种问题已经得到解决的印象。精英群体倾向于相互支持，但他们并不会以摧毁他们都从中受益的系统为代价去这样做。话又说回来，如果很多人在精英们相互争夺权力时受到伤害，那也会产生系统失去合法性的效果。在这些斗争中受到伤害的非精英们可能会开始想："打倒你们所有人！"

回到警察的例子（以及本章的上斯洛博维亚例子）上来：如果有足够多的人去质疑一个系统及其老板的合法性，这些老板的权力就会消失。这种力量取决于合作，合作又取决于共同信念，共同信念则可以被新想法改变。因而，权力又一次受到批判性思维的支配。当然，这并不是说，让一个系统或其老板失去合法性，就是从社会学视角思考权力的关键。关键是，我们要认识到，老板们只有在他人允许的情况下才能创造历史，而且普通人完全可以选择用不同的方式去创造历史。

杂记　非暴力

反抗压迫有多种形式。在压迫还能让人忍受的情况下，人们可能会做出一些小的破坏或违反规则的行为，或者通过开玩笑或使用不敬的肢体语言来表达对占统治地位的人或群体的蔑视。当压迫变得让人无法忍受时，人们就会组织起来进行暴力抵抗。而这也就意味着人们会破坏物质资源，或者在极端情况下摧毁那些压迫者。

在思考什么样的抵抗可能最有效时，重要的是要留意权力本身的性质。如果权力取决于（占支配地位的人或群体）争取他人合作的能力，那么只要想法破坏这种合作，就可以消解权力。这一点有时可以通过推行批判教育挑战腐败领导人的合法性来实现。

铭记合作和不合作的重要性，我们可以看到暴力抵抗这一做法至少存在两个问题。其一，它迫使统治群体成员为了维持自身生存，彼此更加紧密地进行合作。其二，暴力抵抗经常会使统治群体——在那些置身冲突边缘者眼中——显得更加合法，因为这个群体试图"恢复秩序"。

这也是甘地和金等历史领袖倡导并力行非暴力抵抗的原因之一。当统治集团对和平抗议做出暴力反应时，其道德合法性就会受到侵蚀。这有助于旁观者决定谁应该得到他们的支持。最终，越来越多的人相互合作，为争取（而非反对）平等和自由而斗争。

面对那些具有压迫性的社会安排和政策，人们总是可以通过拒绝合作来予以抵制。人们可以拒绝遵守那些不公正的法律，他们可以拒绝工作，他们可以拒绝购买，他们甚至可以和平地扰乱"一切正常事物"。做出这种非暴力之举需要人们拥有莫大的勇气，因为它们会激起当权者的严厉反应。反应的严厉程度往往是一种标记，表明当权者知道他们的权力到底有多脆弱。

（1）也许你早就受够了上课和考试，如果你能拿着学位离开，你会很高兴现在就退学。很好，你可以写一份备忘录给记录员（负责学生学业记录的人）说："考虑到我在 XX 大学学到的东西，考虑到我在 XX 大学再待下去也不会有什么收获，我决定选择提前毕业。因此，我请求在本学期结束时授予我学位，并要求出具一份正式成绩单，以核实学位的完成情况。谢谢合作。"你觉得这样做行得通吗？为什么？假设你有 100 万美元可以自由支配，这将如何增加你提前获得学位的机会？

（2）人们经常认为，经理和管理人员得到合法授权去雇人和辞人，设定工资和薪水，决定升职和降职，安排如何开展工作，并告诉工人该做什么。而这样一来，也就没有一个工人在面对管理层时能拥有多少权力。工人们几乎都是不得不接受老板们的建议，要不就得走人。不过话又说回来，事情也可以有所不同。假设你遭到雇主的不公平对待。如果你一个人去投诉，你就会处于弱势，事情不会有任何改变。但是，假设你的许多同事与你心有戚戚焉，希望看到事情有所改变。你可以做些什么事情来使权力平衡对你有利？大学里的学生们可以如何使用同样的策略？

（3）塔梅卡和布林是一所重点大学的两位本科生。塔梅卡是黑人，布林是白人。她俩都来自一个稳定的中产阶级家庭，而且都很有魅力，聪明自信。她俩学习也都很好，都有很多朋友，凡是她们下定决心去做的事情，她们都能顺利完成。简言之，她们都感觉自己被赋予很大的权力。但若我们了解什么是权力、它来自哪里，我们就会看到，感觉被赋予权力和拥有真正的权力之间是有区别的。为什么许多像塔梅卡和布林这样的年轻女性可能看不到这种差异？这种关于权力的"虚假意识"会产生什么样的后果？

第 11 章

差异与不平等

有一次，我和我的学生们在课上讨论社会不平等，我说，那些拥有更多金钱和教育的人和那些拥有较少金钱和教育的人，往往会有不同的价值观和品位。我认为，没人会觉得我这一观点会有任何问题。

但在下课后，一个女生却是带着一副忧心忡忡的神情来找我。"施老师，难道你不觉得庆祝多样性是一件好事吗？"

她提的这个问题让我吃了一惊，我说："嗯，我想，也许是吧。你指的是哪方面的多样性？"

"就像你在课上讲的品位和价值观，"她说，"你知道，就像你说的，它们会随着社会阶层不同而不同。"

她似乎认为我的观点是：富人的价值观和品位要比穷人的好。我说，那并不是我真正想要表达的意思。

随着交谈逐步深入，我开始明白这个学生为什么会误解我。她认为，社会阶层差异与种族差异相似。她认为，如果人们因为收入和教育水平不同而说话、穿衣、吃饭、做事都不一样，这将是一种有趣和令人向往的情况。我说事情要更复杂一些，我们最好在下节课上再来讨论这个问题。

在下节课上，我们讨论了人与人之间存在的各种差异。我们讨论了一些差异如何使社会变得更加有趣，例如，服装、食品、音乐、文学、舞蹈、艺术和语言的不同风格。我们也谈到了其他差异，如宗教信仰、政治价值观或性取向偏好，如何具有威胁性和破坏性，尤其是在人们对他人不够宽容和缺乏同情心的情况下。然后，我们又回到了社会阶层这个话题上，同样，一些学生想把它看成是另一种有趣的差异。

我说，社会阶层并不只是一个差异问题，而是一个会给人造成伤害的不平等问题。我问，为什么我们想要庆祝这样一个事实：有些人为了低工资而从事艰苦、肮脏、危险的工作，而另一些人拥有的财富（通常都是继承而来）则远远超出他们所需要或可能使用的？这是一件值得庆祝的事情，还是一种我们社会运作方式的缺陷？当然，这是一种不同的差异，它不是那种类似元饼、玉米饼、米饼和薄饼之间能给人带来快乐的差异。

在大家发表过各自的看法之后，一个学生问道："施老师，你是说社会阶级差异没有什么好处吗？我们拥有一个能让一些人自由思考和创造的系统，这难道不是一件好事吗？"这个学生提出了一个比较棘手的问题，它迫使我们在更大的背景下去思考问题，进而推动对话向前发展。

是的，我说，金钱可以帮助人们买到更好的教育，让人有时间去做一些具有创造性的工作。而且，还好至少有一些人喜欢这些可能性。但是，这些可能性是否**需要**不平等的存在呢？当然，我们可以在没有收入和财富上巨大不平等的情况下教育每个人，留出时间从事创造性工作。但是，我们也必须考虑由于经济剥削和不平等而被浪费掉的人之潜能。也许有了更多的平等，我们就能为每个人创造一个更加富裕的社会，因为在那种环境下，会有更多的人有时间去思考、创造和关心彼此。

一名学生指出，贫困和压迫导致在黑人、穷人和工人阶级中出现了许多创造性的适应，即生存和享受生活的方法。他举出爵士乐、蓝调、福音及乡村音乐作为例子。另一名学生回答说，这些都是"无心插柳"的结果，人们为此付出了很高的代价。我同意：只因有些人可以在可怕的条件下创造出伟大的艺术，并不意味着我们就应该容忍这样的条件存在。我说，即使在最好的条件下，人类生活也不会缺少激发创造性工作所需的紧张和冲突。

我希望这次课上讨论能够帮助学生们从社会学视角去看待差异和不平等。关键是，有些差异是好的，因为它们让我们都有机会享用更多的食物、衣服、音乐等，但是，其他种类的差异（如财富和收入）则是破坏性的。如果有些人吃不起营养餐，不能自食其力，不能接受良好教育，或者没有时间去做创造性工作，那么不仅他们会受苦，整个社会都会受苦，因为它的一些成员身上的才能和精力都被浪费了。

那么，我们如何从社会学视角去关注差异与不平等之间的区别呢？我们必须追问：这种差异在哪些方面很重要？它是否允许一个群体以牺牲另一个群体为代价而从中受益？它是否赋予一个群体凌驾于另一个群体之上的权力？它是否意味着一个群体成员得到的尊重少于另一个群体成员？简言之，我们必须追问：这种差异是否会给人们造成伤害？如果差异会导致剥削、不公平的优势、支配或其他伤害，那么这就不仅仅是一种区别。这实际上就是一种不平等，并不值得庆祝。

不平等的形式

当人与人/群体与群体之间的差异使得一个人/群体相对于另一个人/群体受益时，就存在不平等。这样表述似乎足够清楚。但这仍是一个模糊的想法，因为它没有告诉我们，谁从中得到了什么样的益处。因此，详细了解美国社会中存在的不平等形式，有助于我们看清楚：个人和群体在哪些方面是不平等的，这些不平等之间有着怎样的关系？

- 首先，有些人比其他人拥有更多的财富（股票、债券、财产）和收入（薪金、工资、利息）。金钱是一种会影响到所有人的资源，因为人们可以用它来获取各种让生活变得更加舒适、愉快和刺激的事物。当然，金钱并不能保证幸福，但它对人们获得可以增进其幸福感的东西和经历非常有用。

- 有些人比其他人受的教育更多和更好。教育可以帮助人们了解世界，解决问题，避免犯错，表达想法，欣赏历史、艺术、文学、音乐和其他文化产品。它也可以被用来与处于更高阶层的人建立联系和找工作。

- 有些人比其他人拥有更有声望的工作。例如，法官的工作比秘书的工作更有声望；工程师的工作比看门人的工作更有声望。反过来，从事一份有声望的工作也有助于赢得人们的尊重。在美国文化中，一个人在社区中所处的地位高低，在很大程度上都取决于他或她所从事工作的声望高低。

- 有些人比其他人拥有更多的政治权力。也许这来自有钱或有关系。但无论如何，拥有政治权力都意味着，你能让政府中的人们认真对待你的问题并顾及你的利益。

- 有些人比其他人更健康。这并非全是先天遗传的自然结果。这也是能够获得更好的医疗资源、从事危险性较低的工作、生活在更清洁的环境中的结果。

- 有些人比其他人享有更多的安全。他们不用担心自己会在工作中受伤、在社区被流弹击中，或者是买不起新轮胎和刹车片。

- 有些人比其他人有更多的机会去欣赏艺术、电影、戏剧、音乐会等文化活动。当然，并不是每个人都想去听歌剧或去美术馆看艺术展。即便如此，许多可能喜欢这种活动的人却是从未有机会参与其中。

- 有些人有钱供其四处旅行，另一些人就无法做到这样。参观其他国家，邂逅不同类型的人，感受其他文化，是一种会让人感到愉悦和兴奋的经历。但在现实生活中，许多人都没有足够的钱去体验这些经历。

- 有些人买得起豪宅，有些人买得起像样的房子，有些人买得起小房子，有些人几乎付不起房租，还有些人根本就买不起房。没有一个安静、安全、私密的空间来放松身心，很难让人从日常生活的压力中恢复过来。

- 有些人可以吃到最美味的食物（吃啥有啥），其他人则必须凑合一口（有啥吃啥）。就连那些简单的健康食品（如有机水果和蔬菜）也要比折扣杂货店出售的大量加工食品更贵，因此，健康饮食对一些人来说遥不可及。

- 有些人买得起做工精良、耐用、时尚的衣服。其他人只能买一些质量较次的衣服，这些衣服也是钱少的标志。因此，有些人觉得他们穿的衣服会让自己露穷，而另一些人则会用衣服来炫富。

- 有些人拥有比其他人更好和更强大的工具——不只是那些手工工具或电动工具，还有各种能让事情发生的工具。印刷机是一种工具，电脑是一种工具，航母也是一种工具。

- 有些人能比其他人获取更多的信息。信息是一种资源，可以帮助人们制定好的计划、避免被操纵、获得他们想要的东西。缺少信息则会让人觉得自己像是受到其所在世界的支配，这个世界似乎在以一种神秘的方式运作。

- 有些人的网络比其他人的好。我说的"网络"是指与支持我的朋友、乐于助人的导师、知识渊博的老师和熟人之间的联系，他们能够帮助我建立更深的联系。更好的网络不一定是更大的网络，在更好的网络中，拥有并愿意分享有用资源（如金钱、工具、信息等）的人会越来越多。

- 有些人比其他人更有技巧，对工作更有控制力。拥有技能就是拥有一种可以换取体面工资或薪金的资源。它也是一种让事情发生的力量。能够控制自己的工作，比起被严密监控、总是被告知该做什么和怎么做，会让人感到更加满意。

这些并不是美国社会中不平等的唯一形式。也许你还能想到其他一些不平等形式。在每种情况下，不平等都意味着有些人比其他人更有优势——也就是说，他们有更好的机会去过上美好生活。社会学正念的一部分，就是看到这些差异的存在，并认识到它们的重要性。

也许你也会看到，优势往往会（递进）积累。例如，拥有大量财富和收入的人，可以将这些资源转化为其他东西：舒适、安全、保障、快乐、政治权力、兴奋、信息、人脉等。反过来，这些事物也会增加一个人积累更多财富的能力。反之，缺乏关键资源（如教育），则会使得人们获取更多的其他资源变得极为困难。

我们还应注意，这些不平等是社会性的，而非个人性的。说它们是社会性的，是因为它们产生于人们组织社会的方式，以及人们在这种组织模式中所处的位置。例如，只有在一个允许贫困存在的社会，一个人才会生来贫困。同样，只有在一个许多人被迫从事肮脏、不安全、低薪工作的社会，拥有一份干净、安全、高薪工作的人才会觉得自己足够幸运。

说一个社会充斥着不平等，并不是说每个处于不利地位的人都生活在痛苦中。当然，苦难是一种不愉快的体验，不公正也是一种不愉快的体验。然而，许多没有多少钱、没有受过多少正规教育、没有到处旅游、没有豪宅、没有去过高档餐厅消费的人都很快乐。这并不奇怪。人类足智多谋，能够适应各种环境条件。一旦衣食住行和陪伴的基本需求得到满足，人类就会善于创造自我安慰的方法，从一些简单的事情中获得快乐。

有鉴于此，有些人可能会说："看到了吗？那些人喜欢简单的事情，他们不需要太多东西，他们甚至都不知道自己的人生错过了什么，所以真没必要对我们拥有过多的财富感到不满。它对我们来说是幸福的源泉，但却不会夺走那些生活在我们之下的人们的任何东西。事实上，他们应该感谢我们让他们忙于去做一些生产性工作。既然如此，为什么我们要去破坏一个运行如此良好的系统呢？"

类似言论已经在很多时候和地方（例如，在奴隶制时期的美国南部）

被用来为劳动人民遭受的痛苦进行辩解。这个理由有一个前提，那就是，有些人不如其他人有价值。如果这个前提可以被接受，那么利用那些被认为低人一等者的时间、身体和精力，为那些被认为高人一等者创造快乐，就是一种合乎逻辑的想法。这一想法有助于使社会中存在的不平等持久存在下去，因为它使得一些人相信，他们有权以牺牲他人为代价，去过自己的美好生活。

无形资源

有一次，我看到一辆汽车保险杠的贴纸上写着："穿上成功的衣服——拥有白人的阴茎。"这个带有几分苦涩意味的口号不仅提醒我们，在我们这个由白人男性进行管理的社会，平均而言，白人男性取得成功的机会要更大，它还提醒我们，其他群体中的人们无法做到像换衣服一样轻松地摆脱其自身所处的劣势。如果我们觉得上述贴纸上的那句话比较可笑，那是因为我们知道，这是一个荒谬的建议；如果你不是天生就有白人的阴茎，你几乎不可能以任何令人信服的方式"穿上"它。

具有社会学正念，我们还会看到另一点：如果一种身体比另一种身体更受尊重，身体之间的差异也就不仅仅是一种差异。例如，在一个男子气概和男性的东西比女性气质和女性的东西更有价值的社会，男性身体就会比女性身体更有价值。如果你有一个男性的身体，你说的话更有可能得到他人的倾听，你也更有可能被他人认真对待，并被他人视为一个潜在的领导者。虽然终其一生你总是会有机会证明自己是一个傻瓜，但在一开始，你会因为你的身体而得到假定你不是一个傻瓜的好处（the benefit of the doubt，在不确定某种情况是否属实前先假定某种情况属实）。

同样，在一个欧洲人的特征，特别是浅肤色、直发和光滑的鼻子，更受重视或被视为"美丽"的社会，拥有一个有着这些特点的身体无疑是一大优势。有了这些特征，你就会被视为拥有更多天生的善良和智慧，进而得到更好的对待。如果那些掌权者认为你看起来像跟他们一样，他们也就更倾向于让你进入他们的圈子，从而让你获得更多的资源。

本节标题表明，在某种程度上，肤色和身体类型是一种"无形"资源。事情为什么会是这样？这些资源难道不是必须可以被人看见才能产生结果吗？答案与谁看到什么有关。通常，那些拥有更有价值特征的人看不到这些特征给他们带来的优势。这也就像是，一个人对他／她每天佩戴的徽章视而不见。

例如，白人往往看不到，单是拥有浅肤色就意味着，在许多情况下，他们会比那些有着深肤色和黑人特征的人得到更好的对待。"得到更好的对待"意味着，作为个体，一个人会被倾听和赞赏，被认为有能力或值得信赖，有权享有尊严和尊重。你可能会想："这有什么特别的？每个人都应该这样。"当然，你说得很对，理论上，每个人都应该这样，但在现实生活中，这却并不是一种每个人都能享有的情况。而这一点则很难看出。

拥有一个男性的身体也能以同样的方式起效。在其他条件相同的情况下，那些拥有男性身体的人更有可能被认为是可信的和有能力的。这就像男性的身体是一个标志，上面写着："请放心，我知道我在说什么并会用实际行动支持我说的话。"然而，与白人和肤色一样，男性很少看到他们的身体给他们带来了**与女性相比**可以说是不劳而获或不相称的优势。因而，男性身体作为一种资源的全部价值，对那些拥有它的人来说仍然是无形的。

身体还可以拥有其他类型的资源，这些资源在使用之前都是不可见的。例如，力量、协调性和肌肉控制都是身体资源。对冷热和疾病的抵抗力也是如此。我们还可以将敏锐的听觉、视觉、嗅觉、味觉和触觉包括在内。所有这些能力都存在于身体中，这是先天禀赋和后天培训的结果，在这些资源被展示出来之前，我们可能并不知道一个人拥有这些资源。

那么，这种身体资源到底是一种差异还是一种不平等呢？事实上，这两者兼而有之。例如，力量上的差异就被视为一种不平等，因为它意味着一个人比另一个人强壮。然而，重要的是力量是否会被用来产生其他类型的不平等。如果人们可以合法地奴役弱者，力量就是一笔相当宝贵的资产。同样，如果人们是根据他们能抗多少斤重物来获得报酬，力量就会变成财富上的不平等。因而，我们必须留意，什么是资源，取决于具体情境。

无形资源的可见来源

无形资源从何而来？甚至是力量，初看像是先天遗传所致，也受到文化和经验的影响。没有适当的营养和锻炼，原本能够长得又高又壮的人，并不一定会变得很强壮。而有了适当的营养和锻炼，即使小个子也能发展出自己的力量，达到超过大个子的两倍。很多事情，通过有意选择或者偶然为之，会以某种方式而非其他方式塑造我们的身体。

其他种类的身体资源则更多依赖于经验和训练。无论我们自身潜能几何，我们总是要依靠他人来教我们如何做事，如何解决问题，如何改正错误。因此，技能和解决问题能力（俗称"智力"）上的差异产生于社会生活。我们喜欢因为我们的身体和头脑所能做到的事情而得到奖励。遗憾的是，许多人从未有机会去学做那些颁发奖励者所看重的事情。

我们可以看到，社会经验使我们的身体以某种方式对我们所处的世界做出反应。假设你现在放下手里的书，一抬头看见一个身形枯瘦、眼睛暴凸、下巴上流着白沫的老人，他左手持刀，右手拎着一条响尾蛇，朝你走来。你会做什么？你可能会失声尖叫，浑身发僵，拔腿就跑，蜷缩一团，或者是把书本砸向他。不拘何种情况，你肯定会有身体反应——你的心脏会突突乱跳，你的胸部会骤然收紧——这种反应是你的身体回应危险场景的结果。

这个稍显奇怪的例子说明了这样一点：我们的身体（不仅仅是我们的大脑）对世界的反应，是由我们习惯于做出反应的方式而产生的。认识到这些反应是有条件的很重要，因为它提醒我们，我们无法控制我们对世界的所有反应。重要的是要看到，在应对我们置身其中的这个世界时，有些方式要比其他方式更有价值、更有用，而且更有可能导致不平等。

想象一下，有人邀请你就社会学正念发表一次公开演讲。演讲时长一小时，日期定于一周后。你的亲友和老师，以及你所在社区的大部分领导人都会出席。你预计与会者人数有 1 500 人，不包括记者和摄影师在内。当你进行演讲时，你不仅代表你自己，还代表你所属的群体。如果你表现很棒，你会得到很多荣誉，并有可能得到几份不错的工作。

许多人一想到自己要发表这样一个演讲，都会感到极度焦虑。他们担心自己到时候会临场失态说错话，让自己和他人尴尬。一个有这种反应的人可能会想："我无法清醒地思考问题。我无法在一周内做好充分准备！我知道我准会把事情搞砸。一想到要站在那些人面前，我的心就怦怦直跳。我做不到！"这种反应会让你很难做好事先的准备工作，进而导致你在演讲当天当众出丑。

另一个将要进行这一演讲的人则可能会说："我对自己能够当众发表演讲深感荣幸。一周时间足够做好事前准备了。我会马上投入工作，尽力而为。"然后，这个充满自信的人会重新审视社会学正念，研究历史上伟大演说家的演讲。紧接着，他会写出一份初稿，修改初稿，征求他人意见，再次修改，进行演讲练习，继续修改，最后在演讲当天那个重要的日子里表现完美，让每个人都为之感到自豪，并就此开启了自身辉煌的事业。

为什么这两个人对自己将要发表公开演讲这一预期会有如此不同的反应？说"有些人比其他人更喜欢在公开场合讲话"对我们并没有多大帮助。这是一种观察，而不是一种解释。

具有社会学正念，我们会问：什么**经历**导致一个人如此自信，另一个人如此焦虑和害怕？一个人是如何**学会**相信自身能力的，而另一个人则没有？我们会试着去理解，这两个人如何学会对其自身能力和对使用这些能力的挑战有如此不同的感受。

我们还应注意，应对世界的方式，也即我们习惯的方式，是模式化的。某些类型的人更可能习惯于对其自身能力和价值充满信心，冷静地去解决问题。如果你是一个中上阶层的白人男性，比起你是一个底层黑人女性，你会有更多的机会来培养你的才能，肯定你作为一个人的价值感，并给予你充分的信心，相信你可以做任何你下定决心要做的事情。

当然，这一点也并非在所有情况下都是如此。一些来自富裕家庭的白人可能会受到自我怀疑的困扰。相反，也有一些来自底层的黑人女性，她们的家庭和社区给她们灌输了巨大的能力和自豪感。但就总体而言，这种模式在一个由拥有财富的白人男性管理并享有特权的社会中仍然有效。一般来说，那些生来就拥有更多可见资源的人，更有可能获得内部资源，从而获得更多向上发展的优势。

自我修复

听到关于内部资源的争论，一个学生说："这岂不是跟大自然很像吗？那些生存下来并取得成功的人是最适者——无论是出于什么原因，他们都最能适应环境。"我说，是的，我们可以这样去看事情，但也要注意，它们之间有两个不同之处。

第一个不同之处是，在自然界，生物是靠先天遗传而存在；它们不会通过上学、学习技能、获得让它们生存下来的习惯和性格，而变成它们现在的样子。而在社会世界，我们则必须有意识地努力完成所有必要的任务，使一个人从一个儿童成长为一个完全有能力的成年人。如果不这样做，一个人就会受到伤害或发育迟缓。

第二个不同之处是，我们的环境不是自然赋予我们的，而是社会建构的。所以适者生存的类比是错误的，因为人类可以改变社会世界，让它对各种各样的人来说都是安全的和文明的。我们没有必要非得去牺牲一部分人，就像他们是值得被大鱼吃掉的小鱼。这种掠夺性的安排不可能创造出一个非常人道的世界。

自我修复总是有可能的。假如缺乏自信是我们的问题所在，我们可以练习先设定一些可以实现的目标，然后努力实现这些目标，从而增强我们的自信。我们还可以随时学习一些新的技能、习惯和观念。当然，随着我们的年龄增长和生活变得日益安逸，做到这一点会变得更加困难。此外，一些与我们有着相似经历的人，可能还会抵制我们想要做出改变的努力。

然而，在他人的支持下，我们仍有可能做出显著改变。既然是我们与他人之间的关系使我们变成现在这样，我们就可以通过与他人以不同的方式进行交往，或者是与不同的人建立关系来重塑自己。只要存在这样做的可能性，只要存在做出这种改变的可能性，我们就没有必要屈从于接受特定社会形式灌输给我们的一切。我们总是可以追求成长，改变自己选择的方向。

社会学正念有助于我们看到，社会生活中某些显而易见的事实，如财富、地位和权力上存在的巨大不平等，如何导致无形资源分配上的不平等。"凡有的还要加给他"这句古老的格言是表达同样观点的一种诗意方式，即优势往往会（不断）累加。如果我们留意到这种趋势所造成的不良后果，我们就可以决定重新安排自己的生活，让事情变得不同，为所有人伸张正义。

错误的相似

有一次，我在课上谈起职业隔离（这是一种引导女性从事那些报酬低于男性工作的做法）给女性造成的伤害。一名男生说："男人也会受到职业隔离的伤害。"我问他何出此言，他解释说，他想当一名小学教师，但因他是一个男人，一直有人劝他不要这样去做。他争辩说，正如女人被引导远离高薪"男性工作"（如工程师、外科医生）会受到压迫，他也受到了压迫，因为他想当小学教师的愿望没有得到尊重。

他所讲的关于他自身的事情，得到班上同学极大的同情。班上大多数人似乎都同意，阻挠他当小学教师是一件不公平的事情，这项工作通常都由女性担任。他自身这一案例意味着，职业隔离对女人和男人同样不利。他认为女人的情况并不比男人更糟糕，因为男人也会遇到类似问题。

我问那个年轻人："在你想当小学教师这件事上，都有谁劝阻你？"

"我老爹和我的叔叔们。"

"可有来自大学或公立学校系统的人劝阻你？"

"那倒没有，他们反倒是希望能有更多男人去当小学教师。"

"既然男性在基础教育中的未来一片光明，为什么你的老爹和叔叔们还会劝阻你？"

"他们说那是女人干的工作，我可以在别的工作上做得更好。"——就在这里，平行线开始不再平行。

这个年轻人的经历，与女性寻找那些通常都由男性所从事的工作时的经历并**不一样**。在寻求成为小学教师的过程中，这个年轻人并没有被告知："你不适合从事这种工作。"相反，他被告知："这份工作对你来说不够好。"然而，即便是这一信息，也不是来自任何有能力阻止他的人。是他的老爹和叔叔们说他想当小学教师眼光太低。相比之下，一个想成为工程师或外科医生的年轻女子，可能就不会得到这样的回应。

尽管如此，我仍然勉励这个年轻人坚持他的目标，既然他这么喜欢去教孩子们。

他听了我的话后，沉默了片刻，然后说道："其实我并不想一直去教孩子们。我会教上两年书，然后进入管理层。许多学校都想雇用男性当小学校长，从那个位置再往上走，你就可以成为一名主管。"

听了他的这番话，我感到很失望。事实上，这个声称自己受到压迫的年轻人，早就仔细考虑过他的性别将会有助于他的职业生涯。这与女性被排斥在那些最有回报的工作之外的经历并不相似。

考虑历史和背景

在谈论种族主义时，经常会出现另一种错误的相似。每当我谈到白人种族主义时，总是会有学生说："是的，但是，黑人也是种族主义者。"我问这怎么可能，有人会解释说："你随处都能看到。比如在自助餐厅，黑人学生自己坐在一起，排斥白人学生。他们还对白人发表一些贬损性言论，就像一些白人对黑人的看法一样。这就是种族主义。"事实上，虽然这种行为可能反映了偏见，但它却并不是种族主义。社会学正念有助于我们看到，为什么指责黑人也有种族主义（因为他们自成一体或者讽刺白人）是一种错误的相似。

社会学正念的一部分是，在思考问题时不要忘了考虑历史和背景。如果我们这样去做，我们就会看到两件事。其一，是欧洲人而不是非洲人发明了"黑人""白人"这两个种族类别，来为殖民化和奴隶制进行辩护。如果说有哪个群体是种族主义者，那就是发明和强加这类类别的群体。称受害者为种族主义者是没有道理的。

其二，在美国，黑人从未拥有压迫或剥削白人的权力，白人也从未受过大多数黑人在日常生活中受到的侮辱。谈及压迫、剥削和不尊重，实际情况在过去和现在都是完全相反。黑人并没有从"种族"观念和基于这一观念的社会安排中受益，而是一直都在受苦。

因此，如果黑人（他们在美国仍是弱势群体）贬低白人并试图保持黑人之间的团结，这并不是种族主义，而是**反对**种族主义。说那些对白人不友好或开白人玩笑的黑人，和对黑人做同样事情的白人一样是"种族主义者"，是一种错误的相似。因为它忽视了种族主义产生的历史，它忽视了黑人与白人之间存在的巨大的权力差异，它忽视了基于谁在贬低谁而产生的不同后果。

任何人只要接受对另一个群体成员的成见，就会表现出偏见。因此，如果一些黑人认为"所有的白人都是一些不可信的偏执狂"，我们就可以称之为"偏见"。可以理解，许多白人都憎恨这种关于其自身的刻板印象。然而，由于黑人作为一个群体没有权力歧视白人，所以黑人所怀有的任何偏见都没有什么影响。而没有权力，也就根本不可能"有种族主义之举"。社会学正念有助于我们看到，"有种族主义之举"不仅需要对他人抱有偏见，还需要有能以伤害他人的方式进行**歧视的权力**。

我经常通过提问，有多少学生认为要得到他们的第一份重要工作，他们必须取悦黑人雇主，进而提出关于权力和歧视的观点。到目前为止，当我提出这个问题时，还没有人举手。然后，我会问有多少学生相信他们的职业成功将会取决于黑人雇主的评判。同样没人举手。

美国各个种族群体之间的权力差异也表明，为什么说黑人将白人排除在聚会之外，这与白人将黑人排除在外是一种错误的相似。如果白人掌控大部分权力职位，并倾向于把这种职位交给像他们一样的人（他们网络中的其他人），那么被排除在这些网络之外的人就会受苦，他们会被拒之门外，无能为力。相比之下，黑人的权力和财富都较少，因此，如果他们说"我们不喜欢与那些瞧不起我们的人交往"，这并不会给白人带来太多痛苦。

回想一下前面那个提到黑人在自助餐厅聚在一起的学生。奇怪的是，这个例子经常出现。这是那种"错误的相似"一个很好的例子，而这样做只是为了避免看到到底发生了什么。

我问一个白人学生（他用分开座位模式来解释为什么这让他烦恼）："你感到烦恼，是否是因为你想和你的黑人朋友坐在一起，可是当他们在一起时他们却不让你加入其中？"他说，不，事情并不是这样；他说他想到的那些黑人学生甚至都不是他的朋友。"既然他们不是你的朋友，你为什么还想和他们坐在一起？"

当他陷入沉思时，一个黑人女生举手说："如果有足够的空间，人们就会和朋友坐在一起。只是白人学生更可能有白人朋友，黑人学生更可能有黑人朋友。"她试图进行和解。

然后，另一个黑人女生说："不是白人学生想和我们坐在一起。白人早就习惯了可以去任何他们想去的地方，坐在任何他们想坐的地方，所以哪怕只有一个地方他们无法自由前往，他们也会感到愤慨。"

所有的黑人学生和大约一半白人学生纷纷点头表示同意。她的这番话似乎触及问题的要害所在。

错误的性别相似

在讨论性暴力这一问题时，我会试着向学生们指出，问题的一部分（一个有利条件）出在男人对女人进行性物化这一做法上。性物化是指男人把女人当成性征服的对象，而不是作为人来谈论和对待。当我指出这一点时，经常会有学生说："你说得没错，可是女人也会对男人进行性物化。女人把男人说成'美男子／大块头'，记得有个电视广告上，秘书们向一群男建筑工人抛媚眼。"

将女性对男性的性物化与男性对女性的性物化等同起来是错误的，原因有二。其一，男性会更频繁地这样去做，因为表现出对女性的性兴趣（表明她们的身体作为性对象吸引了你）是美国文化中（异性恋）男子气概的一部分。其二，在这两种情况下，物化的后果不同，因为男人有更大的权力在身体和经济上伤害女人。

被视为性对象的女人没有被作为一个完整的人受到尊重。正是这种对女性人格的不尊重，是发生强奸和其他形式性胁迫事件的起因。它还是工作场所歧视的起因。同样，正是男人因其体力和制度力量，能够对女人造成伤害。女性通常都没有伤害男性的权力，所以女性对男性的性物化，很少会对任何男性的身体、地位或职业构成威胁。

具有社会学正念，我们就不会得出这样的结论：男人将女人物化是一种错误的做法，但若女人对男人这样做则没有关系。将他人物化是错误的，因为它会强化那种忽视他人人性的习惯，从而对他人造成伤害。然而，我们必须注意物化的后果会有多么不同，这取决于谁在什么条件下对谁进行物化。当存在严重的权力失衡，尤其是会给人造成危害的权力失衡时，我们必须考虑到这种不平衡，切莫让那种错误的相似阻止我们去看到哪些物化行为更危险和更具有破坏性。

真正相似中的模式

有一次，我在课上谈到了一些与压力相关疾病的死亡率，如心脏病、中风和肝衰竭。我指出，黑人和工人阶级男子死于这些疾病的比例，要高于白人和中产阶级男子。对此，一名学生表示："许多高管也有与压力相关的健康问题。"我说，这一点是不假，但是，死亡率数据包含一个更重要的启示：美国社会的不平等，是那些处于经济阶梯底端的男性比其他人死得早的原因之一。

这个学生没有领会这一点，而是试图想象一个类似的东西，就像是说："工人们有健康问题，高管们也有健康问题。"这样说表面上来看并没有错，但它扭曲了现实。高管们有压力，那往往是因为他们想要保住自己手中的权力；而工人们有压力，则往往是因为他们缺乏权力。援引工人和高管之间的相似之处也意味着这两个群体遭受同样的痛苦，这种观念显然是错误的，就像死亡率上的差异所表明的那样。

具有社会学正念，并不意味着忽略所有的相似之处。事实上，寻找事物之间的相似之处是一件好事，因为真正的相似可以向人们揭示出，关于社会世界运作方式的一些重要方面。例如，在工人阶级**男性**和高管**男性**所经历的麻烦中，可能也有一种共性。那就是，这两类人可能都在努力控制自己的生活。这一点值得深入研究。但是，我们不应假定，相似，哪怕是真正的相似，必然是等价的。

具有社会学正念，既不意味着忽视特权群体所遇到的麻烦，也不意味着忽视被压迫群体做出的那些不当行为。正念意味着关注背景、历史和权力，以便我们能够看到，什么时候差异是不平等，什么时候错误的相似之处会导致不平等。

自我辩护与正义测试

我们可以说，人们之所以会做出错误的比较，拒绝看到不平等，或者是想要把不平等说成仅仅是一种差异，是因为他们不具有社会学正念。但在这些问题上抵制社会学正念的背后又是什么呢？也许这是一种为自己在世界上的地位进行辩护的愿望。那些因其自身种族、性别或性取向而享有特权者，通常都会想法证明，给他们提供这些特权的社会安排是合理的。

当人们对社会世界的看法也支持他们对自身的好感时，很难改变他们的思想。那些拥有地位、财富和权力者会接受"（我们的）社会是一个公平和公开竞争的地方"这种观点，因为这种观点意味着，他们凭借自身优点做得很好。那些批判（我们的）社会的观点则会威胁到他们这种对自我的看法。对他们说"勤加思考，不要自欺欺人，面对现实"也不会起什么用。大多数特权阶层都会通过想法证明，他们喜欢的现实版本是合理的来予以回应。

然而，如果我们能够找到一种办法让人们放下进行自我辩护的防备，在这种情况下让人们去思考看问题的不同方式还是有可能的。如何做到这一点？有一个方法，我打算通过一项思想练习（其灵感来自哲学家约翰·罗尔斯的思想）来做到这一点，这个练习可以被称为"正义测试"。这是一个伴随如下指令的集体思想实验：

> 一个新社会正在酝酿中。这个新社会赖以运转的分配正义原则有待制定。你的工作就是制定它们。之所以会选中你来做这件事，正是因为你对这个新社会一无所知。更重要的是，你不知道你在这个新社会中的地位是什么。因而，你完全有能力提出让财富得到公平分配的原则，因为你不知道如何操纵游戏让它对你有利。然后，你的任务就是执行以下操作：

1. 制定一条或多条规则，决定谁在这个新社会中获得多少财富。

2. 制定一条或多条规则，决定每个人必须为这个新社会做出什么样的贡献。

3. 展示你制定的规则将会如何最大限度地实现正义和平等。（显然，你需要定义"正义"和"平等"的含义。）请务必考虑你的规则将会如何产生公平的结果，即使在那些不同寻常的情况下。

大多数人都会觉得这项练习颇有难度。一方面，我们很难想象不知道在一个新社会里我们会是谁，因为我们早已习惯了做我们自己。另一方面，我们也不习惯有人问我们如何以一种公正的方式去分配财富。然而，这项练习背后的基本思想却很简单：**如果你不知道自己在这个新社会中的地位，你就不用为自己的特权进行辩护，你也就可以制定出对每个人来说都是公正的规则。**

以下是我的学生们就谁获得多少财富而提出的一些规则：（一）每个人得到的财富份额与他们对社会的贡献成正比；（二）人人获得社会集体财富的同等份额；（三）每个人都得到他们过上体面生活所需的任何财富，如果生活有特殊困难，可以再多得到一些。

接下来，我们进入练习的第三部分。我们发现，其中一些规则的效果并不好，因为乍看上去似乎公平的规则，如根据人们对社会做出的贡献分配财富，在许多情况下都会产生一些不公平的结果，比如，当人们残疾时，无法像别人那样做那么多的工作。即使最为严格的平等规则（每个人都得到同等比例的财富）也会遇到麻烦，因为有些人（如抚养孩子的人）会比其他人（如单身人士）有更多的需求。所以给每个人平等的份额也会产生不公平的结果，因为有些人得到的会多于他们所需要的，而另一些人得到的则会少于他们所需要的。

看到在制定规则来确定每个人必须为新社会做出什么样的贡献时出现了问题，这很有趣。你可能想知道，为什么这样的规则是必要的。首先，每个社会都有赖于人们去做必要的事情来维持社会运转。必须有人种植庄稼，销售食物，建造房屋，打扫卫生，照顾孩子，以及去做其他众多乏味的工作。如果每个人都只想坐享其成，任何社会都不可能持续存在下去。

制定有关贡献规则的另一个原因则是为了确保新社会的公平性。任何人都不应该做比他们所分担的必要劳动更多的工作，任何（能够工作的）人都不应该搭便车。那么，我们如何制定规则来确保公平占据上风呢？这里有一种可能性：我们首先计算出维持社会发展所需的所有工作所花的时间，然后将这项工作平均分配给所有有工作能力的人。也许事实证明，我们需要每个人每周工作 20 小时来维持社会运转。如果事情是这样的话，那么规则也就变成"每个人必须每周工作 20 小时"。

像这样的一个规则只是一个起点，我们仍然需要弄清楚谁能做什么样的工作。很多人可能会说："我将每周做 20 小时脑外科医生，因为这种工作最有趣。"可能很少有人会说："我愿意每周做 20 小时垃圾清理员，因为我喜欢跟脏东西打交道。"所以我们必须制定一条规则，处理不同类型工作之间存在的不平等问题，以确保那些让人感到愉快的工作和让人感到不快的工作得到公平分配。也许我们需要这样一个规则：每个人都必须分担一部分脏活，没有人可以一直做有趣的工作，没有人会一直做脏活。

可能的规则还有许多，所有这些规则都解决了一些正义问题，同时又创造出其他问题。但是，这是不可避免的；我们总是要不停地思考，如何确保我们的抽象规则、原则和准则，能在具体情况下产生良好的结果。这在很大程度上也是人类智慧的意义所在。具有社会学正念，意味着把这种智慧运用到解决社会问题上。

"正义测试"这一思想实验，其目的不是对公正社会是什么样的有一个单一的愿景。它旨在鼓励我们去思考和谈论正义，以及我们当今社会产生公正或不公正结果的程度。这项工作会使人们更容易看到当今社会中存在的问题，他们不会纠结于如何为有益于他们的社会安排进行辩护。相反，他们会认真思考，什么样的社会安排能为每个人带来更好的结果。

　　我也注意到，在这次练习中从未出现如下想法："为了最大限度地实现正义和平等，我们所需要做的就是采用与现今管理美国社会相同的规则。"我认为，之所以没有人这么说，是因为，一旦自我辩护的动机消失，人们就会比平时拥有更多的社会学正念。

对话——不便和压迫

　　关于错误的相似那部分内容引出了更多的错误相似。例如，我多次听到有人说："如果一个白人有一个黑人老板，而那个黑人老板不公平地对待白人呢？这难道不是种族主义吗？"一种与这个主题相关但又有所不同的情况是，一个对待手下男性员工不好的女老板。当然，这种事情很有可能发生，因为在滥用权力上，白人男性并没有垄断权。但是，我们应该注意的是，下属群体成员做出的歧视行为相对较少，并不构成系统性压迫。

　　为了解释清楚这一点，我应该说一下我所说的"压迫"是什么意思。它并不仅仅是一个政治辞令。如果我们肯花点时间给它下一个定义，它将会是一个很有用的分析术语。

　　说人们受压迫，就是说（有人）对他们做了一些事情。也就是说，当人们受到压迫时，他们会**被贬值**（即，被界定为比其他群体中人的价值要低），**受到歧视**（即，给予他们发展能力、展示能力和因其能力而受到奖励的机会更少），**被剥削**（即，没有因为他们的想法、时间和劳动而得到公平的奖励）。因此，压迫以群体之间的不平等为前提。说一个群体受到**系统**的压迫，就是说它的成员无论走到哪里都会遇到障碍。

　　哲学家玛丽莲·弗莱（Marilyn Frye）用鸟笼这一比喻来描述系统的压迫。想象一下，铁丝笼里有一只小鸟。如果笼子里只有一根铁丝，它就算不上是一个真正的笼子，因为小鸟可以绕着铁丝自由飞翔。但是，假设这个笼子里有很多根铁丝紧密地环绕在小鸟四周。现在无论小鸟朝哪个方向飞，铁丝都会挡住它的去路。这就是系统压迫的情形。

因而，系统压迫与情境不便之间是有区别的。前者就像是被关在一个严丝合缝的笼子里，后者则像是面对一根容易避开的铁丝。下面是一个篇幅稍长的事例（基于一个真实发生的故事），我在课上用这个例子来引导学生对这些问题进行讨论。

一位年轻白人男子是北卡大学的一位医学预科生，他在康涅狄格州的老家与家人一起过完暑假后便开车返校。车子开到华盛顿特区附近，他拐下高速，想去吃点东西。过了几个街区，他找到一家餐馆，便走了进去。他是餐馆里唯一一个白人。他正常排队，等着下单，但当轮到他时，柜台后面的那个年轻女子却没有理会他，而是接了别人的订单。当他认为接下来可该轮到他时，那个年轻女子又没理会他。最后，在他第三次下单时，她终于接受了他的订单。他拿着食物回到车上，然后开车回到学校，继续他的大学生活。

我在课上讲完这个故事后，问了一个简单的问题：这位年轻人受到压迫了吗？大多数学生在被告知"压迫"的社会学定义后都说没有。他们认识到，那个排队购买食物的年轻人享有男性特权、白人特权，并且即将获得一定的阶级特权，所以说他受到压迫是没有道理的。然而，也有一些学生总是坚持说，他**在餐厅时**受到了压迫。

事实上，我觉得一种更明智的看法是：这个年轻人遇到了情境不便。他既没有被拒绝服务，也没有受到侮辱或威胁。最坏的情况也就是，他被迫多等了一分钟才下单，这对他有失公平。但是，一旦他拿到食物，他又回到了机会、特权和舒适的生活中。借用鸟笼的比喻，我们可以说，他不得不暂时面对一根无关紧要的铁丝。

当我在课上讲过这个故事后，我会接着再提出两个问题来引发讨论。第一个问题是：如果这个年轻人决定投诉他受到如此对待，他会得到一个什么样的结果？他最终有可能和谁说上话？在华盛顿特区的一个黑人社区，一家快餐店的经理很可能也是一个黑人。但是，因为这家餐馆是全国连锁店之一，如果这个年轻人沿着公司管理层的阶梯往上找，他最终很可能会和另一个白人男子进行交谈。

　　因此，我指出，这位年轻白人若是投诉，他的经历很可能与做同样事情的黑人有所不同。这位年轻白人可以期望最终能与像他一样的人进行交谈，获得对方抱有同情的倾听，但是，一个想要投诉的黑人最终则会与一个和他不太相似、不太同情他的人打交道。所以这名黑人如果决定投诉，他就会面临"情境不尊重"的铁丝（威胁），然后面对另一根铁丝（威胁）——不被倾听或认真对待。

　　第二个问题是：餐馆里发生的事情是否与种族主义有关？作为一种回应，我总是会听到有人说："是的，柜台后面那名年轻女子是一位种族主义者。"幸运的是，我也总是会听到其他学生从社会学正念角度去进行分析。

　　公平而论，这位年轻女子的行为带有歧视性，因为她让那位年轻白人男子等着她为黑人顾客服务。鉴于我们的文化对在餐馆为顾客提供服务时的规定，难免会让人觉得这一举动有失公平。但她为什么会这样做呢？她的行为可能与种族主义有什么关系？

　　我们无法确切知道她心里到底是怎么想的。但对其做出如下假设则似乎是合理的：她可能并不为自己能有这份最低工资工作感到高兴；她可能觉得她的就业机会受到对黑人歧视的限制；她可能憎恨白人认为理所当然的特权；在她的一生中，白人可能多次不尊重她。换句话说，做出如下假设并没有什么不合理的：作为一个黑人女性，生活在一个充满种族主义和性别歧视的社会里，她会遇到不少让她生气的事情。

　　现在，柜台对面出现了一个年轻白人（她猜他是一个大学生），在一家满是她的人的餐馆里装出一副毫不紧张的样子。也许她认为，这对他来说将会是一次很好的经历。也许她认为，他在了解成为少数族裔的感觉。也许她认为，这也是一个进行小小报复的机会：让他等上一会儿再接受他的下单。

　　她并不是认为就该这个年轻白人受到惩罚。他有可能为人非常好。但是，她一生都被白人首先当成一个类别的成员对待，其次（如果有的话）

才被作为一个个体对待。所以在眼前这个罕见的例子中，她也可以让白人群体中有代表性的成员感受一下像她这样的黑人每天都会有的经历。也许她就是这么想的。

因此，如果说她的行为与种族主义有关，那也是对在一个白人男性主导的社会中作为黑人女性生活的反应。在指出这一点时，我也对班上那些白人学生说，如果他们更愿意生活在一个不会出现这种情况（不用面对黑人哪怕是温和的愤怒表情）的社会，他们就应该反对种族主义。也就是说，我们应该找出问题的根源，而不是自欺欺人地认为，只要每个人都笑着说"祝你愉快"，就一切都挺好。

在餐馆这个事例中我们再一次看到，要想真正了解面对面的遭遇，我们必须考虑到更大的背景。具有社会学正念，我们可能会问：这次相遇中的人属于什么群体？这些群体在历史上相互之间有着怎样的联系？一个群体是否利用其权力压迫过另一个群体？一个群体是否仍然拥有比另一个群体更多的权力？这些问题的答案，肯定会影响我们对不同群体的人们走到一起时所发生事情的解释。

通过考虑到历史和更大的背景，我们可以避免做出错误的对比，正如我在本章中所说，后者会阻碍我们相互理解。至少，我们不应将不便（确实令人不快）与压迫（无处不在，威胁生命）混为一谈。就鸟笼的比喻而言，具有社会学正念意味着，我们不仅要检查单根铁丝，还要检查铁丝是如何产生的，以及它们又是如何连接到一起的。

杂记　共同财富

第一次听到"**基础设施**"这个词时，我心想："这是一个多么丑陋的行话啊！"这是一个我从来都不想用的词。但是，后来我意识到，它的意思有点像我以前学过的"公地"，它最初指的是一块土地，中世纪城镇里的每个人都可以在上面放牧或种粮。因此，尽管它仍旧是一个笨拙的词，但我开始认为基础设施是指一些有价值的东西：那些维持一个社区正常运转的共享资源。

如今，美国很少有地方拥有真正的公地，在那里人们可以放牧奶牛或者种花养草。但是，大多数社区确实都有很多基础设施，或者用我喜欢的术语来说，就是以其他形式存在的**共同财富**。这种共同财富包括社区内人们创造的所有建筑、场所、组织和其他资源，以帮助他们一起完成任务，并丰富他们的生活。

公园、游乐场和图书馆是社区共同财富的典范。公立学校、道路、桥梁和公共交通也是如此。公立医院、消防部门、警察部门、卫生部门、法院和地方政府同样如此。我还将供水和污水处理厂、机场和其他公共设施也视为共同财富。每当社区中的人们集中精力和金钱去创造每个人都能从中获益的东西时，他们就会增加他们的共同财富。

社区的共同财富之所以如此宝贵，部分原因在于，每个人都能平等地获得或理应获得它。只要遵循这一原则，人们就可以通过利用原本得不到的资源来进行自助。人人都可平等获取的共同财富，也使得每个人在社区中都有一分属于自己的利益，也就是说，这会激励他们成为负责任的、对社区有贡献的成员。然而，一旦有些人获得过多的权力，以至于他们可以不公平地利用公共财富谋取私利，社区就会开始分崩离析。这就是为什么那些具有社会学正念的社区在制定政策时，不仅要确保人们平等地获得共同财富，还要确保共同财富是共同的。

（1）也许你上大学是希望它能帮你避免得到一份糟糕的工作——这种工作报酬低，毫无挑战性可言，不会让你得到尊重，只会让你容易受到讨人厌的老板反复无常之举的影响。你想避免落得这种命运很好理解，因为糟糕的工作会使一个人的生活变得很苦。但在现实生活中，成千上万的人（并非因其自身之错）终其一生都在干着糟糕的工作，而其他人由于阶级、种族和性别特权则会得到一份好工作。当一个社会以这种方式运作时，谁受益？谁买单？我们如何重组事物，好使人们不至于一辈子都被困在这种工作中，而是也能过上好生活？

（2）我听说经济平等是一个坏主意，"因为这意味着每个人都是一样的"。这种对平等的反对总是让我感到奇怪，因为拥有相同数量金钱的人在其他方面往往有很大不同。换句话说，同一经济阶层**之内**有很多不同。如果你在思考怎样促进人们开发自身潜能，不妨想一想减少经济不平等（通过消除贫困）实际上会如何增加社会中有趣的多样性？假设我们经过民主讨论决定采取以下政策：**除非每个人都拥有至少一样多的财富，否则没有人会拥有比他们所需要的更多的财富**。实施这一政策将会减少经济不平等。它还会如何有助于减少非经济不平等？

（3）在听到美国社会中不平等的程度和危害时，有些人会说："是的，这很可悲。"（Yes, it is sad.）我经常在想这一表达方式。它并不等同于"这些关于不平等的事实让我感到悲伤"，或者"看到人们受到不平等的伤害，我很难过"，这两者都清楚地表明，言者声称自己有情绪反应。用一种带有感情的语言说不平等"很可悲"，实则暗示着一种疏离。你如何理解和解释人们使用这一表达方式？如果人们看到不平等和不公正并感到悲伤（或者仅仅是嘴上说他们感到悲伤），而不是感到生气或义愤填膺，你认为会有什么后果？

第 12 章

在自然中看到社会

　　有一次，我在一条乡间公路上驱车前行，忽然看见田野里停放着一辆旧自卸车。卡车身上黄色油漆脱落处裸露出的金属锈迹斑斑，挡风玻璃中间一条蜘蛛网样的裂缝向四边蔓延。我被那辆废弃的卡车在绿树和青草的映衬下那种强烈的对比所打动，很想将其拍下来。当我下车时，恰好田地主人路过，我们就站在路边聊了一会儿。他抱怨区划法[1]害得他没法开发利用这片属于他自己的土地。"看看这儿，"他指着身边的田野和树木，"这片土地对谁都没有好处。它只适合长满树木和老鼠。"

　　显然，这片土地对他和对我来说有着不同的意义。我将它视为一种可以穿行其间并尽情欣赏的东西。他则将它视为一种赚钱的资源，让它留在林地和空旷的田野里似乎是一种浪费，甚至有可能危及他的生计。

　　这件事情中包含的一个道理是，每个人眼中看到的自然都不一样。大自然对想种庄稼的农民来说是一回事，对想起高楼的房地产商来说是另一

---

[1]　区划法，1891 年起源于德国法兰克福，20 世纪初引入美国。作为城市开发控制的法定依据，区划法在美国城市规划法规体系中占有重要地位。与其他法律法规一样，区划法规也是平衡各种社会利益关系的工具，它充分尊重私有财产，没有统一的内容和格式，各个城市可以根据自身特点在不同方面做出相应的增减。——译注

回事，对野生动物保护者来说又是一回事，对想要开采资源和大赚一笔的能源公司投资者来说更是一回事，对风景摄影师来说自然又是一回事……不管我们怎样看待自然，自然始终都是以其物理形式存在：土壤和矿物，山丘和溪流，植物和动物。但对我们而言，大自然的重要性，取决于我们想要达到的目的。

这是另一个自然故事。有一次，一位客人站在我家阳台上，望着我家的后院。他说："你这里有很多自然。"他指的是那些竹丛和其他树木，它们遮住了我们邻居家的视线；还有那些英国常春藤，它们爬得满树都是。我家后院是绿色的，郁郁葱葱，但它是自然吗？

那些竹子是这所宅子的前任房主种下的，阳台边上的杜鹃和灌木也是前任房主种下的。我在橡树、枫树、山茱萸和长叶松之间种了一些冬青。就连这些较大的树木也不像森林学家所说的那样是"原始生长"而成，它们是在 18 世纪和 19 世纪土地被清理后生长起来的。那些英国常春藤也是进口而来。19 世纪，欧洲移民将其作为一种观赏植物带到北美。所以说，尽管我家后院绿意盎然，但它却并不是自然的。

这个故事揭示了关于我们在观看自然时看到了什么的另一个道理。在这种情况下，一个看似自然的场景（里面全是树木和植被，没有像花园一样由专人打理），为人类强烈的干预所塑造。对自然具有社会学正念，我们会记住下面这种可能性：在**野生**的意义上，那些看似自然的东西根本不是自然的，而是人类活动的产物。如果我们知道如何阅读，我们甚至可以把自然当成一种可以阅读的文本，作为人类与环境互动的记录。

当我驱车穿过乡村，一边欣赏风景一边寻找可以拍照的东西时，这一情形和我家后院的情形差不多。尽管我认为树木和绿地是"自然"，但它实则是人类塑造的自然。正是数百年来伐木者和耕作者的不断人为干预，才使得这些田地和林地变成现在这样。这一场景中看起来很自然的一点是，与那辆旧自卸车一样，它也反映了人类的存在。

同样具有讽刺意味的是，我在乡村旅行时对大自然的体验，依赖于许多并不自然的东西：道路，汽车，相机，地图。如果没有这些人类发明，我就不会接触到（进入现场），也不会有同样的兴趣去拍摄我停车拍照的那一场景。因此，不仅（看似自然的）场景反映了几个世纪以来人类的存在，而且我作为证人的存在也是如此。事实上，就连这幅场景对我的吸引力（它对我的视觉和情感吸引力），也来自一种后天获得的文化观念，即大自然比人类创造的东西更纯净、更高贵。

这里还有一个故事。大约十年前，我们决定把房子的屋顶翻修一下。一位工人在拆除屋顶的两层旧瓦片时发现，下面有些木板已经腐烂，需要更换。"这并不鲜见，你要记住，大自然总是想要收回你的房子"，任何见过废弃腐烂房屋的人都知道这一说法的真实性。许多自然都会受到人类行为的影响乃至塑造，但这并不意味着我们就能完全控制它。最终，大自然会收回我们建造的所有东西。

我讲述这些故事（停车给旧自卸车拍照，我家绿树成荫的后院，翻修屋顶）的方式似乎暗示，自然是一个独特的实体，它影响着我们，就像我们影响着它一样。这是一种关于我们如何与自然联系在一起的常识性思维方式，这样想也并非没有道理。但在这些故事中还有另一种信息：我们并不像我们经常想象的那样与自然分离。从社会学视角思考这一点的关键是，我们要学会了解自然的社会性是什么，以及社会的自然性是什么。

非自然灾害

自然界发生的火灾、洪水、风暴、火山喷发、雪崩或地震，只要不影响到人类，就只是一种事件而非灾害。只有当这类事件给人类造成重大伤亡，我们才说它们是一种灾害。这种看待事物的方式表明，每当我们想要谈论自然灾害，我们都应该考虑它们给人类造成的伤亡如何取决于人类的社会行为。

例如，地震主要通过使建筑物倒塌，压碎里面的东西（包括人在内），给人类造成伤亡。这就是为什么最致命的地震往往都发生在建筑物由石头或其他沉重而坚硬的材料构成的地方。在现代工业社会，人们已经能够建造可以抗震的建筑物，由此也可最大限度地减少人员伤亡。因而，我们在考虑地震给人类造成的伤亡时，必须考虑人们如何建造他们生活和工作其中的建筑。

在发生火灾、洪水和风暴的情况下，建筑实践（建造施工方法）也很重要。有些材料比其他材料更易燃，如果使用的是易燃材料，建筑物发生火灾的风险就会很高。有些结构（如全钢结构）的建筑可以抵御飓风，其他的则会被强风夷为平地。建筑物也可能位于洪水或多或少可能发生的地方。与建在洪泛区的建筑相比，建在高地上的建筑物防御洪水的能力要更强。也许这一切看起来都很明显。然而，"自然灾害"这一说法却是容易让我们忘记，人类的选择如何影响自然给人类造成的伤亡。社会学正念有助于我们看到，所谓的自然灾害并非自然发生。

当发生洪水或火灾等灾难时，问题不仅仅是人们冒险在洪泛区或者是用高易燃材料建造房屋。考虑到当地有限的资源、技术和土地区位，人们有可能无法获取其他建筑材料，或者是找到更合适的建筑地点。但是，也可能是一些人（穷人和无权无势者）被迫在一些危险的地方，使用廉价材料来建造房屋。如果事情是这样，我们就可以说，易受自然灾害影响根本就是一种不自然的现象。这是不平等的结果。

2005 年 8 月卡特里娜飓风对新奥尔良市造成的破坏，是一个非自然的自然灾害的好例子。风暴本身是自然的，但其造成的不平等影响却是不自然的。考虑到他们生活其中的政治环境，那些受伤害最重者的抵御能力也最为脆弱。

由于新奥尔良市地势低于海平面，所以它需要有精心设计的防洪堤、排水管道和水泵系统来防止洪水发生。我们可以说，卡特里娜飓风的威力实在是太过强大，它完全摧毁了城市的防护系统。然而，事实上，多年来人们都知道，由于堤坝设计不当，维护不善，城市最贫困地区（尤其是九区，那里生活着许多低收入的黑人）居民的抵抗力尤为脆弱。因而，当堤坝决堤，城市贫困地区受灾最为严重时，许多人都不觉得这有什么好惊讶的。

事情不仅仅是许多人在洪灾中失去生命（1 836人）和财产。风暴过后，那些最贫困者（其中大都是黑人）继续遭受不成比例的苦难。数万名流离失所者被聚到超级穹顶体育场，被迫在饮用水和其他物资不足的情况下艰难度日。那些想要徒步逃离洪水的人，有时会在受灾较不严重的地区被那些全副武装的白人拒之门外。在风暴引发的生活混乱中，缺乏财富也使穷人更难自食其力，并且也更难在日后重建生活。这场风暴造成的破坏上的不平等，与其他社会和经济不平等不相上下。

2011年3月日本东北部发生的海啸，是非自然的自然灾害的另一个例子。海啸（海底地震引发的巨浪）造成了可怕的破坏。福岛、宫城县和岩手县沿海地区有100多万栋建筑物被毁，1.8万人丧生。这起自然事件造成的破坏性影响，同样取决于当地的建筑方式和人们对居住地的选择。此外本案中还有一个关键因素是，福岛一座核电站被毁。

核工程师们低估了海啸的威胁。为保护核电站而修建的10米高的海堤，被15～18米高的海浪淹没。其他安全措施（备用电源、钢制安全壳）也出现了故障。三个核芯因此融化，并向地下水、空气和海洋释放出大量的放射性物质。这导致当地居民大规模撤离：近16万人被从该设施周围的"禁区"紧急转移。时至今日（2016年），仍不清楚被转移者会获得多少赔偿（如果有的话）。与卡特里娜飓风事件一样，资源最少的人在重建中面临着最大的困难。

与卡特里娜飓风的情况一样，灾害的风险并非完全无人知晓。一些科学家和环保人士长期以来一直认为，核电站极易受到人为错误（如三里岛、切尔诺贝利）、地震、海啸和恐怖袭击的影响，风险极大。它们不光建造成本非常高，那些放射性废物对人类的危害更是可以长达数千年，而且在它们运行四五十年后，还得以高昂的成本将其拆除。但是，电力公司和政府却是经常（无视普通民众的意愿）决定建造核电站，这样做并不只是为了发电，也是为了创造利润。这意味着，使用一种危险而昂贵的方式来发电，本身就是一种政治权力不平等的反映。

虽然日本卫生官员宣称，被毁的福岛核电站的核辐射并未造成人员死亡，但是，其他卫生科学家则认为，即使长期接触没有造成任何直接死亡，未来几年与辐射有关的死亡率和发病率也会上升。他们还注意到，有 1 500 多人死于与强制撤离禁区相关的压力。因而，我们可以公平地说，海啸、核电站被毁和核辐射泄露都是灾难性事件，其后果仍在持续展现之中。

福岛核辐射泄露事件还表明，不平等会扭曲人类对安全的评判。那些最有地位和权力者（企业高管、政府官员和核工程师）低估了自然，而高估了他们自己。也许他们没有了解他们所掌握知识的极限，也许他们对那些生命处于危险中的人关心太少。也许这两者兼而有之。无论如何，如果我们不注意政治权力不平等，不考虑权势集团追求自身利益和过于相信其行动是正确的这一倾向，我们也就无法理解灾害的影响范围。

卡特里娜飓风和福岛核辐射泄露，这两者都是自然事件如何与社会安排相结合产生灾害的例子。这两者也是易受伤害、面临伤害和实际受到伤害，如何与财富、地位及权力不平等相关的例子。因而，从社会学视角关注"自然"灾害，我们就会看到，它们的后果（特别是有害后果的不平等分配）往往是由社会决定的。至少，我们应该试着去看到：**每当一个事件被贴上"自然灾害"的标签时，它如何与人类的社会行为联系在一起。**

意想不到的环境后果

有时候，社会安排与自然事件造成的损害之间的联系很容易被我们看到，就像卡特里娜飓风和福岛核泄漏这两个例子所示。但在其他时候，这种联系就不是那么明显可见。例如，在我居住的城镇，有几条小溪流经商业区和居民区。几个世纪以来，这些有时近乎干涸的小溪一直都是下暴雨时的泄洪支流。现在，洪水每年都会发生。

　　问题并不只是人们在洪水易发地区建造了更多的楼房和商业设施。某种意义上，这是事实。但更重要的是要认识到下面这一事实：危险区域正在不断扩大。这是因为现今的降雨量比过去多吗？不是。这是因为，过去，雨水会直接被地面吸收。而现在，雨水则是落在无比坚硬的地面上：道路、停车场、屋顶，然后流入小溪，这些小溪无法足够快地排出所有的雨水。所以那些过去很少发生洪水的地区，现在则是定期洪水泛滥。

　　在这种情况下，小镇的发展就与日益严重的洪水问题紧密相关。但是，在这个问题上，我们还有更多需要考虑的因素。例如，这种发展也很重要。

　　雨水不仅仅是从房屋的屋顶上弹落下来。它也下在公寓、商场和购物中心等大楼上，其周边是占地几十亩的停车场；下在那些为解决相关的交通拥堵状况而修建的更宽敞的道路上。之所以会出现这种发展，是因为它是最赚钱的一种，建筑商、企业、投资者和房地产开发商都极力鼓吹它。由于这些人富有而强势，政客们遂迎合他们的欲望。由于政客们担心如果增税自己就会被投票赶下台，所以通过建造更好的排水系统来解决洪灾问题所需的费用也就始终无法获得。

　　与重大灾害相比，我们当地的洪水只能算是一个小问题。但是，它也表明了看到自然与社会之间联系的重要性。洪水问题看似很自然（雨下太大就会引发洪水），实则更复杂，它不仅涉及雨水和溪水，还涉及金钱和选票。社会学正念有助于我们看到，正如此例所示，自然过程如何与社会过程联系在一起。

　　洪水事例还说明了一个原则：看似自然的问题可能会作为社会行动的意外后果而产生。即使那些最贪婪的房地产开发商也不会想要制造洪水，破坏人们的家园。事实上，他们的意图也有可能是好的：想要给人们提供更多的地方居住或购物。然而，他们这一行动的后果却是比较糟糕。之所以会出现这种情况，有时是因为在自身行为如何影响环境上人们掌握的知识很是有限，有时则是因为人们没有能力或拒绝去关注社会与自然之间的联系。

在思考这些问题时，区分两种意料之外的后果是有用的。有些后果虽说是意想不到的，但却可以预见。例如，企业高管决定向空中排放污染物，虽然他们明知这样做将会使得那些居住在顺风社区居民的死亡率和发病率升高。他们并不想去伤害任何人，他们只是想通过减少在除污设备上的支出来增加利润。这种后果被称为"外部性"（externality），这意味着，做生意的成本是强加给他人的（它被外部化），而不是由公司自己买单。

其他类型的后果则是不可预见的，是许多人共同行动的结果。这些后果可以称为结构性成本（structural costs），因为它们源于一个社会及其经济的运作方式，几乎会波及每个人。换言之，这些成本是因为社会的大规模组织方式或"结构"方式而产生的。

例如，美国是一个工业社会，需要大量的化石燃料（石油、煤炭和天然气）来维持其自身存在。美国也是一个资本主义社会，在这个社会中，一小部分人控制着大部分经济资源，主导着政府。这些并不是美国社会的表面特征，而是其基本特征，它们会影响到社会生活的各个方面。虽然在具体形式上也会有一些变化，但是，大多数现代资本主义社会的运作方式都很相似。这些（社会）安排造成的一种意想不到的后果就是全球变暖，人类将会为此付出巨大的代价。

全球变暖的主要原因是燃烧化石燃料会产生二氧化碳，二氧化碳是一种温室气体，它可以在地球大气层内吸收地面辐射的热量。由于气候变暖，海平面上升，风暴的危害越来越严重，毁坏庄稼的干旱也会在世界上一些地方变得越来越普遍。这些气候变化预计会引发重大的社会混乱，因为在本世纪将会有数百万人逃离沿海城市，以躲避大风暴造成的破坏，并找到一个（愿意收留他们）更适合居住的地方。所有这些移徙都可能会在迁入者与迁入地原有居民之间引发相当大的冲突。

19 世纪中期，人类开始进入化石燃料驱动的工业化时代，当时没有人能够预见全球气候变化会因此而发生。整个 20 世纪，工业社会中的大多数人也没有意识到，他们对化石燃料的消费会对气候产生有害影响。直到21世纪初，全球变暖问题才引起公众广泛关注。这并不是一个少数目光短浅的资本家造成的问题。生活在现代工业经济中的每一个人，都与这个问题有着脱离不了的干系；我们都要依靠化石燃料来取暖，照明，开车，坐公交，种庄稼，并获得我们在日常生活中使用的消费品。

因此，全球变暖及其将会造成的问题，可以被视为一种结构性成本，因为它们产生于工业资本主义社会的组织方式。注意到自然与社会之间的这种联系，我们就会意识到，想要消除这些成本，就要改变我们的生活方式。我们不仅要适应更极端的气候和大规模的人口转移，还要学会用不同的方式去发电和用电。如果资本家和政治家拒绝对气候变化问题做出及时而充分的应对，我们将不得不学会以一种不同的方式治理自己。为了避免人类社会最终面临难以承受之重，我们的社会需要更多的民主。

我一直都在指出，我们需要深入思考，那些我们认为是自然产生的问题，如何会成为人类行为的意外结果。在某些情况下，我们很容易将接触特定有毒污染物等问题追溯到单一某家公司的行动。但是，即使有一个明显的罪魁祸首，其他人（如政府官员）和其他类型的行动（如立法、执法）也总是会与问题有所牵连。社会学正念有助于我们看到所有的关系和行为，事实上，正是它们联手制造出了看似意想不到的环境问题。

在其他情况下，如全球变暖，牵涉到的关系和行为则更加复杂。在这些情况下，我们需要从社会学视角去关注：一个社会的组织方式是如何产生问题的，以及普通人又是如何应对日常生活的。如此规模的问题不仅更难分析（因为需要对自然和社会进程如何运作并受到彼此影响有更多了解），而且更难应对。与接受改变经济、政府或能源使用方式相比，我们更容易接受纠正单一污染者的行为。然而，如果注意到社会与自然之间的联系，我们就会认识到，我们现有的生活方式是不可持续的。

从社会学视角考虑意想不到的环境后果，需要同时认识到两个看似矛盾的东西：国界并不重要；国家非常重要。一方面，国界并不重要，因为地球生态系统与国界无关。地图上的国界线既不会影响气流或洋流的流动方式，也不会影响风暴的形成和移动，更不会影响地球的温度。人类破坏生态系统造成的后果不会止于国界；一国一地发生的事情，其影响将会波及全球。因而，为了理解我们与地球自然的关系，我们必须暂时停止相信国家是独立的实体。

另一方面，国家非常重要，则是因为最终还是要由各国政府制定法律，规范那些影响环境的公司和个人行为。正是在国家内部，人们最有可能共同行动，向那些有害的法律和经济行为发起挑战。所以国界并不重要（欧美国家释放的二氧化碳会影响整个地球变暖），但国家则确实很重要，因为各个国家都是主权实体，可以制定法律来规范正在其国内发生的事情。这也正是环保人士经常建议人们"放眼全球，立足本地"（又译"全球化思考，本地化执行"）的原因所在。事实上，在当地采取行动（这是我们大多数人能够做到的最好的事情），无论好坏，都会带来全球性后果。

我一直在谈论自然与社会之间的关系，就像社会在这里，自然在那里，我们可以在它们之间来回扫视，看看它们如何联系在一起。这种看待事物的方式在某些方面很有用。正如我所说，我们可以观察社会行为：建筑实践、食品生产、能源开采和消费等，询问它们如何影响环境。用这些方法分析我们对环境的"影响"，有助于我们看到一些意想不到的后果，也许能让我们在给环境造成损害并为此付出高昂代价之前做出改变。

然而，像上面这样谈论我们对自然的影响，往往会让下面这种危险的想法继续存在下去，那就是，我们与自然是分离的，我们只是在影响它。实际上，如果我们注意到我们的自然起源（人类源出于自然）、我们对自然不可避免的依赖，以及我们对自然界其他部分的影响，我们就很难维持对这种二元论（又称"人类例外论"）的信念。事实上，我们从未脱离自然，而是从生到死都是自然的一部分。当我们从审视周围的自然转向构成我们的自然时，即审视我们的身体，这一点将会变得更加清晰。

作为社会产品的身体

当我还是一个男孩时，我曾投过上千次棒球。所以即使在今天，如果让我用右臂投掷棒球，我依然能够流畅而快速地全力投出，而且通常都会击中目标。如果有人看着我这么做，他们就会认为我天生就会像男孩或男人一样扔东西。但是，如果他们看着我用左臂投掷，他们就会对我产生一种不同的印象。他们很可能会认为我在像个女孩一样扔东西。

事实上，男孩和女孩不会因为是男孩或女孩就会以不同的方式去投掷棒球（或雪球，或其他任何东西）。如果人们投掷物体的方式不同：一种是流畅有力的全身运动，一种是不平稳而微弱的纯手臂运动，那么这是不同的训练和实践的结果。由于我们的文化教导男孩和女孩从事的体育运动不同，男孩通常会比女孩得到更多的这种训练和实践。因而，"像女孩一样扔东西"，只是"像没怎么扔过东西的人一样扔东西"的一种带有性别歧视的说法。

那些不明白以下两点的人：学习如何用全身力量去投掷的重要性，用全身力量投掷数千次（乃至更多）来完善这种运动能力的重要性，可能会误认为所谓"像女孩一样扔东西"是自然的结果。一个人可能会认为，男孩的身体自然比女孩的身体要更适合投掷。在这种情况下，社会生活的结果（男孩被教导如何投掷和投入许多时间去练习投掷），就被误解为自然的结果。

我举投掷为例，并不是说男性和女性的身体没有区别，而是说我们往往看不到人类的身体是如何被社会生活所塑造的。正如我们有时看不到我们周围的自然如何被人类行为塑造一样，我们有时也看不到我们内心的自然——内部环境——如何由我们组织社会的方式、我们接受的文化信仰，以及我们与他人互动的方式所塑造。在我深入展开这个问题之前，我想先回到"身体是一种自然物体"这一概念上，并揭示这意味着什么。

人类的身体首先是进化的产物。对人类的 DNA 分析表明，我们与地球上所有其他生物都有联系——按照关系远近，依次是其他大猩猩、其他哺乳动物、其他脊椎动物等，直到原生动物。人类身体的大小、形状、感官能力和神经能力，是我们物种进化史的结果。由于自然选择、性选择、遗传漂变和基因突变，我们才变成现在这样，并能做那些我们该做的事情。科学家们可能会对这些过程的相对重要性有不同看法，但毫无疑问，是大自然让我们成为生物学上的我们。

在某些方面，我们与所有其他生物一样。我们出生，我们成长，我们成熟，我们衰老，我们死亡。我们的生物属性也设定了限制，赋予我们一定的能力：我们需要食物来满足身体之需；我们可以承受有限的温度范围；我们必须呼吸空气；我们容易受伤和生病；我们只能感知周围世界中有限的信息；我们可以以某种方式移动，而不能以其他方式移动——我们可以爬行、行走、游泳或跑步，但却无法展翅高飞。总之，我们是一种经过漫长的进化而占据了特定生态位的动物。

对大多数人来说都不难看出，我们是一种自然生物。单是把人的身体视为进化的产物就会让我们想到这一点。通常不太容易看出的是，我们看似自然的身体也是社会生活的产物。同样，自然中的社会（一面）往往也不被人们所审视，或者是不太会被深入审视。

前述投掷棒球的例子展示了，我们的身体如何受到文化的影响（以某种方式而非其他方式发展）。这种影响并不仅仅体现在投掷棒球上。如果我们的社会鼓励一些人去跑步、跳高、登山、举重、打棒球，而其他人则被劝阻甚至阻止去做这些事情，他们就会发展出不同的能力。与后一组人相比，前一组人往往会发展出更大的力量、敏捷性和对自己身体充满信心。

上面这个例子所暗示的是一种在美国文化中普遍存在的性别社会化模式。当然，事情也并非总是这样；但在现实生活中，通常都是鼓励男孩以一种能够充分发展身体能力和体育竞技能力的方式去玩耍。这些差异，就像"像女孩一样扔东西"（或"像个爷们儿一样大摇大摆"）一样，经常被误认为是一种自然的结果，而不是自然（在这种情况下即人的身体）受到文化塑造的结果。

下面是一个与身体活动能力无关的示例。你去参加一个派对，你正在与身边人交谈，突然——透过房间里的各种嗡嗡声——你听到有人在远处提到你的名字（或者你听到有人提到"社会学正念"）。你并不是有意想去聆听房间里人们的对话；事实上，在这种场景下，你只能听到各种背景杂音。但不知为何，在各种混乱的声音中，你却"抓住"（听到）了一个对你有特殊意义的词语或短语。

社会心理学家给这种现象起了一个好听的名字，叫"鸡尾酒派对效应"，之所以会出现这一效应，是因为你的大脑和思维习惯于有选择性地关注声音。有选择性是必要的，因为我们会不由自主地想去感知和解释来自周围世界的每一个声音。但当声波中包含一些与你的兴趣或关注对象有关的信息时，你的思维就会立即对其做出解释。这是自动发生的，是预先调节的结果——这就像拿起一个棒球，用全身力量平稳地将其投出。这是一种看似自然但却源于社会经验的能力。

大脑科学家经常会把这些事情弄反。其中一种常见的错误就是，他们研究成年女性和男性的大脑，看到一些差异（例如，女性的大脑对暴力画面或对执行情感任务的要求的反应与男性不同），然后就声称这些身体差异可以解释女性和男性在日常生活中的行为差异。这种非社会学观点忽略了至少两件事：行为受环境和互动的影响，比受个人特质的影响更大；与身体其他部位一样，大脑也是由社会经验塑造的。因此，所谓的大脑差异更有可能是社会行为和经验的后果，而不是原因。

每当我们观察主要社会群体（与资源、权力和压力上之差异相关的分类）中人与人之间身体机能上的差异时，我们都应该想到那些功能上的差异是由社会经验造成的。不具有社会学正念，我们就会误认为身体上的差异会导致社会差异。然而，事情几乎从来都不是这样，尤其是如果我们关注的是遭受剥夺、虐待、剥削或歧视的各类人的话。当我们看到人们的身体以不同的方式生长或运作（发挥功能）时，我们看到的通常都是不平等的生物学后果。

体育界提供了许多一目了然的例子，可以说明身体是如何被社会经验塑造的。为参与一项运动而获得超常的体能，显然是人们选择如何发展自己身体的结果——这一选择源于加入运动员**群体**的经历和竞技体育文化。当我们看到运动员花费多年心血来训练自己的身体去做一些非凡的事情时，毫无疑问，我们看到的是身体如何受到社会过程的制约（调节）。不过，身体由社会塑造而成也是一个常见的过程——它发生在每个人身上，而不仅仅是运动员或长期承受很大压力的人身上。

想想我们每个人身上最自然的一点：身高。我们经常认为身高由基因决定。这一看法并不完全正确。身高不仅取决于基因，还取决于营养。这有点类似于植物的情况。来自同一母株有着相同基因之后代的种子，将会根据所给予的阳光、水分和土壤养分，生长到不同的高度。同样道理，那些营养不良的儿童，也不会长得像在营养更好的条件下一样高。这就是为什么我们看到，随着营养改善，世界上一些地区人们的平均身高会有所增加。

体重是身体受到社会生活影响的另一个方面。过去 35 年，美国成年人的肥胖率翻了一番。如今，超过三分之一的美国成年人肥胖，超过三分之二的人超重或肥胖。目前，约有三分之一的儿童和青少年超重或肥胖。根据美国国家卫生统计中心（NCHS）提供的数据，当今美国人的平均体重比 1960 年时重约 22 斤。

健康科学家对肥胖增加的原因有不同看法。他们指出的原因包括：儿童和成年人参与的身体游戏较少，体力劳动较少；人们坐在电视和电脑前的时间较多；更多地依赖廉价、高热量的快餐；食用更多的高热量糖（特别是玉米糖浆中的果糖，企业往食物里添加它们来使加工食品味道更好）。虽然这些原因的相对重要性还有待确定，但它们毫无疑问都属于社会范畴。美国人的身体因为文化和经济的变化而改变，而不是因为遗传。

肥胖并不是这些社会变化的唯一身体后果。不断增加的肥胖反过来又提高了糖尿病、高血压、心脏病、关节恶化和身体残障问题的发病率。如果我们不知道这些疾病如何与肥胖联系在一起，也不清楚肥胖如何与文化和经济联系在一起，我们就会认为肥胖是自然发生的。如果能在自然中看到社会，我们就不会犯这个错误。而且我们还会看到，要想解决这些健康问题，必须改变那些引发这些问题的社会条件。

许多疾病对我们身体的伤害都可以追溯到一些社会行为上。癌症和其他疾病可能是由公司排放到环境中的毒素，以及人们选择摄入体内的其他物质（烟和酒）引起。心脏病发作和中风，可能是由长期紧张的工作引起。甚至那些看似自然产生的疾病，也可以追溯到一些社会行为上。例如，霍乱在很大程度上是人们的食物或饮用水受到污染的结果。疾病的传播也是我们在日常生活中如何与他人互动的结果，例如握手、聚集在狭小空间、分享食物、发生无保护的性行为。

对我们身体的伤害通常也来自社会生活：为了给他人留下深刻印象而采取的鲁莽行为，他人的疏忽或报复之举，雇主拒绝在安全设施上投资，制造和销售有缺陷或危险的消费品。在所有这些情况下，人类的选择和行为最终都会影响我们的身体。当然，被雷电击中或被倒下的大树砸中也有可能发生，但我们极少会是自然的受害者。通常都是我们自己的行为，或者是那些有权势者的行为，才是困扰我们的根源。

因而，人的身体是我们所知晓的事物（如何保持健康、预防疾病、修复伤害和治愈疾病）的产物，是我们所制造的事物（食品、药物、机器、毒素）的产物，是我们所做的事情（饮食、工作、锻炼、收集、繁殖）的产物。用一种更专业的术语来说，是符号文化、物质文化和社会组织让我们的身体变成现在这样。意识到社会生活中的这些方面如何塑造我们的身体，是从社会学视角关注自然中的社会一面的另一种方式。

试着在自然中看到社会并不意味着忽视自然。如前所述，人的身体是进化的产物。从这个意义上来说，它是最为自然的。

那么，我们如何在考虑身体的社会性的同时，考虑到身体的自然性呢？通过认识到两件事：第一，我们如何受到社会生活的影响，是自然造就我们的结果，如果进化给了我们不同的身体（包括不同的大脑），社会生活就会对我们产生不同的影响；第二，我们身体的大小、体型、体能、健康、需求和能力是自然与社会生活互动的结果。作为一种生物，我们不是先天或后天培养的结果，而是两者兼而有之的结果。认识到这一点有助于我们看到，人的身体既是社会的产物，也是自然的产物，并且我们需要付出一定的努力才能准确地辨别它们。

社会现实与自然错觉

当有人说种族是虚构的（一系列错误的观念，即不同的群体有不同的基因，从而赋予其或多或少的智慧、道德、创造力或野心）时，也有一些人则坚持认为种族是真实的，因为他们可以看到种族。事实上，他们看到的并不是种族，而是肤色、发质和面部特征上存在的差异。这些外在差异被想象成反映了所谓种族群体中人们性格上的差异。反过来，这些想象中的内在差异，又被用来解释和证明某些群体对其他群体的支配地位——这种想法是，具有优秀品质的群体统治那些具有低等品质的群体，是一种再自然和正确不过的事情。这就是种族。

然而，即使种族是虚构的，它也是一种持续存在的虚构，部分原因是一些群体之间存在真实的、基于基因的身体差异。肤色、发质和面部特征都是遗传特征。但问题是，这些特征与社会群体之间的联系，经常被误解为是自然的后果。事实上，社会行为与这些身体差异为什么会（持续）存在有关。"基因库"这一概念对我们理解这一点很有用。

基因是将蛋白质制造和组装成活生物体的生物指令或配方。人类染色体携带的基因（微小的 DNA 链）编码指令，将蛋白质组装到人体中的不同部位。所有关于制造出被我们视为人类这一有机体的可能方法的指令，都存在于我们物种的基因库中。这包括赋予人们不同发质、肤色、面部特征、眼睛颜色等的基因变异。

　　然而，问题的复杂之处在于：受地理和文化因素影响，较小的基因库可以在较大的池内形成。从技术上讲，这些较小的池并不是由不同的基因组成，而是由基因变异或"等位基因"组成。需要记住的一点是，所有的人，作为同一物种的成员，都有相同的基因。使得我们彼此之间有所不同的是基因变异。

　　如果一个地方的人们彼此交配，而不是与外族交配，他们共有的任何基因变异就会在当地人群中传播（假设这种变异不会阻止人们正常繁殖）。如果被广泛分享的变异有一种明显的身体特征，如肤色或发质，当地居民就会形成共同的外貌特征，将他们与其他地方的人们区分开。即使不是每个人都有这种特征，但因它的存在如此普遍，所以内部人士和外部人士都会将其视为当地群体成员的一个标志。

　　如果长时间的气候差异导致明显的适应，地理因素就会以另一种方式起作用。这方面最好的例子就是肤色。黑色素是皮肤变暗的原因，它在阳光充足的赤道气候中可以保护人们免得皮肤癌。黑色素含量较少的皮肤，更容易将北部多云地区有限的阳光转化为维生素 D，这是人类生存所必需的一种维生素。这种适应是早期人类离开非洲进入地球上阳光较少地区的结果，从而产生了明显的身体差异。因而，肤色是自然的和基因遗传的，但是，不同群体之间存在的肤色差异，则是社会行为（人们选择在什么地方生活和与谁交配）使然。

　　文化之所以重要，是因为它是择偶时另一个主要考虑因素。大多数时候，同一文化圈内的人会被视为比圈外人更理想的伴侣。文化也往往来自地缘相近——在同一个地方生活和工作的人们，经常会发展出共同的价值观、态度、信仰、品位和习俗。因而，地理因素和文化因素往往结合在一起，强化了某些基因变异更多／更少的种群之间的界限。一个可能的结果就是，出现了与基因库变异相对应的文化差异。

　　与基因库变异相对应的文化界限，也能通过权力不平等来得到维护。当一个强大的群体对一群"看起来（与自己）不一样"的人进行剥削时，通常都会制定关于谁可以与谁交配的规则。例如，禁止占主导地位、等级较高的群体成员与处于隶属地位、等级较低的群体成员通婚。虽然这些规则经常会被违反，但是，只要遵循这些规则，基因变异更多的群体差异，以及它们可能产生的任何明显差异，就会被保留下来。这里我们再次看到，社会行为导致原本可能被认为是纯粹自然过程的结果。

我一直在描述的过程，是一个自然、社会和政治这三种因素交织在一起的过程。正是这一过程，历经无数代人的发展，产生了与遗传的外貌差异相对应的独特群体。这可能会给人造成一种错觉：外表上的差异反映了潜在的生物差异，导致文化差异。事实上，真正发生的事情是，地理、文化和政治这三种因素的合力，使得当地的基因变异长存。因此，群体外貌上发生的变化（这些变异经常被误解为"种族"），是在自然中看到社会的进一步例证。

在社会中看到自然

在美国文化中，通常人们很难在自然中看到社会，所以通过更多地关注自然中的社会，我们可以更好地了解环境，以及我们如何与之联系在一起。明了这一点，我们就不会被社会安排是"自然的"这一说法所误导，不假思索地接受它们。在理解我们与自然联系在一起这个问题上，同样重要的一点是：反转过来，考虑社会中的自然。

在寻找社会中的自然时，我们可能会看到的一点是，建筑环境，即所谓"物质文化"，是我们生物本质的反映。因为我们的身体能够承受的温度范围有限，所以我们建造出各种居所。因为我们的身体需要消费食物，所以我们种植出各种作物。因为我们的身体在从一个地方到另一个地方时有些事情能做、有些事情不能做，所以我们造出了各种车辆。

因为我们观察周围事物的能力有限，所以我们制造出各种科学仪器。因为我们的身体力量有限，所以我们制造出各种工具和机器。事实上，我们建造的一切在某种程度上都与我们的生物属性有关——要么是为了增强我们的身体力量，要么是为了保护我们的身体，要么是为了满足我们的身体生存需求。认识到这一点，就是认识到社会中的自然。

我们身体的自然能力也与社会控制有关。由于我们能够感受到食物的味道和质地，再饿的人也不会将臭鼬尾巴三明治视为与新鲜的苹果派一样，是对良好行为的一种强大激励。如果必须用武力让人服从，鸡毛掸子就是一种不如牛鞭有效的工具。这些例子可能会让人觉得有些愚蠢，但它们却是说明了在现实生活中影响我们行为的同样原则。我们既可以被迫做事，也可以不去做事，因为我们的身体会让我们体验到快乐或痛苦。

可以说，我们的身体是一种为我们的大脑和思维收集信息和产生信息的装置。我们看到光亮，听到声音，嗅到气味。我们感受到重力的吸引，狂风的推力，物体的纹理和温度。我们能够感觉到的（身体促成这一切）是各种信息对大脑的刺激。所有这些信息都有助于我们建构关于外部世界和我们自身的心理形象。

同样重要的是，我们的身体并未被固定在原地，而是可以四处移动，从多个有利位置收集信息。移动本身（及随之而来的感觉）产生的信息，被传输到我们的大脑。通过这些方式，我们身体的自然能力有助于塑造我们心灵的成长——我们如何习惯性地去感知、解释和回应我们周围的世界。如果我们的感官和感知能力不同，我们就会发展出完全不同的思维。就像哲学家托马斯·内格尔（Thomas Nagel）认为的那样，我们有可能知道做蝙蝠是一种什么样的感觉。

社会中的自然也是显而易见，因为所有人类社会都必须想法应对生殖、养育子女、衰老和死亡的问题，如果我们不是这种生物：在出生时柔弱无比，在青年期充满活力，在成年时变得强壮，在年老时变得衰弱，最后终有一死，我们也就不会有我们的社会安排。许多熟悉的社会机构，如家庭、学校、医院、单位，如果不是因为我们的身体对我们的要求使我们能做某些事和不能做某些事，可能根本就不会存在。从这个意义上来说，每一种社会安排和每一种文化实践，都以某种方式反映了自然（也就是我们）的一部分。

尽管我在本章更多谈论的是自然中的社会，而不是社会中的自然，但是，我们应该清楚的一点是，从社会学视角来看，这意味着同时看到这两者。这意味着要认识到：我们有时视为自然的事物是由人类的干预所塑造的，我们有时视为社会的事物则是由自然决定的。在任何一种特定的情况下，我们都应试着看到：这种塑造是如何及在多大程度上发生的，自然和社会又是如何交织在一起的。然而，我们最终可能会发现，我们并不是在看两个不同的现实：自然和社会，而是在看同一个现实的两个不同方面。

对话——技术的局限

现代人擅长发明工具和机器来解决问题。我们在这方面能力非凡，以至于许多人都对技术抱有一种近乎宗教般的信仰：无论我们遇到什么问题，都会出现一些新发明来解决它。这一趋势在全球变暖这件事上表现得非常明显。许多人都认为，我们可以借助技术之力（最重要的是一些具有创造性的工程技术）来解决这个问题。

问题当然在一定程度上是技术问题，因为它源于我们如何提取和使用能源来维持我们的工业社会。如果我们不像现在这样建造燃烧化石燃料的发动机、发电厂和熔炉，我们就不会每年向大气中排放数十亿吨的二氧化碳，从而加剧地球变暖。考虑到这个问题与我们当前掌握的技术有关，认为技术创新可以缓解这个问题是有道理的。

一种解决方案是从化石燃料转向替代能源：风能，太阳能，潮汐能，水能，火山热能。只要能从这些来源获得能量，我们就可以减少使用化石燃料，产生更少的二氧化碳，避免地球进一步变暖。因而，许多人都认为，研发技术，使我们能从这些来源提取、储存和分配能源，是解决全球变暖问题的一个重要部分。

另一种修复方法叫“地球工程”。它是指以减少行星变暖的方式来改变自然。其中一些建议包括：在平流层散射硫酸盐粒子，将阳光反射到外空间，使其远离地球；将二氧化碳从空气中取出，埋在地下或海底；搅动海平面，形成泡沫，反射阳光，使水冷却；将铁粉撒在海上，以促进那些能够吸收二氧化碳的浮游生物的生长。

所有这些提议都引发了很大的争议。替代能源的支持者指出，我们已经知道如何利用这些能源中的大部分。替代能源的批评者则认为，所有这些能源加起来也仅能替代目前来自化石燃料的世界主要能源的 82%。也有人认为，核电是解决方案。但是，批评核电的人则指出，目前它只提供了世界上约 5% 的主要能源；未来 50 年，每周都建造一座新的核电站，才能替代我们现在从化石燃料中获得的 33% 的能源——而且这还是在假设我们愿意接受与核电有关的其他风险的情况下。

关于地球工程的争议就更大了。批评这种做法的人说，这些方案即使在理论上可行，也无法在足以有所作为的层面上实施，而且其费用也高得令人望而却步。然而，最大的担忧是，修补地球的气候系统可能会产生一些不可预见的灾难性后果。不过，地球工程的支持者则回应说，全球变暖本身就是人类“修修补补”的结果，想要解决这个问题就要敢于承担风险，而且有可能是很大的风险。

上述对全球变暖的回应主要是技术上的。它们都依赖于更聪明地使用工具和机器，这些工具和机器有些已经存在，或者是我们有可能在未来的某一天发明出来。如果全球变暖问题有办法得到解决，无疑离不开科学和技术。但若我们只从科技角度去找寻解决办法，我们就错过了最重要的东西：影响我们找到任何解决方案的信念、实践和社会安排。

人们必须首先相信问题是存在的。如果议员们否认全球变暖是一个问题，也就不可能有严肃的立法行动。如果人们普遍不相信全球变暖是一个问题，他们就不会向立法者施压，要求后者采取行动。气候科学家们意识到存在全球变暖问题，但要是人们不相信他们说的话，同样无法对这一问题做出严肃的回应。这些信念，以及其他信念，决定了人们是否会去寻找解决办法。

日常实践也很重要。例如，在美国，一个人开着一辆 4 500 斤重的越野车往返商场或上下班的情况并不少见。考虑到我们城镇的设计规划方式，考虑到家庭与商场和单位的距离，以及缺乏公共交通，许多人都觉得他们别无选择，只能以这种方式使用化石燃料车辆。这部分是出于方便，部分也是出于必要。无论如何，正是这种看似普通实则根深蒂固的做法（可以理解，大多数人都不会自愿放弃这种做法），加剧了全球变暖问题。

但是，假设大多数人都开始相信全球变暖是一个严重的问题。假设大多数人都希望能在个人生活中采取一些纠正行动（如少开车或用太阳能取暖），并希望政治领导人采取更大规模的行动。这是否会让我们一起想法找到解决方案呢？也许不会，因为这还要看我们是否注意到政治和经济安排对这一问题的影响。

我所说的"安排"并没有什么神秘之处，它只是指权力在政治和经济中的分配和行使方式。例如，民主制度就是一种安排，在这种安排中，制定法律的权力在受这些法律约束的人之间平等分配。专制制度则是另一种安排。在这种情况下，大多数或所有立法权，以及解释和执行法律的权力，都牢牢地掌握在富人手中。

资本主义是一种在法律上将社会主要经济资源的控制权集中在少数人手中的安排。因为资本主义导致财富集中在越来越少的人手中，而财富则可被用来影响制定、解释和执行法律的人，所以资本主义往往会破坏民主，助长财阀统治。因而，我们不妨思考一下，这些政治和经济安排方式（财富和政治权力集中在一小部分人手中），会如何影响有效应对全球变暖问题的机会。

在这种情况下，如果掌控政府和经济的那一小部分人从维持现状（即不改变化石燃料的开采、买卖获利和浪费使用的方式）中获益匪浅，那么想让他们对全球变暖做出严肃回应就是不可能的。那些能够改变社会使用能源方式（远离燃烧化石燃料）的政府行动将会受到阻碍，因为它们会对资本主义财富和权力构成一种巨大的威胁。这并不是一个我们假设的例子。事实上，在对全球变暖做出适当回应方面，美国的情况就是如此。

其他一些社会安排则使这个问题变得更加复杂：世界上有众多国家，各个国家都有经济和政治精英在相互争夺权力和财富。全球变暖不是一国就能解决的问题。想要解决这个问题，离不开国与国之间的合作。但是，如何实现这种合作？如果所有国家的人民都想享有与欧美国家同等水平的物质财富，怎么办？实际上，鉴于这种全球发展水平需要相当于三个地球的资源，这根本就不可能实现。

那么，如何处理这些潜在冲突？想要弄清楚该做什么，需要同情、理解和打破人们之间通常确立的界限，需要坚守正义和民主。没有哪样工具和机器，也没有哪种技术，可以去为我们做这种工作。

我知道，这一关于技术局限性的讨论并不鼓舞人心，并会让人觉得事情无可救药，毫无希望可言。但是，如果我们不承认全球变暖问题远非只是一个技术问题，我们就不可能找到解决办法。如果我们意识到这个问题也是一个文化、政治和经济问题，我们就不太可能袖手旁观，坐等突然出现一种可以拯救我们的技术突破。我们也许更有可能看到社会安排如何阻碍我们找到真正的解决之道，然后试着改变那些社会安排。

杂记 无知

美国幽默作家威廉·罗杰斯（William Rogers）曾说过："每个人都是无知的，差别仅在于无知的方面不同。"他这句话说得再对不过。一个人可以精通数学或物理，但对历史或社会学却知之甚少。在这种情况下，无知就是人们感兴趣的事物不同的结果，或者只是没有时间去了解一切。但在另一方面，无知也可能是被有意识地培养出来的。

通常我们都会认为，人们会培养知识，努力克服无知。这是想要看清这个世界的人都会尽力去做的事情。科学家、知识分子、学生，以及其他许多人，都在寻找新的想法和信息，帮助他们去理解社会或自然中发生的事情。这样做也许是为了发明新技术，制定好的公共政策，或者只为享受学习的乐趣。考虑到知识的好处，又有谁会想去培养无知呢？

有可能，有些人会避免学习那些会让其自身感到不适的东西。毕竟，新的想法和信息可能会让人心中不安。也有可能，那些强势群体中的人们会出现盲点，这些盲点源于他们所处的主导地位，使得他们无法理解那些弱势群体中的人们的观点和经历。如果人们努力维持那种会导致盲点的权力和特权，这就可以被视为是培养无知的一种形式。但是，在这种情况下，无知并不是目标；事实上，它是不平等的一种副产品。

另一种可能是，权力可以用来让人们保持无知和脆弱。这方面最典型的事例就是烟草业。早在 20 世纪 50 年代，烟草行业的高管就知道，吸烟会导致肺病，尼古丁会让人上瘾。这是他们不想让他人了解的信息，其中包括实施监管的政府官员和决定戒烟或不吸烟的人。

即使在 1964 年美国卫生部长在报告中证实吸烟会导致肺气肿和肺癌，烟草行业仍然公开否认吸烟与疾病有关。进入 20 世纪 90 年代，行业高管依然否认尼古丁会让人上瘾。更糟的是，那些高管合谋，利用他们的财富，通过广告大力宣传，让许多人对"吸烟有害"这一说法产生怀疑。他们这样做（明知自己在吸烟的危害和尼古丁会成瘾上撒了谎）是为了拖延监管，让人们继续购买他们的产品。由此造成的后果之一就是，死于烟草相关疾病的人数，比可能死亡的人数要多出数百万。

化石燃料公司在气候变化问题上也有类似之举。20 世纪 70 年代末，能源行业的科学家们找到了燃烧化石燃料导致全球变暖的证据。业内高管全都知道这一点。但是，他们不是主动承认并帮助解决问题，而是资助智囊团和发起公关活动，让人们对全球变暖是否正在发生产生怀疑。与烟草行业一样，他们的目标也是拖延政府监管，以免减少企业（及其自身）利润。由于这种培养出来的无知，政府也就没有采取措施去应对全球变暖。

　　在这两种情况下，无知都是资本主义公司为了促进无知、阻止人们获取知识而做出的特别努力的结果。尽管我在讲述这些案例时使用的是过去时，但是，这些助长公众无知的运动所造成的问题并非已被我们抛在身后。对吸烟有害的怀疑，仍然有助于阻碍对烟草行业进行有效的监管，并会使青少年迷上香烟。而对全球变暖的怀疑，也仍在减缓人们采取应对全球变暖的行动。在这些问题上，无知的代价仍在继续增长。

　　有句老话说得好，知识就是力量。这是事实，因为知识使我们能够控制世界上发生的事情，做出最符合我们利益的知情选择。相反的情况同样是事实：无知就是弱点。这两个原则不仅使得人们通过寻求知识获得权力成为可能，而且使得人们通过助长无知和毫无根据的怀疑获得权力也成为可能。社会学正念有助于我们警惕下面这种可能性，**即无知并非只是人们感兴趣的事物不同所产生的结果，而是一些人蓄意剥削他人的结果。**

（1）特大城市市中心的街道看起来与自然截然相反。场景中的大多数物体，除了人，都是用混凝土、钢铁、沥青、玻璃或其他人造材料制成的。但就是在这里，自然也并非不存在。站在这样一个看似不自然的地方，你会看到什么反映了自然的存在和力量？如果你觉得自己很难适应这种紧张的城市场景，你也可以使用你身边熟悉的场景，如一个小镇的中心、一个校园广场，或者一个停车场。那里的自然是如何存在的？它如何被人为干预所塑造？如果这种干预停止，随着时间发展，将会发生什么？

（2）我在本章中说我们都与全球变暖问题有关系。我所说的"我们"指的是，每一个加剧问题严重程度的人（尤其是我们这些发达国家的人，我们消耗了世界上大部分化石燃料），以及每一个受到这一问题影响的人，这几乎包括全人类。但说我们都"有关系"，并不是说我们都有同样的责任或权力来解决这个问题。那么，谁承担的责任最重？谁最有能力为解决全球变暖做些什么？如果那些拥有最大权力的人拒绝采取行动，我们又该怎么办？

（3）哲学家内格尔认为，一个人不可能知道做蝙蝠是什么感觉，因为"蝙蝠是什么感觉"包含了蝙蝠的主观体验，而这是人类（一种不同种类的生物）无法接触到的一种体验。所以我们可以想象蝙蝠飞行、吃虫子和回声定位的感觉，但却总是从人类的角度去进行这种想象，这与作为蝙蝠的生物的立场是不一样的。但是，既然我们同样无法进入另一个人的身体，这是否也就意味着，我们永远不可能知道做另一个人是什么感觉？或者说，作为人类，是否有什么东西能让我们"进入"他人的经历（对他人的经历感同身受）？什么因素会让这样做变得更困难或更容易？

第 13 章

拆 解 过 程

具有社会学正念并不是一场竞赛，尽管有些人在这方面明显要比其他人做得更好。假设有人要求我们对这种能力上的差异给出一个解释。我们可以借用"天赋"这一概念，说有些人只是比其他人在具有社会学正念上更有天赋，而这则也许是因为他们有幸得到了社会学正念的基因。我希望现在你会认为这是一种很傻的解释。关于这个问题，有一种更好的解决办法就是，研究人们发展其自身社会学思考能力的过程。

然而，在西方文化中，"天赋"是一个很有影响力的概念。体育、艺术、学术、商业及其他活动领域那些出类拔萃者的出色表现，据说都来自天赋，他们获胜的原因就是他们比别人有更多天赋。但若我们对过程进行社会学思考就会发现，这种解释存有缺陷。

我们不妨想一想，一个人是如何被视为有天赋的：他／她在某个方面表现出色。因此，表现出色被视为天赋的证据，而天赋又被视为表现出色的原因。事实上，这是一种循环论证。如果你问为什么一个物体是热的，有人说"因为它拥有一种叫'热'的性质，这一点可以说是显而易见，因为物体是热的"，你会意识到这并不是一种解释。用天赋来解释表现出色，与此可谓半斤八两。除非我们有办法来验证它的存在先于并独立于表现出色，否则这不可能是原因所在。这里面一定还有别的事情发生。

为了说明还有什么事情发生，我将以游泳运动员为例，因为事实证明，社会学家丹尼尔·钱布利斯（Daniel Chambliss）的研究，使我们对游泳运动员的出色表现有了很多了解。钱布利斯本人就是一名游泳运动员，后来他则成为一位游泳教练，他花了多年时间研究那些游泳运动员，包括从起步阶段的游泳运动员到最高水平的奥运会游泳冠军。他想弄清楚，一些游泳运动员是如何取得很大的进步，最终在这项运动中名列前茅，成为冠军。

他的研究结果表明，卓越（表现出色）并不仅仅来自游的距离更长，也不仅仅来自"更加努力"地快速向前游动。最有竞争力的游泳运动员确实比其他人游的距离更长。而且与一般游泳者相比他们确实也更加努力。但是，光有这两者还不够。

钱布利斯发现，重要的是，最好的游泳者会努力把所有的小事都做好：入水、划水、踢打、呼吸、转身，把这些技术元素融合成一个无比流畅而连贯的整体。他们总是尽其所能地把这些事情做好，通过大量练习，让这样做成为一种习惯。因而，卓越（表现出色）不是量变（游更多里程）的结果，而是技术、纪律和态度的质变的结果。

一个人的社交世界也很重要。随着游泳运动员在这项运动中的（成绩不断）提升，他们会与不同的人进行互动：经验更丰富的教练，以及其他也在努力提升自身能力的游泳运动员。在这项运动的每一个更高层次上，都会有更多的人决心变得尽可能优秀。所以训练和竞争也就变得更加激烈，而这也促进了游泳运动员的能力得到进一步提升。因此，实现卓越不仅仅是游泳者自己想办法努力变得更好的问题。这也是一个花更多时间和其他人在一起的问题，那些人知道成为冠军需要什么，而且他们自身也在致力于定期去做这些事情。

钱布利斯的结论是，卓越来自去做那些并不需要非凡能力的平凡事情。原则上，任何人都能掌握那些良好技术分解后的元素；任何人都可以努力将这些元素融汇成一个流畅而连贯的整体；任何人都可以下定决心进行大量练习，并使其成为一种习惯，把所有小事都做好。一个人必须进入社交世界，从中分享正确的知识，强化正确的做法，但这也并不需要一个人具有非凡的能力；它需要的是资源和运气。将卓越归功于"天赋"，使得我们很难看到这一切。

钱布利斯知道，身体条件很重要。他并未声称，只要练习时间足够长，任何人都能成为奥运会冠军。在一项运动上取得成功，在一定限度上总是取决于从事这项运动者是否有合适的身体来做这项运动所要求的事情，而身体的潜能则是由遗传决定的。但是，如果我们假设一项运动参与者所拥有的潜能大致相等，那么重要的就是人们为了开发他们的潜能所做的事情。换句话说，重要的是钱布利斯指出的所有事情。同样常有的情况是，一些潜能巨大的人被一些潜能较小者超越，只因后者将其拥有的潜能发挥得更为淋漓尽致。

除非你是一个有竞争力的游泳运动员或竞技游泳爱好者，否则你很可能会觉得我就出色的游泳能力这个问题说得太多了。我同意你的看法。所以下面才是真正重要的一点：**拆解过程是具有社会学正念的一个重要部分**。钱布利斯的研究是如何做到这一点的一个上佳事例。他选取了很多人都难以解释的一样事物：一项体育运动中持续不断的卓越表现，并考察了产生这种表现的过程。

我们也可以换种想法，假设有一个黑盒子，盒子的一边有一个喷口，从这个喷口中走出来的是卓越（我知道这幅画面有些奇怪，但请耐心听我说完）。试问盒子是如何产生卓越的。只被告知盒子里有"天赋"，这并不是一个令人满意的答案。毕竟，盒子是不透明的，这就意味着你无法透过它的四壁看到你被告知的内容是否正确。如果你真的对卓越是如何产生的感到好奇，你会想要打开盒子，看看里面发生了什么。具有社会学正念，也就意味着打开盒子。

当钱布利斯打开盒子后，他发现了一些普通的东西——一些可以识别

的和普通的事物，它们也许是以一些复杂的方式结合在一起，并不容易做
到，但却也绝对不是什么神奇之物。他因此获得了洞察力，消除了"天赋"
概念给人带来的那种无益的神秘。但是，如果游泳运动员的出色表现只是
一些很普通事物的组合，那么我们就应该可以打开其他盒子，看到类似事
情发生。假设我们要打开的是在大学里学业优异的盒子。

对天赋的信念会让我们认为，之所以有些人在大学里表现更好（论文
更优，考分更高），是因为他们比别人更聪明。毫无疑问，有些人在开始上
大学时要比其他人**准备**得更好，所以他们已经有了很好的技能和习惯，可
以马上取得好成绩，迅速取得进步。但是，这些技能和习惯并不神秘，也
不关乎天赋。它们是做那些任何人都能做到的普通事情的结果。

冒着打破"聪明"这一幻觉的风险，我来告诉你这些普通事情是什么：
按时完成指定阅读；认真听讲；在课上多发问和记笔记；早做作业，留出
足够的时间将其做好；多次修改论文，而不是在最后一刻交一草稿完事；
课下请教老师；获得对作业的反馈，进而加以改进；做与你的课程相关的
额外阅读；与其他学习好的学生在一起。做这些事情都不需要有什么特殊
能力。任何人都可以做到这些事情。所以秘诀就是：如果你坚持不懈地做
好所有这些小事，养成一种良好的习惯，你就可以在学术工作上有出色表
现，被人贴上"聪明"的标签。

另一方面，社会学正念也有助于我们理解，为什么对一些人来说做
这些事情比对其他人来说更难。那些必须打工或照顾家人的学生，能够用
于学习的时间非常有限。阶级、种族或性别上的差异，会让一些学生在与
老师交谈或与学习好的学生在一起时感到尴尬。由于有些学生过去的教育
程度较低，阅读和写作技能薄弱，即使他们认真做作业，也很难从大学的
阅读和写作任务中获得最大的帮助。因而，一点没错，在大学里实现卓越
（学业优异），比一系列正确行动所暗示的情况要复杂得多。

让问题变得更复杂的一点是，学术工作上的卓越表现并不是用秒表
来加以衡量的。虽然我们几乎总是可以确定谁游得最快，但在说谁是最好

的科学家、学者、学生或教授方面，还是留有不小的判断余地。同样的表现在不同人眼中可能会有不同的判断，这取决于那些评判者所持有的价值观。这一点在竞技体育以外的大多数生活领域都是真实的。事实上，能够用秒表的精确性和公正性来衡量卓越表现的领域并不多。

但是，即使考虑到这些复杂因素，也仍然存在一个过程可以让我们去研究和理解。我们不必接受下面这种观念：一个人是卓尔不凡还是庸碌无为，是一些神秘力量使然。社会学正念有助于我们认识到，社会生活中的一切，从个人表现到重大历史事件，都是过程的产物。我们还会认识到，如果这样做足够重要，我们完全可以去研究这一过程。有了合适的工具，我们就可以打开盒子，看清里面到底发生了什么。

打开更大的盒子

那些最大的资本主义公司每一个都有数十万名员工。那些大公司每一个都有成千上万名员工。你可以把一家单独的公司想象成一座金字塔：最上面是高管，他们手握大权，薪酬极高；接下来是少数中层管理人员和行政人员，他们收入稍低，权力较少；最下面则是大量低薪、几乎没有多少权力可言的工人。具体细节情况会随着它是一家什么样的公司、生产什么样的产品、雇用什么样的人而有所不同。但是，财富和权力集中在高层，却是所有资本主义公司共有的一个特点。

假设我们注意到，几乎所有大型资本主义公司中都很少有高管是女性或黑人。我们可能就会怀疑，那些担任高级职务的白人男性是性别歧视者和种族歧视者，其行为以歧视性方式排斥女性和黑人。这可能是一种合理的假设，但我们怎样才能知道它是否正确呢？也许我们可以找出一家公司，把它当成一个黑盒子，盒子上有一个产生白人男性高管的喷口。然后我们可以试着打开盒子，看看是什么产生了这个结果。

一种办法是调查所有的白人男性高管，询问他们："你能解释一下，种族主义和性别歧视如何影响你选择雇用谁和晋升谁进入你公司的高管队伍中吗？"这种做法具有直接的优点，但却是一种糟糕的研究策略。原因之一是，大多数人都会产生很强的防范心；如果一个问题假定人们正在做一些不公平的事情，他们就不会诚实作答。原因之二是，人们往往不知道他们是如何参与到再造不平等的过程中的，尤其是在这些过程长期存在的情况下。因而，想要找出人们在做什么及其为何要做，直接提问并不总是一种最好的方法。

不过，这里假设我们能以一种不会激起对方防范心的方式，让白人男性高管承认自己抱有种族主义和性别歧视并有歧视之举。同时假设，无论我们的调查如何巧妙，答案都从未透露出任何偏见或歧视意图。在这种情况下，也许我们会一再听到这样的说法："当我们提拔人们时，我们会考虑天赋、经验、诚信、加入团队的意愿，以及我们和这个人在一起感觉有多舒服。种族、性别、国籍、宗教等一概与此无关。"现在怎么办？我们关于歧视的假设是否失效了呢？

我们可能会怀疑：那些白人男性高管是一些一流的说谎者，我们的访谈技巧欠佳，没能挖出事情的真相。然而，另一种可能性是，那些高管说的是实话，当然是他们认为的实话。这一点其实很有可能，但这并不意味着我们最初的假设就是错误的。社会学正念有助于我们认识到，歧视会在人们没有明确意识或意图的情况下发生。要看到这一点，我们需要做的就不仅仅是向那些没有兴趣看到所发生事情的人提问。

因而，现在我们要打开盒子——看看组织内部——看看那些白人男性如何成为高管。为了阐明这个例子，指定一个起始条件很重要。假设我们首先看到的是，所有的高管都是白人男性，组织里的中低层则有很多女性和黑人。再假设这些人中的许多人都渴望有一天能向上流动，成为高管。然而，事实上，他们永远也走不了那么远；他们撞上了一道无形的屏障，无法升得更高。

如果我们打开盒子，想要弄清楚发生了什么，我们应该寻找什么呢？

有一点需要寻找，那就是导师。我们从许多研究中得知，有一个好导师对一个人的事业成功至关重要。导师是一个更有经验、更有知识的人，他能告诉你许多内情，教给你办事技巧，为你指明事情的真正运作方式，帮你避免出错。一个缺乏导师的人可能一辈子都学不会这些东西，或者是要花很长时间去学习，一路上会犯很多错。一个人找到一个好导师，或者被一个好导师相中，他／她在事业发展上就会得到很多宝贵的帮助。

所以当我们打开盒子后，我们可能会看到的一点是导师方面的不平等。也许这是因为在人们身边时间最长、最适合做好导师的人大都是白人男性，他们"自然"倾向于与那些能让其想起自己当年时的年轻白人男性联系。这并不是说他们就不喜欢女性和黑人，希望看到后者失败。只是他们对那些长得像他们，说话像他们，在食物、衣服、音乐、体育、政治、爱好等方面与他们有着相似品位的人更放心。其结果就是，一些年轻雇员（白人男性）在事业发展上得到比他人（女性和黑人）更多的帮助，尽管并没人有意打算这样去做。

我们要寻找的另一件事是襄助。当组织中的一个高层人员对一个年轻人的事业产生兴趣，把优势和机会导向该年轻人时，就会出现这种情况。这方面的一个例子是推荐年轻人在一个重要的项目团队中占有一席之地，这样他／她就能建立联系，获得宝贵经验。或者，也可能是在做出晋升决定时为年轻人"美言几句"。无论如何，与导师一样，襄助也是一种额外的帮助形式，这一帮助会得到不平等的分配。

同样，这一不平等不一定就是有意蓄谋的结果。实际情况更有可能是，已经在组织中取得成功的襄助者，在看到那些年轻人时想起了自己年轻时，他们希望这些年轻人也能取得成功。也许，想当初，襄助者也有他们的襄助者，现在他们想帮助一个年轻人脱颖而出，就像他们当年曾经得到帮助一样。但是，如果有足够实力成为襄助者的人都是白人男性，如果他们乐意襄助那些让他们想起自己年轻时的人，那么，得到职位提升的同样将会是白人男性。

　　我们还会看到的一件事情是社交圈子。这意味着，人们可以与那些愿意并能够分享信息和提供支持的人建立联系。如前所述，在职场上能够得到一个好导师的指导可谓至关重要。但是，与同辈群体（组织中处于同一级别的人）建立社交圈子也很重要。一个在组织中没有良好的同辈社交圈子的人，不太可能知道组织内部发生了什么，在解决问题时获得帮助的可能性也较小，也不太可能表现出对组织的奉献精神。一个人若是处于这样的境地，就是在取得领先方面处于一种不利地位。

　　与导师辅导和大力襄助一样，建立社交圈子也是社会亲密的结果；也就是说，人们倾向于与那些他们觉得在一起很舒服的人相互联系，因为彼此之间的背景、兴趣和口味比较相似。这就是为什么女性和黑人很难在大组织中与那些乐于襄助者发生联系。很少有与其类似的人可以去联系，更少有其他不同的人（主导群体成员）可以去联系，其结果（尽管没人打算这样去做）就会对女性和黑人不利，因为他们获取信息和支持的社交圈子比较狭小。

　　社交圈子不平等有可能是在无意中出现，但有时它们也是一种有意识策略的结果。当雄心勃勃的同辈群体想到他们想要联系的人时，他们通常会被那些有可能升至顶层的人所吸引。就我们假设的大公司而言，这些人无疑将是白人男性。如果大多数人都遵循这种建立社交圈子的策略，这也就意味着，那些看起来不可能成为组织中上层领导的人，很可能会被排除在雄心勃勃的同辈社交圈子之外。这是另一种可能对女性和黑人造成不利的方式。

　　假设这些是我们打开盒子时看到的事物。现在我们需要观察，随着时间推移，将会发生什么。如果白人男性能够得到优秀的导师，教给他们实用技能，帮助他们融入组织文化；如果他们能有更多机会获得经验和结识关键人物；如果他们能被吸纳入有用的同辈社交圈子中，那么，过上一段时间，他们就会为获得高级职位做好更充分的准备。最终，他们就会获得使自己看起来最适合成为本组织新领导人的品质。这就是为什么高层管理

人员在说自己的晋升决定没有偏见时，他们有可能说的是实话。并不是说
他们的决定有偏见，而是整个组织一直都在推进一个漫长而复杂的歧视性
过程，让他们的决定显得合乎情理。

　　在这种假设的情况下，我们可能会被白人男性高管所做出的真诚否认
所误导，他们总是提拔那些其他白人男性。我们原本以为偏见和歧视与谁
会升入组织高层无关，然而，通过观察过程是如何随着时间发展的，我们
就会看到，无意识的偏见和微妙的歧视行为如何影响女性和黑人。当然，
现实生活远比这个假设的例子要更加复杂，而这也使得打开盒子、密切关
注过程变得更加重要。

将过程视为通用的

　　早些时候我曾说过，在学术工作上表现出色的方式，与在游泳方面取
得卓越成就的方式大同小异。这并非与生俱来的天赋或才华的结果，而是
把任何人都能做到的小事都做好的结果——通过大量练习，让它成为一种
习惯，然后每次都把这些小事做好。换种说法就是，实现卓越的过程是通
用的，这意味着它在许多地方都会发生。社会学正念有助于我们看到，在
一个地方发生的过程，如何以相似的（如果不是相同的）方式在其他地方
发生。

　　在大公司的例子中，我们指出了几个通用的过程：导师辅导、大力
襄助和社交圈子。这些过程发生在许多地方。无论在哪儿，只要那些年龄
较大、经验丰富、知识渊博的人特意去培养年轻人的能力，就有导师辅导
正在进行。这种情况在大型组织中时有发生。但是，它也可能发生在小地
方，或者是发生在组织外。重要的是，有一种特殊的一对一教学正在进
行。想要更多地了解这个过程是如何运作的，我们可以在许多不同环境下
去研究导师辅导。

　　襄助也是通用的。也许它最常发生在正式组织中，如大公司或政府官

僚机构，一个"高高在上者"利用其手中权力帮助一个较低级别的人快速崛起。但是，我们要再说一遍，只要一个更强大或地位更高的人出手帮助一位年轻人在某种等级中取得进步，就会有襄助在进行。因此，我们也会在一些较小的、不太正式的组织和团体，如教会、俱乐部和帮派中，发现襄助这一做法。

同样道理，每当人们见面并开始交流信息、提拔支持或其他资源时，社交圈子就会出现。这些关系是如何开始的、如何保持的，又是如何使用的，都会依据具体情况而有所不同。不过，在现代社会生活中，形成这种社交圈子的过程一直都在进行，它会牵扯到每个认识至少一个人的人。也就是说，它牵扯到我们所有人。如果愿意，无论朝哪个方向去看，我们都会看到社交圈子形成过程的某些部分正在进行。

在大公司的例子中，有一些非常具体的事情正在发生。这一事例不仅描述了社交圈子形成的过程，还描述了更具体的包容和排斥过程。包容意味着受到欢迎、被邀请参与、相互交谈、鼓励保持联系。排斥则意味着没有得到这样热情的外联，甚至还会在试图与那些已经相互相连的人联系时被拒。这些过程同样发生在许多地方。而且就像在大公司的例子中一样，它们通常都是再生产不平等这一更大过程的一部分。

如果我们认为这些过程是通用的，我们就会避免被细节误导。在大公司一例中，我说高层白人男性总是会提拔那些年轻白人男性，这对那些也想脱颖而出的女性和黑人不利。我之所以说是"白人男性"，是因为这反映了美国当下现实（《财富》500 强企业中 90% 的首席执行官都是白人男性）。但是，如果我们注意到过程是通用的，我们就会看到，正在发生的事情并不是由于白人男性的过错而引起的。在一个不同群体的人争夺高层职位的组织中，只要有一个群体占据最高职位，就会有类似过程发生。

记住过程是通用的，并不意味着我们在哪里都能看到完全相同的事情。在大组织之内和之外，导师辅导可能相似，但也会有所不同；它可能是相似的，但也会依据所涉及人群的年龄而有所不同；它可能是相似的，但也会根据所传递的知识和技能的种类而有所不同。在每种情况下，我们都会看到导师辅导正在进行；但是，在每种情形下，情况都会有所不同。社会学正念有助于我们认识到，有相似的过程正在发生。之后，只要愿意，我们就可以研究具体案例，试着弄清楚为什么导师辅导在不同的情形下会有所不同。

再想想大公司一例。在一切正常运转的情况下，大公司都会把巨大的财富和权力交到少数高管和股东手中。它可能也会生产有害的产品，或者偷税漏税，或者造成环境破坏。如果我们注意到其他资本主义公司也有类似事情发生，我们就会怀疑，是否资本主义公司的本质就是倾向于让这类事情发生。换句话说，我们就会怀疑，资本主义公司是否存在一个通用的过程，倾向于产生一些有害的结果。如果我们发现这一点是真实的，我们可能也会想知道，用其他群体类型的人（他们会制定同样的过程，产生同样的结果）取代高层白人男性，会带来多大的好处。

过程和条件

每个人都是在一定的社会条件下出生的。这些不同的社会"条件"，包括一个社会的经济类型、技术水平、政府类型和群体冲突程度。出生在有选举民主及各个群体和平合作的工业资本主义社会，就是出生在一系列的条件下。出生在由争权夺利的军阀管理的农业社会，则是出生在一系列截然不同的条件下。

我们也可以在较小的范围内来思考条件。例如，出生在美国不断恶化的内城社区里一个低收入的单亲家庭，是出生在一系列条件下。出生在美国安全而富裕的郊区里一个中上阶层的双亲家庭，则是出生在一系列不同的条件下。因而，即使社会条件相同，即有同样的经济类型、政府类型、技术水平等，人们的生活条件也会有很大的不同。

从社会学视角去关注社会条件，意味着承认以下几点：没有人能够选择自己出生的条件，这些条件为人们创造了一种更艰难或更轻松的生活，这些条件会影响人们的思想和行为。这些都是需要记住的要点。但在这里，在思考过程的背景下，我想提出一个不同的观点：我们通常所谓的条件，实际上是过程。

以资本主义为例。通常我们认为资本主义是一种经济类型，在这种经济中，一小部分人（占美国总人口不到 2%）控制着主要生产资料，并利用这种控制来支配劳动人民、政府和大多数社会机构（如教育和医疗）。因此，人们往往认为资本主义是一套稳定的政治和经济安排。然而，我们应该警惕下面这种做法，即将这些安排视为不可改变的条件。

资本主义（或其他任何经济类型）真正包含的是，人们定期以规律有序的方式一起做事。这就是说"它是一个过程"的意义。如果工人和经理、买主和卖主、银行家和借贷者、经纪人和投资者，以及许多其他类型的人没有每天互动，也没有按照资本主义的规则一起做事，资本主义就将不复存在。由于资本主义持续存在了几个世纪，所以我们通常才会认为，它是一种稳定的状态，而不是一个过程。

有时，把资本主义看成一个条件完全可行。如前所述，一个社会中存在的经济形式是我们出生时的一种社会条件。这也是我们别无选择只能想法去应对的一个条件；确切来说，我们如何做到这一点，对我们如何生活非常重要。认识到这些事实，是社会学正念的一部分。但若我们忘记条件也是过程，我们就会忘记那些所谓的"条件"其实是可以改变的。

社会学正念有助于我们认识到，社会世界的所有部分都是过程。就连社会世界中那些庞大而看似坚实的存在，如公司、经济、政府、国家等，也只过是人们定期以规律有序的方式一起做事的结果。此外，这种秩序之所以能够持续存在，只是因为人们在按照对自己是谁和应该如何一起做事的共同理解而采取行动。这里暗含的意思就是，如果人们对自己是谁和应该如何一起做事有一种新的看法，构成社会世界的过程就会发生改变。

认识到我们通常所说的条件实际上是过程（事实上，我们的人生就是一段或长或短的过程），有助于我们认识到变革的可能性。如果我们将当前的条件视为过程，而不是固定不变的事物，我们就不会得出结论认为，变革是不可能的。如果我们把社会世界理解为由过程组成，我们就会认识到，变革不仅是可能的，而且一直都在进行，尽管它们经常都是在以那种小得看不见的方式发生。每当我们一起做一些不同的事情，我们就是在调整这个过程，推动变革。唯一真正不可能的事情就是停止变革。

　　下面是另一个例子，通常我们认为性别是固定的，但事实上它也是一个过程。当然，我们身为男性／女性由生物学和进化决定；人类作为一个物种，通常以我们所说的"男性"和"女性"类型出现，其区别是两者在生殖解剖学上的差异。但是，身体部位并非性别。性别由信念和实践组成：（1）信念，相信男性和女性是两种不同类型的人，所以他们应该有不同的思维、感觉和行为方式；（2）实践，通过这些实践，这些信念得到维护并使它们看起来像是正确的。

　　这种看待性别的方式似乎与常识相悖；常识告诉我们，成年男子是男性，成年女子是女性，仅此而已。但是，这一常识性观点混淆了生物性别和社会性别。从社会学视角来看，前者事关解剖学，后者则事关观念和习惯行为。一旦我们开始思考我们称之为"男性""女性""男孩""女孩""女人""男人"的生物应该如何思考、感受、表现和认同自己，我们就置身于性别领域——人类从出生那一刻起就进入了这一领域。

　　我的观点是，一旦我们把性别视为依赖于观念和遵守行为规则，我们就会看到，性别并非固定不变的事情。正如人们有时所说，性别与其说是我们拥有的东西，不如说是我们所做的事情。因而，就像人类所做的任何依赖于观念的事情一样，观念发生改变，实际做法也会发生变化。回溯过往历史，我们就能看到这一点；当人们对做男人或女人意味着什么有不同的看法时，性别就会发生变化。原则上，如果我们没有这样的想法，性别可能根本就不存在，就像我们若是没有种族类别的概念，种族就不存在一样。

我们也要记住，观念不会独自存在；它需要特定形式的行动来维护它们。因此，必须教导人们并经常向其重申有关性别问题的观念，就像那些将宗教群体团结到一起的观念一样。如果没有神学学校、神圣文本、向儿童传授教义、礼拜仪式、常规服务，宗教往往就会解体。性别问题的情况与此大同小异。要防止性别解体，就需要人们坚持那些支持性别的做法。如果说我们不承认自己信奉性别宗教（这只是打个比方），这主要是因为它所涉及的实践经常被视为理所当然，以至于人们对其熟视无睹。

尽管许多人坚持认为，性别是人类状况的自然组成部分，但是，大多数人在听到"性别会随着文化和时间的推移而有所不同"这一观念时，并未觉得受到太大威胁。接受"性别通过某种社会过程发生改变"这种观念，也不是一种多么可怕的威胁。毕竟，即使在今天（2016 年）上大学的人，也能看到一些关于性别的观念，如对同性恋婚姻的接受度，在他们的成长经历中发生了很大的变化。一种更具挑战性的想法，也是一种很多人比较难以接受的想法就是，我们作为女性或男性的身份，也被做男性或女性的过程所维护。

我所说的做男性或女性，有时也叫自我呈现（或自我展示）。这意味着，我们通常会以能够表达我们是谁和我们是什么的方式去说话、穿衣、走路、打手势。当别人观察和解释我们这种行为表现时，他们会想象我们具有某种内在的性格；也就是说，他们会认为我们是一种特殊的人。假设他们并不认为我们是出于某种原因在假装，他们就会把我们当成他们心目中（认为我们所是）的那种人。这就是为什么自我呈现如此重要的原因。无论我们的头脑或内心可能发生什么，人们都会基于他们如何解释他们在我们身上所感知的行为表现来对待我们。

这种自我呈现的观点意味着，当他人承认我们是女人 / 男人并将我们视为女人 / 男人时，他们这样做是因为我们的行为表现。他人会听我们说什么、怎么说，观察我们如何穿衣打扮、打手势、走路和以其他方式行事，并根据这些信息将我们视为女人 / 男人。当我们与他人互动时，我们也会做同样的事情，观察和解释他人的行为表现。我们中的大多数人都会向他人展示自己，这样我们的性别认同就会"清晰可辨"，即很容易被人看懂。我们期望能够迅速而省力地完成这项解释性工作。当我们无法做到这一点，即无法立即辨认出一个人的性别认同时，我们就会心生不安。

你可能会问了，这一切与过程有何联系？有两个联系。第一个联系，即使像我们的性别认同这样看似明显、明确和固定的东西，也是建立在传达和解释信息的过程基础上。要使性别认同作为人类社会生活的一部分存在，我们必须做这些事情并一直做下去。我们必须一直不停地做下去——我们必须维持这个过程——把自己看成女人 / 男人，并相信自己是女人 / 男人。如果这一过程因为某种原因而停止，我们看似明显、明确和固定的性别认同就会消失。

与过程的第二个联系，与社会生活中许多过程的隐蔽性有关。性别就是这方面一个很好的例子。我们如此习惯向人表达我们的性别认同（向他人展示我们是女人 / 男人，然后被认可和当成女人 / 男人对待），以至于它在大多数时候都是无意识地发生的。我们参与了一个复杂的过程（这一过程传达和解释了关于我们自身和他人的信息），但我们却很少看到它。因此，我们体验到性别是自然世界中一个坚实的部分，是一种"就在那里"的东西，但却没有意识到，性别的存在只是因为我们在日常生活中不断地再现它。

每当审视社会条件时，记住过程重要性的一个方法就是追问：这些条件是如何被创造出来的？人们必须经常一起做什么来维持它们？我们在找寻这些问题的答案时很可能会发现，那些看似坚实的东西实际上是流变的。正如历史学家所说，每件事情都有一段持续发展的历史。社会学正念提供了一种类似的见解：那些看似坚实和自然的社会条件，是由定期按照规律有序的方式一起做事的人们创造和建构出来的。构成社会世界的事情，并非通常意义上的"事物"，而是不断演变的集体行动过程。

同时有多个过程

当我说有些过程是"通用的"（因为它们在许多地方都会以相似的方式出现）时，你可能想知道，是否还有其他类型的过程。有的。研究过程的人可以描述出许多种类的过程。机械、化工和电气工程师甚至可以设计和制造多种过程（流程图）。但是，这超出了我们需要考虑的范围。从社会学视角去理解社会世界，除了能够看到那些通用的过程，能够看到其他三种类型的过程也很重要。

第一种过程是"逐步升级过程"。下面是一个示例。假设有一个孩子出生在这样一个家庭：他的父母受过高等教育，收入很高，生活舒适，家里到处都是书。这个孩子得到很好的照顾，每天都过得很开心，行为举止既可爱又得体，而且在正式入学前就有很好的读写能力。那么，当这个孩子进入学校后，他／她很可能会被老师视为一个理想的学生。这样的孩子很可能会得到很多老师友好的支持、鼓励和关注。

在这种情况下，这个孩子在老师的培养下，其自信心和能力不断增强。这些收获反过来又让这个孩子更愿去解决难题，学习新事物，从而进一步增强其自信心和能力。在学校的出色表现，可以转化为有动力和能力去学习更多的课外知识（课外班、夏令营、工作坊、阅读和旅行）。等到这个孩子大学毕业，他就会拥有超出常人的知识和技能，而这则会在职场上给其带来丰厚的回报，甚至是终生的回报。

我在上面描述的是一个"优势复合"过程，它就像储蓄账户上的利息。因为在这个过程中，一个阶段的优势可以在稍后阶段产生优势，进而在更晚的阶段产生更多的优势，所以我们说，这一过程是在不断升级。一次有更多的优势，以后就会有还要多的优势。这也可以称为一种"积极反馈"过程，因为一个阶段的结果，以一种持续不断地推动过程前进的方式，反馈到这个过程中。

即使在我们相信这些过程存在的情况下，想要观察到不断升级的过程也并不总是很容易。就上述事例而言，在学校里表现出色似乎是先天能力的结果。这是因为正在发生的许多事情都是在无意识的情况下发生的，除非我们用社会学方式去密切关注它们，否则这些事情就会不可见。而对事情详加审视，我们就会看到，在学校及日后在职场上表现出色，是从幼儿时期就开始出现的复合优势的结果。当我们想要了解不平等如何在美国社会得到复制，这是一个需要进行审视的重要过程。

社会世界中经常发生的第二个过程是"辩证过程"。你可能会觉得这一术语听起来有些深奥，但它的基本思想其实很好理解。"辩证"意味着：由对立双方之间的冲突所推动。因而，辩证过程就是一种通过对立力量之间的冲突产生变化的过程。

我们经常能在政治生活中看到辩证过程。例如，假设有这样一个社会，在这个社会中，人们被剥夺基本权利和自由。这种压制很可能会引发民愤、反抗，以及争取权利和自由的斗争。从这种压制中受益的精英们首先想到的就是尽力打压那些异议分子，但他们很快就意识到，如果他们不做出一些让步，冲突将会使社会分崩离析。于是他们就赋予民众一些权利和自由。在这之后，随着时间推移，人们赢得更多的权利和自由。但是，精英们开始意识到，照此下去他们将会完全失去控制，所以他们再次推行高压政策，这种做法暂时起到了作用——直到人们开始更积极地想法去恢复和扩大他们的自由。

在上面这个事例中，历史变化由对立双方之间的冲突推动。一方面，精英们想要控制他人（为了让自己变得更富有），并试图限制他人的权利和自由。另一方面，非精英们则想对自身被控制和剥削进行抵制，所以他们就为权利和自由而战。当这些群体发生冲突时，就会引发变革。这种过程具有来来回回的性质。在一段时间内，一方占据上风，但这立马就会同时产生要求变革的压力——压力不断上升，直到另一方开始进行抵制，将钟摆推回到相反的方向。

不过，晃动的钟摆并不是一个很正确的形象，因为对钟摆来说，它又回到了它起始的地方。而对人们来说，事情则要更复杂。当紧张局势加剧，群体发生冲突时，就会出现新的局势。有时，有人说，在辩证过程中，对立力量之间的冲突产生了一种"综合"，这种情况与冲突达到高峰前的情况有所不同。这种过程并不完全像钟摆来回晃动，也不完全像潮水退去又来。相反，每一个紧张和冲突的循环，都以某种方式改变了社会世界；就算冲突得到解决，事情也已不复如昔。

辩证过程也会在小范围内发生。例如，组织内部的群体也会相互对立。假设有一个政府或一家大公司，在这里面，一群人（或不同"派别"）争夺控制权和资源。如果这些群体持有相互对立的愿景或议程，相互争斗，想要让自己占据上风，辩证过程就会展开。一个群体可能会在一段时间内获得权力，这会导致怨恨和紧张局势加剧。然后，另一个群体可能会转向破坏现状或拒绝合作，以此来强迫对方坐下来进行谈判。最后，从这一过程中就会产生一套新的安排，一个略有不同的组织。

具有社会学正念的一部分，就是要警惕那些建立在日常共同做事方式基础上的冲突。例如，那种以允许少数精英控制他人所依赖的经济资源之方式组织起来的经济就会产生冲突，因为大多数人都不喜欢受到他人的剥削和统治。具有社会学正念的另一部分，则是警惕这类社会安排（使人们分为不同群体相互对立）是如何产生辩证过程的。

然而，冲突并不总是包含明显的对立冲突。在日常生活中，冲突形式往往比较温和。但是，无论如何我们都应试着看到，一个方向发生的变化，如何同时产生压力，促生相反方向的变化。这有助于我们认识到，社会变革并不总是会以那种一步接一步的线性方式展开。相反，变革更可能是混乱的，它会同时向多个方向乃至相反方向发展，让人为之惊讶。

第三个重要过程是"迭代过程"。迭代过程就是以同样的方式一次又一次重复的过程，使用一次的输出作为下一次的输入。例如，假设我想写一章内容，讲述如何从社会学视角去思考人类社会生活中的各种过程。我会从一些笔记和我想说的大致想法开始。然后我会试着把这些笔记和想法变成一些句子，再把这些句子变成一些段落。只要我日复一日地这样去做，这些段落就会越积越多，占满一页又一页纸面。最终，这一过程就会产生出该章的草稿。

但是，草稿不太可能好得不用修改。有些句子语意不清。有些段落衔接不好。有些例子太过复杂，有些例子又太过简单。有些论点让人费解。一些重要的想法没有展开，一些不相关的想法则铺陈太多。如果有这些问题，我该怎么办？

我不会从零开始。相反，我会开始修改草稿，它将成为下一步——下一次迭代过程的初始输入。我会通读草稿，努力解决里面存在的问题。我会试着把事情说得更清楚，更换事例，让论点变得更好理解，去掉不相关的想法，并添加草稿中被忽略的重要想法。最终，我会得到一个质量更好的草稿。然后，我会重复这个过程，若有必要还会多次这样去做，以写出一个令我满意的草稿。

但是，这一进程并不会就此结束。我会把草稿交给他人审读。他们可能会说，我写的文章并没有我想得那么好。得到反馈后，我会再次对文章进行修改。更多的迭代！最后，在某个时候，我不得不放弃并说："我已尽了我最大的努力，我希望读者觉得它还不错。"那一最终版本就是你现在正在读的这一章。

迭代过程发生在社会生活的许多地方。每当人类建立一些东西，评估结果，并将这些结果作为下一次做得更好的起点时，就有迭代过程发生。例如，科学发展就遵循这一过程。科学家们就事物的运作方式提出假设，收集证据，检验这些假设是否正确，然后修改假设，使其更好地与证据相符，最终将最好的假设发展成为理论。这个过程中的每一次迭代都会抛弃那些错误的想法，提炼出那些看似正确的想法。这就像科学作为一个整体是一份草稿，我们不断地对它进行修改。

物质文化的发展历程与此大同小异。早期人类用石头制造工具，用茅草和泥巴制作小屋，用兽皮制作衣服，用树枝制造武器——然后尝试不断改进他们所做的。每种物质文化一旦形成，就会成为下次尝试的起点。当下一次尝试产生出更好的结果后，这一结果也就成为寻求进一步改进的起点。千百年后，正是这一不断向上的迭代过程让我们进入现代世界，拥有智能手机、宇宙飞船、电脑、粒子加速器、无人机和核武器。不管结果是好是坏，它都会在未来给我们带来一些力量更强大的工具。

但在说到非物质的人类发明时，人们却很难就什么是进步达成一致。例如，并不是每个人都认为民主制胜过君主制。即便如此，我们依然可以看到，当人们创造共同做事的方式：治理社会的方式，教育下一代的方式，社保养老的方式，然后评估这些做法和安排，寻求和采取让事情变得更好的方法时，就有迭代过程发生。但在这些情况下，很难指望事情会在"更好"的方向上不断升级，因为精英们认为更好的事情，在一般人看来则是更糟的事情。

社会学正念有助于我们养成提问的习惯："这里发生了什么事情？"我并不是说我们要学会要求人们向我们解释他们的一举一动。我的意思是，我们要养成了解社会世界运作方式的习惯，而不是遇见什么都视其为理所当然。如果如前所述社会世界是一个过程，那么这个问题（"这里发生了什么事情？"）的答案就会指向某个过程。所以当我们询问发生了什么事情时，我们很可能会发现，这里面有一个通用过程、一个迭代过程、一个辩证过程，或者是一个不断升级过程。我们甚至还有可能发现，所有这些过程同时都在发生。

本书实际上就是多个过程的一部分。它是辩证过程的一部分，因为我写它就是为了反对许多社会学入门教科书中对社会学的那种单调描述。它是不断升级过程的一部分，因为年轻时老师对我的支持和帮助使我成为一个更好的学习者，而且随着年龄增长我学到了更多的东西。它是迭代写作过程的结果。守门人、导师和社交圈子的通用过程，也影响到我选择从事学术研究和我的学术生涯。而现在，随着每一位新读者的出现，本书也在更多人的生活中发挥了作用。这一过程仍在不断展开。

对话——保持分析距离

一些学生在读过钱布利斯关于游泳运动员出色表现的研究之后，仍然不相信他得出的结论。他们坚持认为，天赋是真实的，天赋才是最重要的。他们之所以会这样，部分原因是他们没有理解，通过长期仔细而系统的研究所看到的事物（这是钱布利斯所做的）和基于偶然观察所看到的看似真实的事物之间的区别。正如我在本章所说，社会生活中发生的许多过程，除非以严格的方式密切关注，否则很难看到。因而，一些人会被那些揭示过程的研究所困扰（那些研究挑战了关于社会运作方式的常识性观念），也就不足为奇了。

有时，在学生们读过节选的钱布利斯的文章、我们在课上讨论过之后，我会提出这样一个问题："会有人基于情感原因把'天赋'作为成功的解释吗？"这个问题初听上去有些让人费解。情感会和它有什么关系？但最终会有人说，其大意如下："如果你认为成功来自天赋，那么当你失败时，你就不必为自己感到难过。"这个答案包含了一个有用的见解。相信天赋是避免责怪自己表现不够出色的一种方式。毕竟，如果你没有天赋，那么表现平庸就不是你的错。

在美国文化中，从小就有人教导我们，成败在很大程度上取决于个人素质。这意味着，大多数人在理解自己为何表现不够出色时都倾向于责怪自己。关注个人素质这一倾向也意味着，寻找一种能让自己脱身的方法（接受"天赋"概念），是非常有意义的。如果你没有足够的运气得到你认为重要的任何天赋的基因，这并不是你的错，所以你也就不用对此感到太难过。另一方面，如果你取得某种成功，你就可以将其归因于你自己出色的素质，从而自我感觉良好。

因此，"天赋"观念之所以很难被破除，至少有两个原因。首先，我们被教导，要用个人素质而不是社会过程，去解释人们的行为及其结果——特别是成败。其次，我们希望自我感觉良好，无论我们做什么，也无论我们最终会在生活中落到哪一步，我们都学会了用"天赋"观念来产生这种感觉。如果我们不能克服这些障碍用心去思考过程，我们也就看不到关于社会世界运作方式的重要事情。

思考过程的另一个好处是，我们更容易对社会世界进行分析。我们不会把社会世界看成"就在那里"，看成一系列固定条件，而是会将其看成一系列持续进行的复杂事情：人们依照可以被研究和解释的有序方式进行互动。采取这种方式去看待社会世界，可以让我们保持分析距离。我们不会去问："怎么了（有什么问题）？该怪谁？"而是会问："这些事情是怎么发生的？有哪些过程正在展开？"询问关于过程的问题，有助于我们看到，社会世界不仅比我们想象的要复杂，而且也要更容易理解。

通过关注过程来保持分析距离，也有助于我们获得对自身的看法。我们可以这样做到这一点：观察我们周围发生的过程并追问：我们如何卷入这一过程？我们如何受其影响？我们的选择和行动如何维持这一过程？如果想要改变这一过程，我们可以怎样选择不同的行动？这些问题看似简单，实则直击要害。它们给了我们一种看待自己的方式，既不会把责任强加给我们，也不会让我们从责任中轻易脱身。如果我们能够找到关于这些问题的上佳答案，我们就能更好地理解我们是谁、我们如何参与这个世界，以及我们如何改变世界。

询问不同的社会过程和我们如何卷入其中并不需要社会学天赋，任何人都能学会提出这类问题。找到上佳答案有时需要高超的调查技巧，但是，这些技巧也是可以学习的；它们不是来自天赋，而是来自机会、努力和实践。除此之外，从社会学视角关注过程，只需要保持好奇心和求知欲。把事物组织到一起的技术是平凡的。但是，由此得出的结果却可能是不寻常的。

杂记 | 生命阶段和世代差异

我们的一生会经历许多不同的阶段。小时候，我们忙于成长、玩耍和学习；年轻时，我们努力争取独立和成人地位；人到中年，我们的精力经常用于追求事业有成和财富积累；在随后的生活中，我们则必须面对衰老和死亡。当然，生活并不会像这个序列暗示的那样一成不变。我们也可以一辈子都去玩耍、学习和创造，而有时，死亡也会提早到来。尽管如此，把生活看成一个按照不同阶段展开的过程，还是一种很有用的做法。

这种看问题的视角，有助于我们理解一件事：为什么不同年龄段的人会有不同的关注？例如，从父母和成人权威那里争取自主权的年轻人（从青少年到大学生），他们非常关心同辈群体对什么是酷的评判，以及如何赢得一些志同道合朋友的欢迎。这些关注可能会在一段时间内压倒一切，从而引发许多戏剧性事件和痛苦，然后，仅仅几年过后，其重要性就消失了。

在早期成人和中年阶段，最重要的事情是那些有助于或有碍于事业有成和财富积累的事情。当然，这并不是说人们就不再关心与朋友交往，也不是说人们就会变成自私贪财的职业人士，而是说，谋生（也许还要养家糊口）的需要会让人们更关心任何有助于或有碍于这一过程的事情。在这个人生阶段，欢笑和痛苦往往围绕着工作、职场、债务、账单和在经济上超越他人进行。

成人和中年阶段也常以关心与伴侣、配偶、子女和年迈父母的关系为主。对许多中年人来说，这些关系提供了一种使命感和稳定性。那些重要的身份——感恩的孩子、负责任的父母、好伴侣或配偶——都集中在这些关系上。对这些关系的关切和对经济安全（生活无忧）的关注往往相互交织在一起；作为一个负责任的父母，很多人都认为这有赖于他们有一份稳定的工作和收入。这也是为什么在成人和中年阶段，工作和家庭问题往往会把其他问题（如政治问题）挤到一旁。

在随后的生活中，很多人发现，他们的关注转移到了自身健康问题上，以及如何充分利用余下的时光。他们可能会想到自己的遗产，想到自己会在这个世界上留下什么样的印记，想到自己已经完成或未能完成的事情。当然，这并不是说，对经济安全或家庭关系的关注在进入一定年龄段后就会消失。事实上，对这些方面的关注仍然很重要。只是，当身体开始磨损，生命的终点近在眼前，就会有新的关注出现，而对这些方面的关注在生命早期则可能并不存在或者很少会去考虑。

我在上面描述的生命阶段关注的模式较为宽泛，它并不适用于每一个人。人们关心或担心什么，或多或少取决于其自身具体情况。患有重病的年轻人很早就会担心死亡。拥有稳定财富的中年人并不担心工作。但是，这些情况都偏离了一般模式，这一模式对现代工业社会中的大多数人来说都是正确的。无论如何，关键是要认识到，许多代际差异：目标、问题、忧虑、价值观、愿景等，都是人类生活分为不同阶段展开的结果。

生命阶段这一视角有助于我们以其他方式去理解代际差异。例如，我的爷爷奶奶年轻时经历过 20 世纪 30 年代的大萧条。这一经历使他们极为关注节俭过日。在他们的余生，他们非常痛恨那种浪费食物或大手大脚花钱的行为。他们这一代中的许多人都持有类似的态度，因为大萧条引起了人们对失业和贫困的普遍恐惧。

当然，并不是每一代人都会经历大萧条或世界大战。但是，每一代人都会经历一些创造代际愿景的经济状况和政治事件。任何目睹或参与 20 世纪 60 年代和 70 年代民主运动（公民权利运动、妇女权利运动、消费者权利运动、环保运动和反战运动）的人至少都学到了两点：那些政治和经济精英经常通过撒谎来保护他们自身的利益和权力；而当人们组织起来集体行动时，就能成功地挑战精英手里的权力。这也是为什么这一代人中有许多人都接受了那种对精英的批判观点，认为值得为社会变革而奋斗。

是的，我又要进行概括了。并非每一代中的每一个成员都会以同样的方式去体验条件和事件。如果人们因为社会阶层、种族、社会性别、生物性别、亚文化或地域不同而有不同的定位，他们就会看到和经历不同的事物，学到不同的经验。同一代人在观察到相同的条件和事件时，也会因为对它们有不同的解释而受到不同的影响。即使如此，同一代人通常都会有共同的试金石：一代人中大多数人都知道的事情，这些事情在同一代人中创造出了一种团结感。

文化也很重要。想想音乐和时尚是如何在几代人之间发生变化的。（如今的青少年很可能会认为大学生的音乐和时尚品位已经过时；在商业化的推动下，音乐和时尚的变化速度之快让人眼花缭乱。）在几十年内，技术上也可能会发生深刻的变化。我上大学时，没有个人电脑，药片是纸做的，只有富人有便携式手机，它们有鞋盒那么大。互联网也不存在。从未有人听说过"社交媒体"。没有街舞音乐，唯一有刺青的人是囚犯、水手和马戏团演员。今天的大学生体验到的文化和技术环境，与我像他们这么大时大不相同。

考虑到不同生命阶段所关注事物上存在的这些差异，以及在经济、政治、文化和技术条件上存在的差异，我们很容易理解，为什么年轻人和老年人之间有时很难沟通。这种沟通给人的感觉就像是他们生活在两个不同的世界，至少在某些方面事情确实是这样。有一个办法可以弥合这些差距，那就是，对彼此之间的差异感到惊讶，然后试着在我们的共同点上把彼此联系到一起。

我们的共同点是，我们都想尽力找出下面问题的答案：如何关心我们所爱的人，如何有尊严地养活自己，如何对待不公平对待我们的人，如何决定什么是合乎道德的行为，如何挖掘我们自身的潜力，如何接受我们自身的局限性，如何应对生活中那些让人感到失落和悲伤的事情，如何不让愤怒和忧伤压倒我们，如何坦然面对死亡。这些是我们作为人类在任何时候都会面临的问题。意识到在这一旅程中我们并非孤身一人，反过来也有助于我们看到，如果我们知道如何倾听，我们所需要的智慧就能在每个生命阶段和每一代人中找到。

（1）在大学里写论文作业时，大多数学生都是能拖则拖，直到实在拖不下去才动笔，所以他们交给老师的是真正的初稿，而不是经过多次润色的文本。这种写作方式无法获取使用迭代过程（写作、获取反馈、修订、获取反馈、再次修订、编辑和润色）所能产生的质量。许多学生明知迭代写作过程会产生更好的结果，但却仍是直到截止日期前才草草提交一篇劣质文章。你如何解释这种行为模式？这种行为与学校教育的组织方式、课程教学方式，以及高等教育的目的往往是如何界定的，有着怎样的关系？

（2）有一次，当我在课上说社会生活中的一切都是一个过程时，一个女生举起手说："一见钟情呢？这不是一个过程。它就那样发生了。"我想了一会儿，然后说，即使一见钟情也是一个过程。在这种情况下，这个过程早在吸引人那一刻之前就开始了。一见钟情的两个人必须有以前的经验，塑造了他们对谁和什么有吸引力的想法；他们必须了解，什么样的感情构成或可被定义为"爱"；他们必须走一些道路，让他们在合适的时机相遇；他们必须成功地相互沟通；然后，他们必须对这种互动所产生的感情做出共同定义，将其定义为爱。经过反思，"一见钟情"确实是一个复杂的过程。想一想社会生活中那些看似瞬间发生的事情（如艺人"一夜成名"），试着将其作为一个过程的结果加以分析。

（3）古希腊哲学家赫拉克利特有一句话经常被（不准确地）引用，说一个人无法两次踏入同一条河流。大多数人都认为，这意味着生活总是在不断变化——事物总是在变化，当我们回到它们身边时，它们已经不再是其先前的样子。河流的意象很好地展现了这个想法；我们大多数人都认为，河流是流动的、动态的，会随着时间变化而改变形状。但是，一本书呢？除了肉眼看不到的细微腐烂，一本书并不会随着时间变化而发生物理变化。如果你今天看完一本书，把它放在一边一年，然后又拿起来重读一遍，它还是那本书。还是它已不再是过去的它？如果书作为一种事物没有发生改变，那么什么过程可以解释：为什么我们永远不能打开同一本书两次？

第 14 章

研究和改变社会世界

如果我说我的电脑中央处理器不是芯片，而是以 10^3 千兆赫速度运行的正电子晶片，通过发送调制的重力脉冲通过高密度快子场，速度是光速的两倍，你可能拿不准是否该信我说的。也许我所说的听起来很有道理。毕竟，你是否真了解电脑里发生的情况？也许我只是在用一些你不熟悉的行话炫耀我喜欢的电脑。

然而，只要你对物理学知识略知一二，你就会知道我讲的计算机故事很傻。当我提到"以两倍光速"运行，就表明这是一个笑话。就算你不知道光速不可超越，但凡你对电脑稍有了解并关注相关新闻，你仍能猜到这个故事有点离谱，因为"正电子晶片""重力脉冲""高密度快子场"让人难以置信，并且"以 10^3 千兆赫速度运行的处理器"在家用电脑市场也从未被广泛报道过。

这个例子展示了我们如何通过演绎来了解事物。你只需知道一个事实：没有什么能比光速更快，就可以得出推断：我讲的关于正电子晶片的故事纯属无稽之谈。或者你可能已经知道，强大的计算机技术不会首先出现在家用电脑上。无论如何，关键是，通过了解一件事或几件事，然后仔细推理，我们就可以得出结论，帮助我们从那些胡言乱语中理清头绪。

下面是另一个例子。在不查阅资料的情况下，你能说出美国穷人中是黑人多还是白人多？因为黑人常被描绘成穷人，所以人们常会错认为贫困黑人比贫困白人多。事实上，由于黑人只占美国总人口的 12%，所以尽管黑人的贫困率（约 26%）高于白人（约 10%），但是，白人庞大的人口规模意味着，生活贫困的白人是黑人的两倍。同样，在这个例子中，一些事实和一点逻辑就使我们很容易弄清事实真相。

逻辑演绎是了解事物或找出我们所知事物含义的一种方式。我们所知晓的大多数事物都是直接来自他人。它是由父母、老师、朋友等传给我们的。我们也会从个人经验或观察、系统研究，以及神秘的启示中去认识事物。还有一些知识则是本能的，例如，婴儿一生下来就"知道"吮吸放进自己嘴里的任何东西。

思考我们的知识从何而来是一件很有趣的事情。然而，我们通常更关心的是，如何确保我们获取的知识是有效的和可靠的。每一种知识来源在这些方面都有它的局限性。社会学正念的一部分就是意识到这些局限性。

例如，逻辑演绎是一种阐述我们的知识的好方法，但若我们的**前提**是错误的，我们得出的结论就也是错误的，进而我们就会顺理成章地走向更大的无知。不过，逻辑推论的优点之一是，他人可以检验我们的假设和推理，从而在我们误入歧途时纠正我们。

依靠他人告诉我们的东西是必要的，而且通常也是一种学习的好方法，但我们如何确知他人告诉我们的是正确的呢？你肯定有过这种经历：他人（你的父母、老师或导师）告知你的一些东西，日后被证明是错误的。还有一个问题是，我们要在从同样可信的来源得出的不同版本的真相之间做出抉择。我们如何才能判定哪种版本的看法是正确的呢？

个人经验和观察都是很好的知识来源，只是基于这些来源很容易做出误判和过度概括。例如，你自己的观察可能会告诉你太阳绕着地球转，或者所有立陶宛人都是懒汉，因为你一生中遇到的两个立陶宛人都有点懒散，或者美国没有统治阶级，因为你从未见过他们聚在一个地方，或者犯罪率正在上升，因为你刚被人打劫过。在这几种情况下，问题并不是你不知道你看到了什么，而是你所看到的并不足以支持你得出的结论。

至于神秘的启示，这也许是一种为自己获取灵性知识的方式，但却不是了解社会世界的好方法，因为他人没有办法去检验或反驳一个人宣称的神秘启示。如果你声称你得到一个神秘的启示知道我这本书是魔鬼的工具，我又怎能不同意你的看法呢？反过来，我也可以说我得到一个神秘的启示，我这本书是赫尔墨斯送给我的礼物，你应该相信我，因为毕竟这是我写的书。但是，这将是一种非常奇怪并且无法解决的争论。

系统研究的优势

在创造关于社会世界状况及其运作方式之有效而可靠的知识时，仔细研究可能是最佳方式。这有以下几个原因。首先，通过使用被广泛接受的标准方法来发现事物，我们可以控制个人偏见。如果我们能够做到这一点，我们就不会把我们希望是真实的东西误认为是真实的东西。

例如，假设我认为民主工作组织比威权工作组织更好，进而相信前者的效率也要更高。我的偏见是只去寻找那些支持我信念的证据。但若我采用评估效率的标准方法，仔细而公平地对比这两种工作组织，我就不得不接受我所发现的一切。在这种情况下，我的偏见就会被消除，或者至少会被控制在一定限度内。

其次，研究会让我们超越个人经验和随意观察，因为研究 [重新寻找 (re-search)] 就是超越那些从我们自身立场来说觉得显而易见的事物。研究就是去寻找那些可能会挑战常识的想法和信息，那些常识让我们度过日常生活。这意味着要考虑他人创造的知识的有效性和可靠性，即使我们发现他们的知识令人恼火。所有这些都很难做到，因为我们早就习惯于相信我们知道的是正确的。

仔细研究的第三个原因是，我们可以互相核查。如果我们使用了他人认为合适的方法，他们就可以查看我们的结果，然后说："嗯，你做得对，所以你的结论是正确的。"或者他们会说："啊，你在这一点上做错了，所以你的结论不可信。"当他人向我们提供他们创造的知识时，我们可以对其做出同样的判断。通过这种方式，通过共同努力，我们就可以更好地消除错觉，并且从长远来看可以创造出许多有效而可靠的知识。

也许你已经注意到，对于那些经过仔细研究的知识，我说的都是好话。那么，这是否意味着，一个人就应该接受"科学或学术期刊上发表的任何东西都是真实的"这一看法呢？非也。任何来源的知识都应该受到批判审视。仔细研究只是避免以其他方式创造知识时那些常有问题的一种方式。如果研究做得不好，它同样会产生与其他方法一样多的错误。

这里更重要的一点是，我们应该尽可能留意我们自己的知识来自何处。我们可以用这种方式来追问自己：我们如何知道我们声称知道的？这些知识是逻辑演绎的结果吗？（如果是，我们的推理是否正确？我们如何知道我们的前提是正确的？）这些知识是他人告诉我们的吗？（如果是，他们的知识又是从何而来？我们如何确保它是正确的？）这些知识是个人经验或观察的结果吗？（如果是，我们声称知道的是否要比个人经验所能证明的更多？有没有可能，我们只观察了那些我们信以为真的方面，或者我们的观察在某些关键方面受到了限制？）

追问自己这些问题的目的，并不是要去怀疑我们所知道的东西，而是为了更加明智地判定对我们所知道的东西可以信任几分。如果能够做到这一点，我们就可以向新知识敞开心扉，而不用担心我们会向另一种可疑的信仰体系屈服。具有社会学正念，通过获取新知识，我们可以更好地了解将要发生的事情及其从何而来。我们还会看到，什么是值得我们追求的事物。

我们可以问的问题种类

所有创造知识的尝试都是对问题的解答，知识必须以解决问题的方式被创造出来。例如，如果你问："这本书有多重？"找到答案的正确方法就是把它放在称重器上。它包含多少单词？数一数。它会像飞镖一样在空中飞行吗？把它投出去，观察结果。这些都是经验问题，即它们可以通过测量、计数或查看发生的情况来回答。

但是，假设你问："这本书的封面好看吗？"假设你征求了十位艺术家的意见，有七个人说它很难看，有两个人说不清，有一个人认为它很美，你该怎么办？在这种情况下，没有量尺能解决问题，因为你问的是一个美学问题（感官主观上喜欢什么），美学问题无法用数据来回答。我们可以试着说出为什么有些东西让我们觉得美或丑、有品位或粗俗，但却没有任何证据或逻辑可以证明我们的看法就是对的，别人的看法就是错的。

这里还有一类问题：想想我花在写书上的时间可以做的其他事情，我写这本书值得吗？同样，这并不是一个经验问题，因为我们没有办法通过测量、计数或观察来获得答案。这是一个道德问题，因为它要求对什么是正确行为做出判断。我可以说出为什么写这本书在我看来是一件好事，但我给出的理由将会基于道德准则，以及我对未来将会如何发展的感觉。我既没有具体数据可以表明，也没有标准分析可以证明，我的回答就是正确的。我所能做的就是提出合理的论据。

还有一类问题是解释问题，其中最简单的问题就是：这是什么意思？面对艺术家们创作的艺术作品，人们经常会提出这样的问题。我们观赏一幅画或阅读一本小说，心里则在想，作家或艺术家希望我们从中看到的是什么。但是，任何事实、对象、手势、短语或行为（任何有意义的事物），都会让人对其提出解释问题。

有时，我们可以通过要求澄清来获得答案。也许作家或艺术家可以告诉我们他写的／画的是什么意思（尽管作家和艺术家并不总是能够解释清楚其作品意旨所在）。有时，我们可以听取专家意见，帮助我们去理解事物。但在其他时候就会有很多模棱两可之处，以至于没有办法给出明确的解释。任何人都能做的就是，给出理由去支持某一特定解释的合理性。

现在你也许可以看到，仔细研究比其他方法更适合回答一些问题。它是回答经验问题的好方法。它对回答**解释问题**也很有用，因为我们有时可以找到支持解释合理性的证据。尽管寻找想法和信息来帮助我们做出道德和审美判断是一种明智之举，但是，研究并不能告诉我们哪些判断是正确的。

留意我们面对的问题属于哪一类是一件好事。有时我们之所以会陷入徒劳无功的争辩之中，就是因为我们没有弄清楚这一点。例如，就一个简单的经验问题的正确答案争论不休，毫无意义。我们社会的犯罪率在上升吗？去图书馆或上网一查就能找到正确答案。如果有一个经验问题的答案引起争议，我们应该停止争论，去寻找答案。

解释经验问题的答案

有时，在解释一个经验问题的答案时，会生出很多麻烦。例如，问"美国黑人和白人的贫困率是多少"，就是问了一个经验问题。我们可以查找答案，因为已经有人（美国人口普查局）做了这方面的相关统计。如前所述，黑人的贫困率约为 26%，白人的贫困率约为 10%（这一比例会因人们对"贫困"所下的定义不同而不同）。但是，这些数字又意味着什么呢？我们如何解释它们？

有一次，在课上讨论到种族不平等时，我提到了这两个百分比。班上突然安静下来。没有人愿意评论这两个百分比的含义。当我要求"大家随便说说看"时，一个白人学生说道："我认为没人发言，是因为这些数字让人难堪。"他的意思是否是说，因为这些数字表明我们未能克服种族不平等，所以才会让人尴尬？我不确定，所以我请他说得更清楚些。他犹豫着说道："这些数字会让黑人学生难堪。"我被他这句话给弄糊涂了。

经过进一步交谈，我发现，那个白人学生之所以认为这些数字"会让黑人学生难堪"，是因为他把这些数字视为黑人劣等的证据。他的假设是，一个群体的贫困率是这一群体自身能力的一个指标。而我则认为这些数字是种族主义和歧视的证据。在这个事例中，关于贫困率的事实非常清楚，但它们却并未说明问题。同样的事实得到了两种相反的解释。

为了支持我的解释，我可以说，美国有数百万黑人和白人都很穷，因为他们找不到高薪工作，或者根本就找不到工作。有时，一个地区提供的工作岗位与人们拥有的技能不匹配。或者，当雇主将工厂转移到国外（在那里他们可以付给工人更少的工资），工作就会消失。因此，即使人们有能力并愿意工作，他们最终也会成为穷人。

我还可以补充说，黑人的贫困率较高是北方内城（那里生活着很多黑人）的工厂被关闭的结果。这是学校不能很好地为黑人儿童服务的结果。这是雇佣歧视和白人享有人际网络优势的结果。在某些情况下，这也是人们缺乏能够满足市场需要的技能的结果，但是，这是因为人们获得教育和培训的机会有限，而不是因为人们天生能力有限。

我本可以说出这一切，但这是否足以证明我的解释就是正确的呢？虽然我确信我的陈述有助于一些人明白为什么那个白人学生的解释是错误的，但是，那些坚持抱有那种看法的人则会正确地指出，我并未真正**证明**（通过我的话语，或者我展示的任何证据）黑人并不比白人逊色。我所做的只是在暗示，如果考虑到其他事情，如果这些其他事情是真实的，如果没有重要的反证被忽视，那么"黑人低劣"并不是一种合理的解释。

然而，我的解释并非只是一种意见。我的解释基于之前回答的经验问题。黑人聚居区的工作岗位是否已经消失？雇主是否歧视黑人？白人是否在找工作时享有人际网络优势？学校是否既为白人孩子服务也为黑人孩子服务？黑人是否缺乏接受教育和职业培训的机会？找到上述经验问题的答案，我们就可以确定，关于贫困率数据的哪种解释最有可能是正确的。

解决分歧

为什么要在这些事情上争论不休？你可能会想："人们会相信他们想要相信的东西，你无法说服他们不这样。"遗憾的是，有些人确实是这样。他们不会被说服放弃那些让他们自我感觉良好的信念和解释。即便如此，如果我们不过早放弃，对话经常会产生让人惊讶的效果。弄清楚下面这一点会对我们有不小的帮助，即找出是什么样的问题让我们陷入困境。

当我们对一个经验问题持有异议时，我们可以说："虽然现在谁都不知道答案，但是我们能够找到答案。"然后，我们可以决定，是在没有答案的情况下继续往前走，还是停下来去寻找答案。我们如何去做，取决于我们想要理解什么，以及这个问题对我们来说有多重要。即使我们无法立即中断对话跑去图书馆或上网搜索，我们也可以在心里记下它，过后再去查找。这也是一种进步，因为它能给我们日后的对话带来更多的信息。

当我们对那些解释性问题的答案意见不一时，情况是一样的。为了找出分歧所在，我们就要试着阐明我们的解释所基于的假设。也就是说，我们要留意自己用来表达关于某一事物意义的想法。如果我们能向他人解释清楚"我们来自哪里"，我们就更容易理解，为什么我们会有不同的解释，以及如何解决这种不同。

美学问题和道德问题引发的分歧则不易解决。其中有些分歧可能永远也无法解决。也许我们能做的最好的事情就是，尽可能解释清楚选择一个而非另一个答案的理由。这也许并不会让我们就此达成一致，但却会让我们对彼此有更好的理解。如果我们都能坚持持续不断地进行对话，我们也就可以避开用暴力作为结束分歧的方式。遗憾的是，许多人对这一点却是并不在意或者不够热心，所以也就很难将这种做法坚持下去。

谨慎的怀疑主义

有一次，我们在课上讨论教育的好处，一个黑人女生说，她对下面这种情况感到愤怒：平均而言，与黑人女子手里的大学文凭相比，白人男子手里的一纸高中文凭会给他们带来更高的收入（到中年时）。她的话音未落，一个白人男生就说："我不信你说的，你从哪儿知道这一点的？"在她做出回答之前，我说："她可能读了今天课前发给大家的材料。翻到文本第 34 页，你就会看到一张表格，那里面的数字可以证明她所说的内容。"他翻开发的材料，找到表格。看过片刻，他哼了一声，说道："数字谁都会编。"

作为一名教师，我被他的这种反应激怒了，因为这意味着，无论我收到什么信息，只要它不合乎我的信念，只要它让我感觉不舒服，我就对它持怀疑态度，所以我也就可以继续相信我想相信的。这样一种态度几乎没有给接受教育留下任何空间。我想知道，如果他执意不肯改变自己，为何还要费心去学东西或读书。

然而，我却不能说他的态度完全是愚蠢的。因为在日常生活中经常有人编造数据来误导我们，而且有时也会因为人们的无心之过而弄错数据，所以无论数据来源如何，对其持有怀疑态度也是合理的。那么，是否有什么方法可以帮助我们判断哪些数据是正确的呢？有的，那就是多加训练。由于大多数人都没有受过这种训练，所以他们可能会说"我分不清对错，所以我要将所有统计数据都视为垃圾"，这也是可以理解的。

不过，这显然不是对情境应有的那种谨慎反应。这就像说："我不会读书，所以我要把所有的书都当成废话。"最好的做法是学会阅读并学会区分对错。做到这一点是很难，但却并非不可能。对此有所帮助的一种做法就是，要有意识而非不加区别地怀疑新信息。

了解社会世界的难点之一在于，我们必须依靠他人创造和过滤的信息。即使我们知道怎么做，我们也无法做到自己去核查所有信息。在这种情况下，我们必须留意信息（不拘是文字形式还是数字形式）是如何产生的，由谁为了什么目的创造出来的。我们必须追问：如果这些信息被认为是真实的，谁会从中受益？在这些方面谨慎行事，会让我们对欺诈保持警惕，同时这也不会阻止我们去接受学习。

我们还应该寻找替代观点，因为这有助于我们看到我们自身知识的局限性。一些传统知识（如哥伦布发现美洲）看似简单而真实，但在提出一种替代观点（哥伦布对一个人口稠密的大陆发动了残酷的入侵）后，我们就会发现，事情变得不一样了。这不仅仅是一种描述相同事件的不同方式，更是一种理解这些事件的不同方式。如果我们试着提出这种替代观点，我们就会看到什么被视为传统知识，并看到它至少是有争议的。

当然，什么是传统观点，什么是替代观点，取决于你的立场。你眼中的替代观点在他人看来可能很传统。认识到观点的这种相对性，也是社会学正念的一部分。社会学正念也有助于我们看到，这些替代观点创造了更全面地理解世界的可能性，因为它们让我们有了更多观察世界的视角。

通过寻找并认真思考替代观点（在这方面总是会有多种选择），我们最终将会距离真相的更好版本更近一步。这是我们追求的目标。与此同时，思考替代观点也是一种明智的做法，因为这有助于我们了解真相的不同版本是如何被创造出来的。通过这种方式，我们可以更多地了解他人如何看待世界、我们如何看待世界，以及如果我们愿意承受一些不确定性，我们还会看到什么。

部分真理与不可避免的不确定性

说"数字谁都会编"的那名学生不想为不确定性而苦恼。也许他害怕，放弃自己相信的东西，他最终会迷失方向，不知道该相信什么。他不知道怎样才能做到谨慎怀疑。

我们害怕的部分原因是，担心由此会失去我们认为的真理。然而，社会学正念有助于我们认识到，我们从未拥有绝对完整的真理。我们拥有的是人类创造的各种形象、表象和解释，它们似乎很好地解释了我们所知道的世界。随着我们对世界的了解和体验越来越多，我们为什么不做好准备去发明或借用理解世界的新方法呢？

如果我们敢于承认世界上有比我们所见过或经历过的还要多的东西，也许我们也可以对自己说："我想更多地了解世界，所以我要把我目前的信仰（信以为真的事物）视为暂时的，并探索其他理解事物的方法，因为这些方法可能会在未来的某一天派上用场。"

接受这种获取知识的立场，并不意味着从一种信仰转向另一种信仰。这有点像特意逆流而上。想要前行，你必须采取温和的步骤，在向前移动身体之前，先要确保自己立足要稳。你必须保持足够的灵活性，顺应水流。如果你过于着急或失去注意力，最终你会全身湿透。所以当行动有意义时，你要小心移动。

有了社会学正念，我们就会明白，我们永远无法了解社会世界的全部真相。我们发明或借用的所有真理（我们接触的所有形象、表象和解释）都是关于整体的局部观点，而整体则是不可知的，因为它总是在不停地变化，其方式总是超出我们的理解。所以我们大可不必担心，新的想法和信息会取代我们的信仰成为真理。但是，它们很可能会给我们提供一个更大、更复杂、更难驾驭的真理来与之抗衡，这一点则会让人感到不安。

对一些人来说，想到永远不确定自己做的是否正确，是一件很可怕的事情。想象一个人可以现在和永远都确信自己做的是正确的，则是一件令人欣慰的事情。但问题在于，他人对事情会有不同的看法；当冲突出现时，他人既不会愉快地遵守让我们感到舒服的真理，也不会直接放弃他们的知识，转而接受我们的知识。因而，如果我们想要理解他人并与他人和谐相处，我们就必须愿意认真思考他们的观点，并容忍这种开放性给我们带来的那种不确定性。

持续不断的追问和对话

我一直建议对所有的知识（我们拥有的知识和让我们感到新奇的知识）抱持谨慎怀疑态度。这样我们就可以避免走向虚无主义（"世间没有真理，数字谁都会编，所以你只管相信你想要相信的。"）和陷入狂热（"只有一个真理，只有我的人知道！所有其他信仰都是假的或疯狂的！"）。这些都是死胡同，因为它们会使人与人之间的对话变得毫无意义，并且让人看不到解决冲突的希望。

对知识抱持谨慎怀疑态度，可以促使我们不断地去探究、观察和更好地理解事物；可以让我们去创建更准确、完整和有用的表象；可以让我们对新信息抱持一种开放的态度；当我们试着去做这一切时，它可以让我们与他人保持联系。对话既是实现这一目的的手段，也是目的本身——只要我们相信，理解他人要好过忽视他人或伤害他人。因而，我们要对所有的知识，包括我在本书中提供的知识，都抱持谨慎怀疑态度。在对其进行过公平的衡量后，再采纳并使用那些有助于我们相互理解和让对话持续下去的内容。

改变自我和世界

如果你能永生不死，你是否认为生活会变得无聊透顶？有些人可能会说："是的，因为天天都是老一套。"但是，还有一种可能则是：生活会变得更加**有趣**，因为人们对世界了解越多，就会看到更多的复杂性、更多的奥秘、更多的问题需要解决，以及更多的事情要做。为什么有些人会对生活抱有如此大的期许？我认为，这是因为他们充满好奇心、关心和希望。

如果对事物的本质及其运作方式没有好奇心，这个世界将会显得无比单调，人们忍受生活，直到生命之火熄灭。如果只关心自己或自己的时间，那么担心那些对度过一天来说无关紧要的事情也就毫无意义。没有希望，投入大量精力去分析社会世界同样毫无意义。所以我们才需要好奇心、关心和希望，以激发关注社会世界的欲望，试着看清它的真实面目，并借助这一认识去改变它。

有时，人们的生活状况无法激起好奇心、关心或希望。每天都度日维艰，每天都要操心柴米油盐，丝毫看不到期盼的改变，人们也就只能是把他们的注意力局限在每天的任务和短暂的娱乐上。而对另一些人来说，他们的日子过得无比舒坦，他们同样无心跳出圈外去批判审视这个世界。在这种情况下，人们自然不会发展出太多的社会学正念。但是，话又说回来，我们也可以扭转这个过程。社会学正念课程就有助于激发我们的好奇心、关心和希望。

意识到我们生活的这个世界是一个复杂而神秘的地方、揭开这些谜团会让人得到满足，应该会唤起我们的好奇心。意识到我们的行为会给他人带来快乐和痛苦，应该会鼓励我们去关心他人。意识到人类的行动会创造世界，应该会给予我们希望：我们能让世界变得更加美好。显然，这些都是我的一己之愿，但我已经做的却远非只是提出这些美好的愿望。

我已经展示了，有许多让人产生好奇心的地方：构成社会世界的各种联系、模式、偶然性、相互依存和过程；人们一起解决问题，最终形成文化惯习的方式；有些人创造社会安排的方式，这一方式使得他们可以自己从中受益，同时则以牺牲他人的利益为代价；人们塑造形象、表象和解释的方式，这三者构成了我们对社会现实的认识；自然和社会如何相互影响。我们可以永远研究这些问题，并不断学习新的东西。

我也展示了，社会学正念给了我们关心的理由。我们越是重视和理解联系、相互依存和偶然性，就越能看出我们的思维和行为方式会影响他人过上美好生活的机会。同理，他人的想法和做法也会影响我们。

正如我们关心身边人一样，社会学正念也有助于我们去关心那些生活在遥远地方的人们，他们的生活与我们的生活交织在一起。至少，我们可以找到新的理由，去关心那些把我们与他人联系在一起的社会安排，不管结果是好是坏。

也许你在想："那么希望呢？有了社会学正念，似乎只是让我们意识到社会世界有多么混乱，这如何能激发出希望？"事实上，仅仅意识到问题的存在（不平等、剥削、他人的痛苦）并不能激发出希望。但它完全可以引起人们的关注，也可能是愤怒，以及改变现状的渴望。不幸的是，当人们意识到问题的存在，同时又觉得自己无能为力，结果往往就是绝望。

然而，有了社会学正念，我们知道，社会世界看似稳固，却是一种社会建构。构成社会世界的所有观念、习惯、安排等，都是人类创造出来的。我们也知道，社会世界之所以能够保持现状，是因为人们抱有共同信念，因为他们每天都在一起做事。如果注意到这一切，我们就会看到，现存问题并非一定永远存在；它们都在我们力所能及的解决范围内。

当然，要做到这一点并不容易，因为许多有权势者都在从给其他人带来麻烦的安排中获益。还有一个问题就是，如何改变为了防止事情发生变化而设计的安排。然而，只要人们能够组织起来，改变的**可能性**也就始终存在，这是抱有希望的一个好理由。

社会学正念让我们意识到，我们不可能单靠自己一夜之间就改变社会，看清这一点有助于我们走出绝望的泥潭。下面这种想法是愚蠢的："我都尽了全力也没能带来多少改变，这证明它毫无希望。我想我还是放弃改变，随大流比较好。"然而，许多人都掉进了这种陷阱。解决办法在于认识到：变革需要与他人相互合作，挑战现有安排并创造新的安排。我们无法单独去做这件事。

因为我们不可能单枪匹马改变世界而感到绝望，没有意义。事实上，我们可以寻找那些认识到变革之需并愿为变革出力的人，将其组织起来。你会惊奇地发现，与他人在一起，可以缓解因英雄主义梦想失败而产生的那种绝望情绪。

因此，这里有一个切实可行的建议。与其哀叹自己无法改变世界，不如想一想你最关注的一个问题。尽可能具体。也许是高昂的军费开支、环境破坏，或者是学校服务人员工资过低。无论问题是什么，很可能都已有人在采取行动。找到这些人并加入其中。将你的精力和智慧融入其中，你将会尽到自己的一份力量，推动社会世界朝着积极方向发展。

社会学正念也提醒我们，我们可以单枪匹马地改变社会世界的一小部分。只要我们以更多的尊重和同情对待他人，只要我们拒绝再造不平等，只要我们对关于现实的官方表述提出质疑，只要我们拒绝在那些会产生破坏性后果的行业工作，我们就正在做出改变。我们并非必须加入团体或者是把人们组织起来进行抗议才能做出这些改变。我们完全可以通过选择一种不同的生活方式来独立让它们发生。

也许，我们微小的努力会与他人产生共鸣并激励他们选择不同的生活方式。或者，也许没人会注意到我们的努力；或者，他们注意到了但却认为我们的行为很奇怪。所以你可能会想："既然没人注意到我是一个行为高尚的人，我这样做又有何意义？为什么我还要冒着被人嘲笑的风险去做那些与众不同之事？"这是看待它的一种方式。然而，社会学正念则提出了一种不同的想法：我不能肯定我所做的**任何事情**都会让世界变得更好，但我可以肯定，如果我不去尝试，我将无法做我认为正确的事情并会帮助维持现状；因而，不管结果如何，我都会选择去做那些正确的事情。

最后，社会学正念所要求的，不只是研究社会世界的运作方式，也不只是激发我们的好奇心、关心和希望，尽管我们离不开它们。社会学正念要求我们改变自己和我们一起做事的方式，这样我们就可以更和平、更有成效地与他人生活在一起，没有剥削、不尊重和不平等。社会学正念是一种了解我们身在哪里，以及需要做什么事情的方式。这是一条通往成为真诚对话者的道路，这一对话应该永无止境。

对话——知识和行动

有几位老师建议我把本章拆成两章，一章讲研究，一章讲社会变革。如你所见，我并未这样做。原因之一是，我更愿意把本书的重点放在如何思考信息上，因为市面上关于如何收集信息的书多如牛毛。但我没有这样做的主要原因则是，我认为，把知识与行动分开，是一种有失明智之举。

在现实生活中，我们会通过行动来创造知识。观察我们行动时发生的事情，是发现世界运作模式一种很有效的方法。然后，通过努力思考，我们就可以得出一般原则来解释我们看到的模式。在这之后，我们还可以更进一步，将这些原则编织成概念图式。当科学家们这样做时，我们就说他们在"构造理论"。当人们在日常生活中这样做时，我们则说他们在获得常识。

我们还会通过行动来测试我们的知识。如果常识中包括关于世界运作方式的理论，那么这些理论所引导的每一个行动都像是一种实验。如果我们至少能够粗略地预测我们行动的结果，我们的知识就通过了效用测试。也就是说，我们的知识为行动提供了一种有用的指南，在这种情况下我们将继续接受它。但若我们的知识无法帮助我们做出有效的行动，我们就必须对它做出修改。

本书的目的之一是，让大家能够为自己创造更多更好的社会世界知识。你可以通过让自己具有更多的社会学正念去感知世界而获取这些知识。也许，如果我在本书中的工作做得很好，你就会获得一种能力，可以看到以前看不到的东西。如果是这样，这种能力本身就会创造出新知识。但是，想要获得最大的收获，必须将这种新的观察方式付诸实践。

关于这个问题有两种看法。一种观点是，把新想法付诸实践是理解它们的最好方法。这就是为什么教学通常都会包括练习，学生通过练习来掌握他们想学的技能。无论是美术、手工艺还是学术，学徒们都会在经验丰富的教师的指导下边做边学。这一原理同样适用于社会学正念。学习社会学正念的最好方法也是边做边学，即通过这里提供的想法，经由写作或对话，去理解社会世界（或其中某一部分）。一个好老师可以极大地推进这一学习过程。

另一种思考知识与行动之间联系的方法，则是我在社会不平等课上告诉学生的。我说："了解不平等如何长期存在的一个好方法，就是观察当你试着废除不平等时会发生什么。"我的意思是，在正常情况下，我们很难看到某些社会安排是如何得到维持的。但是，只要我们稍稍试着改变这些安排，我们很快就能看到，谁愿意做些什么来保护它们。这种改变世界的尝试，可以很好地检验我们关于世界运作方式的想法。

如果我们的日常世界没有给我们带来新的挑战，而我们也未能主动去寻求挑战，我们的知识就会停止增长。如果我们在一成不变的生活中安逸度日，我们会学到很多关于如何沿着一条道路前行的知识。而有了社会学正念，我们就可以对前行的道路和方式均有了解。但是，为了了解更多，看到我们现有知识的局限性，并创造新的知识，我们需要尝试新的道路。如果我们不去冒险探索新领域，我们又怎能绘制出它呢？

将知识视为地图，有助于我们解释创造世界新表象的意义，以及我们必须如何去做。但是，这个比喻并不完美，因为社会世界与地球表面并不相像。两者之间的不同之处在于：地球表面等着我们去探索，当我们绘制关于它的地图时，它不会发生改变，而社会世界之所以会是当前这样，则是因为人们基于自己对社会的理解去行事所致。这就意味着，随着新的理解导致新的行为，社会世界本身就会发生改变。

因此，与地球表面不同，社会世界会被我们理解它的努力所改变。我们不只是通过行动来扩展我们的知识。我们还会根据我们先前行动所创造的知识，用不同的方式采取行动，来扩展社会世界。

我一直不愿把研究和知识与关于社会变革的内容分开，还有一个原因。简单说就是：在一个充满由不平等造成的暴力和苦难的世界里，在我看来，了解社会世界最令人信服的道德理由就是想要改变它。而社会学正念则正是实现这一目的的一种手段。

最后，我们不要忘记下面这一点，一个人的无知是另一个人的优势，即你不知道的东西会被那些强大的人用来对付你。缺乏信息和不去进行批判思考，也限制了我们以道德上负责任的方式行事的能力。因而，如果你想过一种负责任的生活，你就有义务尽可能多地了解你所属的社会世界，并且你可以通过你的自身行动帮助重造社会世界。社会学正念是一种更清楚地看到正在发生的事情的方法。最终你会选择如何行事，由你自己来定。

杂记　**教导他人**

一个读过本书的学生向我提了一个很难回答的问题：我怎样才能让别人有社会学正念？我的建议是，让他们阅读本书或书中一部分，然后进行对话。那个学生接受了这个答案，但是，后来我意识到，光这样去做是不够的，因为它没有考虑到，教别人去学他们并不想学的东西，是一件多么复杂和有挑战性的事情。

所以，如果再有人问我这个问题，我会这样回答："这取决于你想让谁在哪方面具有社会学正念，以及为什么你认为他们没有这一正念。"如果对方是我们的老朋友、新相识、亲密伴侣或家人，情况则会有所不同。根据我们与他们之间的关系，他们会以不同的方式倾听我们所言。在好友那里起效的方法，在父母那里很可能就会失效。

问题不同，以及这个问题对我们想要教导的人来说有不同的意味，也会产生不同的效果。如果某人打死都不愿批判思考社会世界的某些部分（也许是因为这样做会威胁到其所珍视的自我概念），那么我们就很难找到一种行之有效的方法。对此，我建议要有足够的耐心并不断努力去了解对方。所有的好教师都知道，无论传递什么样的信息，都必须要能先让对方听进去才行。

一般来说，我建议轻拽，而不是猛推。这样说可能会更有效："另一种看待问题的方式是这样的……"或者"这样看问题也是有意义的……"通常，人们越是觉得自己不是被推着往前走，就越是愿意倾听。

我也建议从问题开始，而不是对其争论不休。采用这种方法，你会发现，一个人所做的推理非常好，但却始于一些可疑的假设（基于一些不正确或不完整的信息）。将这些假设公之于众，可以让它们得到事实的检验。也许，关于这些假设的对话将会促成新的理解。同样，如果你想教会人们一些新的东西，重要的是要知道他们从哪里开始，因为那也是老师必须开始的地方。

三 / 思 / 而 / 行

（1）如果你很幸运，那么你在学校学到的东西已经部分满足了你对知识的渴求，同时也增加了你的这种饥渴感。如果你没有这么幸运，那么也没关系，因为问题是可以解决的。你需要做的第一步就是要认识到：**你的教育由你自己负责**。即你必须主动追求你渴望的知识，而不是等着老师来教你。一开始，可以列出你想知道的事情。因为你无法一次知道所有事情，所以你可以从中选出一个，想出三个步骤来了解它（例如，读书，和专家交谈，上课）。你可以如何利用你的老师来帮助你追求自己的教育？你还可以利用哪些资源（人力资源或物质资源）来学你想学的东西？

（2）有人说，我们社会中的不平等和不公正问题无法解决，因为那些拥有财富和权力者会抵制所有想要改变他们受益条件的努力。鉴于 20 世纪为社会正义而进行的成功斗争，这是一种奇怪的悲观论调。你认为一些中产阶级为什么会在这种悲观论调中得到安慰？想想苏珊·安东尼（19 世纪公民权利运动的先行者）、金、甘地和曼德拉领导的斗争。他们都对得到巨大财富和权力支持的社会安排发起了挑战，并克服重重困难，最终赢得胜利。他们是如何做到的？他们使用了什么样的资源和战略，去战胜那些拥有更大经济、政治和军事力量的人？

（3）正如我在本书中所讲，社会学正念在很大程度上是一种智力实践，一种观察和理解社会世界的方式。也许我讲的会给人这样一种印象：一个人有社会学正念但却以一种超然的方式生活，他四处观察和分析，而不是根据自己看透的东西采取相应的行动。虽然我认为有些人确实会这样做，但我认为，用不同的方式去理解社会世界，会让人们采取不同的生活方式。你认为在你身上这是否有可能是真的呢？如果你关心社会学正念揭示的不公正和不平等问题，你会如何行事，以与这些价值观和你的新理解相一致？

第二部分

社会学创造美好生活

第 1 章

导论：社会学与社会变迁

每个学期临近期中，总是会有学生问起一个问题。这个问题或多或少都会让人感到有些沮丧：社会学揭露了各种社会问题，它是否能给我们提供一些解决问题的良策呢？大多数社会学任课老师可能都听过这个问题。许多学社会学的学生可能都在寻求这个问题的答案。下面我将给出我自己的答案。事实上，我会从不同角度来解答它。

每当有人问起这个问题，通常我都会说：没错，任谁听到社会中存在这么多问题，都会有几分沮丧，但这是我们必须了解的信息，否则我们什么都做不成。在尝试改变社会之前，我们先得了解社会是如何运作的，这样我们找到的解决问题的办法才会行之有效，不会使事情变得更糟。我曾说过，社会学可以为想让世界变得更加美好的社会活动家和立法者提供这种知识。我也曾说过，作为公民，我们有责任弄清楚应该如何利用社会学提供的知识，并认识到，因为世界不完美而陷入恐慌，是一种毫无益处的行为。

其他社会学老师可能会给出与此大致相同的答案。就目前而言，这是一个不错的答案。任何赞同在介入并尝试解决问题前先全面分析问题是明智之举的人，都会欣赏社会学（及其他社会科学）提供的数据和见解。在我给出的解答中，虽然我搬出了社会学在诊断和解决社会问题中的实际价值，但它还不能令人满意，因为它显得过于抽象，高不可攀。我想，如果能把社会学与人们在日常生活中的不同行为联系到一起，就能更好地解答本章开篇提出的问题。

那些询问社会学能否起到行动指南作用的人（我主要想到的是大学生），大都不是政策制定者（尽管他们中有些人日后会负责制定政策），也不是活动家（尽管他们中有些人已经是了，而有些人则将会是）。他们只是一群想要了解如何利用自己所学的知识去改变世界的人。我想，我也许可以换个方式来解答这个问题，我绝不会向人们暗示说，想要实现自己的目标，必须参加社会运动、当选政府官员或者成为大学教授。利用社会学来改变世界，可采用的方法比比皆是。这些方法并不需要我们做出什么高深莫测之举，而只需采取一些经过深思熟虑的实践，而这则是每个人都可以做到的事情。下面我就来详细阐述一下我的观点。

我将要描述的实践来自三个方面：多年来形成的社会学知识体系，社会学家用来研究社会世界的一套方法，以及我自创的"社会学正念"。这并不是说，这些社会学知识、方法或正念，就能确切地告诉我们改变世界的特定办法。如果是这样的话，社会学早就把世间所有问题都解决得干干净净。确切来说，社会学只能提供一些资源：各种信息、观点、调查方法和思维方式，来帮助我们发现有助于让世界变得更加美好的具体措施。

让世界变得更加美好是什么意思？为谁变得更加美好？在哪些方面变得更加美好？

当学生们询问社会学有何实际价值时，他们至少已经隐约想到一个美好的世界。在这个美好的世界中，社会学明确指出的各种问题，如种族歧视、性别歧视、偏见、贫困、暴力、疾病、不平等、压迫、剥削，全都消失了。就那些遭受各种不公正、侮辱、苦难和匮乏的人不会再受这样的苦而言，这是一个更好的世界。许多人都会认同，这就是一个更加美好的世界应有的模样。当然，对此我也深表赞同。

　　然而，当一个人的问题可能是另一个人的解决方案时，事情就会变得十分棘手。比如，对想要过上体面生活的工人来说，低工资是一个问题；而对资本家来说，这则是他们增加企业利润的一个解决办法。对那些身体和生活被战争摧毁的人来说，战争是一个问题；而对那些寻求凌驾于他人之上的权力的人来说，这则是一个解决方案。对边缘化群体来说，歧视是一个问题，而对那些想要保护自身既得利益的占主导地位的群体来说，这则是一个解决方案。这些示例说明，要想改变世界，势必会遇到各种矛盾冲突，尤其是因为人类社会自从诞生之日起就充满了各种不平等。那些从不平等关系中获益的人群可能根本就不想去改变社会现状，他们不会心甘情愿地牺牲自身利益，去为他人创造一个更加美好的世界。

　　正如我所说，一个没有种族主义、性别歧视、偏见、贫困、暴力、疾病、不平等、压迫和剥削的世界这一愿景很有吸引力，让人无比向往。我认为这确实是一个更加美好的世界，我也希望善良的人们会认同这一点。但更重要的是，我们不要把更加美好的世界等同于乌托邦。"更加美好"是指有所改善，而非打破重建，趋向完美。就现有情况而言，我认为，一个更加美好的世界是这样的，它有更多的机会和更少的歧视，更多的和平和更少的暴力，更多的平等和更少的贫困，更多的民主和更少的专制，更多的欢乐和更少的苦楚。推动世界朝这些方向发展是完全可行的，对那些想要对此有所贡献的人来说，社会学的确能够起到很好的指导作用。

　　在接下来的章节中，我将会借助社会学知识（这里是指关于社会世界的各种说法，我们通过翔实研究有充分理由信其为真）给出建议，让大家了解，想要让世界变得更加美好我们可以采取的行动。我还将借助社会学家研究社会世界和得出有效知识的方法。我会向大家展示，社会学研究的原则和方法并非仅适用于科学研究，它们还能有效地指导我们在日常生活中的行为。但是，谈及社会学对日常生活的影响，社会学正念则能起到更大的作用。社会学正念是本书第一部分所讲内容的核心所在，下面我再简要对其做一解释。

社会学正念

20 世纪 90 年代中期，我决定写一本书，向学生介绍如何进行社会学思考。我的灵感来自米尔斯和伯格。我想把我从他们（及其他作家）作品中悟出的东西表达出来，但我又希望我的书读起来更加通俗易懂、轻松随意，用更多笔墨描述人们在日常生活中的所见所行。我还想指出，社会学思考如何能改变一个人的生活。多年来我一直在按照这个思路写作，但我写出的内容大多用作课堂讲义。现在似乎是时候把我的想法汇集成书，与更多人分享。

然而，写书可比写讲义难多了。没写多久，我就卡壳了。我重读笔记，再次提笔，但没过多久又陷入困境。我始终没能找到一条主线来串联全书。我试着采用"社会学的想象力"概念，但我越是深入追索越不喜欢这个词的内涵。我甚至试着采用第三人称来写作，如态度和善的教师、聪明敏锐的社会观察员、冷峻坚毅的科学家或者性情乖戾的教授。但我始终感觉有什么地方不对劲，至少顺着这些思路没写多久就只能悻悻搁笔。

差不多与此同时，我在阅读一行禅师的书时发现了"正念"这一概念。在佛教禅宗思想和当代西方心理学的某些分支中，"正念"是指在冥思中觉察，而又不下任何判断——有时是对自己的身体进行觉察，有时则是对所处的环境进行觉察。我突然想到，社会学思考又何尝不是一种对社会世界的特殊觉察，一种极为敏锐的洞察。换言之，我们可以把社会学思考描述为一种正念。这就是我写作本书所需要的那根主线。

全书完稿后，我给它起名《日常生活的社会学透视》，它于 1998 年首次出版，现已出到第 5 版（牛津大学出版社，2018）。在这本书中（即本书第一部分），我解释了各种觉察社会世界的方法，它们构成了社会学正念。接下来我会简要回顾一下那些与引发社会变迁最相关的想法。我必须说明的一点是，这种思考方法并未特别体现出禅宗思想，它是希望我们能够听从古希腊哲人（尤其是苏格拉底和柏拉图）的告诫，但又采用社会学方法来审视我们的生活，了解自我。

关于社会世界是人类创造的正念

具有社会学正念的第一步，就是看清社会世界是人类创造的。因为我们一出生就成为现有群体（家庭、社区、社会和国家）的一员，有着既定的文化和做事方式，所以我们觉得社会世界似乎就在那里，既像群山一样坚不可摧，又像天气一样独立于人类的意志。然而，事实并非如此。社会世界的每个组成部分，如群体、组织、制度、政治／经济体系，以及我们的信仰、价值观、符号和实践，都是很久以前由人们创造的。

社会世界是人类创造的，这一点似乎不言而喻。要不它还能从哪儿来？但在生活中，我们经常会有下面这种体验：社会世界脱离我们，或者凌驾于我们之上。这种体验反映在我们谈论社会世界的方式上。我们会说，市场做出了这样或那样的反应，经济产生了这样或那样的影响，技术促进了这样或那样的变革，或者是全球化正在改变社会等。当我们这样去思考和谈论社会世界时（就像它是由独立于人类行为的东西和力量构成的），我们也就巧妙地强化了这样一种观念，即社会世界是不可改变的，我们做什么并不重要。

在某种程度上，具有社会学正念意味着，认识到社会世界是由人类创造的，并留意这是如何发生的。当人们发明新的概念和思想时，当他们与他人分享新的想法时，当他们创建新的团体和组织时，当他们建造新的工具和技术时，当他们找到新的共同做事的方法时，当他们制定新的法律和政策时，当他们拒绝旧有的思维方式时，他们就正在改变社会世界。由此可见，尽管社会世界看似像群山一样坚实稳固，但它其实一直都在变化，而我们在某种程度上也是每天都在参与这一进程。因此，社会学正念有助于我们发现更多变化的可能，更多改变世界的可能，这些可能性远远超乎我们的想象。

关于人与人相互依存的正念

用社会学正念进行思考，也意味着觉察人与人相互依存。在西方社会，尤其是在美国，我们往往认为自己是作为个体在生活。我们都是独立的生物体，都有各自的想法，在这一意义上我们当然都是独立的个体。然而，这种独特性有些过于夸大，它掩盖了我们与他人之间的相互依存关系。没有这种关系，我们甚至无法成为具有自我意识的生物。

在我们小的时候，我们的生存取决于养活和照顾我们的成年人。我们按照人类的方式去思考的能力（命名和理解世间万物），取决于学习使用我们周围人所讲的语言。我们也会向他人学习如何正确行事，这样我们就可以避免陷入麻烦，与人和睦相处。与其他动物不同，我们没有它们那种生来就有的适应能力；我们需要从他人的榜样和教导中去学习，如何胜任参与社会生活。

读写、逻辑思维和解读复杂信息这些高级技能，也来自我们与他人的互动。我们获取这些技能的速度有快有慢，但却绝对不可能无师自通。习得读写和推理技能后，我们就可以吸取历史、科学、哲学和艺术等领域的知识。这些社会输入塑造了我们的身份和个性。因此，社会学正念让我们认识到，我们的个性既非生而有之，也非必然的产物；它是我们作为社会群体成员之经验的结果。换言之，它是我们与他人相互依存的结果。

当我们长大成人后，我们取得的成就同样是相互依存的结果。在现代社会，想要成为领头羊，必然有赖于组织和制度。没有大学，就无法成为大学教授；没有法律体系，就无法成为法官；没有集团公司，就无法成为公司高管；没有电影产业，就无法成为电影明星。无论我们个人多么努力，我们都无法独自前行；我们走的每一条路，我们努力到达的每一个地方，都离不开其他许多人有组织的努力。

在现代社会，如果缺乏各种基础设施，生活就会变得举步维艰。道路、桥梁、学校、医院、公共交通体系、机场、港口、图书馆、公园、供水和污水处理厂、能源公用事业、警察局和消防队、法庭、政府等诸多基础设施，都是通过集合公共资源才得以建立和得到维护。通过这种合作建立起来的各种组织和机构，让社会中的每个人都获益良多。但是，由于我们往往认为这些基础设施的存在是理所当然的，所以在谈到追逐梦想并取得成功，或者是想要过上那种安全舒适的生活时，我们很容易忘记我们与他人之间的相互依赖程度有多深。

只要我们觉察到这种相互依存关系，我们就能更深刻地了解社会世界的运行模式。我们看到，我们会成为什么样的人，我们能取得什么样的成就，以及我们拥有什么样的日常生活，取决于我们共同参与的大量有组织的集体努力。这是一个最基本的社会学观点，它反驳了美国文化中流行的过于夸大的个人主义观念。但也许更重要的一点是，因为我们如此相互依存，所以我们的行为会影响他人，就像他人的行为会影响我们一样。其言外之意就是，我们所做的事情（我们选择如何参与社会生活的方式）会给世界带来改变。

关于权力的正念

社会学正念的第三个方面是关注权力在社会生活中的运作方式。当然，在 18 岁成人前我们就已经意识到，我们需要关注权力。这是因为我们在很小的时候就发现，他人可以通过给予奖惩来控制（或试图控制）我们。这些人包括我们的父母、教师、老板和政府官员，我们认为他们有权力让我们去做（或禁止我们去做）某些事。我们还学会避免得罪这些强大的他人，这样我们就能更多地得到我们想要的东西，而避开那些我们不想要的东西。因此，公平而言，关注权力是顺利穿行社会的先决条件。

但是，对权力具有社会学正念，并不仅仅是指意识到权力的存在，或者是权力对我们生活的影响。它更多是指关注权力的社会基础，也就是说，我们要追问个体或群体的权力由何而来。从社会学角度深入探究这个问题，我们就会发现，权力取决于合作和对现实的共同定义。例如，我们可以思考一下教师的权力。

我们认为教师有权力执行规则、布置任务、评判作业、给考试打分，这些行为无论结果好坏都会影响学生的生活。在这种情况下，大多数学生都会照老师要求的去做。但重要的是，我们要认识到，这种强迫学生行事的权力并非来自教师自身。它来自一种合作体系，这一体系包括学生、教师、行政人员、管理人员、校董、家长、雇主、社会工作者，甚至校警在内。如果不是因为所有这些人以一种特殊的方式合作"办学"，教师就没有权力可言。

产生我们称之为"学校"的合作制度，反过来则取决于参与这一制度中的人们所共有的一套信念。这些信念包括什么是学校教育，什么是教育，为什么教育是有价值的，以及师生各自应有的行为方式。这些信念合起来就构成了对现实的共同定义。再次，如果没有这种对现实的共同定义，就没有合作制度，没有学校，也没有可以行使权力的教师。

我们对老板的权力也可以做此理解。老板有权执行规则，布置任务，评判员工绩效，决定员工的薪酬高低和晋升机会。因为老板的行为直接影响到员工的生活质量，所以大多数人都会听从老板命令行事。然而，与老师一样，老板的权力也是来自合作和对现实的共同定义。如果老板不与其他老板合作，不与投资者和员工合作，或者是不与保护私人财产的警察和政府官员合作，也就没有工作场所可以让老板对员工下命令。这些合作网络基于以下共同信念：什么是工作，什么是老板和员工各自应有的表现，什么是工作和金钱的价值，以及何人有权以何种方式控制财产。没有这些信念来引导我们称之为"工作场所"的合作形式并将其合法化，老板手里的权力也就荡然无存。

关于老师和老板权力的解释，也适用于总统和军事领袖。即使拥有世间所有的枪支或炮弹，如果没有追随者愿意用这些枪炮去伤害他人，任何总统或将领都不会有多少权力。为什么有人愿意听从政治家或将军的命令去伤害他人？只因有人教导他们相信总统和将军的权力是合法的。这些信念又是如何植入那些使用暴力者的心中的呢？唯有通过许多人的合作努力，这些人创造并传播了如下信念：暴力是可以接受的，服从是必需的。

从社会学视角意识到权力在社会生活中的运行方式，我们就会发现，让他人做事（即行使权力），总是取决于那些被告知服从或合作的人心中的信念。如果那些证明合作有理的信念受到挑战并开始瓦解，使得老板们很难动员他人为他们服务，他们手里的权力就会消退并消失。用这种方式去看待权力，对社会变革至少有两种影响。其一，我们可以通过提出新想法，引导人们反对合作，来抵制权力。其二，维持权力行使的任何安排都不是永恒的，不管那些安排看上去有多么稳固。

关于不平等的正念

社会学正念的第四个方面是关注不平等。与权力一样，我们也是从小就习得这种不平等关系的存在。比如，我们看到，有的孩子穿的衣服更漂亮，玩的玩具更贵，家里有豪车，还住着别墅。我们听到，有的孩子能从大人那里得到更公平的待遇。我们在学校学到，一个人必须超过他人，因为胜利是一个人从不平等中获益的方式。即使我们周围没有太多的不平等现象，我们还是会从媒体上了解到，有些人富得流油，有些人穷得掉渣。在现代社会，即使一个年轻人也会意识到，我们周围有许多不平等现象。

那么，关注不平等的社会学正念，如何有别于仅仅意识到不平等现象的存在呢？首先，它会观察不同种类的不平等是如何联系在一起的。例如，收入不平等在教育、医疗、安全和物质享受方面会产生差异。在资本主义社会，这些联系并没有什么神秘可言；每个人都知道，拥有更多的金钱意味着你可以购买更多的商品、服务和体验，生活愉悦而充实。但是，其他方面的联系则不太容易被人看到。

例如，财富（一个人拥有的所有经济资产价值的总和）不仅是物质享受的基础，还是心理安全的保障。这是因为一个人拥有财富就不会惴惴不安，总是担心失业或重病等突发事件会让自己的生活困顿不堪。虽然心理安全不像漂亮衣服和豪车豪宅那样一目了然，但它也许才是美好生活的标志——如果我们认为美好生活等同于岁月静好、现世安稳的话。在这种情况下，社会学正念就会引导我们去关注经济不平等与心理安全不平等之间的联系。

另一个典型示例是，财富与政治权力之间的关系。每个成年公民都有选举权，但是，那些有钱人却能通过向候选人和当选官员提供活动经费来施加更多的影响。如果有人利用巨额财富来开展公关活动，组建智囊团，或者收购并控制传媒公司，他就能从中获取更大的政治权力。如果财富被用来左右舆论或影响政府，其结果就是法律和政策发生变化，以保护有钱人的既得利益，同时也会加剧社会不平等。在这种情况下，我们就会看到经济不平等与政治不平等之间的联系。

地位（社会荣誉、威望或敬重）上的不平等，经常与财富和政治权力上的不平等密切相关。如果某些群体（因其种族、族群、宗教信仰、性别或性取向而）不受尊重，低人一等，那么这些群体的成员可能就没有机会去提高自己的经济地位和竞选官职。在这种情况下，社会学正念意味着，看清地位上的不平等如何成为那些歧视性做法的基础，这些做法会导致财富和权力上的不平等。虽然这些做法未必一定存在，但我们要关注它们是否存在，如果它们确实存在，我们就要努力去理解它们是如何产生作用的。

关于不平等问题，社会学正念的另一个方面是，看清它如何潜移默化地影响人们过上幸福生活的机会。前面我已经提到了一种情况：缺乏财富会破坏一个人的安全感。我们渴望成功，我们想要名利双收，大权在握，攀上社会等级制度的最高峰，这些都是美国文化教导我们如何思考成就的结果。如果我们对此稍作思考，我们就能清楚地感受到，这种文化对我们产生的那种潜移默化的影响。

通常的说法是，我们在社会上取得的地位取决于我们自身的能力、理想和努力。最终，人们都会各归其位；无能者沦入底层，平庸者占据中位，卓异者登上高座。因为我们被教导以这种方式去思考不平等，所以那些未能取得成功的人常会自责不已。然而，我们不妨思考一下这种自责是否有道理，或者这是否是不平等被合法化后一种不公平的破坏性结果。

为了找到答案，我们先来看几种毫无争议的现象。首先，有些人生在富人家，可以轻松获得各种必要资源（金钱、知识、技能、人际关系网等），在学校和就业市场上成为佼佼者；另一些人则出身贫寒，毫无根基，获得家庭支持甚少，或者基本没有。因此，人生的比赛还没开场，"参赛者"们就不在同一起跑线上。有些人虽然本身没有多少本领，但因拥有得天独厚的资源，就能在竞争中立于不败之地。事实上，那些出身豪门的孩子压根就不需要参与竞争，因为他们什么都不缺。从他们呱呱落地起，他们就已经不战而胜了。

其次，对某些人而言，虽然学业成功是向上流动的一条途径，但因学校本身（在财政资金和师资力量方面）就不公平，所以它们并不能为每个人都提供公平的教育。纵观所有学校，我们会看到，有些学生得到了更多更好的资源参与竞争。再者，学校从未公平对待每个学生，那些来自中产阶级和中上层阶级家庭的孩子，往往会以一种微妙的方式从学校那里得到更多的帮助和鼓励。而且，市场上也没有那么多高薪工作，也就是说，一个人并非只要够聪明够努力就一定能获得一份理想的工作，进而一举跻身上流社会。

这些现象表明，一个人最终会在财富、地位和权力的社会等级中处于何种地位，并不仅仅是个人素质或努力的结果，而是任何一个人都无法控制的社会过程和环境的结果。也就是说，告诉人们"成就完全或者是在很大程度上依赖于天赋、抱负和努力，没能取得成功只能怪自己"，既是错误的，也是不公平的。从社会学视角看清不平等是如何再现的，有助于消除广为流行的成就观念让人产生的自责。另一个后果则是，人们会看到自己并非败给他人，而是败给了一种机会分配不平等的制度。

　　这里我已经开始触及以社会学正念方式关注不平等的第三个部分：将不平等视为社会的组织方式及其运作规则的结果。这意味着，我们不仅要关注人们最终在社会等级制度中所处的位置，还要看清整个社会的不平等如何通过法律、政策和官僚程序（即游戏规则）被创造出来并得到维持。

　　这些游戏规则涉及税收、合同、财产所有权、政治捐款、游说、国际贸易、选举、就业和歧视、工会组织、治安管理和政府支出等一系列问题。这些规则通常都是在日常生活的背景下运行。大多数人都不会去多想有关政治捐款、国际贸易、知识产权或投票的法律。但是，这些法律却是极大地影响了社会权力的平衡、利润、工资和财富的总体分配。因而，虽然看上去很是无趣，但若不注意这些法律和政策的制定、解释和执行，我们也就无法理解不平等。

　　尽管当我们考虑到那些旨在维护不平等的游戏规则时，减少不平等的前景并不乐观，但是，还有一种看待这种情况的方法。如果不平等是法律、政策和程序的结果，那么减少或消除不平等也就并不需要人类或社会变得完美。它所需要的只是去做我们已经知道该怎么做的事情：制定新的法律、政策和程序。如果游戏规则伤害了游戏中的大多数人，那么解决办法就是改变游戏规则。从社会学视角关注不平等（看清它是如何从社会运作的规则中产生的）意味着，改变的可能性始终存在，尽管社会上有种论调认为，除了维持现状，别无选择。

关于过程的正念

　　唯有将社会世界看成各种过程的集合，我们才能最终理解社会变革的前景。为了便于表达，我们经常把各种组织（如大学、银行、军队、医院、集团公司）和各种制度（如教育制度、政府制度、家庭制度和市场制度）统称为事物，而事实上这些事物就是人们按照既定模式定期进行互动的产物。我们把这种模式称为大学，把那种模式称为银行，把另一种模式称为公司等。这种看待组织和机构的方式让我们认识到，改变社会世界并不意味着我们要拿着铲子去移山填海。它意味着要改变我们一起做事的方式，这是一种更可行的做法。

关注过程有助于我们认识到，不平等并非什么神秘力量使然。我们可以观察：资源如何在家庭中进行传递，技能和自信如何在学校中得到（或未得到）培养；人们如何进入获取信息和机会的人际网络（或被排除在外）；守门人和老板如何决定员工的工作前景；经济变化如何增加或减少就业机会；如何制定、解释和执行游戏规则。面对每一个不平等的结果，我们都可以通过回答以上问题来分析产生这一结果的过程。如果我们能够理解这些过程，我们就能更好地试着去改变它们。

我多次用"山峦"这一意象来暗示一些巨大而实在的事物——这与流动变化的过程形成了一种鲜明的对比。但是，正如地质学家告诉我们的那样，山脉也是过程的一部分。当构造板块一起推挤时，它们就会隆起上升，并会随着风雨的侵蚀而下降。我们通常都不会看到这种情况发生，因为它要历经数百万年的时间，而人生苦短，难见沧海桑田的演变。同样的原则也适用于社会世界。与山脉一样，社会世界看似稳固不移，实则一直都在变化。这是因为我们总是在共同参与学习、解决问题和找出一起做事的更好办法。如果我们注意到这些过程，我们就会意识到，人类社会生活中不变的不是固定，而是改变。

以我在这里描述的方式养成正念（即关注社会世界是人类创造的、人与人相互依存、权力、不平等和过程），有助于我们认识到，创造美好世界是可能的。因为社会世界总是通过我们的行动和我们与他人共享的想法而得到塑造和再造，所以我们选择做什么（我们如何参与这个过程）很重要。我们不可能一夜之间就改变世界，但只要我们选择做出不同的行为，我们就能改变当下社会环境，并有可能将这种改变的影响逐步扩大，进而带来更大的改变。那么，我们应该做些什么来让世界变得更加美好呢？这就是我要在本书第二部分回答的问题。

开创道路

　　虽然我在前面说过，社会学知识、方法和正念可以指引我们努力创造一个更加美好的世界，但却并没有一个公式能够确保结局圆满。社会学认为，唯有一些实实在在的做法才能让世界变得更好而非更糟。在后续章节中，我会详细描述这些做法（在日常生活中可以采取的行动）。它们与其说是行动指南，不如说是有助于我们找到并开创前行之路的一系列建议。

　　如果你曾徒步穿行树林或荒野，你就能真正体会到"道路"一词的含义。一条道路是指穿越一片布满障碍物（如密林、岩石、巨石和灌木丛）之地形的通道。你也会知道，一条道路可以更清晰或更模糊、更坎坷或更平坦、更弯曲或更平直。由于这些变化，适合一个人的前行之路可能并不适合另一个人。改变世界的道路同样如此。

　　前行之路上肯定会有障碍：那些因为从现状中获益匪浅而抵制变革的人，那些因为担心越变越糟而抵制变革的人，来自服从和顺从的回报，不质疑主导思想给人带来的那种舒适感和安全感，那些根深蒂固的思想和行为习惯。克服这些障碍，或多或少有些困难，或多或少有一定风险，或多或少要付出代价。某一次或对某一个人起作用的东西，可能换个时间或对另一个人就不起作用。这跟穿越丛林是一个道理。

　　要想找到或开创一条道路，也需要有人勇于探索。最佳路径并非总是一开始就会展现在人们面前。也许人们有必要逐一进行尝试，这条路不好走，就走另一条，直到最终找到那条通往目的地的最佳道路。这也适用于穿行丛林和社会世界。因此，如果社会学知识、方法或正念所建议的一种方法似乎不起作用，就请试着采用另一种方法。我想，在找路时被困在丛林里是有可能的；但在社会世界中，我们总是能够找到改变世界的方法。

　　在我说出这些方法是什么之前，我需要先声明两点。其一，改变世界之路并不一定就是通往幸福之路。试图改变世界会引发冲突和增大压力。即使对现状提出温和的挑战，也会招致批评和敌意，这绝对不是一种让人愉快的感受。所以，如果幸福是你的首选目标，那么我所讲的内容可能对你不会有太大帮助。另一方面，帮助创造一个更加美好的世界可以带给人目的感和满足感，进而给人带来一种更加深沉的幸福感。如果你想看到社会学如何在过上这样一种生活中发挥作用，就请接着往下读。

其二，尽管社会世界总在变化，但这并不意味着我们改变它的努力就会产生立竿见影的效果。请务必记住这一点，否则我们很容易气馁。具有社会学正念，我们就会意识到，我们改变现状的努力是对一个持续不断的进程所做的贡献，这是一个将会持续很长时间的过程。因此，重要的是，我们如何选择在当下这一刻对这一进程有所贡献。我们可以抱怨问题，然后以一种可能使问题持久存在的方式行事。或者，我们也可以超越抱怨，换种方式行事，以增加我们的生活有助于让世界变得更加美好的机会。尽管我们视野有限，但这也许是我们能够做到的最好的事情。

我在本章开头给大家抛出了一个问题：在如何应对社会学所发现的问题上，社会学有何高见？事实是，在我们应该做什么事情去解决社会问题上，社会学什么也没说。社会学是一门学科，它包含大量的思想和信息，有一套自己看世界的方法，有一套理解社会世界的理论。它并没有说我们应该用我们关于社会世界的任何发现去做任何特别的事情。只有那些受到道德原则指引热情投入生活的人才会认定，社会学揭示的社会状况是需要我们解决的问题。这本书就是写给这些人的。

补记

"章节"一词意味着一些相当长的东西，一如人生的**篇章**。在书籍中，章节通常都是一些冗长的文本单元，可能读来让人生厌。我可不希望我的书也是这样。是的，本书第二部分是有不少章节，但它们都很短，比本章还要短，所以你最好是将其视为一系列短文。接下来每一章都会探讨一种我们可以在日常生活中加以运用的实践，以帮助我们让世界变得更好。

如果需要，请按照顺序阅读第二部分的每一章。当然，你也可以选择跳读，因为每一章都是独立成篇。在全书最后一章中，我会综述第二部分所有章节的内容。我希望它不仅仅是各个部分的总和（不仅仅是一套实践），而是一些哲学家所说的方法。

本书的副标题是"对话片段"，它旨在传达这样一种想法，即我不会对各种问题下定论，而是会就社会学及其理解社会生活的方式增加一份持久的对话。我以同样的方式看待本书。它不会对任何问题下定论，而是会为持久的对话和正在进行的社会变革进程添砖加瓦。如果它能帮助大家做好准备，激励大家参与对话并坚持下去，也许它就可以有所作为。

第 2 章

用 心 倾 听

听人说话似乎应该像呼吸一样自然和容易。我们要做的就是，在他人发表意见时用心倾听，这样就能准确听懂他们的意思。然而，我们知道，事情往往并非那么简单。有些意思很难表达。有些意思很难听出。有很多因素都会影响倾听。

分心是倾听的一个障碍，如果听话人总是注意力不集中，他就无法很好地倾听他人的讲话。尤其是在当今这个时代，许多人一刻都不想放下自己的手机，倾听的质量必然大打折扣。一心多用会让人分散注意力。当他人正在讲话时，如果我们边听边忙着手边的各种事务，那么我们也不可能做到全神贯注地倾听。

判断是倾听的另一个障碍。如果我们总是在想他人说的话有什么问题（这样他们一说完我们就可以进行反驳），我们可能也没有认真倾听。

恐惧也会成为倾听的障碍。有时我们不想去听他人说什么，是害怕他们说的话会以某种方式伤害我们，或者是害怕我们珍惜的一些信念会受到威胁。这样一来，拒绝用心倾听也就变成一种自我保护方式，让我们不会受到情绪低落的折磨，也不用勉强自己改变看法。

那么，倾听与让世界变得更加美好有什么关系？事实证明，这两者之间有很大关系。想想我们因为没有用心倾听他人的意见而会失去什么。

最明显的是，拒绝倾听，我们就会一无所获。他人可能知识渊博，有很好的信息和想法可以提供。但若我们不去倾听，或者未能用心倾听，我们学到的就会比我们本可学到的少——也许我们错过的一些知识可以帮助我们诊断和解决问题。简言之，如果倾听能力欠佳，我们所学的知识就会受限，进而也就会削弱我们做出改变的能力。

未能倾听他人的意见，意味着我们无法理解他人如何看待世界、他人面临的问题和他人遭受的苦难。在这种情况下，我们可能就无法认识到，世界（或它的某些部分）需要改变。要让世界变得更加美好，第一步就是弄清楚现状出了什么问题。这也是我们通过用心倾听可以学到的东西。

通过用心倾听，我们经常会发现，他人看待和体验生活的方式与我们不同。如果我们能够意识到这些千差万别的人生经历，我们就能更好地与形形色色的人进行沟通交流。如果我们不去倾听，最后我们就会误认为人们看待世界的方式都是一样的。这种印象会在人与人之间造成紧张关系，削弱人们改变世界的共同努力。要想避免或者解决这些有着巨大破坏力量的紧张关系，用心倾听是必需的。

通过用心倾听与他人建立联系，也是我们建立彼此信任的一种途径。当我们用心倾听，让讲话人感觉到自己的意思都能得到理解时，他们就会更信任我们。同样，如果他人倾听我们的意见，我们感到对方完全理解我们所说的，我们也会信任他们。而信任则是团结的基础。换言之，唯有相互信任，人们才会不遗余力地与他人进行合作，并会在事情变得艰难之际共同奋斗，实现社会变革。

除了有助于合力改变世界，用心倾听在其他方面也很重要。我们从自身经历中就能明白这一点。当我们感到孤立、焦虑、沮丧或害怕时，只要有人愿意倾听并且不对我们评头论足，我们就会感觉身心轻松。当然，我们也能这样去帮助他人。因此，即使我们并未参与改变世界的斗争，用心倾听（他人的心声）也能通过减少他人的痛苦而给世界带来改变。

不去倾听（他人的心声）也会造成痛苦。冲突之所以持续存在，往往都是因为人们不愿或无法用心倾听对方的意见，因而无法相互理解。这并不是说，人们只要做到用心倾听，人们之间的所有冲突就会消失，事情显然没有这么简单。但若我们不愿用心倾听，我们就无法找到可行的妥协方法，做到人与人之间友好相处。如果让世界变得更加美好意味着提高我们通过谈判和平解决冲突的能力，用心倾听就是一种至关重要的手段。

因此，用心倾听是社会变革的重要组成部分；不去用心倾听（他人的心声），常会引发许多问题；而在现实生活中，也有不少因素会阻碍我们去用心倾听，克服这些阻碍将会提高我们让世界变得更加美好的机会。所有这些都表明，如果我们想要追求变革，积极做出改变，我们就必须学会更好地用心倾听。在这方面，社会学可以助我们一臂之力。

如何做到用心倾听

那些经常进行访谈和实地研究的社会学家，都是非常专业的倾听者。我们向他人提出问题，深入了解其人生经历，进而试着去理解人类的行为。这种研究可不像听起来那么简单。我们需要经过长时间的专业训练，才能在恰当的时间用恰当的方式提出恰当的问题。但是，除了提问，我们还必须善于倾听。

访谈者和实地研究者掌握的倾听方式，有时也被称为"积极聆听（主动倾听）"。顾名思义，这种倾听方式要求倾听者不能懒散地坐在那里，任由对方说个不停。倾听者必须有意识地与说话人建立起一种积极的关系。以下是几条有助于我们做到积极聆听的思想准备和行为要求。

集中注意力。我们需要全神贯注地倾听他人说话，完全忽略外界干扰，不会转身接电话，盯着电脑屏幕，或者被周围发生的事情吸引目光。用心倾听旨在了解他人的经历，任何分散我们注意力的事情都会妨碍我们做到这一点。也许我们只是思想突然开了一个小差，但却就此错过一条重要信息，而这条信息可能恰好就是我们理解全部内容的关键线索。如果我们在想要了解人类这种复杂生物的内心活动时还在同时做着其他事情，我们势必会收到事倍功半的效果。

给予积极反馈。 在与人交谈时，我们会保持眼神交流，不断点头，或者发出"嗯""嗯"的声音，来给予对方积极反馈。这些看似很小的行为能让对方知道，我们正在认真倾听他们说话，并没有心不在焉、漫不经心。如果我们总是给予说话人积极反馈，他们就会愿意告诉我们更多的信息，态度也会更加恳切。这些积极反馈行为也有助于我们集中精力，进而获取更多信息。

不带评判地倾听。 如果人们认为他们的言谈会受到评判，他们就会出言谨慎。如果人们感觉听话人是在不带偏见地用心倾听他们的想法，他们就会直抒胸怀，坦诚以待。即使那些看似积极的评判，比如当他人谈到某件事情时给予表扬或大声喝彩，也会起到抑制作用，让说话人再也不肯打开心扉，这是因为那些积极评价（如"哇，真是太棒了！"）会给人一种暗示，让说话人觉得自己说的其他内容不够好。优秀的访谈者，即那些可以深入了解他人内心的人，一定会非常尊重受访者，绝对不会评判他们所说的内容。

不要轻易提出建议。 在进行访谈时，研究人员不会轻易给出建议，因为访谈旨在收集数据。但在日常生活中，人们却是很难抑制自己给他人提建议的冲动。问题是，当我们提出建议时，我们就不再倾听了。如果我们在谈话时总是突然给出建议，就会让说话人感到沮丧，他们可能就不愿再继续讲下去。因此，如果谈话的目的是要通过听取他人的倾诉来理解他们，我们就不要轻易给出建议，除非对方主动要求我们帮他们出主意。

反馈和重新表达。 人们总是很难表达自己内心复杂的想法和感受，这就是为什么人们在讲过自己的经历，或者是解释过一个观点后常常会问："你明白我的意思吧？"如果我们只是随便听听，我们可能会随口应道"嗯，明白"，反馈速度之快，就像条件反射一样。但是，有一种更为积极的倾听技巧是，我们理解他人的话语，然后用自己的语言重新组织意思，再将其反馈给说话人，以确定我们的理解是否无误。这种做法会让他人相信我们一直在用心倾听并努力理解他们。同时，他们也有机会澄清自己的观点并提供更多的信息。

提问。在正式访谈之前，研究人员常会精心设计访谈问题，确保问题的恰当性。但是，最有效的问题往往是盘问，即当场构想的追问，以此诱使受访者说出更多的信息，或者是澄清自己的意思。积极倾听并非是在进行研究，但它也需要倾听者采取一些盘问的技巧，来确保我们正确地理解了他人说话的内容。有时，"你说那句话是什么意思？""你对此有何感受？""然后又发生了什么？"等简单的问题，正是我们向说话人递了话头，邀请他们向我们敞开心扉。

听话听音。有时候，人们说话的表面意思是这样（如"我喜欢学校"），但在其背后还有弦外之音（如"我喜欢学校，但也有一些我不喜欢的地方，所以我的内心真的很矛盾"）。积极倾听意味着听出话外音，即隐藏在表面意思下的信息。也就是说，我们不仅要留意说话的内容，还要关注说话的语气。因此，最重要的是，我们必须用自己的语言重新表达听到的意思，然后反馈给说话人，从而确认我们理解无误，没有臆想对方话语中存在弦外之意。

关注当下。在与他人对话时，我们很容易走神。我们可能在想谈话结束后去做什么、轮到自己说话时该说什么。出现这些情况时，我们就没有在用心倾听。上述积极倾听技巧有助于我们克服这一问题。它还有助于我们察觉自己思想开小差的迹象并迅速扭转这种局面。注意到自己走神了，我们就能马上让自己重新关注当下的谈话和与我们谈话的人。

我在这里介绍这些积极倾听技巧，并不是要让大家改变日常对话方式，转为进行研究型访谈。事实上，研究人员也会采用这些技巧，以更好地完成日常生活中重要的任务：理解他人和他们的经历。正如我之前提到的，只有去理解他人，才能了解更多信息，建立相互信任关系并维护人与人之间的团结，进而才能鼓舞人心，促使大家一起努力改变社会面貌。因此，虽然听起来很简单，但是，积极倾听是一种我们可以不断加以改善的技能，并且我们可以在这一过程中获得力量来改变现状。

我在教授访谈技巧时常会告诉我的学生们，他们无须进行数百次研究型访谈的练习来提高自己的访谈技巧。事实上，每当我们与他人进行严肃的对话时，我们就能锻炼自己的访谈技能。这个观点对我接下来提出的建议同样适用。对绝大多数人来说，在日常生活中，我们都有机会练习积极倾听的技巧。与任何其他技能一样，我们练习得越多，就能越发娴熟地掌握它。在积极倾听的情况下，我们听得越仔细，我们就能了解到更多的信息，我们与其他想让世界变得更美好的人就能建立起更加紧密的联系。

不止于听

到目前为止，按照我对用心倾听的描述，大家脑海中浮现出的画面一定是两个人在进行深入交谈。这的确是我想让大家产生的一种联想，因为我们主要是在一对一对话时才需要进行积极倾听。但是，我们也可以拓宽"倾听"的定义，把它视为一种寻求和接受社会世界中百家争鸣的途径。我们可以想一想卫星天线，它不停地扫过天空，寻找可以解码的信号，以获得可能有用的信息。打个比方，我们也可以像卫星天线一样去获取信息。

我认为，用心倾听不只是密切关注那些我们经常与之打交道的人。我们还应跳出我们熟悉的圈子，结交新朋友，由他们来告诉我们一些关于社会世界的重要信息——那些我们不曾知晓的信息。这种倾听方式也许更难学习，因为我们必须走出我们的舒适区，去倾听那些我们也许不想听到的信息。下面我想用一个小故事来说明我的观点。

几年前，我开了一门"社会不平等"课；有一天下课后，班上一个白人学生对我说，他非常讨厌"黑人的命也是命"（一项黑人运动）这个口号，因为他认为人人生而平等，没有贵贱之分。我告诉他应该去更深入地探讨"黑人的命也是命"的意义，他可以先请某个黑人朋友来解释一下这个口号的意思。他听了我的建议后沉默不语。看到这种反应，我猜他应该没有黑人朋友，所以我就建议他去问班上一个黑人女生，这个女生聪慧过人，又有政治头脑，给我留下了很深的印象。让我惊奇的是，他真的这样去做了。后来，他在班上发表评论说，"黑人的命也是命"这个口号并不是指只有黑人的命最重要，而是指"黑人的命很重要"。他完全听取了我的建议。

既然我可以鼓励我的学生去探究，那么我们同样可以试着自己鼓励自己。当我们发现有些观点让我们感到迷惑或生气时，我们也可以认真倾听那些提出这些观点者的说法，并努力理解他们（参看第二部分第 6 章"感同身受"）。这并不是说我们就要接受那些观点，我们也可以认为它们是错误的；而是说，我们可以更好地了解这些观点的含义到底是什么，它们来自哪里，以及它们对接受它们的人来说有何意义。

社会学家总是在孜孜不倦地进行此类研究。许多研究项目都是出于好奇：人们的生活状况如何引导他们从特定视角去看这个世界。用心倾听是这个过程中一个不可或缺的环节。我们通常学到的一件事是，在仔细聆听并考虑到人们的生活状况后，他们如何看待世界实际上是有道理的（这意味着他们所说的是真的）。只要我们能够在日常生活中用心倾听他人的心声，开放思想，摒弃偏见，多方听取意见，我们就有可能殊途共归，洞悉真理：有些人的观点看似荒诞不经，甚至错误百出，但却能让我们从一个全新的视角去看待社会世界，加深我们对社会世界的了解。

就像与人对话时我们听到的信息有多有少，在阅读他人的文字时，我们也会"倾听"到或多或少的信息。也就是说，我们认为"倾听"还包括听取文本信息，即我们阅读的文章和书籍，无论它们是印刷品还是在线阅读。这是另一种倾听形式，当我们主动采取这种形式去获得信息而非一味被动行事时，效果会更好。

在大学课堂上，我们经常会对文本进行批判性阅读，以获取其中的信息。这也是英语教授兼写作老师皮特·埃尔伯（Peter Elbow）所说的"质疑游戏"方法。这种方法具体来说就是，我们可以试着在我们正在阅读的材料中寻找漏洞，这样我们就不会受到某个似是而非论点的迷惑，或者我们可以展现出自己的聪明机敏。当然，抱持怀疑态度并无不妥。但埃尔伯认为，在进行质疑游戏时，我们往往只是对阅读材料一知半解，因为我们忙着抓住他人的错误不放，而没有时间去发现正确和有用的信息。因而，这是一种不好的倾听方法。

埃尔伯提出的另一种听取文本信息的方式是"相信游戏"。在这种情况下，我们不再想着去挑出作者言语中的错漏，我们转而尽力相信它。为了顺利进行这个游戏，埃尔伯建议我们通过作者的眼睛去看，找出为什么作者会相信他 / 她说的话是真实的。这有助于我们更多地了解作者在说什么。玩"相信游戏"也有助于我们找到一篇文章中有用的东西——如果我们只打算找出问题所在或者是我们对其有不同看法的东西，我们可能就会忽视它们。我认为，在我们听取文本信息时，"相信游戏"是一种更加有效的方式。

有些人一听到"相信游戏"就会心生不安。要是在进行"相信游戏"时我们最终都被作者迷晕了头，全盘接受他 / 她所兜售的错误观点或信息呢？要是我们努力相信作者的言论，最终导致我们忽视里面那些薄弱的论点和不足的证据呢？"相信游戏"难道不会损害人们的独立思考能力吗？这些无疑都是一些非常合理的问题。但是，只要我们把"相信游戏"视为一种有意识的策略，我们就不必担心自己会被愚弄。

进行"相信游戏"并不是要求我们放弃自己的独立思考能力，而是要求我们用另一种方式去利用自己的独立思考能力。毕竟，最终还是要由我们自己来决定相信什么。事实上，通过用心阅读或倾听，我们会更加清楚地发现某个论据的漏洞，或者它的有理之处。与那种漫不经心的阅读或倾听相比，这是我们潜在可以获得的宝贵智慧。我们获取的智慧，加上我们对他人的深入了解，也使我们更有能力做出明智而准确的判断。

最后要说的一点是：想要充分利用我在这里描述的技巧，光是看似在用心倾听或阅读是不够的，我们还必须接受和反思我们所听到和读到的。玩"相信游戏"是朝这个方向迈出的一步。我们还需要思考，我们了解到的关于他人思想和情感的新信息，如何有助于我们去理解他们的生活状况和经历。这种更为深刻而持续的反思，就是把主动倾听转化为具有社会学正念的倾听，进而将我们获取的关于他人的信息转化为对他人的理解。

第3章

深 入 研 究

假设你现在深受病痛折磨：颈部淋巴结肿大，高烧不退，关节疼痛，头痛欲裂，头晕目眩，全身红疹，倦怠不堪，不时还恶心呕吐。你非常担心自己的身体状况，决定去看医生。你细述过自己的病情，医生却轻描淡写地说："你的情况是很糟糕，但我也不知道你究竟哪里出了问题。接下来几周你只需放轻松，病情还不好转再来找我。祝你好运！"听完医生这番话，你可能会感到非常不满。

在上述事例中，医生没有获取足够多的信息，所以无法做出有效的诊断。如果真想帮助病人解决问题，他／她需要进一步检查病人的身体，抽血化验，也许还要查询医学数据库，或者咨询其他医生。当我们面临一些棘手的难题时，我们采取的对策与负责任的医生所采取的做法可以说是不谋而合。我们会更加仔细地观察它，我们会查询关于它或类似问题的相关信息，我们还会请教那些博学多识之人，以弄清问题所在。上述行为都可称之为研究。

我们往往认为，只有那些受过高等教育的专业人士才会做研究。一说起研究，我们的脑海中就会浮现出各种鲜活的人物形象：化学家穿着一身白大褂在实验室摆弄各种烧杯、试管和显微镜，考古学家穿着短裤T恤、跟着拖鞋、拿着泥铲在泥土中搜寻骨头，历史学家仔细查看散发着千年霉味的古墓。但若我们把对"研究"的理解扩展开来，将所有寻觅真知灼见和全新信息的活动都纳入其中，我们就会发现，许多人在日常生活中所做的或能做的，都带有研究的属性和风格。

首先，把研究分成不同类型有助于我们更好地去理解它。第一种类型就是每天的常规活动：在网上或书中查找关于具体问题的答案。第二种类型则更为正式，往往是为特定目的而进行的活动；例如，为公共写作或（把人们）组织起来收集事实数据。第三种类型是学术或科学研究，这种类型的研究更为严谨细致，旨在探明未知真相，而不再局限于查找已知信息。

这些研究类型与创造更加美好的世界之间有何关联？简言之，我们唯有进行研究，才能获得必要信息去分析问题，给出建设性意见，提出可行的解决方案。当我们遇到一个未能完全理解的问题但又很想解决它时，研究就能为我们指出继续前行的方向。我们再次搜寻（如有必要，不断搜寻）我们需要的事实数据，或者是能够解释现有数据的理论，这样我们就能更好地了解正在发生的事情，以及我们需要做些什么。

单纯说研究能帮我们解决问题可能有些平淡无奇。如果我们的车启动不了，如果我们的身体莫名发痛，如果电脑程序总是出错，如果我们被某种问题难倒了，我们就需要进行查找有用信息类的"研究工作"。同样，如果我们想要治愈癌症，或者找到新型清洁能源，我们也需要进行科学研究才能实现这一目标。这一切都可谓显而易见。然而，问题是，尽管我们的社会对科学和研究高度重视，但在日常生活中，在找出需要知道什么来参与分析和解决社会问题上，我们却经常做得很差。接下来我会提出一些建议，帮助你提升自己的研究能力。

我在本书第二部分第 9 章中写道，每个人都可以教导他人，即使他们并不以教书为生。我们所需要做的就是，留意如何通过以身作则来传授知识或经验，如何帮助他人获取知识和技能。同样的道理也适用于研究。尽管若有更多人选择研究为平生志业，这个世界有可能变得更加美好，但这一点却并非对每个人都适用。然而，在人们尝试分析社会世界，讨论解决社会问题的对策时，每个人都能看出良好的研究所具有的价值，并会在"查询信息"时让这些价值物尽其用。这些"研究"每个人都可以去做，它们并非那些潜心搞科研的科学家或学者的专利。

有些人也认同科学和学术研究具有重要价值，但又认为没必要在日常生活中去"做研究"。毕竟，那些快速直白的答案足以解决眼前问题。想要了解更多信息，可以直接找专家。在这种情况下，我们何苦还要自寻烦恼？而且不管普通人知道 / 不知道什么，专家和权力掮客都会做他们想做的。所有这些事情在大多数情况下都可能是真的。但是，接受它们也就意味着接受现状，而这则有违本书旨意。

如果我们不愿袖手旁观，衷心希望能为解决社会问题出一份力，我们就要注意研究的价值，评估它，并在找寻事实时采用良好的研究方法。如果我们能够做到这几点，我们就能更好地发表意见，不会轻易地被那些糟糕的分析所误导，具有更优秀的倾听能力，并能更好地谈论可能的解决方案。简言之，深入研究（就其广义而言）是一种有助于我们提升自身能力帮助让世界变得更加美好的实践。值得再次强调的一点是，获得博士学位并不是进行深入研究的必要前提。我将在下一小节中介绍如何去进行深入研究。

研究的潜在规则

如果你想学习做调查、访谈和实验的方法，下面所讲的内容对你用处不大。我并不打算在本书中深入细致地描述研究方法。相反，强调研究的潜在规则才是我的真正目的。在学术和科研领域，研究人员有时需要遵循一些不言自明的规则，当然，这些规则并非只适用于学者和科学家。任何想要认真研究社会世界的人都可以通过遵守这些规则来更好地应对它。我们的调查做得越好，我们参与解决社会问题的能力也就越强。

　　询问可以回答的问题。作为研究者，我们不想去解决那些无法回答的问题。但是，相比其他问题，有些问题总是会耗费人们更多的时间和精力。假设我们提出一个问题：影响学业成败的因素有哪些？尽管这是一个可以回答的问题，但它涉及的层面实在是太广了，我们需要花费大量时间和精力才能给出一个合理的答案。因此，我们提出的问题最好是能够集中在我们最感兴趣的方面。例如，我们可以问：在其他条件相同的情况下，家庭收入状况是否会影响学业表现？虽然在这个问题上我们也要进行认真调查才能给出一个合理的答案，但我们绝对不至于在这上面穷尽一生的光阴。因此，一个有用的规则就是：缩小问题，将其纳入可控范围，这样我们就不用绞尽脑汁去解决一个"天大"的问题。

　　定义关键术语。想要研究学业成功，我们就要解释"成功"的含义：它是指处在第一等级？按时毕业？考试成绩？我们谈论的是哪类学校：公立学校、私立学校、精英学校？在深入研究之前，我们需要先给这些词语下一个定义，确定与之相关的指标或标准。研究者所做的工作与此大同小异；只有通过精确定义关键术语，他们才能理解和评价彼此所采用的研究方法和获得的结果。在日常生活中，我们经常无法足够仔细地定义我们所用的术语，所以在谈论社会问题时，我们基本是在鸡同鸭讲（自说自话）。如果我们能够仿效研究人员的做法：定义关键术语并就其含义达成一致，我们就能更好地与他人进行沟通。

　　从已知信息出发。研究界有句老话：花掉一年时间收集主要数据，可以省掉在图书馆翻查资料的几个小时。这是一个笑话，因为实际情况正好相反；研究应该从图书馆（或在线图书馆）开始，这样我们就不用浪费时间去重新发现那些已知的东西。例如，想知道家庭收入状况是否会影响学业成功，我们首先就要去查找是否有人做过这方面的相关研究。也许这个问题早就得到了圆满的解决。大多数研究人员在项目开始之初都会进行文献综述。尽管不是每个人都能轻易获得相关问题的学术文献，而且即使拿到相关资料也很难自如地分析其价值，但是，文献综述仍是非常重要的第一步。如果有更多人这样做，人们就不会为那些早已解决的问题争吵不休。

寻求他人帮助，找出已知信息。那些已经掌握研究领域前沿信息的研究人员罕有这类需求，但是，学生和初习者则需要帮助。他们可能不清楚该去哪里搜索文献，也不知道该评述哪些文献。这时，该领域的专家就能为其指引研究方向。优秀的研究馆员（通常是在高校图书馆工作）也能提供这种帮助。忙碌的专家没有时间回复每个求助请求，而研究馆员则非常乐意提供帮助。我经常在想，如果有更多人懂得利用研究馆员的能力，找到他们所需要的各种可靠信息，这个世界就能变得更加美好。如果我们知道如何寻求他人帮助，搜寻我们想要的信息，我们就会发现，我们可以轻松自如地获得我们需要的信息，而且这些信息的丰富程度要远远超出我们的想象。

分析已知信息。也许已经有人回答了我们想要研究的问题，但是，那些答案准确吗？要想确定其准确性，唯一的办法就是评估证据的数量和质量。假设我们发现有 90 项研究表明家庭收入状况影响学业成功，10 项研究得出相反结果。在这种情况下，支持家庭收入状况的确会产生影响的证据就要显得更为充分。但是，我们也需要仔细检查这些研究的质量。也许那些得出毫无影响的研究证据薄弱或疑点重重，而那些发现确有影响的研究则是论据充分。如果情况是这样，那么证据更为充足且论证有力的就是支持家庭收入状况的确会产生影响的研究。在训练人们在某个领域进行研究时，其中一项内容就是学习如何用上述方法去分析相关研究。如果你没有接受过这种训练，那么你可以寻求专业人士的帮助。

评估已知信息包括考虑知识的来源。与那些受雇于某个团队的分析人员相比，那些毫不涉及利益关系的研究人员要更值得信赖，因为前者所服务的团体都有其存在的政治或经济目的。同理，刊登在同行评审期刊上的研究也要比直接公开发表的报告更可靠。虽然我们不应该仅仅根据信息或分析的来源对其下判断，但在进行评估时，考虑信息或分析来源可能存在的偏差也是一种明智的做法。而且在做出这一评估时，听取专家意见也是一件好事。

寻找反证和其他解释。研究得出的结论绝对不应该受到政治的影响，它应该是基于充分的证据，显得客观公正。然而，唯有仔细分析和评估所有证据，包括我们不喜欢的证据在内，我们才能保证研究结论不偏不倚。例如，假设有人拒绝承认家庭收入状况会影响学业成功。他们也许会找到一些研究来证明收入状况无足轻重并说这就是支持他们观点的最佳证据，而刻意忽略那些反对他们观点的研究，尽管后者的数量更为庞大且证据也要更为充分有力。这就叫"只挑对自己有利的证据"，那些从未接受过科班训练的人常会犯这样的错。但是，不论我们是科学家、学者还是公民调查员，只要我们期望查明事实真相，我们就必须审视所有证据。由于我们往往只希望看到自己想看到的现实，所以我们一定要寻找相反的证据，以挑战那些我们深信不疑的"真相"。

如果我们能够找到那些值得信赖的证据并将其正确叠加，我们也许就能找到所有问题的答案，进而推动我们研究的进程。或许事情是这样。然而，我们总是需要对我们所收集到的那些事实做出解释，而且可能有不止一种方式去解释它们。如果一个新的理论比我们一开始采用的理论可以更好地解释更多的事实，我们就应该相应地改变我们的思想。这将是一个很好的结果，因为它意味着我们找到了更好的方法来理解发生了什么事情。如果我们的研究过程包括考虑反证和我们能够收集的所有可信证据的替代解释，我们也就更有可能得出这样很好的结果。

可以心存怀疑，但不能愤世嫉俗。面对反证和相互矛盾的理论，我们很容易失去信心，不相信自己还能找到解决问题的正确答案。我们很容易停止尝试，不再努力去寻找正确答案，反而下定决心跟着自己的感觉走。当我们把怀疑主义和犬儒主义混为一谈，就会出现这种局面。犬儒主义认为，所有的知识主张都受到偏见的腐蚀和破坏，因此都不可靠。不用说，这种立场走得太远了。研究人员知道，即使那种采用最好的调查方法所产生的最佳答案，也必然是不完整和不确定的——就像人类所掌握的知识一样。如果我们愿意接受这种不确定性，同时努力寻找我们能够找到的最佳答案，与停止去区分更好的答案和更糟的答案这一做法相比，我们将会学到更多，知晓更多，并能更有效地采取行动。

考虑可信度。在日常生活中，我们往往认为大多数知识主张都有真假之分，有些是真相，有些是谬论。例如，有人宣称："我已经活了 200岁。"像这类主张，我们很容易判断它们是真是假。然而，许多知识主张都并非如此一目了然，它们的表述往往十分微妙，需要更复杂的探究方法来加以查实，所以我们需要考虑它们的可信度。在我们提出有关社会世界的知识主张时，这种思考方法显得尤为重要。

例如，假设我们经过适当研究提出如下主张：在其他条件相同的情况下，家庭收入越高（达到全国家庭总收入中位数的两倍），其子女在学校也就能够获得越优异的学业成就。这一主张提出了一个复杂的现实，需要通过一些复杂的研究过程才能理清。而经过研究，也许在某些方面相较其他方面得到的结果要更为有力。比如，我们在某些方面（如学生成就、家庭收入）获得了完美的数据，但在其他方面（如教师期望、课堂环境）则证据不足。因此，我们也许只是在某个方面更有把握，但却很难确定其他那些难以测量的条件。

大多数基于研究的社会世界知识主张都是如此。这些主张背后的研究也许是合理的，但因许多复杂的操作过程很难梳理出来，所以我们限定了这些主张存在的条件，使其看起来无懈可击。我们不会直接肯定 X 是真相，我们会说，鉴于我们用来判断 X 真假的方法并非完全可靠，我们有__% 的把握认为 X 就是真相。社会研究者就是采用这种方法来避免盲目自信与过度肯定。如果我们在谈论社会问题时经常采用此法，我们就可以减少许多无谓的争论，因为人们会习惯性地坚持认为知识主张非对即错，从不基于这些知识主张的由来去认真考虑它们究竟有多少可信度。

系统观察。研究往往能够发现各种模式，但那些粗心的观察者却总是对其视而不见。例如，有人也许会说："我见过有些穷人家的孩子科科考优，所以很明显，家庭收入状况不会影响学业成就。"这一陈述的前半部分作为一种个人经历可能是真实的，但它是基于一种有限而随意的观察，所以它无法有效地支持任何概括。要想判断家庭收入状况有无影响，我们必须进行系统观察，即循序渐进地从许多事例中不断收集各种相关信息，然后使用偏差控制方法分析信息。当然，日常生活中的问题总是层出不穷，我们不可能时时做得如此完美。但若我们深刻理解这种观察方法的必要性，我们就能更加放心地相信这种观察得出的知识主张，而且我们还能试着向他人解释这些原则。

检查假设。所有的研究都建立在一些假设（一些可被认为是理所当然的想法）之上。假设（又称前提或公理）是必要的，因为我们在做研究时不可能质疑一切；有些事情必须被认定为是理所当然的，否则我们根本无法继续下去。问题是，如果我们假设的东西不是真的，我们最终就会得出错误的结论。这就是为什么我们应该仿效那些优秀研究者的做法：检查我们的假设。

假设在研究学业成功时我们只考虑校内因素。我们也许会关注班级人数、教学方法、班级类型等。我们也许还会考虑学生行为。最后，我们也许会得出结论，宣称教师行为是预测学业成功的最佳自变量。但是，这个结论会让人产生误解，因为我们之前假设校外因素对研究没有影响。也许如果我们把家庭收入、父母受教育程度，以及父母在学校活动中的参与度也都考虑在内，我们就会发现，这些变量对学业成功有更大的影响。在这种情况下，假设错误就会导致结论错误。避免出现这种问题的唯一办法就是，审视那些我们想当然认为是正确的、我们从未怀疑过的假定条件，思考这种武断的做法可能会对结论产生何种影响。我们可以在日常生活中去做同样的事情。我们可以停下来思考一下，那些我们认为真实的假设，也许根本就没有充分的理由来赢得我们的信任。

想让研究具有可信度，我们就要遵循上述潜在规则。如果我们在收集信息时没有遵守这些规则，我们获得的结果就会被视为不可靠。通过了解和遵循规则（以及其他适当的数据收集和分析方法），任何人都能得出那种既可信又可靠的结果。因此，了解这些调查规则本身就是一种重要的知识。我们由此获得的是一种更加全面准确地理解世界的能力。就像我在下一小节中建议的那样，这种能力反过来又能赋予我们更多的权力，让我们更好地参与社会活动，解决那些与我们利害攸关的社会问题。

知识与力量

我在这里提出一个假设：知识（那些通过良好的研究而发现或创造的知识）多要比知识少更好。我之所以说"更好"，是因为知识能帮助我们更为有效地采取行动；它可以让我们获得解决问题的能力。因此，如果那些没有得到解决的问题使世界无法变成它应有的美好模样，而研究则能帮助我们解决这些问题，那么做研究就是改善世界面貌的一种途径。至少，一般来说，事情就是这样。然而，在现实生活中，事情要比这复杂得多。

一方面，人们寻求什么样的知识这一点很重要。那些寻求对制造更具破坏性武器有用的知识的研究，不会使世界变得更加美好；那些寻求对制造有害产品有用的知识的研究，也不会使世界变得更加美好；那些会让政治和经济精英拥有更多控制他人权力的研究，同样不会使世界变得更加美好。因此，当我提到研究可以让世界变得更加美好，我是特指那些有助于减少世间苦难、暴力、剥削和不公的研究。

研究还必须付诸实践。那些束之高阁的知识了无所用。不过，我们可以重新找出这些知识，用它们来指导我们的行动，努力实现积极的社会变革。这就是为什么我建议，作为公民调查员的一部分工作是通过发掘已有知识来进行研究。随后，这类知识就可以在（把人们）组织起来、教学他人、发起倡议和公共写作方面得到应用。如果它能引导人们更有效地抵制他人的控制和剥削，它就能给世界带来一种积极的改变。

政治和经济精英非常清楚"知识就是力量"这一道理。这些知识也许是某种科学知识，也许是法律和政治知识，也许是关于经济或政府运转方式的知识，抑或是关于如何诱惑人们购买无用商品的知识。如果有些人获取了这些知识，而另一些人则对此一无所知，民主制度就会岌岌可危，因为一些人总是有多种手段来为自身利益多做谋划。做研究，尤其是普通人对真相的追寻，有助于减少伴随知识失衡而产生的恶果。

这让我们重新回到了我之前指出的问题：如果人们发现自己付出再多努力都无力改变世界，他们也就不愿花费精力去进行研究。这个问题非常现实。如果没有办法利用这些知识，那么寻求关于社会运作方式的知识也就毫无意义。然而，另一种看待问题的方式则是，获得知识是争取在民主社会中公平分享权力的一个必要步骤。与其让那种无能为力感阻止我们去寻求知识，不如我们主动去寻求知识来克服那种麻木不仁感。

当然，要想带来改变，我们所要做的远不止是获取知识和了解现状。我们还必须利用我们的所知所学来引导我们的行动。这种行动既可以是个人行动，比如在非正式场合参与投票或写出更具说服力的文章，也可以是集体行动，比如把人们组织起来反对那些滥用权力的行为，或者是帮助某位候选人赢得选举。当我们通过研究所获得的知识能够改变我们一起做事的方式，即能让我们更有效地一起行动时，这些知识就能发挥其最大功效，让世界变得更加美好。

在下一章"公共写作"中，我建议大家寻求那些经验老到的作家给予指导。关于做研究，我的建议亦是如此。学习潜在规则和程序方法的最佳办法可不是去书中翻找，而是与那些训练有素、经验丰富的研究者一起工作，从他们身上获取经验。最后我还想提一个建议，即大家要寻找机会，真正地进行一次研究。不论你是否愿意把研究作为一种谋生手段，你学会的知识都能增强你以一种与众不同的方式生活的能力，进而给世界带来改变。

第 4 章

公　共　写　作

　　我曾教过一个研究生，她的写作水平实在是太差了：句子生硬别扭，意思含混不清，段落杂乱无章，没有主题可言。读她的文章真是一件苦差，因为我要花费很多心思去弄清她到底想要表达什么意思。她自己也很想提升自己的写作能力，所以她才选了我的写作课。

　　有一天课上，我让学生们进行自由写作。我要求他们以"我真正想要研究的问题是……"为题，进行十分钟的即兴写作练习，写作过程中不能停笔，不能回头修改，也不要去考虑他人对自己写的东西会怎么想。练习结束后，我请每位同学把自己的文章大声读出来。那位原本写作很差的女生写到她想研究女性体育运动。她的自由写作思路清晰，行文流畅，言语机智，充满活力。这让我很是吃惊。

　　后来我建议她放弃研究犯罪问题，转而研究女性体育运动。显然，后者才是她真正关注的问题，正因她心有所感，她的文章才有旋律的美感。她说："我不能那样做。"她还是要继续研究犯罪问题。我问她为何非要这样，她说："如果我去研究女性体育运动，没人会看重我的研究。"她的看法过于悲观，但却并非全错；在学术界，有些话题确实要比其他话题更受重视。

　　不幸的是，发生在这个学生身上的情况并非个案。许多学生都受到同样问题的困扰。他们的写作很糟，并非写作能力所致，而是因为他们被迫去写那些对他们无关紧要的事情。他们的写作只是一场为了取悦老师而进行的拙劣表演，他们在纸上卖力地"载歌载舞"，只为能有一个好分数。这种情况根本无法激活他们的潜能，写出让人眼前一亮的文章。更糟的是，这种情况往往还会使学生们厌恶写作。

　　幸运的是，那种力图带来改变的写作完全不同于课堂写作。首先，它的目的不是为了得到高分。在这种写作中，作者会分享饱含深意的经历或者提出自己的观点，影响他人的看法。另一个不同之处在于，作者有很强的内驱力，他／她强烈地感受到必须让他人了解某个问题、事态或观点等。在这种情况下，如果人们心有所感，有感而发，那么这种写作就有别于课堂写作，不再是一种单调乏味、毫无意义的活动。

　　许多学生在中学作文课上，绞尽脑汁却只交出一篇差强人意的作文，这种经历经常会让他们认为自己的写作很糟糕，从而羞于尝试公共写作。他们可能会认为自己没有写作才能，根本无法通过写作去影响他人的想法。但从我那位研究生的经历来看，问题的根源不在于缺乏写作才能，而在于缺乏关怀和目标。事实上，我想说，在恰当的条件下，任何能写会说的人都能进行公共写作，拿起笔头改变世界。

　　我所说的"公共写作"，其目标读者是完全陌生的人。从这一点看，公共写作迥异于朋友之间发邮件或短信。公共写作总是会关注一些影响大众生活的问题，而公共写作的作者就是希望通过文字联系最广泛的人们。你给朋友写邮件告诉他／她你刚买了一套新的电子游戏，这是私人写作。你为某个网站审查某个游戏，在发现里面有许多暴力血腥的画面后，你建议读者不要玩这个游戏，这就是公共写作。

　　投给报社编辑的信件、署名专栏、特邀专栏、在线论坛上的评论、博客、纸质杂志或网站上的文章，以及书籍，都属于公共写作范畴。这种写作能够成为无数人的精神食粮，影响他们的所思所感所言所行。显然它能改变世界，如果它的观点积极正面，它甚至能让世界变得更加美好。在这方面，社会学也能有所助益。

那些想为广大民众而写的人，大多从未想过转向社会学寻求写作的建议。事实上，坊间总是流传着这样一种说法："社会学家都是一些差劲的作者"。经常有人指责我们在文中大量采用那些自命不凡的专业术语，把一个平实的问题描述得晦涩难懂。的确如此，许多社会学论文都是言语深奥，非常乏味。其实社会学家大可不必如此写作，但我无法否认许多学者均不能免俗。因而，每当看到有人怀疑社会学是否真能帮助他们更好地进行公共写作，我都会深表同情。

不过，我并不认为，社会学家的学术写作就是公共写作的范式（其中有些可谓是公共写作的反面教材）。相反，我认为，如果我们能以社会学正念的方式去进行公共写作，我们的作品就能产生更大的效力。这是任何想就社会问题，特别是那些有争议问题发表自己看法的人都可以学会做的事情。我也真心希望，在我说明如何采用社会学正念的方法进行公共写作后，会有更多的人乐意进行尝试，将它作为改变世界的又一途径。

如何为他人而写作

关于写作的建议可谓数不胜数。市面上有很多书籍都在争先恐后地提供各种实用建议。许多建议也都有其独到之处：避免陈词滥调；条理清晰；多用动作动词；多用短词，少用长词。我承认，这些建议用处颇大（事实上，在写这本书时，我自己就采纳了这些建议）。但是，我将要提出的建议却与它们截然不同。我不太关注如何写出优美的句子，我更看重写出的内容是否对他人有价值。

当然，能写出好句子也很重要。清晰有力的表达（具有独创性和独有的风格）能够紧紧抓住读者的目光，从而顺利地传达信息。然而，过于看重文笔精妙，公共写作就会让人畏之如虎。很多人可能会想："我的文笔不够好。"把公开写作视为自我表达则是另一个问题，因为这样一来，人们就会将其等同于炫耀或夸夸其谈。

我的建议是，把公共写作视为参与对话。我们不需要有很高的文学造诣，我们只需要有一些关心和一点技巧。我们的目的不是卖弄文笔，而是与我们的邻居或同胞建立联系，进而提出大家共同关注的问题。我们在文中必得娓娓道来，就像是与他们隔着后院的篱笆亲切交谈，或者像是坐在咖啡桌边促膝谈心，唯一的不同之处在于，这是一种我们同时与多人进行的对话。下面我会给出七条建议，告诉大家如何用社会学正念方式去进行公共写作。

尊重读者。如果我们一上来就说些欺辱之言，或者摆出一副纡尊降贵的姿态，也就很难让他人加入我们的对谈。如果他人对我们有这种看法，他们也就不会留下来听我们说些什么。写作也是如此。作为作者，我们希望读者能够认真阅读我们所写的文章。但若文中话语给人一种轻蔑之态，读者就会弃之而去。在公共写作领域，情况更是如此，因为读者与我们之间并无友情牵绊，他们没有义务倾听我们的想法。

尊重读者是指把读者当成对话中的聪明伙伴。这意味着将读者视为要去赢得关注的人，为此我们必须思路清晰，提供翔实的信息，对不同的观点看法体察入微。想想适用于写作的黄金法则：换位思考。我们希望以读者的身份被对待（尊重我们的时间、智慧和人性），是我们作为公共写作者向读者讲话的方式。这并不保证读者就一定会留下来（读下去），但它会增加读者留下来（读下去）的机会；让读者继续阅读是传达信息的先决条件。

尊重对手。公共写作常会受到那种对社会或政治问题强烈情感的驱使。这些情感使得下面这一做法很有诱惑力，那就是用尖刻的语言去描写那些持有相反观点的人。我理解这样做的冲动。我知道，写一篇机智的讽刺文章去讽刺自己的对手，是一件非常让人满足的事情。但问题是，不尊重对手，结果常会适得其反。首先，它给了对手一个拒绝的理由。谁想忍受对自己接二连三的侮辱？

也许，那些坚持抱有与我们相反观点的人很少会认真阅读或对待我们所说的话。不过，他们也有可能会突然想看一看我们到底说了些什么，这一可能性值得我们铭记于心。但是，此外还有许多"从未站队、立场不明"的读者。我们还能对这类读者加以劝说，让他们相信我们的观点，至少我们能够说服他们去思考新的观点。正是这些读者会因针对某些人的粗鲁和不尊重之举而感到不快，即使那些言论基于其他一些合理的论点。

尊重对手并不意味着相信那些不合逻辑、非理性或不人道的观点，好像问题的所有方面对创造一个更加美好的世界都有同等价值。相反，这意味着尊重持有相反观点者的人性，即使我们认为他们持有的那些观点极其错误乃至危险。这并不意味着在反对那些不合逻辑、非理性或不人道的观点方面我们要减弱火力，而只是提醒我们要警惕那种非人化倾向。通过避免在公共写作中出现这种倾向，有可能吸引和说服更多的读者，同时也是塑造一个更加美好世界的一部分。

预设反对意见。提出一个观点，也就暗示着必然会有人提出一个相反的观点。那些持有相反观点的人自然会提出各种反对和批评意见。就连那些持中立态度的人，如果某个论点让他们感觉说理乏力，他们也会对之大加反对或抨击。在这种情况下，一种好的策略就是，预设对手、评论者和怀疑者可能做出的回应，进而在文中直接一一驳斥。

预设反对意见需要付出努力。作者需要猜测反对意见可能有哪些。我们需要公平合理地处理这些反对意见，而不是一味对其冷嘲热讽。有时这很难做到，因为相反的观点有可能错得非常离谱。但若我们不考虑这些观点并认真对待它们，就会削弱我们文章的说服力。评论者和怀疑者就会反对我们的观点，因为我们忽略了关键事实或其他解释。虽然认真考虑这些事实和解释仍有可能不会对那些最坚定的反对者产生影响，但是，这样做却会使我们的观点更难被驳回。而且，对那些还未确定立场的读者来说，我们的观点也会变得更加令人信服。

我们不能指望他人在读我们写的东西时玩"相信游戏"。如果我们是在已然认同我们的人面前阐述自己的言论，他们当然会选择相信我们。然而，许多人都会首先进行"质疑游戏"，寻找理由反对我们说的话。如果我们承认可能出现的反对意见并提前给出我们的解释，我们所写的内容就能对更多的读者产生更强的说服力。通过预设反对意见，我们也会细化和完善我们的观点，并有可能发现我们与他人的共通之处——即我们都认同的事实，并以此为基础，寻找解决社会问题的对策。

收集事实依据。在公共写作中，我们常会信誓旦旦地宣称所谓的真相。在做出这样的声明之前，我们应该尽可能确定我们的事实依据。首先，我们要考虑读者的需要。我们可以问问自己，读者在判断我们的观点是否真实可靠时需要掌握哪些事实依据？如果我们能够回答这个问题，我们就可以收集到必要的事实，写出一篇有说服力的文章。

那么，我们如何才能确定我们搜寻到的事实依据都是正确的呢？我们如何才能知道我们收集到了足够的事实依据呢？全面回答这些问题会让我们偏离主题。下面是两个简短的答案。

第一，我们必须警惕那些受到政治或经济目的驱使的人或组织提供的事实依据。例如，由富有的实业家资助的消息来源，他们希望取消政府监管、降低公司税率并依靠市场来解决所有问题，这并不是那种不偏不倚事实的可靠来源。我们最好是去寻找那些立场更为中立或态度更加客观的消息来源。

第二，如果我们手上没有足够的事实依据使我们做出缜密思考（停下来思考我们的看法是否正确），我们就需要继续挖掘更多的事实依据。一个好办法是，寻找那些无法完全支持我们认为是真实的事实，并与之一较高下。这种收集事实依据的方式，能把咆哮和有力的论据区分开，后者建立在丰富证据的基础上并尊重现实世界的复杂性。在公共写作中，后者会产生更佳的效果。

收集事实依据也可被视为一种服务读者的方式，而不仅仅是一种说服他们的手段。如果我们只关注能不能说服读者，我们就会只想寻找和提出那些支持我们观点的事实，而忽视那些与我们观点相悖的事实。但若我们把公共写作视为一种教育形式，我们就会寻求和呈现有助于读者更好地了解所发生事情的事实。以这种方式进行公共写作，即尊重可靠的事实、现实世界的复杂性和读者，我们就能在分析社会问题时变得更为睿智。

将故事与数据结合起来。 有时，一篇公共写作本质上就是在讲述一个故事：作者描述其自身或他人的经历，并将之作为证据呈现在读者眼前，就像是在法庭上作证那样。随后，作者就会说出这个故事的意义，或者留待读者自己去领会。这两种方式对公共写作都很有效，因为故事具有一种非凡的魔力，我们总是不由自主地就会深陷其中，各种事件栩栩如生地浮现在我们的脑海中。不过，讲述故事这种做法也有弊端：尽管那些故事对读者有着巨大的吸引力，但读者也会认为它们只不过是故事而已——只是一些人的胡编乱造。

解决这一问题的方法就是，在利用故事力量的同时将故事与数据结合起来。例如，假设有人想要说明学费上涨如何使得来自工薪阶层家庭的孩子更难圆大学梦。他可以通过讲述自己努力赚钱和借钱交学费的故事来做到这一点。然而，如果个人故事能够代表许多其他人，就会产生更好的效果。如果能够引用关于工人阶级工资下滑、学费上涨和学生债务增加的可靠统计数据，则更有助于说明个人故事并非特例，而是对数百万学生境遇的一种真实写照。

只要我们把个人经历与说明社会或经济大趋势的数据结合起来，所有的个人经历就会有一个坚实的背景基础。一旦故事与数据有机结合，读者就很难将其斥为虚构之事或抱怨之言。另一种考虑这个问题的方法是，用个人故事来说明可以通过数据验证的模式。这是一种强大的公共写作策略，因为它不仅会影响人们对社会问题的思考，还会影响人们的情感，促使他们做出改变。

获取反馈意见。 如果作者对某个问题怀有强烈的情感，他的文章就会真情毕露，生动感人。不过，激情有时也会让我们忘记，我们写作的目的是要让他人明白我们的意思。我们绞尽脑汁，咬文嚼字，工于辞藻，一心只想用语言表达自己的全部情感，结果却是以辞害意，未能有效地传达各种信息、观点和论点的含义。尊重读者和对手并预设反对意见，有助于减少这种问题的出现，并能帮助我们获得外界对公共写作文本的反馈意见。

获得反馈意见意味着，在公开发表文章之前，将它发给朋友或同事审读。朋友或同事充当试读者角色，他们会告诉我们，我们的写作是否"有效"。也许某个句子表述不清，某个论点软弱无力，或者是我们用错了词语。也许我们无意中说了一些冒犯我们想要了解的人的话。优秀的试读者会发现并帮助解决这些问题。我建议大家一定要多找几位试读者，多方听取反馈意见，因为不同的读者往往能发现不同的问题。

社会学家和其他学者一直在做这种事情。他们会认真思考试读者的反馈意见，在专著正式出版或文章正式发表前会进行多次修订。我并不是说每条推文或博客也都必须经过这样的过程（尽管这能阻止一些人在仓促之间说出一些愚蠢的话）。但是，一篇公开发表的文章越重要（更重要的是让文章产生预期效果），提前获得反馈也就越有价值。从有经验的作家那里获得反馈，也有助于一个人在日后成为一个更好的作家。

有合作精神。如果你在网上写博客，一切自由你说了算。你可以随心所欲地写你所想，内容可长可短，也不会有编辑不让你发表。但是，假设你想接触不同的受众，比如在报纸上发表信件或专栏文章，在网站上发表论文，在杂志上刊登文章。如果你想从事这种类型的公共写作，你就要留意他人设置的规则。

这些规则都不是秘密。大多数印刷和在线出版物都有投稿须知，其中会指定信件、专栏文章、学术文章和其他类型文章的长度。如果信件被限制在 250 字以内，而你则寄去一封 500 字的信，那你就不要期望它会被刊发。如果专栏的字数限制在 750 字以内，就不要发送 1 500 字的文章。如果要求文章风格清晰易懂，就不要发送充满行话的学术论文。如有疑问，务必多加询问。或者，你也可以先上网搜寻。

主流出版物的投稿量远超见刊量，所以编辑在拒绝来稿时采用的最简便办法就是，直接拒绝那些不合规范的文章。这并不是说就没有一点儿回旋余地；如果理由合理，编辑也会在篇幅长度上做出让步。但你千万不要总是抱有这种指望。如果你想让自己的作品（公共写作的成品）有最大的机会见刊，你的文章必须言之有物，内容充实，并要严格遵循编辑把关者设定的规则。

还有一条与遵守规则相关的小建议：像作家一样进行阅读。仔细查看你想要发表文章的出版物，挑出那些你认为非常出彩的作品，然后仔细研究它们的写法。观察它们的文章架构和写作风格。这并不是要你完全模仿他人的写作手法，你只是需要找到一个范例来指引你的写作，并获得相应的效果。比起发推文，寻找范例并努力达到高标准需要你付出更大的努力。但与我提出的所有建议一样，这种努力是值得的，因为这样才能让读者参与到相互尊重的对话中，一起讨论如何让世界变得更加美好。

社交媒介及对它的超越

因特网的出现改变了人们看待公共写作的方式。不久前，公共写作的作品只会出现在书本和报刊上，在正式出版前会经历多轮编辑筛查。当然，现在这类公共写作仍然大行其道，主要供纸质和在线出版物所用。只有这些符合特定标准、遵循出版规则的作品才能正式发表或出版，拥有广泛的读者群。然而，时至今日，社交媒体平台如雨后春笋般涌现，这为公众写作提供了更多的选择，同时也带来了更多的陷阱。

在博客上发布文章这一方式最为传统，类似于过去人们自行出版某本杂志，但是，许多博客都只登载个人作品。与杂志一样，博客上发表的许多博文文笔精美，严肃地讨论公众广泛关注的政治和社会事件。我曾在博客上拜读过的许多优秀文章，都严格遵循我在本章中提到的许多写作建议。

对公共写作而言，互联网时代的一个伟大之处在于，它降低了参与的难度。现在，人们无须拥有报纸、杂志或电台就能发表自己的观点。任何买得起电脑或能上网的人都可以开博客。任何有手机的人都可以发推文。作者与受众之间很少或根本就没有编辑过滤。所有这一切都是好事，因为它能增强言论自由。然而，不幸的是，这并不总是有利于那种有意识的公共写作。

我曾提出，公共写作是有意识而为，它会尊重形形色色的读者，尊重对手，预设反对意见，并寻求诚实地提供信息。问题是，社交媒体从未要求或鼓励这些行为。它往往是为一群志同道合者而写，对反对者大加辱骂，言语粗俗，很少或根本没有编辑过滤或出版前的反馈和修订。这种写作（那些尖酸刻薄的推文就是最典型的例子）让作者感到酣畅淋漓，但却基本上毫无意义可言。有时，它还会产生事与愿违的后果。

许多社交媒体平台的另一个问题是，它们会限制人们去深思熟虑和认真分析。仔细研究一个社会问题，权衡证据，提出论据，考虑可能的反对意见等，不可能仅用 280 个字符或几个句子就能完成。它需要更大的篇幅。这并不是说我们就不能在推特上提出一个简单的观点，而是说，如果把我们的公共写作限制在推文（或类似形式）上，那么面对那些不经过更复杂细致分析就无法完全理解的事情，我们也就只能是泛泛而论。

社交媒体上的发文缺乏必要的编辑审核，就连出版前反馈意见的形式也几乎没有，这是社交媒体的另一种局限性。尽管言论自由是一件好事，但不去获取反馈意见就会导致文中出现各种错误、晦涩表达和无意的冒犯之言。作者不愿获取反馈意见，也就很难提升自身写作能力。因此，在公共写作领域，仅仅依靠社交媒体是不利的。这也是我为什么建议大家要试着为严肃的出版机构写稿（至少要做些尝试），因为它们设置了极高的写作标准，极其强调语言的准确和明晰。

尽管社交媒体有着这样或那样的局限性，但它们具有强大的影响力，也能赋予人们极大的力量。这些平台可以用来分享信息和观点，协调人们的行动。为社交媒体写作，也是磨炼一个人快速写出中肯优美句子能力的一种方式。因而，为社交媒体写作也是为变革而工作的一个重要部分。我的观点是，其他类型的公共写作同样需要。

我知道，并非所有人都能进行同样的公共写作，因为不是每个人都有同样的时间、技能和知识。然而，我想告诉大家的是，公共写作要比许多人（尤其是那些深受学校作文课折磨的人）想象的更可行。任何有文化的人，只要愿意关注社会现状，都能进行公共写作。通过这种方式，大家都能参与到解决社会问题的对话中，略尽一己绵薄之力。换言之，这是帮助世界变得更加美好的一种方式。

第 5 章

组 织 起 来

假设你和老板之间起了冲突，起因是他／她虐待或不公平地对待你和你的同事，或者是在工作安全保障、工资待遇或工作时间安排上出现了问题。任何一个员工单独面对老板都没有多少权力可言，老板会说："你不喜欢这样就请走人。"然而，如果所有员工团结起来一致对抗老板，情况就会大不相同。此时权力平衡就会发生转移，因为老板不可能一次解雇所有人。面对有组织的抵抗，老板必须倾听反抗者的呼声并做出改变。

再举一例，假设你和你的邻居们对地方政府的一些做法非常不满。比如，地方政府拒绝安装"限速标志"来减缓机动车行车速度。比如，地方政府允许在社区附近大肆进行商业开发，造成很大的噪音污染。比如，地方政府未能拨款修缮学校老旧的教学设施。同样，若是只有极少数民众对这些做法提出抗议，有关部门很可能会置之不理。然而，若是有成百上千的民众团结起来，坚持要求地方政府官员对他们的行为负责，并在选举期间对他们施加压力，民众得到满意答复的机会就会大上很多。

这些例子充分表明，（把人们）组织起来的力量的确能够改变世界。虽然个人力量微不足道，但我们也并非总是无能为力；有时，我们还是能够直言不讳，迫使负责解决问题的人采取行动。不过，当能够解决问题的人身处高位，对解决问题不感兴趣（要么因为他们是利益既得者，要么是有其他需要优先解决的问题），民众就有必要采取有组织的行动。纵观历史，我们发现，那些有组织的集体行动，在让世界变得更加美好的过程中起到了最大的作用。

但在现实生活中，这一点并未得到人们广泛的认可，原因之一是，我们被教导认为，是一些非凡个体的道德英雄主义行为引发了社会变革。苏珊·安东尼、罗莎·帕克斯、金、甘地、曼德拉等人被推举为领袖，人们认为，没有这些领袖人物的存在，追求自由的斗争就不可能取胜。这些人的存在是很重要，但却并非凭其一己之力改变了世界。变革是由成千上万（乃至上百万）民众的协调行动完成的，他们中的大多数人都是在幕后做着平凡的工作。至今，这仍是变革发生的方式。

还有一个原因是，美国劳工史并不是一门必修课。在美国劳工史课上，学生们就会了解到，工人们必须团结起来，有时还要经过长期的集体斗争，才能打败剥削他们的老板、私人警察和腐败的政府官员，取得阶段性的胜利。如果有更多人熟悉这段历史，他们就会明白，改变世界不能依赖某位道德英雄的一腔孤勇。他们就会知道，改变世界（尤其是在当权者不希望看到改变的情况下）需要把人们团结起来，开展有组织的活动。

简言之，组织起来就是让人们团结一致，相互协调，通力合作，朝着共同目标努力。如果能够有效地协调众人的思想和力量，完成工作的能力就能得到极大增强。在某种意义上，这就是力量之源。因此，（把人们）组织起来，是人们获取权力和完成任何个体都无法独自完成的事情的一种方式。金字塔和财富就是这样建造和创造出来的。

把人们组织起来之后，也就可以实施统治力，金字塔的修建和财富的积累都是弱势群体背负重压、饱受剥削的结果。我们不能简单地说把人们组织起来是好是坏（它是好是坏取决于它所追求目标的道德价值），但我们可以遵循一个基本的社会学原则：无组织者很容易受到有组织者的支配。这就是为什么那些追求社会正义的变革者经常会遇到重重阻碍的原因。他们只是没有像强权者那样把自己很好地组织起来。把人们组织起来，是平衡不同阶层之间权力的一种方式。

社会学家并不是专业的组织者，但他们非常了解如何把人们组织起来，哪些因素有利于或不利于把人们组织起来。这种认知源于他们对社会运动、基层社区组织和正式组织（如政府部门、集团公司）的研究。基于这些知识，我们也就可以得出一些（把人们组织起来的）原则和技巧，帮助人们寻求变革。下面我就来简要讲述这方面的一些原则。

几条原则

我已经提到过几项关键原则：把人们组织起来是人类去做那些超出个人能力之事的一种方式，重大社会变革是通过有组织的集体行动发生的，无组织者容易受到有组织者的支配，把人们组织起来可以减少社会上各个群体之间的权力不平衡。事情若非如此，把组织起来作为让世界变得更加美好的一种方式也就没有意义可言。这也是为什么我会首先介绍这些想法。然而，关于把人们组织起来还有几个更重要的事实，记住它们同样重要。

私利未必自私。参与到把人们组织起来的工作中，通常都意味着打破惯常的舒适生活。这是人们很难参与其中的原因之一，即使他们觉得自己应该参与。因此，激励人们参与进来往往需要说服他们这样做符合他们的自身利益。单纯地向人们呼吁"实现正义"这样的抽象目标是远远不够的。大多数人不管其心地有多么善良，都不会全力投入到把人们组织起来这一艰巨的工作中，促使变革发生，除非这里面有什么东西对他们有利。

有人可能会问了，以私利为饵难道不会鼓励人们变得自私吗？它难道不是在鼓励人们一心为己，避免参与集体行动来改变世界吗？事实并非如此，因为很多人的私利都是重合的。回想一下本章开篇虐待员工的老板和反应迟缓的地方政府的例子。在这些情况下，变革将会符合许多人的利益，而那些有组织的行动则比个人行动更能满足这些利益。这就是那些优秀的组织者会帮助人们看到的——参与集体行动比保持冷漠和疏离对他们会更有益。

人们当然也可以出于一些自私的原因去参与把人们组织起来的工作。也许他们只是想给自己挣得某种利益，如金钱、地位或权力。或者，他们想要以牺牲他人为代价来满足自己的一些利益。这些情况都有可能存在。但若普通人组织起来去抵制统治，或者是去解决他们遭受的不公正问题，他们就要警惕一个人或一个小派系试图将这种努力引导到维护其自身利益上。稍后我会谈及如何防止此类问题发生。

把人们组织起来的过程会带来变革。理想情况下，有组织的行动可以解决人们想要解决的问题。也许这项努力会导致新法律顺利得到通过，迫使公职人员尽忠职守，改变工作场所的规则，或者是让候选人当选公职。无论结果如何，成功都是显而易见的，即实现了人们预先设定的目标。这种明确的成功有助于人们确信：把人们组织起来是让世界变得更加美好的一种方式。

然而，很多时候，把人们组织起来所带来的结果都是模棱两可。也许最初的目标只是部分实现，或者根本就未实现。有些人会将这视为一种失败。他们可能会说：“看到了吗，把人们组织起来也不起用——所以我们没必要再这样做下去。”但是，在把人们组织起来方面做出的良好努力，即使它没有实现目标或者看起来像是一个失败，也会改变一些事情。它会改变一些人和关系，而这在日后则会变得很重要。

当人们组织起来去反抗自身被支配或挑战社会不公时，他们就会知道：被动的抱怨并不是他们唯一的选择；集体行动可以增强他们的力量，哪怕事实证明他们没有足够的力量来改变他们想要改变的一切；如何更好地与他人进行合作。在这个过程中，他们结成友谊，提出新想法，获得技能和自信。这些变化可以使人们日后的准备工作做得更充分，进而也能更加有效地组织起来。通过这些方式，今天把人们组织起来的努力（不管结果如何），就可以促进未来的变革。

把人们组织起来并不需要"魅力（克里斯马）"。人们常说，著名社会运动领袖，如金和甘地，拥有"魅力"，这是一种激励和动员追随者的特殊天分。单就他们而言，事情似乎确实如此。但是，认为负责把民众组织起来的人需要具备一种罕见的品质，这种品质是上天赐予的一种特有才能，这种看法则是错误的。这是一个会让人陷入麻木状态的概念，一个会削弱民众力量和阻碍变革的概念。

把人们组织起来实际上是一种技能，人们完全可以熟练地掌握它。这就是所谓的社会技术。事实证明，存在一些有效的并且是可以学会的工具和技术。通过掌握这些工具和技术，几乎任何人都可以把人们组织起来去改变世界。我并不是说这一点就很容易做到，或者不用练习。但是，它和普通人一生中获得的许多其他技能一样容易学习。

还有一点，把人们组织起来与领导人们不同。领导人们包括激发情感，表达人们的思想和愿望，提供鼓舞人心的未来愿景。领导人们还需要有足够的勇气在追随者面前挺身而出，承担风险。相反，把人们组织起来只涉及将人们聚到一起，帮助他们协调行动，完成实现变革所依赖的实际任务。没错，有时候，领导者也必须把民众组织起来，而负责把人们组织起来的人也必须出头领导。但在通常情况下，把人们组织起来都是发生在后台。如果把人们组织起来这项工作做得很好并且那些变革的努力最后取得成功，那么可能在事后回想起来时，在舞台上备受瞩目的那些人就会被誉为优秀的领导者。

基于社会学正念把人们组织起来

学习（把人们）组织起来这一技巧的最好方法，就是与那些经验丰富的、成功的组织者进行合作。任何一个人想成为一位优秀的组织者，都应该试着采用这种学习方式。然而，在需要把人们组织起来之前，大多数人都没有机会跟随那些有经验的组织者去做学徒。因此，我们有必要提供一些实用建议，以便那些想要把人们组织起来的人可以在大多数情况下加以使用。下面我就借助社会学家对把人们组织起来这项工作成败原因的看法提供一些建议。

这些建议构成我所说的基于社会学正念把人们组织起来。这并不是一种特殊的方法，而是一种关注把人们组织起来之过程的方法，它可以确保把人们组织起来这项工作不出偏差，不会半道解体。依照我的经验，那些成功的组织者往往都会关注以下问题。或者换句话说，那些成功的组织者往往是一些优秀的应用社会学家，即使没人这么称呼他们。

关注情感。大多数人都不会仅仅是根据成本 / 收益计算，去参与把人们组织起来这项工作。事情更可能是这样，那就是，他们有一种强烈的情感动机，或者是对社会不公的愤怒，或者是担心如果问题得不到解决会发生什么。那些优秀的组织者会将人们的这些情感转化为一些具有建设性的行动。那些优秀的组织者也知道，让人们自始至终参与其中，意味着关注他们的需要，让他们感觉自己受到尊重和重视。具体如何做到这一点，取决于有关情况和所涉及的人员。不过，一般来说，当人们感觉自己不受尊重或不被赏识时，他们也就不会留下来为集体努力做出贡献，所以在把人们组织起来时一定要关注他人的感受。情感是使我们成为人类的一部分，任何忽视人类情感的努力都不可能取得成功。

倾听。积极倾听是组织者最重要的技能之一。要将人们团结在一起，必须倾听他们的心声。他们遇到了什么样的问题？他们想要寻求什么样的补救措施？他们想要一个什么样的未来？只有用心倾听人们对这些问题的看法，才有可能找到人们一起进行变革的共同点。在把人们组织起来的早期，一种比较好的策略是，让人们讲述他们的故事（或者是他们面临的问题）。故事比"报告"更容易讲述，也更容易被人听进去。但是，无论人们如何分享他们的经验（通过讲故事或者采用其他方式），倾听都可谓至关重要。觉得没人倾听自己的心声，是人们选择退出组织行动的另一个原因。

关注多样性。那些面临同样问题并对解决问题有共同兴趣的人们，在其他方面可能有很大不同。人们有着不同的价值观、思想观念和做事风格，这与社会阶层、性别、种族或年龄有关。对和谐的渴望很容易让人忽略这些差异。但若这些差异与社会上的权力不平等有关，例如，中上阶层的白人通常比工薪阶层的黑人受到更多的尊重，那就不能忽视它们，因为它们会破坏人与人之间的信任和团结。因此，那些优秀的组织者会关注多样性，并努力在社会上不同的人群之间架起一座理解的桥梁。那些优秀的组织者也会积极寻找方法将多样性转化为一种力量，用来增强创造力。

进行战略研究。把人们组织起来这项工作有时也会失败，这是因为人们所诉说的事情被认为是虚构的，或者是设定的目标不合适。为了避免出现这些问题，我们可以提前进行战略研究。在这方面，收集关于问题的性质和范围的可靠事实很重要。同样重要的是，找出谁在从现状中获益，谁有权力改变现状，谁可能反对变革，以及这些反对者的弱点是什么。了解这些问题对于制定有效的战略和策略以促成变革至关重要。那些优秀的组织者知道，在把人们组织起来之前先花费一些时间去做研究是一种有益的做法。它会增加最终变革成功的机会，就像提前研究地图会增加我们准时到达目的地的机会一样。

拟定战略和计划。拟定战略就是设定目标并确定那些能够实现这些目标的行动类型。拟定战略还要考虑到资源、盟友、对手和障碍，以便全面了解情况。拟定计划与行动之间的关系更为密切。它涉及找出需要采取的步骤，谁将采取它们，以及何时采取它们。拟定计划还包括事先想好，如何应对那些反对者可能采取的措施。显然，任何严肃的变革努力都要去做这些事情。然而，在现实生活中，也经常会有下面这种情况出现：立即采取行动的迫切愿望，导致一个群体放弃战略规划和计划。而这反过来又会导致一个群体在最初的热情减弱后陷入困境。拟定战略和计划本身不应成为目的；但若没有长期指导行动的战略和计划，变革努力就会陷入僵局。因此，那些优秀的组织者都会花时间去拟定战略和计划，因为他们知道，战略和计划应该随着情况的变化而得到修正。

设定议事规则。每当人们就一些复杂项目进行协作时，都需要提前确定：如何做出决策，由谁负责哪些任务，如何分配任务，谁将对谁负责，谁代表团队发言等。在这些问题没有得到明确解决的情况下，群体经常会运转不佳或完全分裂。为了避免出现混乱、发生冲突和伤害感情，越早讨论过程规则（关于团队如何运作的规则）并达成一致越好。关于这些规则，不必阐述过细，只要足以应对情况即可。那些优秀的组织者知道，当艰苦的斗争让人们承受巨大的压力时，共同承诺遵守一套民主达成的议事规则，是凝聚群体的一种黏合剂。

面对面交流。电子通信是共享信息和协调行动的一种重要方式。但对关注情感、建立信任、拟定战略和计划、设定议事规则、民主决策来说，它并不太适合。这些事情最好还是面对面去做。为了弥合分歧，找到共同点，产生团结感，人们需要看到和听到对方。这就是紧密联系的形成方式——这一紧密联系可以让人们在变革的斗争中团结到一起。虽然人们也可以通过邮件、短信和社交媒体去组织请愿活动和集会，但是，这些努力往往是短暂的，在一些初步行动过后就会迅速消失。那些优秀的组织者知道，面对面交流更有利于把人们团结起来，共同为变革而努力。

建立联盟。战略规划的一部分是确定盟友，也就是那些支持变革努力的个人、团体和组织。建立联盟意味着将这些人、团体和组织聚集在一起，共享资源并协调行动。这些资源包括人员、技能、金钱、知识、信息和联系人。一个群体所缺乏的东西，也许另一个群体就能提供。这就是为什么那些优秀的组织者会积极寻找新的盟友和扩大联盟。正如将个体聚集在一起可以增强他们的力量，把群体和组织团结在一起更能增强它们的力量。因为联盟既会促进变革的努力，也会引发新的紧张局面，所以必须设定关于联盟成员如何共同行动的议事规则（参见上文）。

打有把握之仗。我们不可能提前知道哪些战斗是可以打赢的。纵观历史，一些起初似乎无法取胜的战斗，如争取女性投票权、推翻种族隔离、废除奴隶制，最终都获得了胜利。原则上，只要有足够多的人组织良好并愿战斗到底，任何战斗都是可以打赢的。然而，大多数人，即使他们承认存在问题并且需要改变，也不愿意联手去"推翻制度""废除资本主义""创造一个公正的社会"。另一方面，颁行新法、推选候选人、在工作中组建工会，或者是迫使政府官员解决问题，则是一些更为具体的目标，有可能在合理的时间内实现。因此，人们更容易想象会赢得这类战斗。那些优秀的组织者知道，选择有明确目标的能打赢的战斗，对招募人员参与变革并让他们持续参与其中非常重要。

支持某一事情。人们之所以会努力变革，通常是因为他们想要纠正那些不公正现象，或者想要终止某种形式的虐待或剥削。对这些问题的愤怒，以及解决这些问题的渴望，确实可以激励人们。这是源于人们反对某一事情的动机。思考努力变革是为了什么也是一件好事，因为这可以表达人们希望帮助世界变得更加美好的愿望。例如，一家将有毒废弃物倾倒入流经贫困社区的小溪中的公司，会给那里的居民提供一些可以与之抗争的事情。但是，如果明确这项努力的目的是什么：合法行为、有效监管、反应迅速的政府、更健康的环境，那么就会有更多的社区成员参与其中。大多数人都会支持这样的目标。因此，以这种方式支持某一事情，有助于让更多的盟友参与其中。

自我反省。在所有把人们组织起来的努力中，都会有些事情做对了，有些事情则做错了。有成功，也有失败，这很正常，重要的是从这两者中吸取经验教训。我们可以把人们聚到一起，通过仔细研究那些有效（或无效）的战略、策略和过程来进行自我反省。在这样做的过程中，务必确保所有参与者都能参与讨论并得到认真对待。这样做的群体往往会从错误中吸取教训，并随着时间的推移变得更加强大；不这样做的群体则经常会分崩离析。那种具有建设性的自我反省，会对人们合作得有多好，以及如何做得更好，进行一种诚实的评估。

寻求有关如何将人们组织起来的知识。我们可以通过反复试验来了解如何将人们组织起来。经验与自我反省相结合更是一位好老师。但这可能是一种缓慢而痛苦的学习方式。更好的方法是利用已有知识。这种知识可以在书籍、学校、研讨会和人群中找到。利用这些积累的知识，可以更有效地把人们组织起来。即使那些专业的组织者，在面对不熟悉的情况时，也经常会向那些经验更丰富的组织者寻求建议。换句话说，优秀的组织者知道他们什么时候需要帮助并会主动寻求帮助。那些想要成为组织者的人，或者是需要把人们组织起来的人，应该学会利用他人的经验和反思所创造的知识库。

最后一点需要记住的是，我们并不总是需要从头开始去把人们组织起来。有时候会需要这样，比如，出现了一个新的问题，而人们还没有团结起来去应对它。然而，通常情况都是，相关团体已经组织起来，想要解决某个社会问题。加入这样一个团体（假设它运行良好），有助于我们一起去改变现状和深入了解把人们组织起来的方法。

把人们组织起来是通向具有社会学正念的一种途径

那些读书和写书的人往往认为，大多数东西都可以通过写书来教，通过读书来学。当然，通过这种方式，我们确实可以教授和学到很多东西。这也是一件好事，否则，将知识从一代传到下一代将会变得更加困难。但是，书本知识并不总是能在人们心中生根发芽，因为它经常脱离人们的生活实践。

书本知识脱离生活实践这一问题同样适用于社会学正念。如果我们无法将社会学正念付诸实际行动，它很快就会消失。在我看来，把人们组织起来，正是那种可以将社会学正念付诸实践并肯定其价值的行动。这就像从课本上学习植物学和把知识运用到农场之间的区别。正是后一种经历带给人们宝贵的生活经验，并使这些经验得以延续下去。

当然，我并不是说，把人们组织起来是通向具有社会学正念的一条捷径。即使拥有这个世界上所有的原则、建议和智慧，把人们组织起来去反对那些不公正现象，也是一种很大的挑战。那些抵制变革的力量可能非常强大。那些寻求变革者可能会犯下一些严重的错误。事实上，我们就是付出最大的努力，也不总是能够取得完全或部分成功。然而，每一次尝试，每一次成败，都能教会我们一些东西。正如我在前面所说，这是把人们组织起来改变事物的一部分。

把人们组织起来的确能够改变世界。只要人们决定团结起来，反抗那些不公正的待遇，他们就开启了改变世界的进程。人们在求同存异、互利互信、拟定行动策略、吸引盟友、构建联盟、采取行动的过程中成为历史的施动者。当人们全心参与到这种合作过程中时，他们对社会世界的运作就会有一种新的认识，并会具有更多的社会学正念。而且，在这样做的过程中，他们也获得了让世界变得更加美好的新力量。

第6章

感 同 身 受

有一天，在我的"社会不平等"课上，我与学生们正在讨论一篇文章，文中讲述了那些黑人单身母亲所面临的经济困境。一位二十出头的白人男生发言说："如果是我身处如此困境，我必会更加努力，力争上游。"他的话让我感到震惊，因为这篇文章只是强调了那些阻碍黑人单身母亲向上流动的外部因素，并未将困境归因于她们缺乏内驱力或不够努力。他如此理直气壮地认为其他人看待经济困境的方式与他并无差异，这也让我感到震惊。

针对他的观点，我特意对文章详加剖析，并向学生们指出，根据文中描述，这些女性也很想得到一份更好的工作，但是，儿童抚养费用过高，公共交通设施不足，教育机会稀少，就业市场歧视现象普遍，这都让她们举步维艰，毕竟这些问题都非她们所能控制。随后，我问了他一个问题："你是否认为情感会影响我们的行为？"这个问题的答案非常明显，但这位学生竟然犹豫良久才给出一个肯定的回答。我立即抓住这个机会，进而指出，当我们质疑他人的行为时，我们最好是先去想一想他人对其所处环境的看法和感受。

这个男生能够充分辨识事实，并能用复杂的观点来分析这些事实，他在那个学期的课上已经充分展现了他的个人能力。但是，他欠缺一种重要能力，即对他人感同身受的能力，他没能站在他人的角度上去看问题，这种能力缺失在他那句"更加努力"的言论中表露无遗。这并不是一种仅仅影响了他一个人的特殊人格缺陷。事实上，这个问题很普遍，并已成为一种社会模式。

我们许多人都会犯类似错误。在看到他人的不当行为时，我们常会将其过多地归因于那些人的个性。而在审视我们自身的不当行为时，我们则倾向于将其过多地归因于环境。这是一种极为常见的认知偏见，社会心理学家称之为"基本归因偏差"。我们也可以称其为"移情失败"（未能做到感同身受）。

当我说"移情失败"（未能做到感同身受）是一种社会模式时，我的意思是，可以预见，它与某些社会条件相关联。例如，随着社会距离增加，同情心往往就会减少。社会上的人彼此之间越疏远，他们就越难通过对方的眼睛去看世界。社会距离源于种族、性别、阶级、宗教、性取向、身体健全／伤残、国别和年龄差异。在这些方面，人们会接近或远离对方。当然，他们也可以在某些方面接近，在另一些方面则相隔甚远。

另一种模式是，感同身受会随着一个人手中权力的增加而减少。更确切地说，**拥有权力**常会阻碍与人感同身受。我们都会注意到：掌权者极少愿意站在无权者的角度上去思考问题，但是，反之则不然。那些无权者需要弄清当权者的想法、感受和可能做什么，因为这是他们的生存之道。与之相反，掌权者就完全没有这样的担心，他们不必对无权者的想法和感受多加关注。

阻碍我们对他人感同身受的另一个因素是部落主义。这听起来可能会让人觉得有些奇怪，因为我们通常都是把部落与前工业社会联系在一起。然而，即使身处现代技术世界我们也会择群而居，这些群体与部落几无差异。这些群体能够确定我们的身份，我们所属的群体让我们有一种与其他人不同的感觉。部落之内就是我们，部落之外则是他人。从这个意义上来说，部落可以基于我在前面提到的那些社会类别：种族、性别、阶级、宗教、性取向、身体健全 / 伤残、国别和年龄。

属于我们认同的一群人是一件好事。我们是社会生物，属于群体和社区是我们成为人和持续为人的方式。部落成员在逆境中常会相互支持，所以部落给人的感觉并不总是不好的。然而，当人们开始认为唯有其自身部落的价值观和信仰才是良好的价值观和真正的信仰时，问题就出现了。其言外之意就是，那些珍视并相信不同事物的人是错误的，他们在道德和智力上是低劣的。在这种情况下，他们要么是非理性的，不可理喻，要么就是没有必要去了解他们。在极端情况下，其他部落的成员甚至不被视为人类。

为什么这些因素会产生重要影响？为什么社会距离、权力不平等和部落主义会阻碍我们对他人抱有同理心？答案与我们无法做到感同身受的后果有关，或者是与无法理解我们群体以外事物的后果有关。这种失败常会在世界上造成许多苦难，或者是允许那些苦难持续存在。无法做到对他人感同身受，也使社会问题变得更难解决。

共情、理解与分析

社会世界如何运作，对这个问题的分析，可能会因无法做到感同身受而受挫。想想前面提到的那位白人男生，他坚信那些收入微薄的黑人单身母亲只要更加努力就可以改善她们的生活状况。他完全没有看到那些女性已经做出的努力、那些阻拦她们向上的障碍和她们经历的痛苦。因而，在他眼中，这根本就算不上是一个需要调查分析的问题。他轻描淡写地说了一句"更加努力"后，就觉得没必要再去对其多加思考。

如果我们想要通过减少痛苦和解决社会问题使世界变得更加美好，我们就要警惕自己没有做到对他人感同身受，因为这会导致分析失败。下面是另一个示例，虽然它是虚构的，但是，它与多年来关于在校成功的研究结果却是密切相关。

假设来自贫困家庭的孩子与来自中产阶级家庭的孩子之间存在"成就

差距"。我们发现，来自贫困家庭的孩子，即使他们与来自中产阶级家庭的孩子同样聪明，他们在学校的表现也会比后者逊色。如果我们想要缩小这一差距，我们就要弄清楚造成这种差距的原因。我们需要考虑多种变量，但有一点是肯定的：我们必须考虑到孩子们对学校的看法和感受，因为这会影响他们的内驱力，以及他们与老师之间的关系。

经过调查，我们也许会发现，来自中产阶级家庭的孩子在学校感觉更加自在，因为学校老师都是中产阶级，这些孩子很容易从他们身上看到自己父母或其他熟人的影子。也许他们会认为老师非常关注他们，愿意向他们提供支持。也许他们看到了在他们的生活中那些成年人树立的良好榜样，让他们意识到好好学习的确能够带来巨大的回报。所以这些孩子绝对不会认为学校会伤害他们的尊严，相反，他们认为学校会给他们带来一种长远利益。因此，下面这种看法是有道理的：来自中产阶级家庭的孩子大体上都能度过一段丰富多彩的校园时光，也更有动力积极向上。

相比之下，来自贫困家庭的孩子在学校则可能会感到不太自在，因为学校中的权威人士让他们感到十分陌生。也许他们主要是把老师看成严格的纪律执行者，他们认为，除了在责骂他们的时候，老师对他们毫无兴趣。来自贫困家庭的孩子在生活中也很少能够认识那些学有所成者，从而感受到学业对其未来的重要性。因此，这些孩子认为学校是一个伤害他们的尊严，并且无法给他们带来任何回报的地方。由此我们也就不难理解，为什么来自贫困家庭的孩子基本上都未能度过一段丰富多彩的校园时光，很难积极主动地表现自己。

这个例子的要点是，想要分析社会问题，我们必须探讨相关人员的观点。就"成就差距"而言，我们需要探究来自贫困家庭的孩子与来自中产阶级家庭的孩子的观点，以了解他们的在校体验有何不同，以及这些不同如何影响他们取得成功。我们也需要探究老师的观点。如果不这样做，我们就不可能理解到底发生了什么，更不用说去想出解决问题的方案了。换句话说，好的分析需要能够做到感同身受。

　　下面是另一个例子，它更接近于我们谈论日常生活中的社会问题时发生的事情。在这种情况下，未能做到感同身受源于所谓的政治部落主义。这种失败使我们无法做到彼此倾心交谈，深入了解问题的根源，进而找到应对之策。

　　假设有人说："我是一个保守主义者，我不相信气候变暖。"这种说法意味着，在关于现实的真相上，他认同一种政治团体的看法。这与将政治哲学（如保守主义）与偏好（例如，小政府）挂钩不同。后者是有道理的，因为偏好基于一种深思熟虑的哲学。但是，基于一种政治认同来接受那些经验性主张（这些主张可以通过仔细研究来检验），就是接受部落主义。身份是什么并不重要。如果有人说"我是一个自由主义者，我相信枪支管制可以挽救生命"，这里面的错误是一样的。

　　当然，把自己视为一个自由主义者、保守主义者、激进主义者、民主主义者、共和主义者、无政府主义者，或者别的什么主义者，并没有错。这本身也并不是问题。然而，当对身份的忠诚影响到我们去追求真知时，问题就出现了。这使得我们很难对正在发生的事情，以及我们可能采取什么应对之策，达成一种准确、共同的理解。因此，接受政治身份是好的，只要我们能够保持一种开放的心态，通过扎实的研究去寻求和面对事实。

　　对他人感同身受并不只是指我们在日常生活中能够做到友善地去对待那些与我们交往的人。它还要求我们作为当今多样化社会的一员，能够换位思考，理解他人；能够体察他人之苦，伸出援手；能够与他人耐心沟通，运用我们的集体智慧去解决共同面对的问题。如果我们无法做到这些事情，我们也就很难创造出一个更加美好的世界。因此，无论如何，我们都必须找到那些可以避免让我们无法做到对他人感同身受的方法。意识到导致这些失败的外部条件（社会距离、不平等、部落主义），只不过是一个开始。接下来的一步就是，试着找到办法，消除这些外部条件给我们造成的思想障碍。

克服思想障碍

也许从长远来看，我们可以消除那些阻碍我们对他人感同身受的社会条件。但在短时间内，我们需要一些可以在日常生活中使用的策略来提高我们对他人感同身受的能力。我提出的策略旨在改变那些阻碍我们对他人感同身受的心态习惯。如果我们意识到这些习惯，我们就可以避开它们并形成新的习惯。具体操作建议如下。

换位思考。本章开篇中的那位白人男生认为，那些收入微薄的黑人单身母亲只要更加努力就能摆脱困境。他在思考这些女性面临的情况时就没有做到换位思考。他说："如果是我身处如此困境，我必会更加努力，力争上游。"在他说这句话时，他只是想象他自己身处其他境遇，而他作为一位白人男性则享有丰富的资源和利益。他并未把自己想象成一个黑人女性，在缺乏资源和人生选择的情况下，在努力抚养孩子的同时去应对种族主义和性别歧视。他的思维习惯是把自己置于另一个人的处境中，而非进行换位思考，想象自己成为另一个人会是什么样子。

当然，我们不可能完全理解他人的经历。我们能做的也就是尽力去想象而已。期望一个二十出头的白人大学男生能够站在那些黑人贫困单身母亲的角度去看问题，未免有失公平。但若他能稍稍换位思考一下，他就能找到更多的社会真相。他不会再去想象他自己在这种艰难的环境下应该如何做，而是会发出这样的疑问："如果我是她，一个人生经历迥然不同、资源少得可怜的女性，在这种环境下我会怎样做？"采取这样的换位思考策略，就能提高他的感同身受能力，让他产生移情。

我们大多数人在试图了解他人的经历时都很难做到换位思考（忘掉自己，化身对方）。正如我前面所指出的，彼此之间越是不同，也就越难感同身受。但是，意识到这一点，也可以帮助我们克服它。当我们考虑到在他人所处的情况下我们会怎么做时，我们就能暂时忘掉自己。如果我们能够采取下一步行动并试着想象成为对方会是什么样子，我们就能更接近于达到一种必要的理解水平，从而帮助减轻他人的痛苦。

认识人生经历和社会地位的差异。我这里所说的"社会地位"，是指个体或群体依据其财富、身份和权力在社会中所处的位置。这种位置会深刻地影响人们所持有的观点。思考这一点（社会地位带来的影响）有助于我们对他人有更深的感同身受。采取这一步骤的一个方法就是追问：鉴于这一群体成员在历史上比我所属的群体成员拥有的财富、地位和权力要大得多 / 小得多，他们会如何看待事物？提出这个问题可以提醒我们，需要做出一种更具想象力的努力。

考虑个人传记也很重要。这意味着去了解，一个人的生活经历（尤其是那些与成为支配者或从属者有关的经历）如何塑造其自身观点。虽然我们对他人无论达成什么样的理解都是不完整的，但是，认识到他人的人生经历赋予其不同的信仰、价值观和情感，我们就朝对他人有更深的感同身受迈出了重要一步。如果认识不到这样做的必要性，我们也就不可能做出那种富有想象力的努力。

考虑相似性。我刚在上文还强调要认识到人与人之间的差异，现在我又提出要考虑人与人之间的相似性，未免会让人觉得有些奇怪。但是，这也是重要的一步。这需要我们承认，我们与他人之间有着共同的人性。否则，我们最终就会认为他人与我们太过不同，我们无法理解他们。考虑相似性是弥合我们最初认识到的那些差异的一种方式。

有些东西为世人所共有：爱家人，爱自己的伴侣，在玩耍、创造、性事、美食中享受到的愉悦，逃避痛苦和饥饿的渴望，受到虐待时感到愤懑，追求人生意义和获得尊重的渴望，希望得到公平对待。考虑这些相似性可以提醒我们，无论我们之间有着怎样的差异，我们作为人类一员的基本需求和愿望都是一样的。这种相似性为跨越不同界限的感同身受提供了基础。即使在考虑差异时我们也要记住，我们可以在更深层次的基础上去理解他人。

警惕部落语言（群体歧视语）。部落语言是一种将不同的人群区分开来的语言，通过强调某些差异性，认定这些群体成员在智力或（和）道德方面远逊于自己所在的群体成员。在美国文化中，这方面最常见的例子就是种族歧视语。当然，"乡巴佬""白色垃圾"等词语也属于此列。这些词语贬损了他人的人性，让人们认为不太值得去了解那些人。部落语言甚至会让我们产生一种我们了解他人的虚假感（暗示我们都知道那些人是什么样的人），而事实上，我们并没有努力通过他人的眼睛去看世界。

部落语言经常出现在政治话语中。相信不同事物并持有不同想法的人们被归为一类（他们的观点被忽视或被抛弃），如"自由派""保守派""激进派""反动派"等。在这种情况下，使用部落语言就会扼杀对话。看到这种情况发生，我们可以通过追问来进行抵制：这些标签背后的那些价值观和信念是什么？为什么这些价值观和信念在他人看来是正确的？这些问题提醒我们，即使我们不接受他人的价值观和信念，我们也应该努力去做到对他人感同身受。

在战争时期，部落语言的使用可以说最具破坏性。像"越南佬"（越战期间对越南人的蔑称）和"日本鬼子"（二战时期对日本人的蔑称）这样的术语，会把他人降低到非人的地位，并更容易去伤害他们。诸如"目标""恐怖分子""连带伤害"等术语也有同样的效果：它们把人类变成一种物体，其情感不值得考虑。当我们遇到这些非人化的术语时，我们应该记住一点，那些被这样谈论的人也是母亲、父亲、儿子、女儿、姐妹和兄弟——就像我们一样。建立一个更加和平的世界，取决于拒绝那些试图为暴力行径辩护的人所使用的扼杀对他人感同身受的语言。

倾听和阅读。我之前提到，产生移情，即站在他人角度思考问题，需要我们张开想象的翅膀。但是，我们必须做的并不仅仅是想象。我们还必须用心倾听。他人常会告诉我们他们眼中的世界是什么样子，以及他们是如何体验的。用心倾听并认真对待他们所说的话，有助于我们学会准确地想象成为他们后的感受。为了更好地对他人感同身受，我们必须戒除不肯用心倾听的习惯。当我们遇到那些不同于自己的价值观和信念时，这样做尤为重要。

不幸的是，在我们的一生中，我们可能根本就不会遇到那些人生经历和观点看法与我们截然不同的人。如果我们总是与同类人待在一起，我们也就永远不会跟与我们完全不同的人展开心灵对话。前面那位做出"更加努力"评论的男生，可能从未和一位独自抚养孩子的低收入黑人妇女交谈过。这种社会绝缘是我们依赖成见去了解他人的原因之一，尽管这通常都意味着，我们自认为知道的很多东西都是错误的。幸运的是，我们可以通过阅读来解决这个问题。

与交谈和倾听一样，阅读也是走进他人内心的一种途径。我们可以通过阅读他人的自传和回忆录来了解他人的想法。这类作品可以很好地帮助我们理解他人的经历和看法与我们有何不同。在这方面，像小说等虚构类作品也具有极高的价值。如果我们着迷于某位优秀作家撰写的故事中难以自拔，我们就更容易做到换位思考，站在他人的立场上去思考问题。这种体验能够缩短社会距离，培养我们对他人感同身受的能力。所以我的建议很简单：尽你所能，尽可能多读各种陌生群体成员所写的虚构或非虚构类作品，以及描述他们生活的虚构或非虚构类作品。有时候，仅仅是打开一本书这一小小的举动，就能让世界变得更加美好。

放慢脚步，认真觉察，先思后做

在本章中，我以那位做出"更加努力"评论的学生为例，引出了我的观点。这个学生并不抗拒对他人感同身受。他只是没有停下来去努力理解他人的处境，就匆匆地得出了一个结论。在课上，我建议他放慢思路，指出他漏看了文章的关键部分，并告诉他，只有从那些女性的视角去看待问题才能更准确地分析她们的处境，对此他完全表示赞同。作为他的老师，我所做的是帮助他关注他应该注意的事情，从而具有更多的社会学正念。

社会学正念等同于放缓脚步，停下来觉察那些我们在反思时发现十分重要的事实。但是，如果我们已经养成了不良习惯，做事毛毛躁躁，总是依赖刻板印象，不肯用心倾听，一味地为自己辩护，对他人肆意评头论足，那么正念就会弃我们而去。因此，我在这里一直希望大家去做的事情是，试着花些时间去看看那些与我们不同的人对世界的看法和感受。就像我们在其他活动中因为觉得自知甚多而匆忙行动时犯错一样，在理解他人上，当我们因为觉得自知甚多而匆忙行动时，我们也一样会犯错。停下来去对他人感同身受，是尽可能避免这类错误的一种方式。

当我们无法做到对他人感同身受时，我们也可能会在分析中犯错。为了理解人们为什么会做他们做的事，我们必须考虑他们的看法和感受。对他人感同身受可以让我们做到这一点。这是弄清楚世界上正在发生什么、为什么社会世界会继续这样发展，以及我们如何改变它的一部分。这也是为什么，如果我们想要让世界变得更加美好，我们需要在对他人感同身受方面做得更好，尤其是要跨越分歧的界限。

如果让世界变得更加美好包括减少人们的痛苦，那么做到对他人感同身受对于理解需要减轻的痛苦就是必要的。没能做到对他人感同身受会让我们相信一切都挺好，什么都不用改变。通过对他人感同身受，我们才会对他人的遭遇产生同情并了解到，并非对每个人来说一切都挺好。因此，停下来对他人感同身受，并不仅仅是为了便于我们对他人进行分析。这也是为了让我们认识到变革的必要性，进而讨论如何和平地追求变革。

在我的笔下，感同身受是一种心理实践，它能让我们更好地了解他人。这确实是感同身受的主要内容；事实上，它是一种由沟通行为（聆听、阅读和交谈）辅助的思想活动。然而，问题的关键并不仅仅是更好地了解他人并将这些知识牢记于心，关键是，在面对社会问题时，我们要更加明智和更富有同情心地采取行动。对他人感同身受也许并不能告诉我们应该去做什么，但若它使我们看到并强烈地感到需要做些什么，它就会推动我们走上变革之路，去创造一个更加美好的世界。

第 7 章

发 起 倡 议

我还是一个小孩子时，经常看到公共汽车上有一幅广告，上面画着一只浅肤色的男性大手举着一张大学文凭，下面写着："**要想工作找得好，大学教育不可少！**"这则广告语在如今听来仍是一个很好的建议。虽然拿到大学学位的人并不一定就能得到一份好工作，但它却是极大地提高了他们得到好工作的机会。许多雇主心中理想员工的标准都是受过高等教育，拥有全面技能：优秀的阅读理解能力，娴熟的查找和分析信息能力，良好的写作能力。当然，掌握这些技能并非一件轻而易举之事。这也是只有约三分之一的美国成年人拥有大学学位的原因之一。

我们经常认为，读大学不仅是为了让我们能有一个更好的就业前景，而且是为了发现新的兴趣爱好，激发我们的潜能，获取知识，帮助我们更充分地去理解和欣赏世界。通过这些方式，高等教育能使我们更充分地享受生活。这种看法并没有错；既然我们在学习上投入了时间和精力，我们就理当获得某种回报。然而，如果我们想要让世界变得更加美好，我们就应该从一种更加宽广的角度来考虑"回报"问题。

假定在现代社会只有1%的成年人拥有大学学位。在这种情况下，权力（即对经济、政府和其他主要机构的掌控）就会集中在那些受过教育的少数人手中。在大多数人没有能力参与管理社会的情况下想要实现民主是不可能的。现在我们再假定有一个所有成年人都受过高等教育的社会。在这种情况下，精英们就很难垄断权力，因为几乎每个人都有能力参与管理社会；尽管这并不能确保民主就一定会得到实现，但其得到实现的可能性无疑会更大。

这个思想实验对美国的现实情况有何启示？一方面，那些有幸获得参与管理社会的技能者，在寻求解决社会问题的民主办法方面可以发挥重要作用。另一方面，社会问题造成的许多苦难都落到了那些能力最为欠缺者，至少也是那些受教育程度最低者身上，他们很难挑战精英们手里的权力，寻求有利于共同利益的解决方案。这一情况也进一步表明，在让世界变得更加美好这方面，高等教育的受益者应该发挥特殊作用或承担特殊义务。

发挥这种作用的一种方式就是发起倡议。我所说的"发起倡议"是指，利用一个人掌握的技能和知识，帮助改变那些让他人受到不公平待遇的法律和政策。在一个竞争激烈和个人主义盛行社会，我们经常迫于压力去做相反的事情：只有当我们自身会从中受益时，我们才会去采取行动。当然，我们也需要谋求自我利益；只要不损害他人利益，追求个人利益就是一种无可厚非的行为。但若我们想要为包括我们自己在内的所有人创造一个更加美好的世界，我们就必须把目光放长远，超越狭隘的自我利益。

发起倡议并不需要拥有大学学位。只要你愿意为弱者的利益，尤其是那些社会问题的直接受害者振臂高呼，你就是一位发起倡议者。当然，高等教育所赋予的知识和技能，会让受教育者在这种变革活动中占据很大优势，而这也正是我把高等教育与发起倡议联系在一起的原因之一。另一个原因是，大多数读者都会在大学课程中（在获取大多数美国人所缺乏的资源的路上）遇到本书。如果这些拥有相对特权的读者然后追问：**我们能做些什么来帮助解决我们的教育揭示的问题？** 一个特别合适的答案就是

"发起倡议"。

我并不是说那些受过教育的少数人就应该自以为知道如何最好地去解决他人的问题。这种自以为是也是一种对受过高等教育者不利的因素。稍后我会更多地讨论发起倡议者如何避免这个问题。这里我想指出的是，发起倡议并不意味着就有权代表他人说话。它意味着，在不伤及受助者尊严的情况下，以最适合自己能力的方式，尽力减少他人的痛苦。

一些读者比较熟悉"成为盟友"的想法，觉得它很像我所说的"发起倡议"。这两种观点确实密切相关，但却并非完全一样。通过区分它们，我们可以看到为使世界变得更加美好而有所贡献的不同方式：代表他人并为其工作。虽然我们在关键时刻都可以成为盟友，但是，成为发起倡议者则意味着更多的东西。

盟友（支持者）和发起倡议者

结盟和发起倡议都有助于我们抵制不公平和减少痛苦，这两种做法都很重要。在我看来，这两者之间的主要区别是，发起倡议意味着在公共领域努力改变不公正和／或给人们造成过多痛苦的法律和政策，而结盟通常则处于公众视线之外。从这个意义上来说，所有的发起倡议者都是盟友，但却并非所有的盟友都会参与公共宣传。因为这两种做法都很重要，而我所说的区别则可能有点抽象，所以下面我将给出这两种做法的示例。

结盟的示例

盟友来自特权群体，他们试图改变那些给予他们特权的文化信仰和做法。原则上，盟友认为，有些人仅仅因为属于某个社会群体或类别就享有更高的地位、更公平的待遇或更多的生活机会是错误的。因此，一旦出现合适的时机，盟友就会试图打破那些强化不平等的日常行为模式。他们想要努力确保那些边缘群体、受歧视群体或从属群体的成员都能获得平等地位、公平待遇和平等机会。

在组织生活中，我们能够看到许多结盟的例子。假设在一次会议上，大多数有权势的与会者都是白人男性。因为总是有人有意或无意地表现出那种带有种族或性别歧视的偏见，所以如果一位年轻黑人女子发现自己在会上提出的观点不被重视，也就不足为奇。在这种情况下，一位白人男性出面干预，确保那位年轻女性的想法得到公正的倾听，他就扮演了盟友的角色。如果在不同的情况下，这位白人男性挑战其他白人男性那些带有种族主义和性别歧视色彩的玩笑，那么这也是一个盟友的例子。如果这位白人男性伸出援手，充当那些黑人女性的导师，她们历来都被排除在该组织的领导职位之外，那么这还是盟友的例子。

对大多数主流群体的成员来说，日常生活中提供了很多充当盟友的机会。每当弱势群体成员不被尊重、受到虐待或被不公平地排除在机会之外，盟友就可以仗义执言，说这样做是错误的。对一个正派人而言，这样做似乎是一件很简单的事情。让结盟变得困难的一点是，它意味着要去挑战主流群体成员的偏见和歧视行为。然而，这正是盟友最擅长做的事情，正是盟友的局内人地位，使得他们的行动具有莫大的影响力。

发起倡议的示例

如前例所示，结盟通常涉及人际干预，而发起倡议则涉及对更多公共进程的干预，如政策辩论、选举、有组织的运动。发起倡议的目的并不只为改变个人行为，它在更多时候都是为了改变那些影响许多人生活的社会条件。与盟友一样，发起倡议者也相信"人人公平"，并想利用他们的知识、技能和其他资源，去减少弱势群体成员所承受的痛苦。

例如，假设某一个州的立法者们想要通过销售彩票来增加收入。一个高收入的中上阶层人士可能会认为这样做很好：这样他或她可以继续享有低税率，而且买彩票者主要是那些低收入人群（尽管中奖概率很小，他们却希望自己能中大奖）。但是，另一个中上阶层人士则看出了彩票系统中存在的不公平，正是因为这是一种变相的税收，它给那些负担不起者带来了更沉重的负担。如果此人公开反对销售彩票，比如，签署请愿书，给报社编辑和专栏文章写信，向立法者们发送电子邮件，或者是参加集会，这就是在发起倡议。

再比如，一个属于中上阶层的白人居住在郊区一个治安良好的高档小区。对这个人及其家庭成员而言，他们遭受警察暴力的可能性很低。因此，黑人活动分子在内城提出的警察暴力问题，因为离他们比较遥远也就很容易被他们忽视。但是，如果这个人认真对待这个问题，并公开支持改革警员培训（教给他们学习防止事态扩大的办法，而不是威胁恫吓人们），建立公民审查委员会以监督警察行为，并修改保护警察可以免受其不当行为后果的法律，他就扮演了发起倡议者的角色。

再举一个例子，某一个州的立法者们提议颁布一项法律，要求在允许人们投票之前进行新的身份证明。过往经验表明，这样的法律将会使穷人、老年人、残疾人和大学生更难投票，从而降低他们在投票活动上的参与度，而这则正是一些立法者想要达到的目的。一个不会受到这项法律影响的人可能会耸耸肩，不采取任何行动。但是，同样不会受到这项法律影响的另一个人则可能会坚持认为，投票是一项基本权利，应该让每个人都尽可能容易地参与其中。此人可以通过采取上述方式公开反对通过新法律而成为一位发起倡议者。

这些发起倡议的例子并不牵强；事实上，它们就存在于现实生活中：倡导有利于女性之变革的男性，主张有利于黑人之变革的白人，提倡有益于残疾人之变革的健全人，主张有利于穷人之变革的富人。类似事例还有许多。许多没有被政策或实践直接伤害（甚至可能从中受益）的人，都在试着做出改变，改善他人的生活。这些都是发起倡议者能够让世界变得更加美好的方式。

关于发起倡议的社会学正念

就像本书中描述的所有变革实践一样，发起倡议的有效性也是或多或少。我认为，当我们作为发起倡议者采取行动时，具有社会学正念有助于我们取得更好的效果。盟友也可以从那些具有社会学正念的行事方式中获益。因此，无论人们是打算通过幕后干预，还是通过公开发言来中断不平等的再现，下述建议都可以帮助他们更有效地完成这项工作。

花时间去倾听和学习。发起倡议者需要了解他人的情况和经历。一些政策或做法如何影响他们？他们面临的问题是什么？这些政策或做法如何产生这些问题？要找到这些问题的好答案，需要付出一定的努力；为此，用心倾听、感同身受和细心研究至关重要。如前所述，受过高等教育的一种危险是，它可能会让发起倡议者误认为他们知道的比他们实际上知道的更多，从而过早和无益地加入进来。那些事先花时间研究问题的发起倡议者（他们收集事实并尊重那些他们认为应该帮助者的知识），其发言会有更大的可信度，并会产生更大的影响。

考虑你的影响力范围。就一些重大问题，如军费开支、对外贸易、气候变暖、战争等，坦率地发表意见很好。就这些问题发起倡议很重要，而且的确能给世界带来改变。但是，如果我们能就身边那些小问题发起倡议，我们常会产生更大的影响。事实上，与那些遥远地方的人们相比，我们的邻居和当地政客更可能关心我们的想法和倾听我们的意见。因此，在考虑如何最好地利用有限的时间发起倡议时，一种明智的做法就是考虑我们可能最具影响力的地方。我们还应铭记，在当地采取行动会产生向外波动的效果，进而产生更深远的影响。

谈论共同利益。那些主张减少警察暴力的郊区富裕白人居民，可以列举最有可能受到伤害的内城居民的痛苦。另一种方法则是宣称，我们都希望看到警察训练有素，具有专业素养，不容易发生不必要的暴力，因为我们都有可能需要寻求警方帮助，而且如果每个人都觉得他们可以信任警察，就能更为有效地减少犯罪。当警察在那些经济条件欠佳的地区工作时，就连他们自己也能从更多的信任和更少的紧张感中获益。从这个角度来看，我们就可以看到这关系到共同利益；整个社会都可以从警察改革中受益。这种发起倡议的方式（帮助人们看到他们的共同利益），对动员大家广泛支持变革至关重要。

从错误中吸取教训。发起倡议常会涉及离开一个人的舒适区。学习和倾听需要付出时间和精力，而倾听则意味着会听到一些令人不安的事情（例如，自己所属群体的成员是问题的罪魁祸首）。说出弱势群体所遭遇的问题，可能会招致强势群体的愤怒。如果发起倡议者事先未经研究，未充分倾听和了解问题的真相就发起倡议，或者是与一些名不副实的权威人士商量问题，他们就会受到那些他们想要帮助者的批评。换句话说，因为试图做一件好事而受到指责是可能的。重要的是不要让不适或怕犯错成为发起倡议的障碍。不适和犯错是发起倡议过程中的一部分。吸取这样的经验教训，有助于我们成为更好的发起倡议者。

告诉群体中其他成员问题的真相。与群体中的其他成员进行对话。不幸的是，那些受到问题伤害者的知识和经历，往往会被那些占据主导地位群体的成员所忽视。那些遭受最大痛苦者的报告，常会被后者视为有偏见或者是在发牢骚。这里正是发起倡议者可以提供帮助的地方，假设他们已经做了必要的倾听和学习。他们可以与群体中的其他成员进行对话。有时候，这是传达信息的一种方式，因为发起倡议者不会因为"另有企图"而被解雇。对发起倡议者而言，帮助那些占据主导地位群体中的其他成员了解问题的严重性，是他们可以发挥的一种特别强大的作用。

扩散他人的声音。如果那些受到问题伤害的人被边缘化或者相对无能为力，他们的呼声就很难被人听到。发起倡议者可以通过听取需要听到的内容，并将其传达给那些占据主导地位群体中的其他成员来提供帮助。他们也可以试着为那些受到伤害者创造其诉求被人听到的平台和机会。这意味着提供在小组讨论、大会或团体会议上发言的机会，或者是提供出版的机会。这取决于一个想要成为发起倡议者的人能做什么。正如我在前面所说，社会问题是无法理解的，更不用说得到解决，除非是考虑到那些受影响者的观点。发起倡议者可以努力确保这种情况发生。

寻求解决方案，而非哗众取宠。作为发起倡议者，我们可能会因愿为弱势群体争取正义而得到他人的赞美。这种赞美当然是有价值的，它让我们感到自己行为高尚，受人尊重。但是，那些主要由对这些奖励的渴望所驱动的倡议，不太可能持续很长时间。创造社会变革所必需的持之以恒，更有可能产生于那种结束不公正和痛苦的愿望，正是这一点最初激发了发起倡议者的变革努力，即寻找解决方案的愿望。换言之，有效的发起倡议者应该学会去关注解决问题，而不是去关注如何得到赞美。

与他人一起发起倡议

尽管不用加入小组或咨询他人就能成为发起倡议者，但这却并非最佳方法。在尝试了解某个问题时，与在这方面知识渊博的人建立联系，尤其是与那些经历过这个问题的人建立联系，会对我们很有帮助。他们已经在努力寻找问题的解决方案，他们更清楚在任何特定时间最需要发起怎样的倡议。然后，我们就可以协调彼此的行动不去做重复的无用功，而且我们也可以做出更有益的贡献。

发起倡议也会给人造成情感上的负担。这意味着要面对来自亲友和我们所属群体中其他成员的反对、困惑或漠不关心。他们可能会对我们说：这关你什么事？你为啥要管这事？别管了。别再拿这事来烦我们。这种反应可能会让人沮丧。这也是应该与那些已经在研究问题的人建立联系的另一个原因。正是通过这种联系，我们获得了发起倡议工作所需要的道德和情感支持。当然，我们也可以为他人提供这种支持。

与他人合作的另一个原因是，发起倡议的目的是改变社会条件，改变法律或政策，改变盛行的文化习俗，或者改变所有这一切。我们无法仅凭一己之力就能带来这些改变。虽然我们有时可以通过我们个人的行为来激发或催生变革，但是，想要改变社会运作方式则需要集体行动。当变革威胁到那些占据主导地位的群体时，事情尤其如此。在这种情况下，将我们的声音加入他人的声音会比单独发出呼吁更有效，并会使我们变得不那么脆弱。

我在前面也说了，即使没有实现所有目标，变革运动也是成功的。成功可以包括在把人们组织起来这一技能上取得的进步、建立新的团结关系，以及更坚定地去寻求正义。发起倡议也是如此。通过学习在一个问题上很好地发起倡议，我们获得了更有效地就其他问题发起倡议的能力。通过与他人合作发起倡议，我们学会了把人们组织起来的价值，并且也会形成一些关系，这些关系将会让我们坚持斗争以减少他人的痛苦。因此，发起倡议，就像把人们组织起来一样，可以在当下就产生变化，进而在日后带来更大的变化。

发起倡议也能促进变革，因为这是一种强有力的示例教学形式。一个人发起倡议的行为，可以激励其他人也成为发起倡议者。一个人发起倡议的行为表明，并非所有占据主导地位群体中的人都是正义之敌。一个人发起倡议的行为表明，在所有群体中那些有良知者之间有可能找到共同点，共同致力于变革。当那些发起倡议者通过其自身行动证明了这种可能性时，他们也就点燃了希望，而人们也会在这一希望的鼓舞下，继续为让世界变得更加美好而努力。

第 8 章

保 存 旧 知

那些不太了解学术生活的人们经常认为，搞学术或做科研本身就是一种相当激进的行为。确实有一些科学家和学者（他们通常都是教授）持有一些激进的政治或学术观点。然而，学术和科研工作本身，尤其是从事学术和科研工作的方法，则基于他们对保存旧知之重要价值的信仰上。因此，虽然听起来有几分怪异，但是，就连那些在政治和学术上最为激进的科学家和学者，或多或少也都会有些保守传统。

我在前面提供的研究技巧之一就是从已知内容开始。我曾说过，这是科学家和学者们经常会做的事情。在开始一项研究之前，他们首先会进行文献综述，找出他人已经发现的东西。他们可能会对同事所采取的方法、所得出的发现、所给出的解释持怀疑态度。他们可能会认为以前的工作在某些方面是有缺陷的。但是，以前的工作并没有被忽视；他们会以此为基础继续开展研究。这就是保存旧知的一种形式。

我所提出的保存旧知经常会因强调新知而被掩盖。毕竟，这是科学和学术应该产生的结果：新发现，新概念，新理论。新知最为关键，所以它也就成为人们关注的焦点。但是，人们能够发现新知，完全是因为他们保存了前人发现的旧知。最棘手的问题是去伪存真，理清哪些旧知应予保留，哪些旧知则应抛弃或改进。当我们弄清楚这一点时，公平地说，我们就已经取得了进展。

我们在日常生活中也面临着类似的问题。我们遇到新的事实和想法，然后必须决定如何修改我们现有的知识。通常，如果我们（通过某种实验）清楚地知道，新的观点能够更好地解释我们的观察发现，或者新的事实更加精确明了，那么我们十分愿意破旧立新。与此同时，我们又不想只因新事物显得时髦或别致而抛弃旧事物。因此，像科学家和学者一样，我们也必须找出什么值得保存，什么不值得保存。

决定保存什么的问题超越了科学、学术和常识；它不只是涉及知识，它也涉及实践（即我们一起做事的习惯方式）和物质条件（自然环境和人造环境）。随着年龄增长，我们经常会被要求放弃旧的、熟悉的实践，转而采取新的做法。自然环境和人造环境也时时受到威胁或者不断发生改变。在这些问题上，我们同样必须决定要努力保存什么，放弃什么。

在一本倡导变革的书中思考保存旧知这个问题似乎有些奇怪，因为保存旧知给人的感觉像是在抵制改变。但是，让世界变得更加美好并不意味着为改变而改变。它意味着创造这样一个世界，在这个世界里有更多的机会和更少的歧视、更多的和平和更少的暴力、更多的平等和更少的贫困、更多的民主和更少的专制、更多的欢乐和更少的痛苦。如果这就是我们所说的更加美好的世界，我们就需要评估拟议改革可能产生的后果，因为有些变革可能会使事情变得更糟。因此，明智之举就是，从现有情况出发，看看哪些事物运转良好，值得保存。

也许举个例子会对我们有所帮助。假设一家电脑公司提议给学区所有学生一人发一台笔记本电脑。公司代表说：**在当今世界，越早让学生熟悉数字技术越好。通过掌握这项技术，他们将会变成更加独立的学习者，日后进入就业市场也会更具竞争力。数字平台还可以让教师使用最新的方法来激励学生，帮助他们按照自己的节奏学习。**对许多教师和管理者而言，这些话语听起来颇有道理，甚至令人兴奋。毕竟，最新的技术难道不是最好的吗？最新的技术难道不总是会产生更好的结果吗？既然如此，它也就理应在学校得到使用。

但是，且慢，这里我们不妨思考一下，这种新技术论调中缺少了什么：如何证明它能产生更好的结果？它可能对师生造成什么样的有害影响？它会带来什么样的环境成本？旧技术（书）会提供什么样的好处？公司的赞助活动是否另有企图？如果不考虑清楚这些问题，我们就不可能对是否应该采用新技术做出一种明智的选择。过于匆忙地接受新事物，我们很可能会放弃那些仍然运作良好的旧事物。

我们一直面临的问题是，如何选择最好的旧事物和最好的新事物。社会学不可能提供一个公式来让我们做到这一点。然而，当我们决定要保存什么和放弃什么时，我们可以在考虑到那些更广泛的潜在后果的情况下，用社会学正念的方式做到这一点。这可以提高我们保存那些有价值事物的机会，同时接受那些可能使世界变得更加美好的变化。正如我稍后将会建议的那样，它还可以改善我们关于社会变革的对话。

关于保存旧知之社会学正念

接下来我将提出一些建议，思考哪些旧事物应予保留。按照下文的思路进行思考，并不会得出任何特定结论。关键是要鼓励人们在保存和改变旧事物时进行更为全面的思考。如果我们拥有共同的关注目标，即我们都想纳入考虑范围的事物，就能激发出那种更具建设性的对话，有效地思考哪些旧事物应予保存，以及保存的原因。当我们面对取舍，需要决定到底应该保存或改变哪些旧事物时，可以参照如下建议。

考虑谁受益谁买单。在上述技术案例（给每个学生都发一台笔记本电脑）中，这项新技术的推动者声称这样做利大于弊。但重要的是要考虑**谁受益谁买单**。从整体上来看，收益可能超过成本；但若所有收益都归于一方，所有成本都由另一方承担，这项新技术就会造成或扩大不平等。也许现有的技术或惯常的做法能让双方都共享利益，共担风险。如果是这样，这可能也是我们保存那些"过时"技术和做法的原因，或者是我们试图更公平地共享新事物的收益和成本的原因。

考虑外部成本或隐性成本。这意味着寻找那些不是一眼就能看到的成本。例如，新的计算机技术往往会给远离技术使用的地方带来环境成本。其他地方的环境会因金属开采、工厂污染、能源开采增加和旧设备的处置而受到损害。由于消费者通常看不到这些成本，所以他们需要进行一番研究才能意识到它们的存在。考虑到这些外部成本或隐性成本，我们可能就会寻找方法，保存成本较低的现有技术或做法。至少，我们会对"新技术和新做法只会带来好处"这种说法抱持怀疑态度。

考虑可能出现的意外后果。虽然变革的意外后果很难预测，但我们完全可以试着根据经验和研究来想象它们。例如，平板电脑的确能够帮助学生更易查找信息，但它们也会分散他们上课的注意力；平板电脑还会造成一种假象，让学生认为什么知识都能在网上找到，从而失去学习的兴趣；平板电脑还会造成师生关系疏远，夺走教师的教学控制权，任其落入那些利益至上的公司手中。如果新技术和新做法有可能产生这些问题，我们也许最好还是坚持那些不会产生这些问题的旧技术和旧做法。

不能只考虑效率。那些花费更少时间、精力和金钱就能获得同样好或更好结果的新做法通常都是可取的。但是，效率并不是让社会变得美好和让生活变得有价值的唯一因素。我们在生活中同样看重美、信任、团结、希望、同情、邻里和爱——那些很难用投入和产出来加以衡量的事情。因此，在考虑新技术和新做法时，我们应该追问：人类社会生活中这些其他可取的特征将会受到怎样的影响？如果这些"无形商品"受到那些被吹捧为"更有效率"的变化的威胁，我们就可以合理地抵制这些变化，或者寻找其他方法，以确保我们不会为了一样事物的收益而牺牲其他许多事物。

考虑需要保存的内容和可选内容。没有转盘拨号电话机、打字机或胶片相机，我们照常生活。不踢足球，不吃汉堡，不看电影，我们的生活完全不受影响。尽管许多人都十分享受这些技术和习惯做法所带来的好处，但它们却并非维系人类生存的必需品。另一方面，没有干净的空气和饮用水，我们就无法生存。没有肥沃的土壤来种植庄稼，我们就无法生存。许多人可能还会说，如果没有上一段中提到的那些无形商品，我们也无法生存。因此，在考虑保存什么时，我们应该考虑什么是我们集体生存所必需的，什么不是。如果我们不保存前者，我们所有的考虑都将是短视的。

考虑修改和修复。广告鼓励我们破旧立新，而不是考虑通过修改和修补来让旧貌换新颜。这种"用过即丢"的态度不仅影响了我们对消费品的看法，还影响了我们对社会安排的认识。结果就是，在考虑保存旧知这一问题时，我们常会形成一种非黑即白、非彼即此的思维方式——要么我们原封不动地保留现有社会安排，要么我们全盘更新，消除所有过去的痕迹。这种思维方式会导致人们采取一种强硬的立场：要么一成不变，要么彻底改变。事实上，这两种立场都不现实。相反，如果分析显示需要修复或改进，我们可以做的就是考虑如何修复或恢复现存的内容。需要再次强调的一点是，我们的目标是，坚持保存那些依然能够发挥良好作用的事物并使其发挥更大的作用，而不是试图从零开始去重塑世界。

考虑过去的经验教训。我们保存的关于过去的知识，可以用来指导我们对未来的思考。我们可以追问：过去，当社会未能保存那些民主做法时，发生了什么？当它们未能保存文官对军队的控制时，发生了什么？当它们未能保存那些保护公民免受政府监控的法律时，发生了什么？当它们未能保存物质生活所依赖的食物或能源时，发生了什么？人们会从过去吸取不同的教训，并以不同的方式将这些经验应用到现在，但这并不是我们就可以忽视过去的理由。当我们必须决定要保存什么和改变什么时，任何有助于我们看清利害关系的事情都值得一试。

上述考虑不仅适用于技术变革，还适用于法律、政策、规章条例、机构做法和文化习俗的变化。在评估此类变革的可取性时，我们可以提出同样的问题：谁受益谁买单？外部成本或隐性成本是什么？可能产生什么意外后果？除了效率，问题的关键是什么？哪些是必须保存的，哪些不是？修复或恢复是一种可取的选择吗？关于我们目前的状况，过去能告诉我们一些什么？提出这些问题并权衡答案并不总能让我们做到避免犯错。但是，这样做可以确保我们更加用心地参与创造历史。

我们也可以反过来针对现状提出这些问题。我们可以审视当下的法律、政策和做法，并询问：谁受益谁买单？代价几何？正如我们可以用这些问题来思考应该保存什么一样，我们也可以用它们来思考应该改变什么。如果追问几个简单的问题就能帮助我们理性地思考和讨论变革，为什么变革还会这么难呢？为什么它会引起这么多的冲突？答案与在不平等的社会中一些人想要努力保存自身优势有关。

关于保存哪些事物的讨论

在那些极为不平等的社会里，关于保存哪些事物的讨论常常充满恐惧和猜疑。当下享有优势的人可能会有意或无意地担心这种变革会剥夺他们的优势。寻求变革以追求平等的人则可能会怀疑，每一种保存现有事物的论据都掩盖了保留权力和特权的愿望。这也使得人们很难进行开诚布公的对话。

关于这个问题的部分解决方案是，以一种鼓励分析而非争论的方式进行对话。我们可以借助上一节中提到的那些注意事项。每个注意事项都可以成为对话的基础，讨论哪些事物需要保存，哪些事物需要改变。如果每个人都同意使用一组分析问题来更好地了解情况，那种别有用心和保护特权的愿望也就很难藏身。很多时候，关于保存和改变事物的对话之所以没能取得成效，就是因为人们只顾争论什么是对和错，从而错过了共同加深理解的努力。

利用一组想法，限定讨论范围，可以使对话走上正轨。然而，我们如何参与其中同样重要。专注于分析问题，使得人们很难去掩盖权力和为特权辩护，更难避免面对需要解决的问题——更难但并非不可能。这在很大程度上取决于我们是希望达成相互理解，还是想成为渴望获胜的辩论者。后一种参与方法只会遮蔽而非解决冲突。以下几种方法有助于我们克服这个问题。

反思维持现状可以给我们带来的好处。这意味着诚实地审视自己并追问：我们为什么要保存这些法律、政策或实践？它们与我们有什么利害关系？也许我们试图保存的事物并不是那些为共同利益服务的事物，而主要是那些可以让我们感到善良、舒适或优于他人的事物。如果我们在这上面无法正视我们的本心，我们就会努力为我们心底明知正在让他人受苦的安排进行辩护。正是这种未经反思的防御心态使对话变得无比艰难。主动反思维持现状对我们的好处，我们就可以更好地平衡我们在保存现状上的利益和那些寻求变革者的利益。我们也可以把我们花在对话上的精力投入到寻求理解和前行之路上，而不是提出一些自私自利的论点与人争论不休。

用心倾听与感同身受。在关于保存什么和改变什么的对话中，用心倾听和感同身受这两者必不可少。这是因为，人们在进行对话时，对什么是对与错，以及什么是应该改变的东西和不应该改变的东西，有一种强烈的情感。如果人们不肯倾听对方和产生移情，情感越强烈，对话就越有可能失败。做这些事情并不意味着放弃我们自己的情感或信仰，也不保证双方就能达成一致。用心倾听和感同身受的作用是提高达成相互理解的机会，看到每个人的利益，为保存什么和改变什么这一问题，设计出一种创造性的解决方案。

不断寻找共同点。抱有不同政治信仰的人真正想要的东西往往是一样的：更加安全和睦的社区，为自己和子女提供更好的教育和就业机会，更加民主和反应更加快速的政府，人人负担得起的医疗保健，更为平等的社会财富和权力分配，日常生活中更加相互尊重和公平。理想情况下，关于变革的对话将会揭示这些共同利益和共同的价值观。但若我们有意去寻找共同点，这种情况就更有可能发生，因此，即使在那些看似难以解决的分歧中，我们也应不断寻找共同点。反过来，找到这些共同点也可以为我们讨论下一步做什么创造机会：如何保存那些好的东西，如何让那些好的东西变得更好。

每一个对创造一个更加美好的世界感兴趣的人都会希望保存一些事物，改变一些事物。这也就意味着，我们面临着如何决定保存什么和改变什么的问题。当然，我们并非孤军奋战。作为群体和社区的成员，我们还必须就在保存和改变社会世界不同方面有着相互竞争乃至激烈冲突的利益进行谈判。我在上面提出的建议有助于我们在这样做时减少冲突。通过在保存事物上采取一些更为谨慎的做法，我们也增加了进行那种让和平改变成为可能的对话的机会。

第 9 章

教 导 他 人

看到本章题目，一些读者可能会想："这一章我就不用看了，我又不想当老师。"但请你一定要耐着性子读下去。我并不是说大家都应该去当老师。我只是想说，每一个想要改变世界的人都不得不当老师，教导他人是努力改变现状这一过程中很自然的一部分。我们经常未能发现这一点，是因为我提到的这种教导大都发生在课堂之外。

当然，我并没有轻视课堂教学或者是作为一种职业的教学之意。教书是一种高尚的职业，也是帮助他人过上更好生活的最佳方式之一。我认为，如果有更多的人成为教师，那将是一件好事。但是，不可能每个人都去靠教师身份谋生。也不是每个人都必须以教师身份谋生，才有助于让世界变得更加美好。

当我说"每一个想要改变世界的人都不得不当老师"时，我的意思是，我们都会以身作则。无论我们说什么或做什么，总是会有一些人从中吸取教训。如果我们大声疾呼反对不公正，或者试着改变导致他人受苦的条件，我们就是在向他人表明，冷漠和放弃并非我们的唯一选择。如果我们什么都不做，我们的无所作为同样会向他人传递一种信息，即什么都不用改变。

当我说"教导他人是努力改变现状这一过程中很自然的一部分"时，我的意思是，社会变革的一部分就是向他人传授思想、知识和技能。当我们去做这些事情时，我们就在为变革而努力的过程中扮演了教师的角色。我在本书中描述的所有实践：认真倾听、公共写作、（把人们）组织起来、感同身受、发起倡议、深入研究和保存旧知，都必须去学习。一旦学会了，我们就可以将其教给别人，通过这样做，我们也就增强了变革的力量。

因此，我的目标并不是说服人们把教导他人当成一种职业；相反，我想鼓励大家将其视为创造一个更加美好的世界所必不可少的一种实践。从这种方式来看，教导他人就不仅仅是一种人们谋生的方式。可以说，它是人们生活方式的一部分，它可以引发积极变化。和我描述的其他做法一样，我们也可以学会用那些更有效的方法去教导他人。

毫无疑问，我在前面关于公共写作所讲的很多内容，那些有经验的作家都很熟悉。同样，我关于教导他人所说的很多话，那些有经验的老师也很熟悉。关于如何教导他人，我不敢说自己拥有秘诀。然而，众所周知的东西并不一定广为人知，因此，也许我要说的，某些人可能会觉得显而易见，但对另一些人来说却会是新的。我希望还有一点可能是新的和有益的，那就是，考虑如何用社会学正念来教导他人，推动我们追求社会变革。

关于教导他人的社会学正念

所有有意而为的教导都要意识到，所教导的内容必须对从不同视角看世界的学习者有意义。任何明了这一点的老师都已具有社会学正念。但是，事情并非如此简单。具有社会学正念的教导包括，关注互动、语境、多样性和不平等如何影响学习。重点不仅是要"关注"这些问题，还要注意改变一个人教导他人的行为方式。下面我会提出一些基于社会学正念去教导他人的做法，它们适用于课堂上、社会运动组织里或日常生活中。

根据学习者的基础展开教学。教导他人已经知道的东西毫无意义。教导他人超出他们理解能力的东西也没有意义。我在教社会学课时，我知道从哪里开始，因为我知道学生们具备哪些先决条件。当我去教一门非学术课程时，比如说，摄影，我会首先了解人们对这门课程的掌握情况，他们想学哪方面的内容。如果我不这样去做，我就会浪费每个人的时间。

尽管如此，在课上教导学生时，通常很难"从学习者的基础开始"。这是因为班上的学生（即使他们拥有相同的先决条件，年龄差不多，并声称有着相似的背景）之间总是会有所不同。有些人比其他人知道更多的东西，有些人更愿意学习，有些人学东西更快，有些人学习意志更坚定。这也就意味着，一个班级中的所有学习者从来就不在同一个基础上。你可能已经亲自见证过这一点。这是大多数学校的教学中都固有的一个问题。

相比之下，在教室之外更容易找出学习者现有的基础。通过对话和演示（如"告诉我你会做什么"），教师、导师或手工艺大师可以判断学生、学员或学徒知道多少及其能力大小。正确的起点是超出学员现有基础一步。关注起点问题，有助于避免出现教学枯燥问题。

把学和做联系起来。我可以教导你"俾斯麦是北达科他州的州府"，而不要求你去那里亲自核实（事实上，你刚了解这一点，除了读到这句话并没有更多的身体行动）。但是，如果我要教你骑自行车，使用焊炬，或打棒球，没有身体行动是不可能做到的。我必须演示，你必须上手。因此，在某些情况下，很明显，教和学必须与做联系到一起。

在其他情况下，这种结合则没有那么明显。仍以俾斯麦是北达科他州的州府为例。我可以教给你这一点，而你则可能因为某个原因而还记得它。但是，如果我让你（假设我是你的地理老师）撰写并上交一份关于北达科他州历史、文化、政治和经济的报告，你会学到更多东西。其中就会包括俾斯麦是它的州府这一点。这是一种将学与做联系起来的方法，即使需要教导和学习的东西是由想法和信息而非手工技能构成。

将学与做联系起来反映了人们会用不同的方式去学习。说到骑自行车，每个人都得通过做来学。对于其他事情，学习方式可以根据人们以前的经历而有所不同；有些人靠口头指导就能学得很好，另一些人则需要多次上手尝试。那些好老师会找出对每个学习者最有效的方法。同样，这在课堂上要比在一对一教学中更难做到。而这也许就是为什么许多人，尤其是成年人，从导师那里学到的比从学校老师那里学到的更多。

赞美好作品。 当我们想要获得复杂的想法和信息时，一开始难免会出错。当我们想要获得新的技能时，犯错也很常见。没错，是有一些人比其他人学东西更快，但却没人一上手就能做到完美无缺。这就意味着学习者需要纠正，教师则有责任去纠正。事实上，这正是学校教学的结果：告诉学生他们做错了什么，希望他们下次会做得更好。

纠正错误并不一定就是一种不好的反馈形式。有时必须这样做，尽管其效果在很大程度上取决于它是如何反馈的：是和风细雨式还是苛责式。和风细雨式是一种更好的方式，有助于学习者顺利接收信息。但是，如果没有正面的反馈，不断出现的负面反馈就会让人沮丧。通常，更好的方法是淡化错误或完全忽略错误，关注那些学习者做得既对又好的事情。

赞美好作品的原因之一是，当学习遇到困难时，它可以坚定学习者坚持下去的信心。它还可以告诉学习者他们应该追求什么，这有助于学习者投入更多精力去做正确的事情，并停止做错误的事情。赞美好作品的另一个原因则与教师和学习者之间的不平等有关。由于教师在教学关系中拥有更多的权力，而且往往拥有更高的地位，学习者常会仰视并想取悦老师。因此，向学生展示如何做可以获得认可，也有助于培养他们的技能和提升他们的学习动力。

提出问题。 俗话说，阻止我们学习的是我们认为已经知道的东西。毕竟，如果我们拥有的知识是充分的和正确的，我们为何还要去学习更多呢？这只会耗费我们的时间和精力，而不会给我们带来更好的生活。在这方面，教师可以有效地打破这种自满情绪。教师这样做的一种方式就是提出问题。

通过提出恰当的问题，教师可以帮助学习者看到他们知识的极限。在体育和游戏中，这种提问式教学很好想象。例如，一位棒球教练可能会问："如果一开始有一个跑垒者出局，击球手击出一个地滚球，击球手在哪里？"一位国际象棋教练可能会问："如果白棋以西班牙开局，黑棋最好的防守是什么？"其他领域的教师也会做同样的事情。一位教授研究方法的老师可能会问："什么时候使用分层随机样本要好过简单的随机样本？"通过提出这类问题，教师可以帮助学习者产生远见和提升解决问题的能力。

教师也可以提出问题来揭示那些阻碍学习的信念。例如，那些相信"在美国只要努力工作任何人都能取得成功"的学生，往往看不到社会结构如何使不平等不可避免。所以我会提问：如果美国社会里的每个人都很聪明、雄心勃勃、努力工作，是否每个人都会得到一份高薪工作？大多数学生都承认答案是否定的，因为社会上并没有那么多高薪工作；大多数人仍会从事一些平庸或糟糕的工作。因此，通过提出一个简单的问题，就可以揭示出一种错误的信念，这种信念阻碍了人们去了解美国社会如何再生产不平等这重要一课。

教导学习方法。我们经常认为教师是在传递某种"内容"：事实、概念、技能。这是思考教学能够完成什么的一种合理方法。但是，在教学中总是会涉及教你如何去学习。无论教师使用什么方法，包括讲课、演示、讨论、分配阅读、对学习者的表现进行反馈，都会传递关于应该如何学习的信息。有时，这些信息比那些清单式的内容更有价值。

关于人们如何在某个领域获得成功有许多有用的知识。实践很重要，但它必须是"刻意练习"。这种练习需要在正确的时间掌握正确的技能，它略有挑战而又不至于远超个人能力，它要求大量重复并不断反馈以提升技能。那些好老师会为学习者创造这种学习方式。同样，一对一教学的好处是能够充分了解学习者，准确识别学习者需要做些什么来做出改进。

一个能够帮助学习者进行"刻意练习"的老师，其教学很容易见到成效。风险之处在于，这一过程会让学习者对老师产生依赖。因此，通过教会学习者如何自学，可以更好地培养其长期学习能力。有时，这意味着教导"刻意练习"的组成部分（识别和克服弱点，超越当下极限，重复，寻求反馈并加以改进）；有时，这意味着教导一种探究方法（如何发现和评估信息）。无论采取哪种方式，通过教导学习方式，教师可以赋予学习者在一节课或一门课结束很久之后终生学习和成长的能力。

以身作则。早些时候我曾说过，像教师一样生活的一部分就是意识到我们总是应该以身作则，因为他人会从观察我们所做的事情中吸取经验教训。认识到这一点，我们就可以传递更多的正能量。尽管这是一种最被动的教学形式，但它却能产生一种相当强大的力量。如果你听到我说"开车时你应该一直双手紧握方向盘"，而你看到的则是我单手开车，你会从中学到什么样的经验教训？

这里是另一个例子。假设我想写一篇文章来说明，教导他人是一种让世界变得更加美好的方式。我可以不假思索地记下一些想法，然后滔滔不绝地讲下去。如果你看到我这样写作，你就可能会想，写书很简单，就是无视他人的智慧，直接开写好。但是，这是一个错误的经验教训。实际情况是，我虽执教多年，但在写作本章内容之前，我还是阅读或重读了起码 6 本关于教导他人的书籍。我这样做是为了回忆旧知，寻找新思。我的做法提供了什么经验教训？那就是，无论你认为自己有多么博学广闻，了解他人的想法都是一件好事。

再举一个例子。假设我写了这样一句话：为一般公众和其他非学术对象写作是一件值得做的事情，因为这是一种尝试通过与他人分享想法、信息和分析来让世界变得更加美好的方法，他人可以从中找出你对社会问题提出的看法、成因和解决方案并受益。这并不是世界上最差的句子（至少它还能让人理解），但它显得生硬而沉闷；没人愿去读一本满是这样句子的书。因此，它需要得到完善，表达精练，观点明确，比如像下面这样：公共写作可以帮助人们了解和解决社会问题，使世界变得更加美好。当然，这并不是世界上最好的句子，但它却是大有改进。如果这个如何通过修改来改进写作的例子有助于大家理解要点，那么我就清楚地说明了以身作则的影响力。

强调努力，而非天赋。我们经常会谈起教师、教练和导师"发现天才"并着力培养他们。如果认为天赋意味着潜力，我们谈论这个话题的方式就是合情合理的。但是，天赋常被视为一种与生俱来的品质，使天才异于常人，卓尔不群。在教导他人方面，这种观念贻害颇深，弊大于利。

"天赋"这一概念至少有两个问题。其一，它给人一种印象，有天赋者自会超越他人，无天赋者则永无出头之日。这个想法导致许多人，通常是那些来自弱势群体的人，认为努力学习 X 或者努力在 X 上表现出色没有意义，因为他们没有这方面的天赋。其二，它掩盖了真正促进学习和实现卓越的要素：教师和学习者采取正确的行动——这往往涉及大量的辛苦工作。

教导他人的一部分就是让学习者采取正确的行动。优秀的教师、教练和导师也会从自身经验中知道，什么样的技术能够创造卓越。正如人们有时所说，必须做好"所有小事情"，才能在运动、职业、手工艺或其他具有挑战性的活动中表现出色。优秀教师不仅知道这些事情是什么，还能帮助学习者养成严格的自律和严谨的学习态度，让学习者愿意反复练习，将所有小事情做到最好。正是这种坚定的努力才产生了卓越。"天赋"之说是成功路上的一块绊脚石，因为它会让人误认为卓越是天赋的结果，而不是一种更平凡的、人们可以理解的社会过程的结果，教师可以利用这个过程来开发学习者的潜力，无论这种潜力可能是什么。

像教师一样生活

即使我们无法做到以教师身份谋生，我们也可以努力做到像教师一样生活。当然，这并不意味着让人们接受我们不请自来的演讲。它意味着，首先，关心他人的成长和学习，并意识到需要为他们提供成长和学习的机会。我们是否做了足够的工作，确保每个儿童和每个成年人都拥有学习所需的资源和支持？我们在这方面是否已经做得足够好？追问这些问题就是开始像教师一样生活。

像教师一样生活也意味着，我们意识到自己总是在以身作则。如前所说，无论我们说什么或做什么，都会有人从中吸取经验教训。意识到这一点不应该使我们变得神经质，好像我们必须不断努力变成圣徒；鉴于我们面临的情况，我们所能做的就是尽力而为。但是，如果我们关注我们以身作则的能力，我们就会意识到，我们有许多机会去促进他人的成长和学习。像教师一样生活就是按照自己的生活方式去教导他人。

像教师一样生活还意味着，关心我们在学校里和社会上如何组织起来传播知识和技能，并保存集体记忆。我们应该创建哪些类型的图书馆、博物馆和纪念馆？我们如何确保知识得到保存并提供给所有人？这些问题涉及集体行动——我们如何共同努力创建组织和机构去教育下一代？作为这一进程的一部分，倡导教育和受教育的权利，也是像教师一样生活的一部分。

我期盼大家的不仅仅是意识到教和学的重要性，更是要承担起使这些事情发生的责任。如果知识越多越好，如果更多的理解胜于更少的理解，那么，我们能做的促进这些社会福祉的任何工作，都将有助于让世界变得更加美好。有时，我们可以通过作为教师、辅导员、教练和导师与他人互动直接做到这一点。有时，我们只能通过支持他人的教导努力间接做到这一点。但无论是哪种方式，我们都能履行一些帮助他人成长和学习的共同责任。

有些读者可能会厌烦这种像教师一样生活的观念，认为它作为一种追求变革的方式显得不够有力。毕竟，"倡导教育"毫无激进之处可言，就连当权者也在大谈教育的价值。怀疑论者可能还会说，学校教学更多是在让人们去适应现状，而不是给他们提供必要条件，让他们有能力去挑战和改变现状。

我很欣赏这种对**学校教学**的批评。但我关心的是**教育**，我认为这在很大程度上取决于为谁针对什么问题提供什么样的教育。例如，有人会呼吁对弱势群体遭受的不公正现象进行更好的教育，或者是就财富和权力集中给社会造成的损害进行更多的教育，或者是更加关注追求变革所需要的知识和技能。正如我在本书第二部分第 5 章中指出的那样，教导关于美国劳工史和其他社会运动的知识，可以向人们传递重要的经验教训：我们可以通过提出异议、集体行动和团结一致来做出变革。

最后，那些墨守成规的学校里发生的事情，很可能不如研讨会、导师关系、社会运动组织、组织者培训计划和非正式对话中发生的事情重要。正是在后面这些背景下，那些最有利于做出变革的知识和技能，最有可能在不需要再现阶级和地位等级的情况下得到传授。我之前所提的种种建议，有助于使这种教学（明确针对社会变革的教学）变得更加有效。如果我们也能用社会学正念方式去做到这一点，它就会给我们的生活带来更多的改变。

第 10 章

提 出 异 议

　　如果年轻时的我更有经验，我可能会找到一种不同的方法去对付罗伯特。那时我正在教社会问题课（就在我拿到博士学位后不久），罗伯特在每堂课上都会发表一些不同意见。起初我认为他只是一个充满学习热情和好奇心的学生，想在这门课上学到更多东西。是我邀请学生们就与课程相关的任何内容进行对话，所以他这么做我也没什么好抱怨的。

　　但在上完一段课后，我开始担心自己要花多少时间去回应他那频繁的有时则是钻牛角尖式的反对。我也开始怀疑他在求知上的诚意。

　　有一天，我在无意间听到他和另一个学生课前在走廊上聊天，我的疑虑得到了证实。

　　"你老在课上跟施老师唱反调，你一定很不喜欢他。"

　　"那倒不是。他人不错。我只是想难为难为他，让他在课上不那么好过。"

　　说实话，听他这么说我很失望，但我也想到了一个对付他的办法。

　　当时我们在课上正在讨论环境问题，所以等到下一节课开始，我说我想花几分钟时间讨论一下最高法院最近对 *Ourea v. Acheron Coal Compan* 案的裁决。我说，法院裁决的结果，简单说就是，人们可以起诉煤炭公司，因为山顶移除开采会对后代造成影响。我说，当地的土地所有者和环境保护主义者欢呼这一决定是他们一方取得的胜利。然后，我停顿了一下，说："我想罗伯特对此肯定会有一些不同看法。"

罗伯特认为，这一裁决是那些激进主义法官制定法律损害商业发展和破坏煤炭行业就业机会的一个例子。他还说，我们不可能去评估这种做法对后代的影响。

我很高兴听到他带着那种权威般的自信讲话。当他说完后，我说："罗伯特的意见很有趣，尤其是因为这个案子并不存在。它是我刚编的。"

教室里一片寂静。一些学生看着罗伯特，有些学生则看着我。

沉默了片刻，罗伯特说："我以为你说的是另一桩案子。"

听他那么说，我放了他一马。

我的恶作剧对罗伯特的行为产生了预期中的影响。在那之后的课上，他开始提出一些更好的问题，并做出一些更加深思熟虑的评论。我的观点是，如果我们想要以一种严肃的分析方式讨论社会问题，那么了解一个人在说什么，而不仅仅是做一个牛虻，是很重要的。是的，捉弄罗伯特有失厚道，我再也没有对学生那么做过。我之所以冒着让自己陷入尴尬境地的风险在这里讲述这个故事，是因为它有助于我们去区分反论和异议。

罗伯特的行为是一个逆反主义的例子——为了作为一个反叛者脱颖而出而反对。"我是一个如此大胆的思想家，"反对者似乎会说，"无论主流观点是什么，或者我在哪里面对它们，我都会拒绝它们。"正如我一直说的，怀疑主流观点是一件好事。但在另一方面，这也可能会走向愚蠢的极端（"地球是平的！"）；如果它对事实无动于衷，这可能会阻隔人与人之间的交流；如果它阻碍了人与人之间进行真诚的对话，这可能会产生一些破坏性的影响。

异见则与其不同。异见是拒绝接受当权者偏好的那些观点和做法。它是拒绝在智力上、行为上或者同时在这两方面顺从或服从。但是，异见并不是下意识地拒绝权威。这是一种经过慎重思考的行动，因为持有异议者真诚地认为，那些主流观点和做法在道德上是错误的，基于错误的信息或错误的论点，或者会产生具有破坏性的后果。反对者寻求叛逆之名，而持有异议者则寻求使群体、组织、社区或社会更好地运转。

提出异议有多种形式：提出问题，在对话中提出新的信息或观点，提出反对意见，谴责那些有害的想法或做法，揭发腐败，拒绝合作（即拒绝服从），组织人们反抗现状。如果"麻烦"的定义是拒绝乖乖地接受强者的命令或照惯常行事，那么这些都可以被视为制造麻烦的形式。但是，持有异议者的目的不是制造麻烦，而是推动进行一些具有建设性的变革。

大多数人都不是持有异议者。出于对反对或其他惩罚的恐惧，大多数人都会顺从并服从。正如人们有时说的，大多数人都会选择那条"阻力最小的道路"（这是一种让社会世界以旧有方式运行的途径）。尽管提出异议可能很难，但它总是有可能的；关于是否持有不同意见的选择，总是取决于我们自己。尽管短时间内会付出较大成本，但我们还是可以决定以一种有分寸的战略方式提出异议，同时铭记使世界变得更加美好这一长期目标。

异议的社会价值

拒绝以当权者期望的方式去思考或行动，如何能让世界变得更加美好？当然，这取决于人们反对和主张什么。与本书中讨论的所有做法一样，提出异议既可以用来促进平等、公平、民主与和平，也可以用来起到相反的作用。但在这里，我想把这个（永远存在的）问题放在一边，从总体上说明异议的价值。我的看法是，异议虽然可能会给一些人带来麻烦，但对社会福祉却是至关重要。原因如下。

异议能增强创造力。走阻力最小的道路可以让社会世界以旧有方式运作。这也可以称为"在框框里"（即以一种安全和熟悉的方式）思考和行动。如果每个人都一直这样做，就不会有新的想法或新的做事方式。团体、组织和社区将会停滞不前。那么，新想法从何而来？我们如何以不同的方式做事？提出异议是关键。通过挑战那些传统或主流观点，持有异议者可以迫使人们重新评估旧有方式，并引发关于变革的对话。换句话说，异议可以让我们跳出框框思考。

异议能改善民主决策。 在那些民主的团体及社区中，人们会通过分享信息和想法、讨论各种选择、寻求可行的协议来做出决策。但要是那些拥有潜在有用信息和想法的人退缩了，因为其他人似乎有不同的想法，那该怎么办？这意味着可能无法做出最佳决策，因为缺少重要信息的输入。在这种情况下，反对那些看似占据主导地位的观点，可以引领人们做出更为明智、深思熟虑和有创造性的决策。因此，异议对群体、组织或社区有利，因为这意味着，在解决共同面对的问题时，可以带来更多的信息和想法。

异议可以克服多数无知。 假设一个群体（组织/社区）中的许多人都不喜欢这个群体的管理方式。也许决策是由那些自私的精英做出的，没有受到民主的制衡。但我们也可以假设，这是因为没有人站出来反对。看起来每个人都认为现有的一切都挺好。这就是一种多数无知的局面，人们不知道别人在想什么和有何感受。在这些情况下，异议可以打破魔咒。当一个持有异议者直言不讳时，其他人就会意识到他们并不孤单并也开始直言不讳。有时，这会引发新的对话和想法，进而把人们组织起来，讨论需要做些什么来解决人们现在看到的问题。

异议可以揭露腐败。 什么能阻止那些手握政府/经济权力者以权谋私？什么能阻止他们去做非法、不道德或有害他人的事情？法律、监管政策和民主监督被视为一种必要的保障。但是，这些保障措施经常因为保密而受挫。这就是为什么告密者的存在很重要。告密者通过拒绝保守那些允许有权势者不负责任地行动的秘密而提出异议。通过揭露那些不诚实、腐败和无能的行为（以便制止或改变它们），告密者可以使团体、组织和社区更好地为共同利益服务。

异议可以阻止服从罪。 服从罪是指那些正在做他们认为老板（或其他领导人）期望他们做的事情者所犯下的罪行。当被追究责任时，肇事者经常说："我只是在服从命令。"战时发生的平民屠杀是这方面最引人注目的事件，所有人对此都不会感到陌生。但是，只要是在人们感到被迫服从命令以保住工作或逃避惩罚的地方，就有可能发生服从罪。在这种情况下，一个持有异议者（一个直言不讳并拒绝做出非法或不道德行为的人）就可以有所作为，因为提出异议有助于他人看到当权者要求做的事情是错误的。一个持有异议者也打破了一种错觉，即每个人都认为做当权者想做的事情是没问题的。有时，单是一次抵抗行为就会引发更广泛的异议，并防止服从罪的发生。

异议可以服务于未来。异议行为可能无法说服他人当即改变其想法或行为。人们可能会强烈地感到不得不顺从和服从。这可能会使异议显得毫无意义。但在有时候，持有异议者提出的信息和想法需要过上一段时间才能生根发芽。人们可能会接受持有异议者的论点，但还不愿采取不同的做法。等到稍后条件成熟，这些论点就会获得新的吸引力。因此，尽管从当下来看异议没有什么影响，但在日后事情却会有所改观。即便异议无法改变今天的世界，它也仍有可能创造一个更加美好的未来。

我在这里指出的是群体、组织和社区可以从异议中获得的好处。凡是有异议的地方，就可能有更多的创新、更好的"公共理性"和民主决策、更少的多数无知（或更多的相互理解）、更少的腐败、更少的服从罪，以及和平变革的更好前景。稍后我会就我们如何创造条件培养那种具有建设性的异议提出建议。在这之前，我想先就下面这一点提出一些建议，那就是，那些想让世界变得更加美好的人如何更有效地提出异议。

明智的异议

如果我们把"异议"定义为"拒绝接受现状并想让世界变得更加美好"，那么此前所有章节和我提的所有建议都与异议有关。用心倾听、（把人们）组织起来、公共写作、教导他人、深入研究、感同身受和发起倡议，都是表达异议的潜在方式，或者是提出异议过程中的一部分。就连保存旧知，当它意味着抵制对善的破坏时，也是一种表达异议的形式。

但是，我在这里所讨论的异议，明确反对那些占据主导地位的想法和做法——它可能涉及拒绝顺从、服从和合作，特别是当那些不合理或有害的要求来自当权者时。如此直率的异议让人感到很是棘手。持有异议者可能会被视为麻烦制造者，他们需要承受不被认可的风险——不仅被当权者所反对，还被他们的同辈和潜在的盟友所反对。然而，我们也有办法降低这些风险，让异议变得更加有效。以下就是我的建议。

澄清异议的原因。 现有的状况、规则或要求，有哪些方面让人难以容忍？哪些事实、价值观或原则被忽视或排除在外？为什么这些事实、价值观或原则很重要？哪些理想的结果受到威胁？思考这些问题有助于我们找出办法去证明异议的存在是合理的。只要能够澄清问题所在，我们就能更好地向他人展示信息和想法。检查我们的动机也很重要，因为真实性也很重要。当异议被视为源于真正的信仰和信念，而非想要假装成一个反叛者时，异议就会更具说服力。这也是为什么那些为反对而反对的人作为持有异议者很少起效的原因。

收集证据和论据。 人们有可能通过以下方式表示异议："我觉得 X 是错的，所以我不赞成它。"在某些情况下，一个人可能不得不这么说。但在另一方面，这并不会动摇那些认定 X 没问题而愿意顺从和服从的人。在这种情况下，一种更有说服力的做法是，用他人能理解的术语来解释为什么 X 是错的。它违背了什么价值观？它会造成什么样的伤害？我们如何知道？通过提出论据，而不仅仅是声明，他人更有可能认为异议是合理的并愿意倾听。提出论据也有助于人们就替代行动方案进行那种具有建设性的对话。仅仅声明 X 是错的并不能帮助他人看到不同的做法。因此，除了提出证据和论据外，持有异议者针对那些令人反感的事情提出具体替代方案，也不失为一种明智之举。

先讨论、倾听和组织。 我们经常会把持有异议者想象成一个人独自反对那些被认为是错误的东西。有时，这一想象符合现实。但在更多时候，特别是在社会运动中，持有异议者都会和他人交谈，倾听他人意见，并在提出异议之前与他人进行协调。这样做有充分的理由。一是可以对照他人的看法来检查自己对某一情况的看法。二是可以找出为什么他人倾向于不提出异议。三是可以与同情他人的人建立联系。了解他人的想法有助于我们提出他人认为合理而非疯狂的论点。了解他人的想法也是一种识别盟友并开始组织异议运动的方式。

谈论共同的价值观和利益。 持有异议者可能会被视为不忠。其他人可能会想："这人是谁，竟敢来质疑我们是如何做事的？这人是谁，竟敢来挑战合法权威？这个人可能不是我们自己人！"反对者只顾谈论自己的价值观或利益，会让他人坚信这种想法，所以他们经常无法赢得支持。反之，通过谈论一个群体、组织或社区的共同价值观和利益，持有异议者的看法更有可能被倾听。当然，这一点并不总是可能发生；持有异议者可能会从根本上反对一个群体的价值观和利益，在这种情况下，也就没有共同立场可言。不过，我还是要建议，在假定它不存在之前，先要尽一切可能去寻找共同立场。如果异议可被认为是在为共同利益服务，它就更有可能产生影响。

借力幽默。 幽默是迫使人们顺从和服从之恐惧的部分解药。如果能让人们看到一种情况的荒谬之处并对此会心一笑，他们就会更愿听取那些不同意见。同样，如果要求人们顺从和服从的当局可以被讽刺、戏弄或嘲笑，人们的恐惧就会减少。幽默也会使那些有组织的反对运动对骑墙派更有吸引力。那些憎恶贿选活动的人，会被一个鼓励人们大笑的竞选者所吸引，即使他们追求的是一种严肃的目标。运用幽默的诀窍是把释放的能量引向为变革而努力，而不是仅仅把它作为一种发泄方式。

提出异议，助力民主。 顺从、服从和不假思索地接受主流观点是民主的对立面。民主意味着与我们的同胞一起分析问题，讨论解决方案，并就该做什么达成一致。正如此前所说，异议对这一进程至关重要；没有它，我们只会停留在那些平庸的想法中。我建议牢记这一想法，支持人们提出异议。如果把异议解释为民主进程的一部分（有必要让尽可能多的人一起寻找共同问题的解决办法），它就更有可能受到欢迎，而不是被贬低为制造麻烦。有组织的异见运动也是一种践行民主的机会，从而为更民主的社会树立了榜样。

逐步升级。异议既可以是温和的和礼貌的，也可以是喧骚的和具有破坏性的，或者是介于这两者之间。从温和礼貌开始的一个原因是它可能起效，不用付出更大努力。另一个原因是，突然的骚乱可能会吓住那些潜在的支持者，让有序的现状显得很有吸引力。人们尚不理解的混乱（这次抗议是为了啥？问题出在哪里？为什么这些人如此大惊小怪？）也常会加剧人们对变革的恐惧。有效的异议必须辅之以教育（教导他人），证明其必要性。

如果温和礼貌的异议（信件、请愿书）被当局忽视，就像常有的那样，那些更自信的策略（集会、游行）也就获得了合法性。如果这些更自信的战术仍然被当局忽视，那些破坏性策略（罢工、静坐、公民不服从）就可能被认为是合理的，只要那些持有异议者足够清楚地解释了这些行动。经过仔细权衡的升级行动也标志着一种决心。它向当权者发出了一种信息，即异议不会自动消失，而忽视异议的成本则会不断上升，直到当权者做出改变。

提出具有建设性的异议

如果我们认为异议是因个人良知与权威要求之间的冲突而引起，那么提出异议似乎主要取决于勇气。考虑到提出异议可能带来的风险，提出异议者总是需要有一定的勇气。但与任何其他社会行为一样，异议也取决于文化、背景和互动，而不仅仅是提出异议者的个性。这表明，社会条件可以助长或阻碍人们提出异议。如果我们认识到异议的价值，我们就不妨来思考一下这些条件是什么，以及如何创建这些条件。

前面我已提到过这样一个条件：相信异议的价值。如果群体、组织或社区中的人认为异议是一种必须消除的威胁，那么，与人们将其视为可以促进创造力、更好的决策和更广泛的参与（而不是沉默或退出）相比，异议出现的可能性就会较小。如果人们把它视为一种有助于根除腐败和遏制服从罪的做法，它也就更有可能出现。事实上，我们可以在异议出现前后，就异议的价值进行演讲、写作和教导，鼓励人们这样去理解。

我们还可以更进一步，制定法律保护持有异议者。例如，有些地方就有法律保护举报人免受老板的报复。要求政府决策公开的法律，也可以通过揭露许多人反对的行动来鼓励人们提出异议。只有通过正当程序才能解雇人们的法律和组织政策，也可以保护持有异议者，鼓励人们直言不讳。加强这类法律和政策，可以创造出那种有利于人们提出异议的条件。

在美国，允许提出异议的一项重要法律是《宪法第一修正案》。它给予我们如下自由：在公共问题上畅所欲言，如愿与他人交往，以及不受政府干预地发布信息和意见。它保护持有异议者不受老板和政客的压制（后者更喜欢暴政而非民主）。理解异议的价值并捍卫其使用，对于确保可以让人们提出异议的条件至关重要。与此相反的选择则是，由当权者决定什么可以说，什么不能说。

我在前面曾经指出，发起倡议的形式往往是权势集团中的人发言支持弱势群体中的人。另一种形式则是努力确保那些不同意见得到公正的倾听。这些观点最终也有可能被拒绝。但若至少允许它们被听到，持有它们的人就不会觉得自己不被尊重，进而决定退出或破坏群体、组织或社区。允许人们提出异议，并不能保证就不会发生冲突和分裂。但是，试图消除异议则几乎总是会使冲突恶化，即使它已经被压制住了一段时间。

相信异议的价值、保护持有异议者的法律和政策，以及欢迎和思考不同意见的做法，更有可能催生出那种具有建设性的异议。大力宣扬这些信念和做法，有助于确保我们所属的群体、组织和社区不会变成死水一潭，走向腐败或独裁。即使我们不觉得自己有必要提出异议，我们也要意识到这一必要性，创造和维持那些使之成为可能的条件。

德国作家歌德说过，世界只能由那些反对它的人来推动向前。这一格言一语中的，凸显了一个重要的社会学观点：要创造一个更加平等、公平、民主与和平的社会世界，就需要反对当下那些产生不平等、不公正、暴政及暴力的信念和做法。换句话说，变革需要破坏。通过用社会学正念的方式提出异议，我们更有可能建设性地破坏现状，推动世界向前发展，使它变得更加美好。

第 11 章

发 挥 想 象

几年前我就在构想一本书，我打算在书中解释，如何用社会学正念来努力改变世界。我试着想象我会讲述的内容，一有想法就赶紧记下。在我做其他事情的过程中，有时我也会想象该如何撰写这本书。我想好第一句话怎么写，然后是第二句、第三句，就这样一直想下去。如果你正在阅读本书，那么它就是我的想象所结出的甜美果实。

我描述的这个过程既普通又特殊。之所以说它普通，是因为每个创造者都会经历一个与此相似的过程。那些有待创造的事物，如一本书、一家企业、一座花园和一顿饭，在变成现实之前，其创造者都会在想象中对其进行反复加工。在转化为现实中的有形之物前，它们必然都存在于人们的想象中。一旦我们在脑海中至少勾画出一个粗略的蓝图，我们就可以开始凭借我们的双手，利用各种工具和材料，精心制作我们想要创造的事物。

之所以说它特殊，则是因为只有人类才能做到这一点，它赋予我们一种强大的力量，可以让我们去塑造世界。我们知道其他动物也能利用石头和棍棒来获取食物，所以使用工具并不是人类独有的能力。但是，唯有人类才能做到的事情是，想象大自然中并不存在的复杂事物，然后着手进行创造。动物通过遗传，天生就具备灵巧地建造某种特定事物的能力（如鸟巢、蜂窝和水坝），然而，人类与它们截然不同，因为人类可以想象并建造几乎任何事物。曾有人说过，人类是"万物创造者"。

有一次，一所学校邀请我为一群优秀的工程专业学生做一场讲座；我认为这些学生可能行事刻板，一心只想着眼前的实际事物。所以为了改变他们的思维模式，我开始滔滔不绝地谈起了乌托邦。我解释了乌托邦的含义，分析了乌托邦思想的价值，谈论了人类为创造乌托邦社会所做出的诸多尝试。让我感到惊讶的是，他们对我讲的内容反响特别热烈。在问答环节，一名学生说："工程师总是在不断创造那些尚未存在的事物。这就是我们的工作。"

在讲座之前，我误认为这些工程专业的学生会对乌托邦思想不屑一顾，因为在现实生活中许多人都对这种思想嗤之以鼻，将之等同于空想。当我们提出新发明的点子、解决困扰我们很久问题的办法、改变世界的办法，总是会有人朝我们泼冷水："别做梦了。"随后他们还会严厉地警告我们要关心现实，脚踏实地，不要再去梦想那些虚无缥缈的事情。我们就此学会了一个"道理"：想象如何改变现状是一种浪费时间的行为。那些工程专业的学生应该更清楚这一点。

历史上有许多人都很清楚这一点，这也算得上是一件好事。如果我们的前辈从未驰骋想象，构想那些并不存在的事物：公路、运河、飞机、汽车、电话、电脑、船舶、电视、疫苗，或者是那些并不存在的社会结构：法律、文学、音乐、政府、医院、学校、银行、图书馆、城市、国家等，我们所生活的世界也就绝对不会是如今这个样子。正是因为有些人拒绝停止天马行空般的想象，我们才拥有了先进的技术和成熟的社会制度，从而享受着一种安全、有趣和愉悦的生活。如果我们没有想象的能力，如果我们不愿发挥我们的想象，即使我们还能生存下来，我们的生活也会与人类的近亲黑猩猩一般无二。

当然，我们的想象并非总能在外部世界中化为现实。无论你的脑海中多么鲜活地浮现出你挥动双臂在天空飞翔的画面，这一梦想也绝对不可能实现。同样，无论我们多么真诚地希望人类世界永无战乱，这一梦想也绝对不可能带来和平——不采取行动，就不会有和平。但这正是重点所在：一方面，只有想象，梦想无法成真；另一方面，想象可以引导我们采取行动，进而改变世界。当外部世界抗拒我们的想象时，我们也要修正想象。如果我们挥动双臂却无法飞上天空，我们就可以造出一种机器来帮助我们实现翱翔蓝天的梦想。

作为人类的自然组成部分，我们所有人都会进行大量的想象。在制定计划时，在对他人感同身受时，在预演对话内容时，在反思过去时，在思考如果选了另一条路我们的生活就会完全不同时，在试着解决问题时，我们都会发挥想象。正是发挥想象这一实践，让我们能够不断检验自己的行为，进而总结经验。它也赋予我们一种塑造世界的能力，让我们不至于随波逐流，听天由命。

虽说人们常把想象视为夸夸其谈或凭空乱想而对其不屑一顾，但若我们想要让世界变得更加美好，它却是我们能够采取的一种最实际的做法。我们需要想象哪种对策能够解决社会问题，也需要想象一个更加美好的世界是什么样子。在人类生活的其他领域，我们也需要把发挥想象作为行动的灵感和指南。就连那些渴望摈弃夸夸其谈、直接采取行动的人，在具体操作时也会或多或少地幻想未来的情景。因而，发挥想象不仅具有实践意义，还是促成变革的一种必要手段。在我看来，如果我们不只是把发挥想象视为一种个体行为，而是更将其视为一种社会实践，我们的想象就能发挥更大的作用：促进变革。

发挥想象是一种社会实践

我在前文中所讲的可能会让大家认为，本书完全是我自己一个人的想象的产物。然而，这并不是事实。本书中提到的绝大多数观点都是思想史长河中留下的璀璨明珠，浸润着许多前辈学者的心血。如果没有把人们组织起来去编辑、印刷、出版、推广和销售图书，以及教会他人读书，人们自然也就无书可读。因此，本书的创作取决于存在于我的想象之外的许多条件。实际上，没有这些条件，我也就不会产生创作本书的想象。

所有的人类创造都是如此。设想及建造一台新的机器或电子设备，取决于许多使之成为可能的现有条件。就连那些思如泉涌的艺术家，也要依赖那些制作和销售材料的人、那些建立传统的人（一位艺术家也许认同传统，也许反叛传统）、那些售卖艺术品的人、那些宣传及评论艺术品的人，以及那些购买艺术品的人。因而，发挥想象和进行创造，始终都属于更广阔的社会世界中所进行的社会过程——超越单个制造者的思想，跳出单个工作间或制作室之外，融入更大的天地之中。

这与让世界变得更好有何联系？其关键要点在于：我们需要认识到发挥想象的社会本质，从而为其提供那种可以滋养想象力的最佳环境，使其能够促生变革。我们还需要认识到，离开集体想象，积极的社会变革也就难以发生。接下来我会详述我的观点。

顾名思义，社会变革就是指改变我们一起做事的方式。因此，尽管我们可以独自坐在小黑屋里幻想一个崭新的社会世界，但若我们的想象不与他人的想象发生联系，我们的个体想象行为也就不会带来任何改变。如果我们想要改变什么，我们既需要借助他人的构想，也需要让他人理解我们的想法。唯有通过这种方式，他人才会意识到我们想象的价值；唯有通过这种方式，才能让我们看到我们的想象存在哪些局限，从而借助他人的力量超越限制；唯有通过这种方式，我们才能与他人通力合作，共同行动，将梦想转化为现实。

作为个体，我们可以自由地想象任何一种社会世界。我们可以在脑海中精心创造我们所喜爱的任何替代现实。科幻小说作家就是这样做的，有时他们的想象可以帮助我们看到现存世界并非唯一可能的世界。在日常生活中，即使我们不是科幻小说作家，我们也可以同样为之，我们只需提出以下问题：我们如何才能采用不同的办法去做事？如果我们以这种方式而非那种方式行事，会出现什么情况？如果一直按照现有趋势发展下去，我们最后的结局会是什么？向我们自己和他人提出这些问题，就能在创造不同世界的过程中更好地发挥想象。

我的建议是，为了促进社会变革，唯有集体想象才能发挥更大的作用。我们可以联手展望集体行动的不同方式，从而帮助我们丰富想象的内容，因为它将会反映出更多的观点和看法。我们还能将这一想象与现实紧密相连，因为一旦人们联合起来产生想象，他们就更有可能相信它，认为完全值得努力去实现它。集体想象也更有可能发现问题所在。某个解决问题的方案从这个角度来看也许非常巧妙，但是换个角度却是漏洞百出。因为社会变革有赖于合作，所以那些旨在引导和激发变革的想象必须由集体来建构。

如果我描述的这一过程不容许提出异议，那么它也会产生一种毁灭性的后果。如果个人或小团体坚信任何人都必须全盘接受他们对更好世界的构想和展望，不能对此提出任何疑问，也不能要求展开讨论，那么压迫就会接踵而来，尤其是如果这个群体是由真正信仰这种构想和展望的人组成且能凌驾于他人之上行使权力，事情就更是如此。邪教和极端组织都是这方面的典型例子。因此，我们应该提防某些领袖或团体构想一些死板的计划，非要建立他们所追求的新世界，因为他们不会允许任何人挑战这些计划。历史已经多次证明，那些强行实施的乌托邦，通常都会沦为充满不幸和丑恶的反乌托邦。

在日常生活中，我们经常把想象说成是一种人们是否拥有的思维品质。但是，如果我们把想象视作一种行动，或者是一种做事方式，我们就可以思考如何才能更加有效和更加频繁地进行想象。下面我会提出一些建议，告诉大家如何自发或一起以一种更积极的方式发挥想象。如果我们想要把世界建设得更加美好，这些培养想象的做法，有助于将我们（及更多人）的精神力量聚集在当下任务之上。

培养实际想象

尽管每个人都有想象的能力，但是，有些人的想象能力则要更为强大。他们如何做出那些他人所不能为的事情的？事实上，那些创造力尤为惊人的人，都会借助一些技巧来产生奇思妙想。这些技巧本身并不能让一个普通人变身为缪斯附体的艺术家。但是，凡是想要透过事物的表象看到本质的人，都可以应用这些技巧。

探寻反事实。没有人能跑过光速。但若真有人能跑那么快，他会看到什么？爱因斯坦借助这个思想实验发展了他的相对论。我们也可以照搬他的做法，通过提出"如果……会有什么不同"来尽力拓宽我们的想象。这种思维方式不仅能够帮助我们理解世界的运行方式，还能帮助我们想象它可能会怎样运行。例如，我们可以问：如果公立大学不收学费，会有什么事情发生？目前，免费大学教育尚无实现可能，但这并不重要。通过想象这种可能性，我们可以进一步探寻，免费大学教育可能有的高昂成本及其潜在好处。如果利大于弊，我们就可以想法将其变为现实。在寻求改变时，最重要的一点是，千万不要不假思索就宣布凡事不可能，从而让那些维护现状者关闭想象的大门。

转换立场。假设你当下过着一种安逸的生活，你不希望它发生改变，所以你希望其他人也要安于现状，不去乱想。你会怎么做？你会采取什么行动来折断他人想象的"翅膀"？在这本呼吁变革的书中提出这个问题，可能会让人觉得有些奇怪，但它实则能够很好地服务于本书的目的。如果我们能够想出扼杀人们发挥想象的办法（独裁者和统治精英对此情有独钟），我们就能更好地了解应该如何鼓励人们发挥想象。如果我们思考可能采取哪些措施来阻止想象，我们也就会更深刻地认识到，可以采取哪些措施去激发想象。这就是产生新观点的另一种思想实验。有时，通过想象那些我们根本不希望发生的事情，我们就能产生新想法，重新认识那些我们心向往之的事物。

摒弃保守现实主义。人们在批评美国社会存在高度的不平等这一问题时，有时会缓和口气，淡淡地说上一句："我可不是建议要完全消除不公平！"可是，为什么我们不能完全消除不公平？既然是不公平造成了问题，为什么我们不能想象一个没有社会阶层的社会？为什么我们不能想象一个没有种族差异的社会？或者是一个没有性别差异的社会？想象的要点是，超越那些我们认为理所当然的存在，发现全新的可能性。如果我们仍旧迷恋那些现在看似必然的现象，如不公平、社会阶层、种族和性别，我们可能永远也无法发现其他可能。要想充分发挥想象，我们必须摆脱保守现实主义的桎梏。

想象发展过程。想象一个人人平等的社会有助于我们将它理解为一种发展的可能，然而，与此同时，这个目标又远离现实，我们都无法想象如何才能实现它。这种情况再次让我们陷入现实的泥淖。所以我们需要尝试另一种想象的方式，让思想从现实出发，不断向前发展。例如，我们可以分析目前不平等的程度，然后想象，如果稍微平等一些，情况会有什么变化。如果我们能够想象一个略微公平的世界，我们就可以更进一步，在想象中逐步增加公平的程度，在脑海中建构与其对应的社会的面貌。如果在我们的想象中变化是渐进的，我们就更容易想象一个发展的过程——通过一系列现实可行的步骤——从而成功地实现各种变革。这也是发挥想象的力量的一部分：它让我们不仅看到遥远的未来，还能找准我们的前行之路，我们必须在这条路上一步一个脚印地走下去。

寻找范例。多年来，学生们一直都在对我说，在工作场所实现民主，在政府中各个种族、性别、阶层等按比例参政，全民医疗保险，监狱改造，免费高等教育，都是不可能实现的。一些学生说，这些想法都很好，但却都行不通。对此我会指出，它们在世界上许多地方早已实现。有些学生觉得这不可能，因为他们的想象早已被下面这一想法所束缚，即除了他们周围看到的，没有别的选择。克服这个问题的一种办法就是去寻找范例，看看他人已经实现了什么目标。这些范例可以激发人们的想象——人们则可以此为基础，想象解决某些问题的实用对策，进而克服那种"除了维持现状，别无二法"的想法。

尝试其他观点。在社会学领域，学生们有时会非常迷恋某位社会学理论家，然后就会运用这位理论家的观点去解释各种现象。这样做并没什么不好，因为人们可以由此开始理解各种事物。但我也常会建议他们试着从一个完全不同的角度去看待他们正在学习的东西，从而激发他们的想象力，带来全新的想法。尝试从不同观点去看问题并不意味着全盘接受它们，而是指利用它们发现更复杂的情况，而非总是从一个角度去看问题，无法纵观全局。每个人都可以这样做。我们可以多阅读，多与他人交谈（这些作者或交谈者对世界的看法可能跟我们完全不同），进而学习其他观点或看法，拓宽我们的想象空间。

类比思维。类比思维是指借用已知事物的特征来理解未知事物。例如，想要理解人类社会行为，我们可以将之比作剧场、市场或游戏。想要理解发挥想象，我们可以将其比作在现实世界中付诸实践之前先在心理实验室中进行思想实验。我们可以将类比思维应用于我们想要获得更深刻理解的任何事物上。社会变革如何产生？也许它就像河流长时间侵蚀岩壁而形成峡谷，或者像地壳板块不断漂移，或者像大火席卷干燥的森林。也许它什么也不像。重要的是，做类比游戏，可以极大地改变我们的想法，从而产生一种全新的理解。

如果发挥想象是一种实践活动，我们就能通过训练更好地发挥想象的力量。我们可以试着把我所表述的各种技巧转换为一种惯性思维——使其成为我们平时思维的固定模式。这样就可以提升我们的个体创造力，更好地解决我们在日常生活中遇到的问题。但是，如果我们能够将这些技巧转化为我们合作解决问题的固定模式，我们就能做得更好。当我们发生思想碰撞时，这些不同想法往往会以一种我们意想不到的全新方式结合在一起，或者分裂出一些令人惊讶的新奇形式。通过这一过程，我们就能发现关于未来的更多可能，而我们仅凭个人的想象，则如管中窥豹，难见全貌。

集体发挥想象的条件

我在上文中提到如何阻止人们去想象社会变革。我们不可能完全阻止人们的想象行为；无论人们遭受多么深重的压迫，他们都会在自己心中安全地想象，解除压迫后事情会怎样。即便如此，那些聪明的独裁者还是想要禁锢人们的想象。他们惯用的手段之一就是对那些发表不同看法者施加惩罚，如逮捕入狱、残忍杀害、随意解雇或讽刺挖苦。这些做法就会传递出一种信息，让其他人务必谨言慎行，不敢走错半步。

没有必要通过彻底打压或剥夺生计的方式来阻止人们去发挥想象。事实上，严酷的手段经常会产生事与愿违的效果，因为人们在极度的压迫之下会义愤填膺，急切希望迎来变革。想要达到理想的效果，可以利用学校教育来反对或忽略其他选择，或者教化人们相信安于现状是大势所趋。如果可以通过这种潜移默化的方式说服人们相信现有的社会安排是唯一的选择，人们就不太可能再去想象与之迥异的未来景象。

如前所述，思考如何扼杀想象的意义在于，它有助于我们思考如何激发想象。如果我们能够创造出那些阻止人们发挥想象的条件，我们也就同样可以创造出那些鼓励人们发挥想象的条件。例如，那些保护异议和自由言论的法律政策，使得人们可以自由发挥想象而完全不用畏惧或担心当权者施加的惩罚，就有助于鼓励人们发挥想象。另一种策略则是教育大众，使其了解过去的世界以及迥异于现存世界的其他可能。这一策略完全可以纳入学校教育，让人们充分关注丰富多彩的百家观点。

最有利于人们发挥想象的条件可能是民主制度。当人们可以平等地参与管理他们所处群体、组织和社会的各项工作中，他们就有意愿去想象新的可能性，分享彼此的观点——将其公之于众，让他人去思考和评价。各种思想层出不穷，可以极大地丰富对话的内容，反过来，民主对话又能鼓励个人和集体发挥想象。因此，如果我们想要培养想象力，我们可以首先想象如何在日常生活中削减等级制度，加强民主。

　　我在上面所写到的发挥想象行为都是在为共同利益服务。但遗憾的是，在现实生活中，事情却并非总是如此。发挥想象既可以创造出美好的事物，也可以创造出可怕的事物。如果我们认为那些改变事物的尝试无济于事，或者会造成巨大的破坏，那么发挥想象也会麻痹我们的思想。在现实世界中，许多人仍然甘愿接受剥削和不公平的存在，而这样一来某些人就会利用想象来加大剥削的力度和提高不公平的程度。因此，发挥想象本身并不一定就能使世界变得更加美好。

　　最要紧的是我们能够发挥何种想象。没错，我们可以想象出各种噩梦般的未来，但是，这些想象应当让我们保持警醒，而非麻痹我们的思想。就像我们可以利用想象来解决某种问题一样，我们也可以借助想象来避免造成更为严重的问题。但若我们不再去想象，不再去培养我们发挥想象的能力，我们就无法利用人类所具有的这一最强大的力量，积极地改变世界。如果我们无法利用集体想象的力量去解决我们面临的那些共同问题，我敢说，我们遭遇灾祸的风险就会大为增加。

　　如果我们想象"人类无力改变世界"，它就会麻痹我们的思想，其危害远大于那些反乌托邦的梦魇。如果我们想象自己什么也做不了，我们就会真的一事无成。事实上，我们大有可为，完全可以尽匹夫之力让世界变得更加美好。我们并不需要发动一场革命，或者是做出一些道德英雄主义行为，单枪匹马地去改变世界。现实生活往往平淡无波。我们可以用心倾听、教导他人、进行公共写作、（把人们）组织起来、深入研究、感同身受、发起倡议、保存旧知，也可以提出异议。如果我们做了这些力所能及的事情，我们就能改变世界，帮助创造出我们想象中那个更加美好的世界。

第 12 章

通向社会变革的社会学正念之路

在我看来，我们这个社会世界亟待修复。众多法律和政策都无法产生既定效果，它们非但无助于减少不公平和痛苦，反而让问题变得更糟。各种阶级制度极大地浪费了人类的潜能。人类对环境破坏和气候变化浑不在意。部落主义更是不必要地让人们各自为营，互相对立。

我还发现了其他问题。政府机构本应保护我们免受当权者的迫害，但却往往未能尽职。集团公司本应严守规章制度，保护工人和消费者的合法权益，但却经常违规行事，或者漠视规则，给社会造成很大的危害。各种组织本应让人们获得公平机会力争上游，但在具体行事上却总是有失公允。各国及各级政府本应民主行事，但却倒向独裁统治。看到上述景象，我意识到，我们还有大量修补工作要做。

我把社会变革比作修补，这一类比并不完美。人和组织不是机器。我们并非只要找到松动的电线或磨损的齿轮就可以一个人把事情搞定。社会变革意味着改变我们共同做事的方式，反过来这则意味着社会变革总是需要我们努力实现相互理解和合作，同时也存在引起误解和矛盾的危险。为了进行这种修补工作，我们需要找到一种方法，一种发现和看待问题的方式，让我们能够适应社会世界的运作方式。这种方法也就是我一直在说的社会学正念。

在本书第二部分第 1 章中，我描述了社会学正念的五个方面，它们与寻求变革息息相关：意识到社会世界是人类创造的，意识到人与人相互依存，关注权力的社会基础，关注多种不平等之间的联系，意识到社会生活是一个过程。通过关注这些方面我们就能发现，想要推动世界朝着民主、和平和公平的方向发展，我们必须认真思考哪些问题。

有些读者可能会认为，社会学正念只是人们提高自身意识的一种方式。我想他们可以这样认为，因为具有社会学正念并不代表就会与他人一起行动，共同实现变革。然而，在整本书中，我自始至终都把社会学正念与为改变世界所能采取的行动联系在一起。在每一章中，我也都遵循社会学正念的原则，努力提供一些实用建议。尽管在修复世界这个问题上本书并未深入探讨，但也提供了不少行动技巧，让我们能够开始行动起来。

其他读者也许会认为，我应该剖析一些具体问题或者是当下的政策争论。我并未这样去做，原因有三。其一，我认为某些问题非常紧迫，但他人却未必会这么认为，我不希望大家觉得积极改变的前提是必须认同我对事情紧迫程度的排序。其二，我认为大家能够找到办法将我的建议付诸实践，从而改变那些对他们来说很要紧的事情。其三，我认为我们需要一起努力去找到前行之路，而不是只听老师或专家的一家之言。

回到我的修复类比上：我在本书第二部分描述了许多实践方式，可供我们用于修补和重建社会世界。并非只有天才、道德英雄、名人，或者是像活动家、教授或政治家那样醉心于自己的事业，才能采取这些方式。本书的读者都可以做到我建议的一些或全部事情：用心倾听、（把人们）组织起来、公共写作、认真研究、教导他人、感同身受、发起倡议、保存旧知、提出异议和发挥想象。如果你想帮助将世界建设得更加美好，这些都是你可以采用的方法。当这种精神让你大受鼓舞时，你就可以从未竟之处开始着手行动。

在撰写最后一章之前，我重读了前面所有内容。我努力思考我之前提出但未给出答案的关于社会变革的问题。我也在努力寻找那些隐藏在字里行间的原则，这些原则也许非常值得一提。在全书最后，我将试着把这些零散的问题串联起来。我还要告诉大家，为什么我认为社会学正念能够帮助我们不仅看到问题所在，还能发现社会生活的美感，进而成为我们保持乐观态度的来源。

持续变革

我提出的建议大都更符合追求变革的需要，而不适用于彻底变革主要的社会机构，尤其是政府和经济制度。一个心存怀疑的读者也许会说，提升自身意识或者给予他人更多同情是一件好事，也许这会给一些人的生活增添几分色彩，但要解决我们遇到的问题，势必要彻底改变那些主要社会机构的运作方式。对此我基本上持赞同态度。

无论如何改革资本主义，都不可能使其产生公平性，事实上，就连争得公平的机会都绝无可能。资本主义必然导致财富和权力集中，这与民主完全对立。专制独裁的官僚制度容易滋生腐败。森严的等级制度则会加剧竞争和冲突。只要我们依然身处这些社会安排中，我们也就不得不去应对它们引发的各种问题。

所以我赞成前文中的观点：即使提高了人们的社会意识和觉察力，推行了各种温和的改革，也远不足以产生理想的效果。要想创造一个没有剥削、不平等和暴力的世界，进行长期的根本变革势在必行，小修小补则如隔靴搔痒。但我还是想说，在当地进行小规模改变，看似不太起眼，但却是可以带来深远变革之变化过程的一部分。

试举一例。假设老板处处针对你，你在单位的日子很不好过。你很想改变现状，但你也知道，仅凭你一个人的力量远远不够；你的抱怨毫不起用——你要么忍着受着，要么就是辞职走人。但你忽然想到，如果你能把同事组织起来一起对抗老板，你也许就能如愿以偿。接下来你会怎么做？

你可以利用我在前面提出的那些把人们组织起来的策略。但与此同时，你还需要做点其他事情：用心倾听、教导他人、公共写作、感同身受、深入研究、提出异议、发起倡议和发挥想象。如果你能组建起一个强大的员工团体（比如说工会），你就可以强迫老板改变他对待员工的态度和方法，因为他害怕员工举行罢工或者公开他的恶行。虽然这样做你并未实现翻天覆地的变化（这只是一种工作场所的变革），但它也是一场真正的变革。

现在想象一下，如果其他地方的工人因为你的行动而大受鼓舞，也开始在他们的工作场所组织力量，实施行动，会出现什么情况？如果这种事情真的发生了，你在小范围内促成的变革也就产生了一种更加广泛的影响。下一步就会是各大工人组织组建联盟，共同努力改变法律，或者选出维护工人利益（而非雇主利益）的代表。虽然这依然无法彻底撼动经济制度，但若全新的法律增加了工人的权利，也就足以扭转权力不均的局面，进而推动人们进行更为深入的变革。

也许在某个时候你会认识到，在当下这一体系中（它赋予所有者和老板们对工作场所和社会上绝大多数经济资源以控制权），你所期望的变革是不可能实现的。现在你也许决定要创建工人所有和工人控制的企业。或者你也许决定试着提高政府的民主程度，让你能够利用它来减少老板和其他所有者们支配他人生活条件的权力。如果这个计划能够得到实现，社会的运作方式也就彻底得到了改变。

尽管这只是一个假设的例子，但它却暗示了真正的社会运动是如何形成和发展的。某个地方的人们对其受到的不公平待遇愤懑不已；他们开始想象和谈论消除不公平的可能；他们想要弄清楚需要做些什么和如何去做；他们一起行动，并在行动的进程中不断学习和调整适应；然后，其他地方有着相似问题的人们，以他们为榜样，加以效仿。当小范围内的努力激发出其他小范围内的奋斗，当这些努力奋斗汇集到一起，就会催生出大规模的变革。

我的意思是，我推荐的各种引发变革的做法不只是会带来改革。它们是任何规模的变革都需要的相同实践。在当今世界，想要努力改变法律、组织或机构，就需要我们用心倾听、感同身受、深入研究、公共写作、教导他人、（把人们）组织起来、发起倡议、提出异议和发挥想象。无论我们需要修补或重建的房屋是大是小，我们都需要用到相同的工具和技能。

今天，我们可以跨越遥远的距离，快速沟通，协调行动，因此我们都有一种感觉，认为我们可以展开"全球化行动"，而非囿于本地之限。然而，所有的变革都是起于人们熟悉的场所，因为他们在那里生活，在那里受苦，在那里分享观点，在那里相互帮助以摆脱那些维持现状的日常行为模式。不拘想要促成何种规模的变革，人们都必须自愿走出日常生活的舒适区。如果我们能够利用社会学正念的工具参与到小范围变革的过程中，我们就有可能推动变革，使其影响波及世界每个角落。

行动指导原则

我在前面的章节中提出了许多建议，告诉大家如何通过社会学正念去追求变革。我关注那些我们力所能及的事情，如用心倾听、公共写作、（把人们）组织起来、深入研究等。但在重读全书时我忽然发现，我并未明确阐述一些关于社会变革、激进主义和精神生活的关键原则。下面我将明确说出这些原则，以促进社会学正念的传播，鼓励大家有意识地参与到追寻社会变革的活动中。

用实践去检验和完善知识。我们通过阅读、倾听和观察来学习知识。学校强调多多读书和认真听讲，但是，吸收经验、提高自身也很重要，尤其是在涉及社会变革的问题时。弄清楚在我们所处的环境下哪些观点可用、哪些观点无用，非常必要。我们需要保留那些有用的观点（可以有效指导行动的观点）。那些无用的观点则应加以修改，或者将其束之高阁。这就是所谓的"用实践去检验和完善知识"。通过这一思想与实践相结合的过程，我们就能获得力量，看清社会世界，并锐意改变它。如果我们不接受这一过程，我们也许最后能够产生许多美妙的想法，但却没有任何实用价值。

激情不等于狂热。追求变革意味着要与那些不想改变现状的人为敌，单是这一点就会让人产生一种不适感。如果有人不顾这种不适，自愿采取行动，那往往是因为他／她满腔热情，誓要争取公平或减少他人的苦痛。没有激情，人们很难坚定不移地去追求变革。但是，做出狂热之举就有些离谱了。狂热之举往往表现为相信自己发现了真理，其他观点都是无效的，任何新观点都不值得考虑，必须不惜一切代价扫除所有反对意见。如果陷入狂热难以自拔，其结果几乎总是暴政、矛盾和暴力。那种想要实现正义和平等的激情可以使世界变得更加美好，而狂热则只会让现有问题"永久化"或变得更糟。

分析比责怪更有成效。在审视社会问题时，我们经常会像检察官一样，一心想要揪出罪犯对其严加谴责。有时，这样做很有必要；那些故意伤害他人的人理应为自己的恶行负责。但是，像检察官那样的思维方式又会蒙蔽我们的双眼，让我们对社会条件、社会进程、法律政策，以及产生有害行为模式的制度程序视而不见。如果我们的兴趣在于变革，我们就不能止步于责怪。如果我们能够从我们合作共事的方式看出社会问题是如何产生的，我们就更有机会发现哪些地方需要进行改变，以产生更佳的效果。

自我改变是社会变革的一部分。我们如何忽然想到我们不需要顺从他意、听命行事？我们如何忽然想到想象和探索不同于现状的其他可能？为了做到这一点，我们需要基于自我反思进行自身改变。这种个人层面的变化有时被认为是一种心理层面的改变，对社会变革并不重要。然而，事实上，个人改变和社会变革是相互联系的。如果社会变革意味着改变我们合作共事的方式，我们就需要改变自己（通过反思我们的信仰、价值观和愿望并获取新的技能），从而做好一切准备，具备充分的能力，去尝试合作共事的新方式。在这个过程中，在我们走出舒适区时，我们学到了新的知识，从而进一步改变了我们自己。因此，自我改变与社会变革密不可分。

逃避解决不了问题。毫无疑问，这一点可以说是不言而喻。我之所以会说到这一点，是因为人们自然而然地就会想要逃离一切让自己不快的事情。当有人指责社会学让他们不得不关注社会问题时，他们更是恨不得逃得无影无踪。然而，如果我们不肯直面问题，又如何能解决它们？要想找到对策，我们必须愿意采取行动。当我们受到不公平的待遇，或者看到他人受到不公平的待遇，那种痛苦感最能触动我们的内心，让我们甘愿采取行动。而要想完全做好行动准备，我们就必须直面各种问题，以及它们给我们和他人造成的苦痛。选择拒绝面对，也就意味着放弃我们做出改变的力量。

变革需要平衡行动和反思。就自我改变、反复权衡观点、分析社会世界，以及想象多种可能出现的未来而言，反思都是不可或缺的。但要想做出改变，我们必须把反思转化为行动。尽管要实现积极的社会变革，行动和反思都必不可少，但这两者之间的关系却是严重失衡。人们一心只想快刀斩乱麻，觉得左思右想纯属浪费时间。另一方面，在找到所有问题的答案之前，思前想后带来的那种安全感和愉悦感也会让人沉溺其中，从而导致行动延迟。这个问题很难轻易得到解决。我们都知道，没有行动的反思难有成效，而没有反思的行动则会使事情变得更糟。所以我们需要平衡行动和反思，取两者之长补两者之短，使其相辅相成。

变革机会无时不在。日常生活中的各种需求让我们应接不暇，所以我们常爱说："我实在是忙不开，我真的没空参加。"这种言论表明，有人相信只有投入大量时间参与主要的群体运动才能实现变革。事实上，变革机会无处不在。我们可以聆听他人讲述其所受之苦，并对他们表示同情；我们可以用榜样的力量来教导他人；我们可以写信或联名上书，反对那些给人们带来危害的不公平现象；我们可以为那些寻求公平的弱势人群大声疾呼，或者为他们提供经济支持；我们可以拒绝同流合污，坚决不去贬损他人。这些行为并不会占用我们太多时间；尽管它们看似不起眼，但它们都能推动世界朝着更好的方向发展。

变革离不开维持人际关系。正如过于忙碌会让人无心参与寻求变革的行动，那种孤立无援感也会让人放弃努力。在对抗现状的过程中，行动者会感觉身心疲惫，甚至精疲力竭。所以人际关系和社会集体至关重要，没有它们的存在，我们就会难以坚持努力改变现状。坚持不懈的动力和热情，来自那些给予我们鼓励和加入我们行动的朋友和同事。我们的支持也能给他们注入力量。悉心维护这些关系，不仅有助于我们自身保持一种良好的状态，也是我们改变更大的社会世界的一种办法。

让世界变得更加美好是一个持久的过程，我们可以积极而明智地参与到这个过程中，但却永远无法完全控制它或预见未来。这的确令人有些生畏，但却不必为之恐慌。如果我们知道哪种做法是有效的（参见本书第二部分第 2～11 章），我们就会选择最适合我们生活的方式，有意识地采取这些做法。如果我们也能意识到社会变革的基本原则（如上所述），我们就能做更多的事情。我们也可以将这些原则视为指路的明灯，即使我们只能看清下一步，它们也能照亮我们前行的道路，让我们坚定不移地走下去，为世界带来改变。

在动荡不定的世界中保持乐观态度

在几年前的一次课上，我的一个学生说学社会学让他感到压抑，因为它指出了社会中存在着那么多的问题。我装出一副非常惊讶的样子说道："你说学社会学让人感到压抑？那你肯定忘了你的文学课。如果你想体验抑郁感，去读读莎士比亚的剧本吧，比如《麦克白》。"我的话引起了全班学生的注意。学生们都知道我话里有话。

大多数学生在上中学时都读过《麦克白》，或者他们至少知道这个故事的梗概。我提醒他们注意麦克白是如何通过血腥杀戮赢得大权，以及快到剧终时，他的敌人如何步步紧逼，而他的王国几乎濒临灭亡。麦克白夫人被罪疚感折磨，渐渐精神崩溃，选择了自杀。我背诵了（这要感谢我的中学英语老师当年对我们的严格要求）第五幕第五场中麦克白的独白，他在听闻妻子死讯后道出了一段现在已是广为人知的"虚无主义者的独白"：

> 她反正要死的，
>
> 迟早总会有听到这个消息的一天。
>
> 明天，明天，再一个明天，
>
> 一天接着一天地蹑步前进，
>
> 直到最后一秒钟的时间；
>
> 我们所有的昨天，不过替傻子们照亮了
>
> 到死亡的土壤中去的路。
>
> 熄灭了吧，熄灭了吧，短促的烛光！
>
> 人生不过是一个行走的影子，
>
> 一个在舞台上指手画脚的拙劣的伶人，
>
> 登场片刻，就在无声无臭中悄然退下；
>
> 它是一个愚人所讲的故事，
>
> 充满着喧哗和骚动，
>
> 却找不到一点意义。

（朱生豪译）

　　我说："现在大家心中是不是感觉很压抑？"教室里响起了零星几下笑声，但是，大多数学生都沉默地盯着我，仿佛觉得我偏离了主题。我重又摆出一副严肃认真的态度，说："好了，下面言归正传。鉴于莎士比亚栩栩如生地描述了人类贪婪成性、腐败堕落、血腥暴力的场景和画面，远比社会学告诉我们的形象得多，那么，为什么研究莎士比亚不会让我们感到灰心和绝望呢？"过了一会儿，我想要的答案出现了——一个学生站起来说，莎士比亚也赞颂了高尚伟大的人性，这让读者充满了希望。我说，社会学与此有异曲同工之妙。

　　我并非即兴进行了这场莎士比亚剧本朗诵秀。我之前就用过这招，所以我知道我想要引出一场怎样的讨论，进而表达出我的观点。

我说，没错，社会学经常花费大量笔墨强调各种社会问题，这一点确实会让人感到沮丧。事实上，无论是谁不断看到坏消息，都会感到灰心丧气。但是，社会学并非总是烛照黑暗面。它还向我们展示了人类如何形成社会世界，如何创造文化和合作共存的常规。这就表明我们具有重塑社会世界的力量。也就是说，我们造成的问题，我们也有能力去解决它们。只要我们明白这一点，同时欣然接受社会学给我们提供的分析工具，我们就应感到积极乐观——就像我们看到莎剧人物身上展现的善良、勇敢和强大会感到愉悦振奋一样。

由于自知演技欠佳，所以在那之后我再未在课上背诵过莎士比亚。但我却是更加深入地去思考，社会学正念如何才能帮助我们不只看到社会世界中出现的问题和造成的痛苦。事实上，它也能帮助我们更充分地看到，创造一个更加美好世界的愿景。因而，在社会学正念的指引下，我们理当保持一种乐观向上的态度。

在本章开篇我曾说过，我认为我们这个世界亟待修复。但这并不是我看到的全部。我也看到了社会世界的可塑性，在发现社会世界存在多种可能后，我认识到它是可以进行修补和重造的。我看到了人类合作的复杂体系，以及我们合作创造未来的能力。我看到了合作如何促进人们相互理解并克服种族主义。我看到了我们如何通力合作，聪明睿智地培养下一代。

我也看到，我们能够发挥集体思考的力量，去分析我们周围的世界，想象现状的替代方案。我看到，人类取得的卓越成就是如何从可习得的技能和实践中产生的。我看到，人们联合起来共同反抗压迫和不公平。我看到，社会生活是一个过程，我们可以选择采取适当的行动，出其不意地影响这个过程。借用生物学家达尔文的一句话（我将之稍加修改），在社会学正念的影响下，人类社会生活展现出一副美丽而恢宏的景象。

莎士比亚在他的作品中向我们展示了人类如何把事情搞得乱七八糟。如果我们从他的笔下只看到悲剧的一面，那么人类的状况的确黯淡无光。

然而，在莎士比亚的作品中，不光有黑暗，还有光明。他也向我们展示了人类具有爱与牺牲、智慧和团结的能力，总是能让混乱的世界回到正轨，或者至少我们有此潜能。用社会学正念的方式去看待世界，我们也能看到相同的一切——在未来的道路上，我们依然会遇到各种纷繁复杂的问题，但是，与此同时，我们也有质疑、反思、合作、想象和做出改变的潜能。所以我们有理由乐观地相信，我们一定能够创造出一个更加美好的世界。我们只需找到那条能让我们每个人都有所作为的道路。